21世纪经济管理新形态教材·国际经济与贸易系列

跨境电子商务实务

易 静 王 兴 陈燕清 ◎ 主 编

清华大学出版社
北京

内 容 简 介

本书针对当前跨境电子商务行业的人才需求，结合企业实战案例，以跨境电子商务的全产业链环节实践操作为基础，从跨境电子商务基本理论、不同平台的运营规则、定价、营销、物流、仓储到跨境支付、法律政策，以及政府宏观政策的调整和未来的趋势都做了较为详细的阐述。通过11章的内容详细介绍了跨境电子商务从业人员的实际工作流程，讲解了跨境电子商务从业人员实际工作中所涉及的知识和技能。

本书可作为高等院校跨境电子商务、国际贸易、商务英语、市场营销等相关专业的教材或教学参考用书。同时，对跨境电子商务企业的平台运营人员、管理人员以及营销人员等也具有实战指导作用。

本书封面贴有清华大学出版社防伪标签，无标签者不得销售。
版权所有，侵权必究。举报：010-62782989，beiqinquan@tup.tsinghua.edu.cn。

图书在版编目（CIP）数据

跨境电子商务实务 / 易静，王兴，陈燕清主编. —北京：清华大学出版社，2020.8（2023.7 重印）
21 世纪经济管理新形态教材. 国际经济与贸易系列
ISBN 978-7-302-55282-6

Ⅰ. ①跨… Ⅱ. ①易… ②王… ③陈… Ⅲ. ①电子商务－高等学校－教材 Ⅳ. ①F713.36

中国版本图书馆 CIP 数据核字（2020）第 054675 号

责任编辑：张 伟
封面设计：李伯骥
责任校对：宋玉莲
责任印制：杨 艳

出版发行：清华大学出版社
    网 址：http://www.tup.com.cn, http://www.wqbook.com
    地 址：北京清华大学学研大厦 A 座 邮 编：100084
    社 总 机：010-83470000 邮 购：010-62786544
    投稿与读者服务：010-62776969，c-service@tup.tsinghua.edu.cn
    质量反馈：010-62772015，zhiliang@tup.tsinghua.edu.cn
    课件下载：http://www.tup.com.con，010-83470332
印 装 者：三河市天利华印刷装订有限公司
经 销：全国新华书店
开 本：185mm×260mm 印 张：19 字 数：435 千字
版 次：2020 年 8 月第 1 版 印 次：2023 年 7 月第 4 次印刷
定 价：54.00 元

产品编号：082686-02

前言

近年来跨境电子商务（以下简称"跨境电商"）的迅速崛起颠覆了传统外贸的经营模式和商业格局。面对新的形势，我国跨境电商人才缺口持续扩大。各类院校在跨境电商人才培养的过程中尚缺乏行之有效、实践性强的教材。为此，我们结合跨境电商行业的发展趋势和跨境电商相关从业岗位的用人需求，组织编写了本书。本书是教育部首批产学融合课题（201701042002）研究成果。

本书的编写目的有两点：一是培养跨境电商从业人员的基本业务能力和平台实操技巧，二是编写一本符合高等院校跨境电商专业（方向）的实用型教材。因此，本书在编写的过程中遵循以实用为主、够用为度的基本原则，结合实际案例，注重培养跨境电商从业人员良好的综合素养、科学的思维方式、优秀的实操运营及实践创新能力。

本书共11章，内容包括绪论、跨境电商模式、跨境电商交易流程、跨境电商平台操作、跨境电商产品定价、跨境电商物流、跨境电商支付、跨境电商网络营销、跨境电商数据分析、跨境电商客户服务与纠纷处理，以及跨境电商法律法规。本书由资深教师与跨境电商企业一线从业人员通力合作完成，注重理论与实际相结合，内容深入浅出、通俗易懂，重点难点突出。

本书由易静、王兴、陈燕清主编，谢菁、周学勤、逯宇铎副主编，参与编写的还有陈璇、谢丹、徐小雅、王和勇。

跨境电商是一个较新的行业领域，发展还不成熟，而实践领域发展变化很快，跨境电商的教学各项观点仍需经过一定时间的沉淀，才有可能达成业界共识。编撰本书是一项极大的挑战，虽然我们秉承"工匠精神"，在充分调研与融合实践操作方法的基础上，优化全书的结构、内容，做到实践性与创新性并存，并对行业的发展作出前瞻性讨论，但难免有疏漏之处，望读者不吝批评指正。

编　者

2020年3月

目 录

第一章　绪论 1
　第一节　跨境电商的崛起 1
　第二节　跨境电商与传统外贸 9
　思考题 18
　阅读书目 18
　自测题 19

第二章　跨境电商模式 20
　第一节　跨境电商 B2B 20
　第二节　跨境电商 B2C 30
　第三节　跨境电商 C2C——海外代购 40
　思考题 44
　阅读书目 44
　自测题 44

第三章　跨境电商交易流程 45
　第一节　跨境电商交易流程简介 45
　第二节　跨境电商国际市场调研与客户开发 47
　第三节　网上交易磋商 57
　第四节　合同的签订和履行 63
　思考题 66
　阅读书目 67
　自测题 67

第四章　跨境电商平台操作 68
　第一节　阿里巴巴国际站 68
　第二节　亚马逊 77
　第三节　敦煌网 84
　第四节　兰亭集势 92
　第五节　设备时代 95
　第六节　eBay 100
　第七节　Wish 113
　第八节　平台规则 124
　思考题 145

阅读书目 146
　　自测题 147
第五章　跨境电商产品定价 148
　第一节　跨境电商产品定价的基本概念 148
　第二节　跨境电商产品成本核算 151
　第三节　价格的调整与换算 155
　第四节　定价方法 157
　第五节　定价技巧及误区 160
　思考题 163
　阅读书目 163
　自测题 164
第六章　跨境电商物流 165
　第一节　跨境电商物流概述 165
　第二节　邮政物流 169
　第三节　国际快递 178
　第四节　国际专线物流 181
　第五节　海外仓 183
　第六节　跨境电商物流模式比较 188
　第七节　跨境电商物流中的通关与报关 190
　思考题 200
　阅读书目 201
　自测题 201
第七章　跨境电商支付 202
　第一节　跨境电子支付概述 202
　第二节　国际货款结算方式 206
　第三节　PayPal 和国际支付宝 212
　第四节　信用卡支付 216
　第五节　跨境支付账户设置——以速卖通为例 218
　思考题 223
　阅读书目 225
　自测题 226
第八章　跨境电商网络营销 227
　第一节　搜索引擎营销 227
　第二节　电子邮件营销 230
　第三节　社会化营销 234
　第四节　社会化媒体营销——LinkedIn 营销 237
　第五节　社会化媒体营销——Facebook 营销 242
　第六节　社会化营销——Pinterest 246

思考题 249
　　阅读书目 250
　　自测题 250

第九章　跨境电商数据分析 251
　第一节　数据分析导论 251
　第二节　数据分析指标 252
　第三节　跨境电商数据分析方法及案例 259
　　思考题 265
　　阅读书目 265
　　自测题 265

第十章　跨境电商客户服务与纠纷处理 266
　第一节　跨境电商客服的职能及所需技能 266
　第二节　做好客户服务的技巧 269
　第三节　做好信用评价 271
　第四节　售后服务之纠纷处理 276
　　思考题 279
　　阅读书目 279
　　自测题 279

第十一章　跨境电商法律法规 280
　第一节　跨境电商涉及的贸易、商务、物流类法律法规 280
　第二节　跨境电商监管相关法律法规 283
　第三节　跨境电商模式创新与政策扶植相关法律制度 284
　第四节　跨境电商近期出台的政策 285
　　思考题 290
　　阅读书目 291
　　自测题 291

参考文献 292

附录　中华人民共和国电子商务法 294

第一章

绪　论

本章提要： 在互联网普及不到 20 年的时间里，人类商业生态环境发生了突变，新的商业模式层出不穷，跨境电商正日益成为国际贸易中一种重要的新模式，并表现出强劲的发展潜力。跨境电商与传统国际贸易截然不同，与国内的电子商务也存在较大的差别。本章在概述跨境电商的概念、分类、特征基础上，通过和国内电子商务、传统外贸模式比较，回顾了全球及中国跨境电商的发展历程，并探讨跨境电商的发展趋势，让读者领悟电子商务浪潮下的跨境电商给我国传统外贸带来的机遇及今后发展的瓶颈。

本章共分两节来阐述与探讨跨境电商问题。第一节内容是跨境电商的崛起，包括跨境电商的概念、分类及与国内电子商务的区别、发展历程和趋势；第二节内容是跨境电商与传统外贸，包括跨境电商模式与传统外贸模式的比较，跨境电商给传统外贸带来的机遇，以及我国跨境电商的发展现状。

关键词： 跨境电商；分类；流程；发展历程；机遇

第一节　跨境电商的崛起

一、跨境电商的概念

（一）跨境电商的内涵

跨境是指交易主体分属不同的关境，属于国际贸易的范畴。其国际流行说法叫 cross-border electronic commerce。

从狭义角度，跨境电商是指分属不同关境的交易主体，借助电子商务平台达成交易、进行支付结算、通过跨境物流送达商品、完成交易的一种国际商业活动，其交易对象主要针对一部分小额买卖的 B 类商家和 C 类个人消费者，由于现实中 B 类商家和 C 类个人消费者很难区分与严格界定，所以从海关统计口径来说，狭义的跨境电商相当于跨境零售。我国政府 2013 年发布国办发〔2013〕89 号文件，专门对我国跨境电商零售出口进行政策扶持，海关总署〔2014〕12 号文件规定我国跨境零售出口的海关监管代码为"9610"。另外，海关总署〔2014〕57 号文件规定我国跨境电商零售进口的海关监管代码为"1210"。

从广义角度，跨境电商就是外贸领域内互联网及信息技术的不同层次的应用（基本等同于外贸电子商务），是基于"国际贸易+互联网"的创新型商业模式，是指分属于不同关境的交易主体，通过电子商务的手段将传统进出口交易中的展示、洽谈和成交环节电子化，并通过跨境物流送达商品、完成交易的一种国际商业活动。因此，广义的跨境电商实际上就是把传统的进出口贸易网络化、电子化、数字化，它涉及货物与服务的在线交易（包括电子贸易、在线数据传递、电子支付、电子货运单证传递等多方面的活动）及跨境电商相关的电子化服务（供应链、国际物流、通关、平台推广等），是电子商务应用的高级表现形式。

本书仅研究广义的跨境电商中货物部分（不含服务部分），既包括跨境电商中的跨境零售（狭义部分），也包括跨境电商 B2B（企业对企业）、C2C（消费者对消费者）通过交易平台实现线上成交或通过互联网渠道线上撮合线下实现成交，以及跨境电商交付货物后的数据分析与客户关系维护部分。

（二）跨境电商的特征

跨境电商作为新型的贸易模式，融合了国际贸易和电子商务两方面的特点（图1-1），具有以下三个明显的基本特征：一是渠道上的现代性，即以现代信息技术和网络渠道为交易途径；二是空间上的国际性，即由一个经济体成员境内向另一个经济体成员境内提供的贸易活动；三是方式上的数字化，即以无纸化为主要交易方式。

图1-1 跨境电商与电子商务、国际贸易的关系

具体来讲，跨境电商具有以下特征。

1. 全球化

跨境电商依附于跨关税区域的网络，具有全球性和非中心化的特征。参与跨境贸易的各方通过网络在全世界范围内进行贸易，涉及有关交易的各方系统包括双方国家进出口公司系统、海关系统、银行金融系统、税务系统、运输系统、保险系统等。由于跨境电商基于虚拟的网络空间展开，互联网用户不需要跨越国界就可以把产品尤其是高附加值产品和服务提交到市场，消费者不需太关注制造商所在地，只需接入互联网就可以实现交易。

2. 信息化

跨境电商以现代信息技术和网络渠道为交易途径，主要采用无纸化操作的方式。计算机通信记录取代了一系列的纸质文件，交易双方整个信息发送和接收过程实现了无纸化。为使无纸化贸易顺利进行及保障买卖双方的利益，拥有高效、安全的信息系统是重中之重。以跨境电商物流信息化为例，对跨境电商物流活动而言，物流信息承担着类似神经细胞的作用。跨境电商物流信息化是跨境电商企业（平台）通过采用 EDI（电子数据交换）技术、条码技术、射频识别技术、全球定位系统（GPS）、地理信息系统（GIS）

等现代信息技术把资源整合起来，提高整个供应链对市场的反应能力，从而为客户提供高效率、高水平的服务。

3. 复杂化

跨境电商具有更大的复杂性，主要表现在：一是信息流、资金流、物流等多种要素流动须紧密结合，任何一方面的不足或衔接不够，都会阻碍整体商务活动的完成；二是流程繁杂且不完善，国际贸易通常具有非常复杂的流程，牵涉海关、检疫检验、外汇、税收、货运等多个环节，而电子商务作为新兴交易方式，在通关、支付、税收等领域的法规目前还不太完善；三是风险触发因素较多，容易受到国际经济政治宏观环境和各国政策的影响，包括政治风险、市场汇率风险、维权风险、知识产权纠纷风险等。

（三）跨境电商的分类

基于不同的维度，跨境电商可以分成以下几类。

1. 按跨境物流的商品流通方向分类

（1）出口跨境电商。当前，我国跨境电商以出口为主。在外贸疲软的环境下，它对推动我国外贸增长的贡献巨大。我国跨境电商的出口地比较集中，除了美国和欧盟外，主要是集中在亚洲周边地区，它们分别是日韩、东盟、印度等。我国跨境电商出口额的 3/4 是流向上述国家和地区。

（2）进口跨境电商。进口跨境电商可以分为直邮进口和保税进口两种。直邮进口就是依据个人邮递的物品进行征税，流程是与海关联网的电商平台，将产品的订单、支付凭证以及运单等数据传输给海关，经过海关审核后按照物品征税，这种模式的操作流程更加阳光化，同时信息也非常透明。保税进口就是商家将一些商品从国外提前批量进行采购，将产品运送到保税区备货，客户在网上订货后，商品可以在海关得到通关，从保税区发货。这种模式降低了电商企业的成本，货物是从国内发出，减少了消费者的等待时间。

2. 按交易主体分类

按照交易主体的不同，跨境电商分为以下三种基本类型：企业对企业的跨境电商、企业对消费者（B2C）的跨境电商及消费者对消费者的跨境电商。从跨境电商 B2C 看，移动端购物使消费者能够随时、随地、随心购物，极大地增加了跨境零售出口电商的机会。从跨境电商 B2B 方面看，全球贸易小额化、碎片化发展的趋势明显，移动技术的发展和跨境电商平台服务能力的提升，给中小企业、外贸企业走向国际市场带来福音。当前，跨境电商 B2B 是我国出口跨境电商的主角，约占 80%，B2C 跨境电商增长迅速。

3. 按平台服务类型分类

跨境电商实质是"互联网+传统外贸"的商业模式。基于互联网技术的平台是跨境电商的重要组成因素。根据跨境电商平台的运营内容，可以将跨境电商分为以下两类。

（1）第三方服务型跨境电商平台。这类跨境电商平台主要提供信息服务、外贸货代服务、融资服务等，主要包括为境内外会员商户提供供应商、采购商等商家的商品或服务信息服务的网络营销平台（如中国制造网、环球资源网）和为外贸买家或卖家提供通关、物流、退税、保险、融资等一系列的外贸综合服务平台（如阿里巴巴一达通）两类，其共同特点是企业利润仅来自平台服务性收入（如佣金）。

（2）在线交易型跨境电商平台。这是平台型跨境电商主流模式。这类在线交易平台不仅提供企业、商品、服务等多方面信息展示，还可以通过平台线上完成搜索、咨询、对比、下单、支付、物流、评价等全球购物链环节，其特点是平台的利润来源兼有服务收入与差价收入。这类平台按照是否自营又分为自营式跨境电商平台与在线交易第三方平台。在当前实体产业升级、成本结构增高的局势下，"让专业的人干专业的事"已成为降低外贸经营成本的法宝，借助跨境电商平台实现线上获取订单及物流配送线上服务外包是小型外贸企业提高经济效益的重要渠道，一些大型外贸企业出于成本效益考虑也将一部分外贸流程外包给合适的跨境电商平台。因此，在线交易平台模式正逐渐成为跨境电商的主流模式，比较有代表性的有亚马逊、速卖通、敦煌网等。

二、跨境电商与国内电子商务

（一）基于信息网络范围视角的电子商务类型

电子商务作为传统商务的升级版，依托现代信息技术和网络技术，突破传统的时空观念，集金融电子化、管理信息化、商贸信息网络化为一体，缩小了生产、流通、分配、消费之间的距离，大大提高了商流、信息流、资金流的传输和处理速度，开辟了广阔的市场。根据开展电子交易的信息网络范围，电子商务可以分为国内电子商务与跨境电商两类。国内电子商务根据网络辐射范围又分为本地电子商务与远程国内电子商务，本地电子商务的主体仅限于在本城市或本地区内的信息网络开展电子交易，故地域范围较小，远程国内电子商务因交易的范围扩大，对软、硬件和技术的要求也提高了。而跨境电商的交易主体通过网络在全世界范围内进行贸易，涉及有关交易的各方系统，如双方国家进出口公司系统、海关系统、银行金融系统、税务系统、运输系统、保险系统等，其全球性的特点决定其电子交易更加复杂化，风险性也高。

（二）跨境电商与国内电子商务的区别

跨境电商与国内电子商务的区别如表 1-1 所示。

表 1-1 跨境电商与国内电子商务的区别

区别	跨境电商	国内电子商务
交易主体	交易主体遍及全球。因交易主体有不同的消费习惯、文化心理、生活习俗等，跨境电商卖家需要具备国际语言应用能力、跨文化思维能力，要对国际贸易地理、分销体系、互联网、消费者行为等有深入的认识，对跨境电商人才要求高	仅限于国内。因客户有相同或相近的习俗文化、消费心理，谈判成本低

续表

区别	跨境电商	国内电子商务
交易过程	（1）环节复杂：需要经过海关通关、检验检疫、外汇结算、缴税退税等环节。 （2）物流系统复杂：跨境电商物流路途远、物流时间长、投递时效不确定、货损率高，物流信息系统更为复杂。 （3）物流企业资质要求高：为降低成本及实现规模经济效应，从事跨境电商物流业务的企业需要有较完善的软硬件设施，资质要求高。外贸卖方为保证收货时效不得不向四大快递巨头支付高额的配送费。 （4）国际支付：在取得速卖通、阿里巴巴国际站会员资格且申请国际支付宝后按规则操作	（1）业务环节简单：不需要报关、进出口检验检疫等环节。 （2）物流效率高：以快递方式将货物直接送达消费者，路途近、时效强、货损率低。 （3）物流企业资质要求不高：从事物流业务的企业只要满足国内相应资质要求，卖家商品配送方式可选择空间大。 （4）国内支付：客户只要在本国境内办一张银行卡或开通支付宝、微信就可以支付
交易风险	（1）违约风险高：因不同国家法律不同，容易受到国际经济政治宏观环境和各国政策的影响。 （2）知识产权风险：跨境电商的商品境外来源复杂，进货渠道多，需要确权的数量、难度大大增加。 （3）索赔与拒收风险：因消费者遍布全球，遇到索赔或客户拒收时，纠纷处理难度大	（1）交易双方对知识产权的认识比较一致，侵权纠纷少。 （2）纠纷处理时间短，处理方式简单
适用规则	适用的规则多、细、复杂。包括各个平台不同的操作规则、国际贸易规则等	只需遵循一般的电子商务规则

三、跨境电商的发展历程和趋势

（一）跨境电商的发展历程

1. 全球跨境电商的发展历程

跨境电商是在经济全球化、国际市场疲软情况下，电子商务在国际贸易领域的纵深发展。其发展历程如图1-2所示。

2008年金融危机以前，计算机技术及互联网的普及推动了电子商务在全球商业领域的广泛应用，全球跨境电商发展处于萌芽状态。自20世纪40年代美国人发明世界上第一台计算机以来，计算机已广泛应用于商务和各种管理工作，互联网的产生与发展进一步推动了电子商务的发展。随着网络技术的发展，电子商务的应用从企业内部扩张到企业外部，电子数据交换（EDI）方式与开放式的Internet方便了企业之间电子数据的传输和促进了网上银行的发展。20世纪90年代，互联网进入商业化阶段。电子商务得到了世界各国政府的重视，1997年5月31日，由美国Visa Card和Master Card两大信用组织联合制定的电子安全交易协议（secure electronic transfer，SET）得到了IBM、

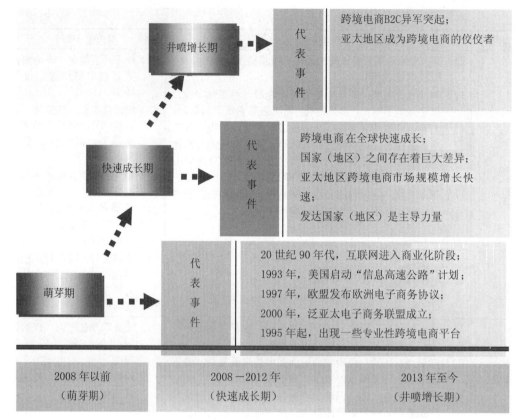

图 1-2　全球跨境电商的发展历程

Microsoft、Netscape 等一批技术领先型跨国公司的支持。1997 年，欧盟发布了欧洲电子商务协议。2000 年，泛亚太电子商务联盟成立，这是亚洲第一个区域性电子商务联盟。它的成立，旨在为亚洲提供一个安全的、可信任的、有价值的 IT（互联网技术）架构，增加全球贸易能力，促进跨境电商充分利用物流体系，提升和加强亚洲内部 B2B 跨境贸易。各国政府的支持与推动为电子商务商业化普及应用提供了有力支持。

在该时期，世界各国电子商务与国际贸易的融合实践已初现跨境电商的雏形，国际上出现了一些面向特定产品或服务领域为创业初衷的专业性跨境电商平台，如亚马逊成立于 1995 年，起初只是定位"网上书店"，2000 年开始品类扩张和国际扩张，致力于成为全球最大的网络零售商，用户多为国外中高端消费群体，而同年成立的 eBay 网站是一个拍卖二手物品的网站。eBay 于 1999 年开始全球扩张，但对卖家要求仍为严格。但在该时期，由于全球跨境网购的需求较弱，行业配套设施不完善，跨境电商鲜为人知。

2008—2012 年，国际金融危机在为世界经济带来巨大灾难的同时，也为跨境电商的兴起提供了契机。凭借高便捷性、低成本及高效率，跨境电商在互联网及信息技术的支撑下出现了良好的发展势头。跨境电商在全球快速成长，但国家（地区）之间的发展都存在着巨大的差异，亚太地区跨境电商市场规模增长快速，发达国家（地区）是跨境电商市场的主导力量。2012 年，全球跨境电商市场规模超过 1 万亿美元，同比增长约 21%。从区域上看，欧洲地区成为全球最大电子商务市场。2012 年，欧洲电子商务市场规模实现 4 126 亿美元，占全球电子商务市场的 35.1%；北美地区电子商务市场规模达到 3 895 亿美元，占全球 33.1%；亚太地区是全球增长最快的第三大电子商务市场，总交易额达到 3 016 亿美元，占全球的 25.7%；拉美地区是电子商务的新兴市场，交易总额达到 557 亿美元，占全球的 4.8%；最后是中东和北非地区，交易额占到全球的 1.3%。2012 年，美国电子商务销售额达到 2 250 亿美元，占北美地区电子商务市场规模的近 2/3，2012 年"黑色星期五"那天产生了约 10 亿美元的电子销售额。欧盟统计局数据显示，2012 年欧盟二十八国中有 33% 的企业采用 EDI 方式，80% 的企业采用互联网方式。信用卡支付仍是国外购物时首选的支付方式。

2013 年至今，全球跨境电商处于井喷增长期，跨境电商 B2C 异军突起，以中国为代表的亚太地区成为跨境电商的佼佼者。中国受惠于国内中产阶级力量的兴起及 2013 年开始的政府释放的有关跨境电商的政策红利，2014 年的电商交易额成功超越美国，占据全球电商产业交易额的榜首，电商在 GDP（国内生产总值）中占比较大，已经成为真正的新兴产业。中国商务部数据显示，金融危机之前中国跨境电商的交易总额不超过 0.8 万亿元人民币，《中国电子商务报告（2018）》显示，2018 年全年实现电子商务交易额 31.63 万亿元人民币，同比增长 8.5%；网上零售额 9.01 万亿元人民币，同比增长 23.9%；跨境电商进出口商品总额 1 347 亿元人民币，同比增长 50%；农村电子商务交易额 1.37 万亿元人民币，同比增长 30.4%；全国快递服务企业业务量累计达到 507.1 亿件，同比增长 26.6%；电子商务从业人员达 4 700 万人，同比增长 10.6%。全球知名的市场研究机构 eMarketer 预测：到 2022 年，中国的线上零售额将占全球的 55.8%，预计将超过 63%。到 2022 年，美国在全球电子商务市场的份额预计将降至 15%。另据阿里研究院预测，2020 年全球跨境电商 B2C 电商交易额将达到 9 940 亿美元，惠及全球 9.43 亿消费者，其中，以中国为核心的亚太地区以 53.6% 的新增贡献率位居首位，有望成为全球最大的跨境 B2C 市场。

2. 中国跨境电商的发展历程

在全球贸易整体疲软的背景下，跨境电商作为一种创新商业模式，已成为国际贸易的新方式和新手段。党的十九大报告指出，要"推动互联网、大数据、人工智能和实体经济深度融合"，这为中国跨境电商发展指明了方向。中国跨境电商的发展历程如表 1-2 所示。

表 1-2 中国跨境电商的发展历程

项目	出口	进口
2004 年以前	处于萌芽期。该时期的出口跨境电商形式是通过网上黄页展示外贸信息，其余环节均在线下完成（例如 1999 年成立的阿里巴巴网站）。虽然该阶段通过互联网解决了中国贸易信息面向世界买家的难题，但依然无法完成在线交易。这个阶段的中国网民也很少，据统计，2000 年中国网民仅 1 000 万人。为数不多的跨境电商平台的盈利模式是收取会员费，以及为供应商提供一些类似咨询服务、竞价推广信息流增值服务等收取服务费，以阿里巴巴国际站、环球资源网为典型代表平台	处于半萌芽期。早期的"海淘"及"代购"等形式是我国跨境电商的雏形。但该时期仅靠在外留学的中国学生或因公出差的人、导游、空姐等进行"私人代购"，边境口岸出现走私行为。基本不具备跨境电商的要素

续表

项目	出口	进口
2004—2012年	处于成长期。随着国内外经济环境的变化，尤其受2008年全球金融危机的影响，一些资源密集型的传统外贸企业迫于生产成本及订单减少的压力，试图通过跨境电商平台拓展市场空间，"集装箱"式的大额交易正逐渐被小批量、多批次、快速发货的外贸订单需求所取代。2004年，敦煌网成立，小额外贸B2B线上交易受中小企业青睐，标志着中国跨境电商平台从单纯提供信息黄页服务延伸到在线交易的增值服务。2010年速卖通的上线，使B2C在线交易得到拓展。第三方平台实现了盈利模式的多元化，实现了会员费、交易佣金、物流服务等收入的多样化。2012年国务院出台相关政策释放"贸易便利化"的信号	处于成长期。随着互联网在中国的普及，以及国内的"毒奶粉"事件影响，越来越多的中产阶级加入进口海购的队伍，奶粉、化妆品等消费品进口直邮火爆。2007年淘宝网"全球购"让海外购物变得更方便，网店月成交增长迅速，但在我国跨境电商进出口总额中的比重还较小
2013年至今	处于发展期。用户群体由"草根"创业向工厂、外贸公司转变，平台销售商品的品种更丰富，且由网商、二手货源向一手货源、优质产品转变。中国政府也从2013年起密集出台引导与促进出口跨境电商发展的文件，涉及外贸、跨境支付、结汇退税、物流及海外仓等，海关通关服务试点开启，国内物流企业纷纷涉足跨境物流。2015年开始的"互联网+"使跨境电商全产业链都出现了商业模式的变化。跨境电商平台的服务全面升级，流量激增。B2C模式在电商交易中占的比例不断增大，C2C占据的比例不断缩小，且B2C模式的应用范围正在逐渐扩大，但平台间的竞争模式仍不成熟，引导跨境电商平台竞争由价格取胜转向品质取胜是今后的重点	处于发展期。2014年，海关总署56号文件生效，海关行邮税的开征，助力大型企业平台，如阿里巴巴、考拉、聚美等大批电商涉足保税进口，海外代购产品品种及市场规模扩大。2014年市场规模超过1 500亿元，2015年海关调整并优化了跨境进口政策，我国进口跨境电商市场空间不断扩大

（二）跨境电商发展趋势

跨境电商是借助互联网技术实现商品和服务的跨境交易，具有开放、高效、便利等优势，交易地域跨越全球，国际贸易走向无国界贸易将是不争的事实。结合世界电子商务发展的实践，今后，跨境电商的发展将有三个重要特点：一是移动化，二是智能化，三是数字化。移动化是指在移动智能设备和移动互联网的发展下，用户使用移动设备来完成电子商务交易的机会越来越多，智能手机等移动设备将会取代计算机成为跨境交易的主体；智能化是指今后EDI技术及互联网技术与跨境电商业务流程的结合越来越深入，人工智能技术使跨境电商中的物流、信息流、资金流充分共享，实现商品配送智能化、信息化；数字化是指今后在大数据环境下，跨境电商平台要实现更多的增值服务需要构建基于大数据的平台。

具体来讲，今后，跨境电商发展具有以下趋势。

1. 交易模式上，跨境电商在企业中的应用由 e-commerce 向 e-business 转变

从跨境电商的发展历史来看，e-commerce 只是改变了交易模式或者说是在传统的交易方法上增加一种新的模式，仍体现流程为核心的经营理念，其组织结构并没有体现服务的价值。跨境电商企业要想在竞争中立于不败之地，应当着眼于 e-business，即通过跨境电商来整合企业资源，提高效率，提高增值服务能力，使全球任何地方的任何客户都可以得到满意的服务，这才是跨境电商企业在全球竞争中获胜的法宝。

2. **交易渠道上，移动端将成为跨境电商的重要推动力量**

移动技术的进步使线上与线下商务之间的界限逐渐模糊，以互联、无缝、多屏为核心的"全渠道"购物方式将快速发展。根据《思科：2014—2019 年全球移动互联网发展趋势报告解读》的内容，未来 5 年移动网络设备数量将暴增，达到惊人的 115 亿部，其中北美地区所占比例最高。移动网络设备上传与下载速度将更快。

3. **交易方式上，线下线上的融合是跨境电商企业扩大市场销路的重要手段**

随着跨境电商的发展，跨境电商交易商品向多品类延伸、交易对象向多区域拓展。为扩大产品销路，提高平台流量，线下线上的融合是个重要趋势。以中国为例，由于传统品牌的产品在质量和工艺上经过漫长历史的发展，有着互联网品牌所无法相比的优势，前期电商的发展可能会为互联网品牌提供良好的发展机会，但随着电商逐渐走入传统品牌，传统品牌还是更容易取得消费者的信赖。今后，当线上的流量达到一定程度，实体店里的产品也会大受欢迎，电商可以将线上流量转变为线下流量，传统品牌则是可以将线下资源转变为线上流量，线下线上的融合是未来跨境电商的发展趋势。

4. **物流配送方式上，全球中心仓混合模式的形成将是未来发展趋势之一**

全球中心仓混合模式是对物流资源进行整合，提高商品的仓储和配送效率，有效降低物流的成本，根据跨境电商企业和实际商品配送需求变化而采取的物流配送方式。未来的混合模式包括专线全球中心仓和直邮全球中心仓等流通模式。对于货物接收时效性要求较高，而对价格敏感度较低的消费者，可以采用专线物流中心仓的模式，由中心仓中的专线物流模式响应消费者的临时需求，通过专线渠道为商品办理进出关手续，减少客户的等待时间，在全球中心仓也可以及时对商品进行分拆组合、包装等处理；而对于接受商品时效性要求较低，但对价格较为敏感的客户，则可以采取直邮全球中心仓的模式，在国内通过直邮的方式流转至全球中心仓，然后按照常规出入关程序出港，最大限度降低物流成本。

5. **数据处理上，现代信息技术是跨境电商企业实现客户关系管理的法宝**

跨境电商涉及商检、税务、海关、银行、保险、运输等部门，从而产生物流、信息流、资金流、电子单据等数据。大数据时代，企业可以通过数据的分析，提高企业增值服务能力。大数据是一种全新的技术应用，通过大数据以及相关的技术，跨境电商用户的不同特征可以被准确分析出来，这样就可以进行有针对性的营销，大数据的运用可以让电商从销量制胜转变为数据制胜，从制造变成定制。现阶段跨境电商已经可以成功应用大数据制造一些便利，但还有很多开发领域可以应用到大数据。例如，应用大数据（big data）和云计算（cloud computing）处理跨境移动电子商务数据具有很大的前景。利用移动终端进行地理位置定位也将是移动互联网在跨境电商的一个标志性应用。

第二节　跨境电商与传统外贸

一、商业模式的内涵、要素及变革

（一）商业模式的内涵

一直以来，人们对商业模式（business model）的内涵理解存在一定差异，但比较一致的观点是商业模式涉及商业的核心内容，是指为实现客户价值最大化，把能使企业运行的内外各要素整合起来，形成规划好的一系列商业活动。因此，通俗地讲，商业模式就是企业通过什么方式和途径挣钱。商业模式的本质是公司如何运作自身并产生收益。它是公司关于其与客户进行交易的商品和服务的陈述，以支付交换为结果。商业模式是当今战略管理中最被低估和未发展完全的部分。诸如戴尔、沃尔玛、谷歌和苹果这样的公司显示了商业模式这个具有巨大的实际价值的概念。

（二）商业模式的要素

根据商业模式的内涵与本质，商业模式是商业计划的核心部分。一个有效的商业模式，至少应当包括以下六个要素：目标客户、价值创造、竞争优势、营销战略、组织设计、盈利模式。其中，价值创造是商业模式的本质和核心，价值创造阐述了公司为何种目标市场提供了什么样的利益（顾客为什么购买你的产品），以及公司通过何种特定的能力来提供价值，它是企业营销战略与竞争优势的具体体现。不同的商业模式创造和体现的价值不同，价值的实现方式也存在差异。盈利模式是企业在实现客户价值的同时，从客户那里获取利润的渠道，是企业运行一种商业模式的动力。可见，商业模式的几个要素是密切联系的，它们共同构成一个企业商业计划的核心部分。

（三）商业模式的变革

现代管理学大师彼得·德鲁克曾说过，当今企业间的竞争不是产品与服务的竞争，而是商业模式的竞争。随着企业经营外部环境的变化，商业模式也应适应外界环境的变化而不断变革，企业只有力求不断创新，才能保持其竞争优势。如前所述，2008年金融危机后，全球范围的经济持续低迷，在对外贸易领域，由于金融危机的影响及个性化需求的发展趋势，传统的大批量、集装箱化的传统外贸模式已不能适应小批量、个性化的需求环境，跨境电商在对外贸易额中的贡献不断加大。在内贸市场趋于饱和的环境下，内贸电商转向跨境电商也有着极强的发展优势，是市场规律的重要体现。基于互联网技术的发展，结合中国对外贸易的巨大规模及结构特征，中国在跨境电商领域的创新应用，已经走在世界前列，积累了大量经验和数据。

二、跨境电商相较于传统外贸模式的优势

（一）跨境电商与传统外贸模式的比较

1. 跨境电商的流程

从跨境电商出口的流程看，企业或个人卖家在网上发布所提供的产品或服务信息，消费者通过互联网搜索需要的产品或服务信息（信息流）。在商品被选购下单后，消费者完成支付（未完成的资金流）。跨境电商企业将商品交给物流企业进行投递，经过两次（出口国和进口国）海关通关商检后，最终送达消费者手中（物流），此后，卖家完成收汇结汇（已完成的资金流）。也有的卖家直接与第三方服务平台合作，让第三方服务平台提供物流、通关商检等一条龙代办服务，从而完成整个跨境电商交易的过程。

跨境电商进口的流程除了与出口流程方向相反外，其他内容基本相同，如图1-3所示。

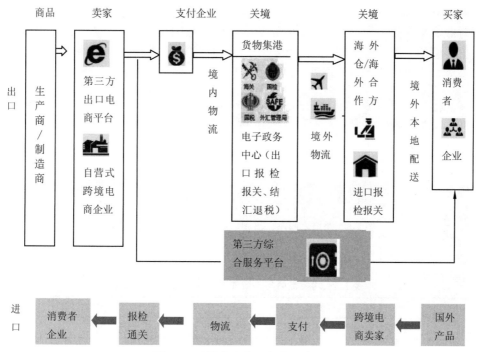

图1-3 跨境电商出口与进口流程

可见，跨境电商的贸易流程涉及国际运输、进出口通关、国际结算支付等环节，此外还需特别考虑安全性与征税差异等因素。因此，跨境电商的流程兼具一般电商和传统国际贸易的双重特性。在网络技术的推动下，整个跨境电商贸易流程中的信息流、物流与资金流等要素已由传统的双边向多边化环状结构的方向演进，如图1-4所示。

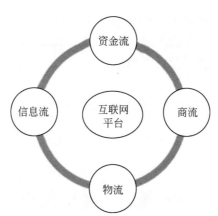

图1-4 跨境电商环状结构

2. 跨境电商模式与传统外贸模式的比较

（1）贸易流程比较。由于跨境电商与传统外贸模式都属于国际商务，因此都包括交易前的准备、交易磋商过程、合同签订、进出口通关、国际物流及国际支付过程。但由于跨境电商受地理限制较少，受各国贸易保护影响小，交易环节涉及中间商少，交易成本相对低，交易效率高，因而可以释放更大的需求与利润空间。当然，由于跨境电商处于虚拟环境中，因此需要较好的信用、结汇、通关等环境配套才可以降低双方的交易风险。跨境电商出口流程与传统外贸出口的流程比较如图1-5所示。

图1-5 跨境电商出口流程与传统外贸出口的流程比较

（2）贸易环节比较。跨境电商与传统外贸模式的贸易环节比较如表1-3所示。

表1-3 跨境电商与传统外贸模式的贸易环节比较

区 别	跨境电商	传统外贸
参与角色	除了实体经营主体外，还出现了虚拟角色	多为实体经营主体
订单类型	小批量、高频次、碎片化	大批量、低频次、集中化
供应链模式	基于平台的闭环模式。供应链实现"生产—销售—消费"各个节点信息共享，库存成本低	基于外贸合同的链状模式。整个供应链各个节点形成信息孤岛，库存成本高
国际物流	小单化、零散化、快递化	以大批量的集装箱运输为主
国际结算	线上支付（基于信用的网上银行系统）	传统支付（信用证、汇付、托收等）
进出口通关	税收比较简单，其中很多只有邮税。但通关受政策变动影响，出现大量灰色通道（没有纳入政府监管和统计，如个人旅行携带、邮政快递个人物品的进境等）进口	海关监管较为规范，牵涉复杂的关税、增值税及消费税等
争议处理	争议处理不畅，效率低、维权难	较健全的争议处理机制

（二）跨境电商模式相较于传统外贸模式的优势

由表1-3可知，跨境电商与传统外贸模式相比较，最突出的优势在于以下几个方面。

1. 产业生态更为完善

跨境电商将从传统的链状模式向基于平台的生态系统模式转变，围绕着交易双方，以跨境电商平台为中心，整合上下游产业链，衍生出一环套一环、一圈绕一圈、实体经营主体与虚拟经济相结合的产业生态。在生态体系内的各方信息可分享，利益共分享。跨境电商产业生态系统如图1-6所示。

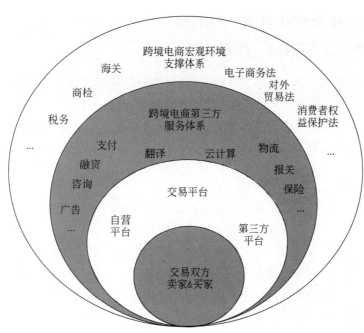

图 1-6　跨境电商产业生态系统

2. 降低交易成本

国际贸易花费的成本包括商品跨国买卖过程中所需的信息搜索、合同订立和履行、售后服务等方面的成本。跨境电商可以整合各国的优势资源，使得消费者或卖家可以借助互联网轻松地获得所需要的信息，从而大大降低双方信息搜索成本。据美国《福布斯》杂志的统计表明，电子商务可为企业节省交易成本 5%～10%。可见，电子商务可以显著降低国际贸易成本。

3. 提高交易效率

随着时代的发展，信息的传递和产品的运输方式在逐步改进，物流和信息流成为商流的重要组成部分。跨境电商可以有效缩减贸易中间环节，依靠互联网技术实现跨境支付和国际物流，实现多边化的多国企业、消费者与个体经营者之间的直接贸易，有效减少了中间环节和商品流转成本，提高企业交易效率与获利能力。

4. 能满足小批量、多频次采购之需与个性化消费需求

金融危机给传统外贸带来致命打击的同时也给跨境电商带来生机。由于受资金链紧张及市场需求乏力等因素的制约，传统贸易进口商，尤其是中小贸易进口商往往将大额采购分割为中小额采购，将长期采购变为短期采购，以分散风险。采购方向由传统"集装箱"式的大额交易逐渐被小批量、多批次、快速发货的外贸订单需求所取代。无疑，与传统贸易相比，跨境电商为企业或消费者即时性地按需采购、销售或消费，多频次地购买提供了更好的平台和技术支撑。

同时，跨境电商扁平化的贸易流程方便卖家更精准地了解消费者的个性化需求，个性化服务可以更好地帮助卖家提供优质的增值服务。

三、跨境电商给传统外贸带来的机遇

（一）拓展外贸经营主体，促进普惠贸易

随着全球电子商务的发展，全球商品自由流动的程度加深，国际贸易门槛大大降低，消费者、企业和更多在传统贸易中的弱势群体都可以参与到国际贸易中来，他们可以通过各种途径，包括直邮、个人携带以及跨境电商平台进行正常交易。同时，跨境电商网站或第三方平台的服务创新，促使不同阶层的贸易方获得更优质的资源、服务和多种多样的渠道，国际市场信息更透明，贸易流程更方便，我们将这一新的全球贸易现象称为"普惠贸易"（inclusive trade）。

普惠贸易，亦即包容性贸易，是指各个阶层的贸易主体，尤其是贸易弱势群体能够参与到贸易中来的服务，它体现的是全世界每家企业和个人享有的基本权利——自由贸易和公平贸易。2016年9月，世界贸易组织（WTO）专门举行规模宏大的全球公共论坛讨论普惠贸易给全球贸易制度带来的影响。可以说普惠贸易是互联网技术在国际贸易领域普及应用所促成的显著成果，是对当前国际贸易规则的挑战，制定符合互联网时代发展要求的国际经贸新规则是大势所趋。

（二）实现国际贸易的便利化

互联网和电子商务让全球贸易门槛大大降低，现在由于互联网和跨境电商的平台，贸易的门槛降低到消费者可以参与、小微企业可以参与。以前小微企业很难参与到全球贸易中来，跨境电商条件下，百花齐放的互联网创业群体，营造了"小微跨国企业"，提高了中小企业出口能力，降低了外贸行业进入门槛。

与传统外贸不同，跨境电商最大的特点是借助网络平台完成交易。在传统外贸中，由于存在时间差，国际商务谈判有诸多不便。对企业来讲，在传统条件下很难做到一天24小时、一周7天全天候服务，而利用电子商务可以做到任何客户都可以在全球任何地方、任何时间从网上得到相关企业的各种商务信息。而且，在新型的贸易中，企业使用电子支付系统，通过网上银行系统实现电子付款，即将资金存入电子银行或者信用证公司的账户中，买卖双方交易达成后，在网络终端输入信用证号码，在网络上进行资金结算、转账、信贷等服务，这种随处可办理的电子支付方式极大地方便买卖双方的货款结算，基于网络平台的跨境贸易既方便了生产者也方便了消费者。

（三）实现企业价值链的优化

根据波特的价值链理论，一个企业进行的每项经营管理活动就是企业价值链上每一环节的表现。价值链的增值活动可以分为基本增值活动和辅助性增值活动两大部分。企业的基本增值活动，即一般意义上的"生产经营环节"，如材料供应、产品研发、生产运行、产品储运、市场营销和售后服务。这些活动都与商品实体的加工流转直接相关。企业的辅助性增值活动，包含组织架构的建设、人力资源的管理、技术研发和采购管理。

出口跨境电商不同于传统贸易，由于直接面对消费者，可以根据消费者的需要进行

各个价值链环节调整，以使自身的价值链在更大程度上满足发展的需要。出口跨境电商各个平台都具有强大的数据挖掘与分析功能，通过数据分析能充分了解客户的消费习惯，有助于实现市场细分，针对不同市场制定需求不同的营销策略，比客户更了解客户自己，从而提升客户忠诚度。强大的技术支持，使得出口跨境电商平台能快速实现产业链上下游的资源整合，优化供应链。

从这个意义上来说，跨境电商使外贸企业的利润着眼点从关注其"基本经营环节"，延伸到通过对每一环节的调整与把控，发现自身价值链中能真正创造价值的"战略环节"，从而增加企业的竞争优势。

四、我国跨境电商的发展前景

随着网络强国战略的实施，以及国家政策加大对跨境电商的扶持力度，跨境电商成为新时期我国深化国内改革和对外开放的新窗口。目前，我国跨境电商发展具有以下前景。

（一）我国跨境电商交易规模持续增大

在国际市场需求低迷、部分地区局势动荡、贸易便利化水平欠缺和劳动力成本持续上升等因素作用下，中国传统外贸形势严峻。然而，在互联网技术快速发展、物流服务提升等积极因素的作用下，中国跨境电商市场交易规模持续增大，从2013年我国跨境电商总交易额为2.9万亿元直至2017年达到7.6万亿元，增速从34.5%到20.6%，增长率虽呈下降趋势，但前景依然十分可观。

iMedia Research（艾媒咨询）数据显示，2019年中国跨境电商交易规模达到10.8万亿元人民币，2020年将达12.7万亿元人民币。另据《2018—2024年中国跨境电商行业市场现状分析及投资前景预测报告》，2010年至今跨境电商交易额保持30%以上的复合增速，远高于传统进出口贸易3.12%的复合增速。从2010—2016年交易规模来看，跨境电商保持33.19%的复合增速，预计到2020年跨境电商仍保持15.6%的复合增速，远高于传统进出口贸易3.12%的复合增速。跨境电商占中国整体进出口贸易的市场规模比重持续增长。业内普遍认为中国跨境电商占国际贸易的比重将会越来越大。中国传统贸易和中国跨境电商交易规模比较如图1-7所示。

（二）我国跨境电商B2B出口长期占优势，但进口增速快

在跨境电商交易模式结构上，我国跨境电商出口的比例长期高于跨境进口电商的比例，但进口增速大。2017年中国跨境进口零售电商行业市场规模为1 113.4亿元，增长率为49.6%。未来几年进口电商零售市场仍将保持平稳增长，预计2021年中国跨境进口零售电商的市场规模将突破3 000亿元。在《2017—2022年中国跨境电商市场运行态势及投资战略咨询报告》中，根据海关数据，2015年中国跨境电商交易规模达4.8万亿元人民币，其中跨境出口电商交易规模达4.05万亿元人民币，出口占比为83.1%，跨境进口电商交易规模达7 512亿元人民币，进口占比为16.9%。该报告预测，到2020年跨境进口电商占比将上升到25%。2012—2020年中国跨境电商出口及交易额占比如图1-8

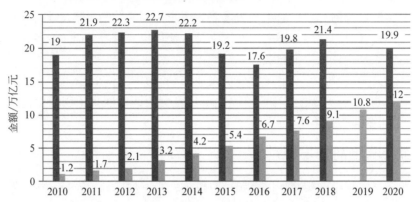

图 1-7 中国传统贸易和中国跨境电商交易规模比较

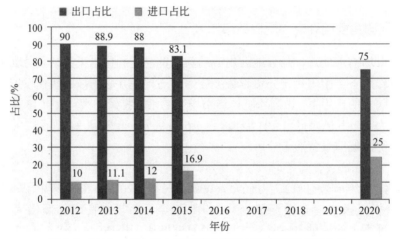

图 1-8 2012—2020 年中国跨境电商出口及进口交易额占比

所示。

在我国跨境电商出口中,跨境 B2B 出口交易额占绝对优势。据电子商务研究中心监测数据显示,2017 年,中国出口跨境电商 B2B 与网络零售占比情况为:B2B 占 80.9%,网络零售出口(跨境 B2C 与 C2C)占 19.1%。2012—2017 年中国跨境出口 B2B 与网络零售占比如图 1-9 所示。

(三)我国跨境电商出口地理方向主要是亚洲周边国家及发达国家

网络无界,理论上好东西可以全球通卖,但世界上 200 多个国家和地区,人口、消费水平、消费习惯、政策法规等条件约束,目标市场还是有限的。据《2017 年度中国出口跨境电商发展报告》显示,2017 年,我国出口跨境电商的主要目的国是:美国 15.02%,俄罗斯 12.51%,法国 11.41%,英国 8.71%,巴西 6.51%,加拿大 4.70%,德国 3.40%,日本 3.10%,韩国 2.80%,印度 1.60%,其他 30.23%。可见,我国跨境电商出口地理方

图 1-9　2012—2017 年中国跨境出口 B2B 与网络零售占比

向主要是亚洲周边国家及发达国家，如图 1-10 所示。

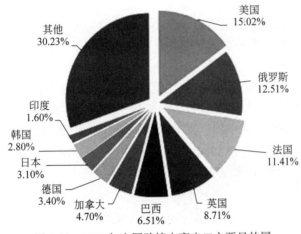

图 1-10　2017 年中国跨境电商出口主要目的国

（四）我国跨境电商卖家主要集中在东南沿海地区，发展潜力大

据中国电子商务研究中心监测数据显示，我国跨境电商的平台已超过 5 000 家，企业超过 20 万家。另据商务部数据显示，这 20 万家参与跨境贸易的企业，基本上都集中在广东、江苏、上海、浙江等东南沿海地区。据电子商务中心监测数据显示，2017 年，中国出口跨境电商卖家主要集中在广东 24.8%、浙江 16.8%、江苏 11.3%、北京 8.6%、上海 6.5%、福建 5.4%、山东 3.6%、河南 3.2%、其他 19.8%，如图 1-11 所示。

在 2012 年以前，跨境电商的参与者以小微的草根企业、个体商户及网商为主。此后，传统贸易中的主流参与者如外贸企业、工厂和品牌商家也开始进入该领域，并逐渐走向规模化运作，卖家所在地由东南沿海逐渐向内陆地区辐射。

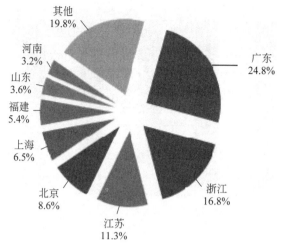

图 1-11　2017 年中国跨境电商主要卖家

(五) 我国跨境电商发展带动了相关服务业的发展

跨境电商服务业是为跨境电商应用提供各种专业服务的,包括交易平台服务以及物流配送、电子支付、信用服务等。目前,在我国 5 000 多家跨境电商服务平台中,阿里巴巴国际站、全球速卖通、敦煌网、中国制造等电商平台占据较大市场份额。在跨境电商发展快速的趋势下,我国的跨境包裹数量增长迅速。据海关统计,2013 年我国进出口快件、邮件总量近 4.98 亿件,同比增长 42.7%。另据俄罗斯邮政公布的统计数据,2018年全年,共计 3.2 亿个包裹从中国运抵俄罗斯,较 2017 年增加 23%,中国发货包裹数量在抵俄跨境包裹中的占比在 9%以上。跨境电商的发展带动了相关服务业的发展,后者的发展又推动我国跨境电商的快速发展。

思 考 题

1. 什么是跨境电商?它和国内电子商务、传统外贸有何区别?
2. 跨境电商按交易主体如何分类?
3. 什么是商业模式?跨境电商这一商业模式和以往商业模式相比有何优越性?
4. 根据跨境电商的发展趋势,讨论跨境电商对于我国中小型外贸企业的机遇和挑战。

阅 读 书 目

1. 邓玉新. 跨境电商: 理论、操作与实务[M]. 北京: 人民邮电出版社, 2017.
2. 邓志超, 崔慧勇, 莫川川. 跨境电商基础与实务[M]. 北京: 人民邮电出版社, 2017.
3. 马述忠, 卢传胜, 丁红朝, 等. 跨境电商理论与实务[M]. 杭州: 浙江大学出版社, 2018.
4. 白东蕊. 电子商务概论[M]. 4 版. 北京: 人民邮电出版社, 2018.

5. 肖旭. 跨境电商实务[M]. 2版. 北京：中国人民大学出版社，2018.
6. 张瑞夫. 跨境电子商务理论与实务[M]. 北京：中国财政经济出版社，2017.
7. 孙东亮. 跨境电子商务[M]. 北京：北京邮电大学出版社，2018.
8. 郑建辉. 跨境电子商务实务[M]. 北京：北京理工大学出版社，2018.

自 测 题

第二章

跨境电商模式

本章提要：伴随着 IT 技术的快速发展，旧的商业模式不断地被颠覆，新的商业模式不断涌现。任何一种新兴的商业模式，其生命力的长短取决于它是否能够有效解决经营主体面临的实际问题。本章从市场交易主体角度，分别探讨跨境电商的三种主要模式——B2B 模式、B2C 模式、C2C 模式。通过对这些模式的概念及商业模式特点的介绍，旨在帮助读者更深入地认识三种模式的经营特点。

本章分三节，分别探讨跨境电商的三种主要模式——B2B 模式、B2C 模式、C2C 模式的基本概念、类型及主要平台。

关键词：跨境电商 B2B；跨境电商 B2C；跨境电商 C2C；商业模式

第一节 跨境电商 B2B

一、跨境电商 B2B 概念

跨境电商 B2B（cross border business to business）是不同关境的企业对企业之间的电子商务，是指来自不同关境的企业与企业之间通过互联网或各种商务网络平台进行产品、服务及信息的交换。通俗地说，就是企业使用 Internet 和其他网络为每笔交易寻找最佳全球合作伙伴，达到买卖双方交易目的全部过程。

跨境电商 B2B 的本质是制造商（出口商）借助跨境电商平台的生态链，通过 Internet 和上游的供应商的全球采购业务，以及和下游的专业进口商的全球销售业务有机联系在一起开展国际商务活动的运行模式。跨境电商 B2B 基本结构如图 2-1 所示。

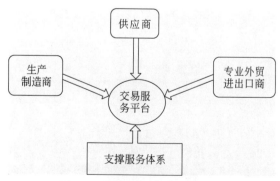

图 2-1　跨境电商 B2B 基本结构

由图 2-1 可知，跨境电商 B2B 的角色包括以下几个方面。

1. 生产制造商

借助 Internet 支撑的在线交易平台，生产制造商可以以出口商角色向跨境企业客户群体销售产品或服务，以进口商（采购商）角色开展全球电子采购。

2. 供应商

供应商以 B2B 电商作为媒介，实现在全球范围内寻求买家。在以卖家占主导的卖方市场里，原材料供应商可以事先发布相关信息，以引起众多的潜在买家关注。

3. 专业外贸进出口商

这类群体主要是跨境电商 B2B 中的小型外贸公司，它们没有自己的生产车间，以中间商角色参与跨境电商的商流活动。

4. 交易服务平台

这是在跨境电商 B2B 中专门为企业卖家及买家提供在线交易平台服务的第三方电子交易平台，它是中小型制造企业及外贸公司开展跨境贸易的重要载体。

5. 支撑服务体系

这是跨境电商 B2B 为保障卖家顺利履约，构建的集物流配送、进出口通关、国际结算、仓储、信息服务等为一体的跨境电商支撑服务体系。

通过跨境电商 B2B 活动，制造商能够根据买家的需求和数量进行个性化生产，供应商可以实现全球供货，处于流通领域的进出口商可以减少中间环节，从而更及时、准确地获取市场信息，从而准确订货、减少库存，并通过网络提高销售或采购的效率，降低经营成本，获取更大的利益。在跨境电商 B2B 活动中，交易服务平台通过 Internet 将生产制造商、（原材料）供应商、专业进出口商三类经营主体串联起来，支撑服务体系则是保障跨境电商 B2B 网上达成的交易顺利履约。

目前，跨境电商 B2B 模式是当前跨境电商的主流模式，在全球的跨境电商贸易中，超过 80%的业务是发生在不同企业之间的，即 B2B 市场。企业与消费者之间直接发生贸易往来的比例不到 20%，从长远发展来看，全球的 B2B 跨境电商模式还将进一步增加。

这类模式的代表性平台是阿里巴巴国际站、环球资源、中国制造网、敦煌网等。

二、跨境电商 B2B 模式

根据不同的标准，跨境电商 B2B 可以分为以下几类。

（一）根据企业间的商务关系分类

根据企业间商务关系不同，可以将跨境电商 B2B 分为以下三类。

1. 以达成交易为中心的跨境电商 B2B 模式

这种模式是以不同关境的企业之间在线交易为主，关注的重点是商品或服务的交易本身，而不是买卖双方的关系。其主要的形式为在线产品交易及在线服务提供。前者一般以一次性的买卖活动为中心，交易对象为产品、原材料、中间品或其他生产资料；而后者一般是供需双方在交易平台上交易除有形产品以外的在线交易。例如，一笔跨境在线产品交易业务中,品牌商(卖家)和制造商、批发商合作,制造商负责生产及提供商品图片和报价服务,然后卖家把这些信息刊登到自己的网站。卖家主要负责销售,制造商或批发商则负责履行订单,将商品发给客户。这种基于货源的供应链整合服务方式不仅可使制造商专心生产、批发商专心发货,而且可降低跨境电商卖家门槛,带给中小卖家很多便利。

2. 以满足供需双方需求为中心的跨境电商 B2B 模式

这种模式是以来自不同关境的企业之间供需关系为主,关注的重点是生产过程与供应链,而不仅仅是产品交易。其主要形式是制造商和供应商所组成的跨境电商 B2B 供应和采购市场。这种模式以制造商和供应商之间的供需活动为主,以企业之间的跨境合作关系为重点,通过 Internet 将合作企业的供应链管理(SCM)、企业资源计划(ERP)、客户关系管理(CRM)等有机结合起来,从而实现产品供应链的无缝连接。例如,思科公司是互联网设备和应用方案的提供商,思科公司为其全部产品(路由器、交换机和其他网络互联设备)建立了虚拟的订货系统,实现在全球范围内 80%的订单通过网络处理,合作伙伴和用户还可以在网络上跟踪订单的处理过程,这样,双方的成本都得到了控制,也提高了客户满意度。

3. 以虚拟协作为中心的跨境电商 B2B 模式

这种模式以企业之间的虚拟协作为主,关注参与协作的虚拟组织中价值链的整体优化。现代信息技术通过由众多公司相互联合而成的公司网络——虚拟组织,完成由一个公司不能承担的市场功能,以更加有效地向市场提供商品和服务。其主要形式是企业协作平台,业务活动涉及围绕协作而形成的虚拟组织内价值链的各个环节,这种虚拟组织通过信息网络提供全方位、多层次、多角度的互动式商贸服务。例如,产品供应方从跨境电商平台获取大数据技术及云计算服务,以实现精准销售,扩大平台市场规模。

(二)根据市场控制者分类

1. 自建模式

大型企业自建 B2B 模式。这是大型企业为了提高成本效益,基于自身的信息化建设基础搭建的企业网站或平台,包括以自营为核心的面向制造业或面向销售商的垂直 B2B 自建模式和以供应链为核心的行业化自建平台模式。

(1)企业网站式自建模式。这种模式可以分为两种:一种是生产商或商业零售商自行投资建设的采购型网站,以实现与上游的供应商之间形成供货关系。这种模式类似于网上招标,其好处在于买家可以绕过分销商和代理商,直接汇集众多卖家企业及其产品信息,通过综合比价,在全球市场选择合适的供应商。例如,戴尔公司利用自身强大的电子采购网站与上游的芯片和主板制造商合作,在每一时刻,它的供应商都能知道公司生产系统中的订单等级、库存情况,在恰当的时候,将合适数量的产品运至戴尔公司。另一种是供应商通过自己建设的推广型网站,以实现与下游的经销商形成销货关系。这种模式下的 B2B 网站类似于在线商店,其实就是企业网站,企业可以通过自己的网站大力宣传自己的产品,提供智能化客户服务,从而用更快捷、更节约的手段促进并扩大交易。例如,通用电气公司通过使用互联网和自动应答软件代理,每年接到 2 000 万个关于其产品的求助电话,每个电话应答的成本节约 96%。

(2)供应链型自建模式。这种模式是大型行业龙头企业搭建的以自身产品供应链为核心的行业化电子商务平台。行业龙头企业通过自身的电子商务平台串联起行业整条产业链。供应链上下游企业通过该平台实现资讯发布、沟通和交易。但此类电子商务平台因相对闭塞而缺少产业链的深度整合。

2. 联合模式

这是由同行业企业为了提高市场竞争力而采取的合作模式,一般是大型企业的强强联合。具体可以分为两种:一种是几家大买家共同构建用来联合采购的网站,希望通过联合采购方式提高买家的议价力量。例如,三大汽车制造商通用、福特、克莱斯勒共同建立的采购网站 Covisint。另一种是几家大型供应商联合建立的以供应商为中心的分销网站,如第一商务(Commerce One)就属于这种类型的网站。

3. 第三方平台模式

第三方平台模式是面向中间商交易市场的平台 B2B 模式。这类平台是既非买家也非卖家投资建立起来的第三方交易平台,它只提供买卖双方参与的竞价撮合模式。按照平台中行业的类型,这种模式又分为综合型 B2B 平台模式与专业型 B2B 平台模式。

(1)综合型 B2B 平台模式。这是将各个行业中相近的交易过程集中在一个场所,为采购方和供应方提供一个交易的机会。例如,阿里巴巴、慧聪网、环球资源网、IBX(北欧)等都属于综合型跨境电商 B2B 平台。这类平台的特点是很多行业都可以在同一个网站上进行贸易活动,其优点是参与交易的买家与卖家进入电子商务的门槛低,而且在市场中可以发现大量的机会,从而为信息化基础比较差的中小外贸企业进入国际市场提供捷径。但这种平台模式因同一产业链的深度延伸不够,资源整合能力不足,对于一些希望在交易中挖掘产业链增值空间的企业没有太大优势。

(2)专业型 B2B 平台模式。这是定位于某个行业的企业间电子商务垂直类网站,其特点是专业性强,并通常拥有该行业资源的背景,更容易集中行业资源,吸引行业生态系统内多数成员的参与,同时也容易引起国际采购商和大宗买主的关注。因此,近一个时期以来,垂直 B2B 网站成为企业间电子商务中备受推崇的发展模式。但这种平台因受众面过窄,其规模效应方面远不如阿里巴巴那样的平台,但两者各有优势,专业化和规模化是未来跨境 B2B 发展趋势,专业型 B2B 平台可以通过为客户提供差异化的服务得以生存。

三、跨境电商 B2B 的优劣势

跨境电商 B2B 借助 Internet 的互动性、开放性推动了全球价值创造要素重组,帮助传统外贸企业实现转型升级。进出口商或进出口贸易公司已经不再作为国家之间商品及服务的主要载体,商流与物流取代传统的企业间跨境交易的载体,并实现贸易手段的创新。但是,由于各国信息化设施及企业信息化的水平不同、各国国家政策及消费习惯的差异,各国跨境电商 B2B 发展存在较大的差异,发达国家在国际竞争中处于优势地位,而发展中国家处于劣势地位。

（一）跨境电商 B2B 优势

与传统的企业间跨境交易相比，跨境电商 B2B 具有以下优势。

1. 重塑全球供应链价值创造内容

从价值创造角度，在企业的供应链上除了资金流、物流、信息流外，最根本的就是要有增值流。供应链上每一个环节增值力的大小都将成为影响企业竞争力的关键。传统的供应链仅是一个横向的集成，连接生产制造商与消费者之间的是各级批发商、经销商和零售商，他们通过库存和销售的规模化增加供应链的价值，只要其中一个环节出现问题，就会影响整条供应链的价值实现。跨境电商 B2B 弥补了传统供应链的不足，它通过整合企业的上下游产业，以制造商为中心，将产业上游供应商、下游经销商、物流运输商及服务商以及往来银行进行垂直一体化的整合，构成一个电子商务供应链网络，消除了供应链上不必要的动作和消耗，实现供应链向动态的、虚拟的、全球网络化的方向发展，实现整个供应链的每个流程最合理的增值，重塑全球供应链价值创造内容。

2. 降低企业间的跨境交易成本

首先，跨境电商 B2B 有利于企业通过 Internet 发布广告信息或采购需求信息，从而节约交易成本。据 IDG（美国国家数据集团）调查，卖方在 Internet 上做广告促销，可促进销售数量增加 10 倍，而费用只是传统广告方式的 10%。其次，跨境电商 B2B 有利于企业缩短中间供应链，减少不必要的中间环节成本，将节省下来的成本用于增加企业的研发投入、创建品牌、提升质量、完善营销与售后。最后，从集成协作角度，采购组织商能够通过网上招标、打包采购等途径迅速获得更优惠的价格。

3. 提高了企业间的交易效率

跨境电商 B2B 在提高企业间交易效率方面主要表现在：第一，从交易双方的谈判效率看，跨境电商 B2B 下的买卖双方可以通过网络谈判，以超文本方式（如图像、声音、文本信息等）实现信息交流，谈判效率是基于电话、电报、传真等沟通工具进行信息交流的传统商务活动无法比拟的；第二，从交易时间范围看，基于 Internet 的跨境业务可以全天候无节假日地不间断运作，可以开展到传统营销人员和广告促销达不到的市场范围；第三，从交易准确率看，跨境电商 B2B 下的电子采购方式不仅可以让采购商跟踪整个采购流程，而且可以让供应商从减少采购订单错误比例的自动购买订单系统中获益，据北欧致力提供电子采购服务的平台 IBX 介绍，在传统的销售模式中，曾经由于不精确、不完整的数据而造成的错误比例最高达 40%。

4. 提高了企业信息管理和决策水平

以物流信息系统建设为例，跨境电商 B2B 对物流信息化水平提出更高的要求。随着信息技术的发展和应用，EDI 技术、条码技术、GPS 等物流信息技术的使用在跨境电商物流领域将不断普及，从而大大提高企业的信息处理和信息管理的能力，以及其对市场的反应能力及对用户的服务水平。

（二）跨境电商 B2B 劣势

我国跨境电商 B2B 发展快速，但与发达国家相比还有很大差距，我国的跨境电商

B2B 和发达国家相比存在以下劣势。

1. 企业信息化水平低

B2B 电商模式提供了一个虚拟的网上交易平台。进入网上交易的企业必须具备一定的资格，这个资格就是企业内部必须有一套合格的电子化生产管理系统，且这套系统有能力与外部信息流无缝对接，以实现企业生产、采购、销售全过程的信息化。而在信息化水平及应用环境方面，发达国家一直占绝对优势，美国已有 60%以上的小型企业、80%以上的中型企业、90%以上的大型企业借助互联网广泛开展电子商务活动。我国企业信息化建设虽然已有 20 多年历史，但企业信息化的规模、层次和应用水平都与发达国家有很大差距，信息孤岛现象严重，企业内部信息整合能力差，由此造成的结果是并没有发挥跨境电商 B2B 给企业带来的整体效应。根据世界著名的预测公司 Aberdeen Group 的报告，美国企业使用 B2B 可以降低 15%的直接成本和 70%的间接成本，采购周期可以缩短 50%～70%，但我国企业人工成本低，使用 B2B 虽然可以减少一般处理人员，但同时需要昂贵的专业人员维护成本，这也是我国跨境电商 B2B 只能以借助第三方平台为主流的重要原因。

2. 物流费用高昂仍是跨境电商 B2B 的发展瓶颈

在跨境电商 B2B 的物流配送中，除极少数可通过网络直接传送的数据产品外，绝大多数商品需要网下配送。在跨境电商蓬勃发展之前，以满足国际贸易需求的大批量的国际运输是跨境物流的主体，虽然单证清关时间较慢，但基本上能够达到 B2B 贸易的要求。但在跨境电商大发展的今天，小批量、高频度的交易要求使得跨境物流需求碎片化。为降低物流成本，发达国家物流市场已形成了综合的第三方物流服务商以及专业的运输、仓储服务商和区域性配送服务商分工合作的产业形态。近年来，美国使用第三方物流的服务比例为 56%，欧洲高达 76%，而且其需求仍在增长。在我国，第三方物流仍处于发展初期，物流服务功能单一，增值服务刚刚起步，加上物流配送中的"通关"障碍，我国的跨境电商 B2B 配送成本高、效率低。跨境电商物流远比我国境内物流服务复杂且难度大，物流服务内容、服务水平、服务质量等都无法与国内物流相提并论。

3. 由"背靠背"引发的交易安全问题

电子商务的运作涉及多方面的安全问题，如资金安全、信息安全、货物安全、商业机密等。在跨境电商交易中，买卖双方往往不能直接见面，由于跨境支付涉及外汇兑换和资金跨国界流动，其交易的安全性、便捷性及监管要求等更复杂。因此，跨境结算的安全性与可靠性，是跨境电商 B2B"背靠背"交易中必须面临的问题。此外，计算机病毒与网络黑客也给电子商务的发展带来安全隐患，一些外贸公司不敢贸然网上签约或交易结算，严重影响了跨境电商 B2B 的发展。

4. 跨境电商 B2B 法律制度不健全

跨境电商是一项复杂的系统工程，它不仅涉及参加贸易的双方，而且涉及不同国家、地区的市场监督管理、海关、税务、保险、运输、银行等部门。跨境物流存在物流费用高、关税高及安全性低等问题，国际支付环节也比国内复杂，要想公平仲裁、保障贸易双方利益，需要有统一的法律和政策框架以及强有力的跨国家、跨地区、跨部门的综合协调机制。但是，我国的电子商务环境并不健全，像知识产权保护问题、网络安全问题、电子合同的效力与执行问题等都需要法律方面的进一步完善。近年来，我国政府虽然已陆续出台促进跨境电商的政策，但主要还是针对 B2C 方面，针对跨境电商 B2B 方面的政策支持力度还需要加大。

5. 跨境电商 B2B 人才缺乏

跨境电商是基于互联网和国际贸易发展起来的新型贸易方式。目前，跨境电商 B2B 是跨境电商的主流模式。随着跨境电商 B2B 的火热发展，企业广泛求才。企业更加希望跨境电商人才属于复合型学科人才。跨境电商发展的外贸人员必须具备良好的职业素养和责任意识，能够用各类跨境电商平台从事国际贸易、跨境营销、产品详情页编辑等相关工作。杭州傲基电子商务有限公司 CEO（首席执行官）倪建国认为，按照金字塔人才结构理论，跨境电商属于管理和战略层面，这样的跨境电商人才，相当于国际贸易、电子商务、互联网信息技术和语言等专业的"跨界通才"。但是，我国跨境电商人才缺乏，来自中国电子商务中心的调查报告显示，我国有 86%外贸企业存在跨境电商人才缺乏现象。

四、跨境电商 B2B 平台介绍

跨境电商 B2B 平台有两种：一是自建跨境电商平台，二是第三方跨境电商平台。目前，我国自建跨境电商平台达到 5 000 多家，而入驻各类第三方平台开展业务的企业已经超过 20 万家。所以第三方平台模式是目前主流的跨境电商 B2B 平台模式。

下面介绍几个典型的跨境电商 B2B 平台。

（一）阿里巴巴国际站

1. 阿里巴巴国际站发展历程

阿里巴巴国际站成立于 1999 年，是为帮助中小企业开拓国际贸易市场，并提供出口营销推广服务而成立的跨境电商平台，它通过向海外买家展示、推广供应商的企业和产品，进而获得贸易商机和订单，是外贸型企业拓展海外市场的首选外贸平台。

阿里巴巴起步后就飞速"奔跑"：2014 年 9 月 19 日，阿里巴巴在美国纽约证券交易所上市，2016 年"双 11"期间创造 1 207 亿元成交额，并两次入选美国哈佛大学商学院 MBA（工商管理硕士）案例，连续 5 次被美国权威财经杂志《福布斯》选为全球最佳 B2B 站点之一。良好的定位、稳固的构成、优秀的服务，使阿里巴巴成为全球商务第一网站，被商人们评为"最受欢迎的 B2B 网站"。2019 年 3 月 5 日，阿里巴巴集团旗下跨境电商 B2B 平台 Alibaba.com（阿里巴巴国际站）宣布，跟办公服务公司 Office Depot 达成战略合作。双方将联手推动北美 1 000 万中小企业实现全球买、全球卖、全球运。阿里巴巴国际站首页如图 2-2 所示。

2. 阿里巴巴国际站商业模式的主要特点

与全球互联网服务对象不同的是，阿里巴巴以全球中小企业为服务对象，立志成为中小企业敲开财富之门的领路人，因为阿里巴巴的创始人马云相信大企业有自己专门的信息渠道，小企业什么都没有，最需要互联网走向世界。阿里巴巴为中小型制造商提供了一个销售产品的贸易平台，让全球的中小企业通过互联网寻求潜在的贸易伙伴。

图 2-2　阿里巴巴国际站首页

阿里巴巴国际站提供的平台服务包含一站式的店铺装修、产品展示、生意洽谈及店铺管理等。阿里巴巴外贸机器人（Alibaba Robot，AliRobot）通过类似机器人的软件实现高质量产品智能海量发布、多关键词全方位覆盖、产品定时批量更新、关键词排名一键查询等功能。在 30 天内曝光增加一倍，6 个月内订单翻番。

阿里巴巴国际站的主要收入来源于会员费、广告收入以及针对会员推互联网的竞价排名、展位服务等增值服务收入。

（二）环球资源

1. 环球资源的发展历程

环球资源成立于 1970 年，是一个 B2B 多渠道的国际贸易平台，也是大中华地区双边贸易的主要促进者。公司的核心业务是通过一系列英文媒体，包括环球资源网站、印刷及电子杂志、采购资讯报告、"买家专场采购会"、贸易展览会（trade show）等形式促进亚洲各国的出口贸易。环球资源于 2000 年在美国纳斯达克股票市场公开上市，如今已经成功迈向第 5 个十年。环球资源网首页如图 2-3 所示。

图 2-3　环球资源网首页

2. 环球资源商业模式的主要特点

环球资源的文化理念是通过适当的资讯、时机及渠道连接全球买家及供应商。迄今已帮助逾 100 万家的国际买家在国际市场进行高效采购。

环球资源的发展远景主要锁定五大特定领域：一是通过网站、面对面商展、杂志广告等整合渠道推广平台，帮助大中华地区供应商的整合 B2B 出口推广服务；二是通过中文内贸网及一系列内贸商展，帮助中国快速发展的内贸 B2B 市场；三是通过一系列中文媒体，帮助大中华地区电子行业的产品创新和市场推广；四是为中国商业精英群体提供顶级消费品牌推广服务；五是为印度买家和供应商提供进出口解决方案。

根据环球资源的业务内容，其主要收入除了大型企业高端会员的会员费外，还包括线下会展、商情刊物、出售行业咨询报告等所带来的广告费用和所收取的增值服务费用。

（三）中国制造网

1. 中国制造网的发展历程

中国制造网创建于 1998 年，是由焦点科技（股票代码：002315）开发和运营的，面向全球提供中国产品的 B2B 电子商务服务类网站，也是国内最著名的 B2B 电子商务网站之一。中国制造网分内贸网站和外贸网站。截至 2012 年年底，中国制造网拥有注册会员超过 800 万位，仅 2012 年就有来自超过 240 个国家和地区的用户访问了中国制造网，访问量超过 5.5 亿人次。2014 年 6 月，全球大型企业海尔牵手百卓，建立企业采购系统深度对接平台。通过百卓，将超过 500 亿的年采购订单开放给全球供应商，领跑"系统深度对接、实时坐收报价"采购新风尚。2018 年 12 月，中国制造网内贸站继 2015 年之后，连续 4 年蝉联"中国 B2B 行业百强"。中国制造网（外贸站）首页如图 2-4 所示。

图 2-4　中国制造网（外贸站）首页

2. 中国制造网（外贸站）商业模式的主要特点

凭借巨大而翔实的商业信息数据库，便捷而高效的功能和服务，中国制造网（外贸站）汇集中国企业产品，面向全球采购商，提供高效可靠的信息交流与贸易服务平台，中国制造网成功地帮助了众多供应商和采购商建立联系、提供商业机会。

中国制造的经营理念是弘扬中国制造，服务中小企业，促进全球贸易。它专注于中国产品的出口推广，并服务买家，专注于协助出口企业摆脱低价竞争，突出自身卖点和独有的竞争优势，接触更为优质的买家社群，帮助提升供应商的综合竞争力，帮助买家和卖家实现高效而便捷的在线商务活动。

中国制造网可注册免费会员，但每个免费会员只能发 10 条信息，每条信息一张图片，而如果是收费会员则可以发 100 条信息。中国制造的主要收入来源是会员费、增值服务费（如广告费）、认证供应商收取的认证费等。

（四）敦煌网

1. 敦煌网 B2B 发展历程

敦煌网 B2B 在线交易平台于 2005 年正式上线，是全球优质的在线外贸交易平台之一，它致力于让国内中小型外贸企业通过跨境电商方式开辟新的国际贸易通道，并为中小采购商提供高效的物流采购服务、贷款服务及营销服务。敦煌网上有来自 200 多个国家和地区的买家，而卖家遍及全国各地。敦煌网首页如图 2-5 所示。

图 2-5　敦煌网首页

2. 敦煌网 B2B 商业模式的特点

作为第二代 B2B 电子商务的开拓者,敦煌网以打造全球领先的在线交易平台作为发展目标。敦煌网 B2B 商业模式最大的特点是完善的在线交易环境和配套的供应链服务。

(1)"成功付费"模式。在网站运营上,敦煌网采取免费注册,达成交易才收费的"成功付费"经营模式。敦煌网收费是向买家收取一定的佣金,这样可为中小卖家解决创业之初的资金短缺问题,这也是敦煌网为吸引卖家所使用的战略之一。

(2)互联网金融服务。互联网金融成为敦煌网业务体系中的重要组成部分之一,敦煌网与相关银行合作,为中小企业推出贷款额度从 5 万元到 150 万元金额不等的金融服务。

(3)拼单砍价服务。敦煌网提供拼单砍价服务,如同时间有许多货物发往同一个地方,敦煌网便会将相关信息收集起来将这些货物一起发送,以帮助互不相识的客户将货物拼到一个集装箱出运以便降低交易双方的成本。

(4)"阶梯"式佣金政策。为提高大额订单在批发采购商中的价格竞争力,激励大额订单采购商,迎接跨境采购旺季,敦煌网自 2014 年 1 月 1 日起,实施"阶梯"式佣金政策,当单笔订单金额≥300 美元时,平台佣金率直降为 4.5%。在保证卖家收入的同时,扩大平台的批发优势。2017 年 9 月,敦煌网再次对单笔订单额≥1 000 美元的订单实施佣金奖励政策,下调该部分佣金率(订单金额 1 000 美元以下佣金不变)。2017 年 9 月敦煌网"阶梯"式佣金政策如表 2-1 所示。

表 2-1　敦煌网"阶梯"式佣金政策(2017 年 9 月)

佣金阶梯/美元	支付方式	调整前			调整后			调整方案
		佣金率/%	手续费/%	综合费率/%	佣金率/%	手续费/%	综合费率/%	
1 000~5 000	非银行转账	2.00	2.5	4.5	0.50	2.5	3.0	佣金率统一调整为 0.5%,手续费不变
5 000~10 000		1.00		3.5	0.50			
大于 10 000		0.50		3.0	0.50			
1 000~5 000	银行转账	2.00	2.5	4.5	0.50	0.5	1.0	佣金率与手续费均统一调整为 0.5%
5 000~10 000		1.00		3.5	0.50			
大于 10 000		0.50		3.0	0.50			

资料来源:敦煌网。http://seller.dhgate.com/promotion/451-yongjintz.html?d=f-yjtz。

第二节　跨境电商 B2C

一、跨境电商 B2C 的概念

B2C 是我国最早采用的电子商务模式。跨境电商 B2C（cross-border business to customer）是分属不同关境的企业直接向消费者个人开展在线销售商品和服务，通过跨境电商平台达成交易、进行支付结算，并通过跨境物流送达商品、完成交易的一种国际商业活动。

跨境电商 B2C 的本质是一国企业（出口商）通过跨境电商平台或自建的跨境电商网站——网上商店开展在线销售活动。消费者通过网上生产商或经销商直接订购商品，不仅便于生产商以销定产，还可以避开一些不必要的中间环节，从而降低买卖双方的交易成本，提高交易效率。

提供跨境电商 B2C 业务的卖方通常包括以下两类。

1. 产品制造商

一些产品制造商为了缩短供应链，减少分销成本，会利用网上直销的方式销售其产品及各类服务。这种方式不仅可以直接让利给消费者满足其个性化需求，而且加快了制造商库存的周转和货款回收。例如，DELL 计算机制造商就是通过 B2C 方式实现全球直销的。

2. 跨境电商卖家

这类跨境电商卖家并没有参与商品生产，只是作为全球制造商（品牌商）、OEM 工厂的经销商，通过自己的平台或第三方平台出口产品。例如，美国的亚马逊（Amazon）网上书店，已成为世界上销售量最高的网上书店。第三方平台有助于将跨境电商卖家直接推到与消费者面对面的前台，让生产商获得更多的利润，使更多的资金投入技术和产品研发上，最终让消费者受益。

跨境电商 B2C 结构如图 2-6 所示。

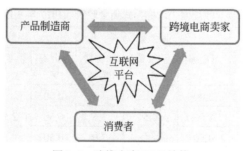

图 2-6　跨境电商 B2C 结构

二、跨境电商 B2C 模式

跨境电商 B2C 的具体实现模式有三类：第一是戴尔直销 B2C 模式，第二是沃尔玛直营 B2C 模式，第三是虚拟卖家 + 平台模式。

（一）戴尔直销 B2C 模式

该模式是以戴尔公司为代表的传统制造型企业，在互联网上开设了自己的网站，方便消费者直接购买本企业产品的电子商务模式，其特点是一个卖家对全球众多买家，是处于以供应商为中心的卖家市场环境中。其优点在于制造商可以按需生产和提供良好的售后服务，并能控制生产流程及存货水平。不足在于顾客缺少比较，且企业网站运营成本高，只适合于质优价高的大型制造型企业。戴尔直销 B2C 模式如图 2-7 所示。

图 2-7　戴尔直销 B2C 模式

（二）沃尔玛直营 B2C 模式

该模式是拥有实体商城和网点的传统零售业里的知名企业自建网上商城作为开拓国际市场的一条新渠道。因卖家已拥有线下成熟运营的实体商城和配送体系，而且拥有自己的品牌及众多忠实的顾客，还因受益于全球采购的规模效应，以中间商角色直接提供品类齐全、价格实惠的商品给全球消费者（价格通常比当地实体店买到的商品更优惠），沃尔玛 1 号店就是其中的典型代表。沃尔玛公司致力于通过实体零售店、在线电子商店、移动设备移动端等不同平台不同方式来帮助世界各地的人们随时随地节省开支，并生活得更好。沃尔玛不仅拥有 27 个国家的 1 万多家分店，还开设了 10 个国家的电子商务网站。沃尔玛直营 B2C 模式如图 2-8 所示。

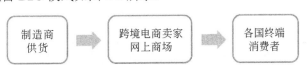

图 2-8　沃尔玛直营 B2C 模式

（三）虚拟卖家+平台模式

该模式下的跨境电商卖家没有自己的实体店，是以经销商或网络中间商的角色，借助电商平台实现跨境贸易，并帮助客户选择合适的物流实现商品交付。该模式颠覆了传统的国际商务模式，将企业与单个客户的不同需求完全整合到一个平台上，跨境电商卖家基本没有库存。这也是目前跨境 B2C 主流模式。平台运营类型可以分为以下三种。

1. 综合型自营平台模式

该模式是以亚马逊、京东全球购等为代表的网络中间商，通过网上商店建立起生产厂商与消费者的购物平台，从产品的生产厂商进货后再销售给最终消费者，它们所出售的商品将以保税进口或海外直邮方式入境。该模式的优势是平台供应链管理能力强，经营的商品种类丰富，顾客选择余地很大。综合型自营平台模式如图 2-9 所示。

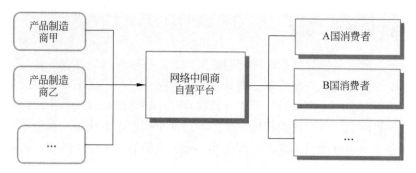

图 2-9　综合型自营平台模式

2. 垂直型自营平台模式

该模式下的平台在选择自营类商品时会集中于某个特定的类别,如奢侈品、化妆品、奶粉等。比较有代表的企业是中粮我买网(食品)、香港莎莎网(化妆品)、FinishLine(运动鞋)等。垂直型自营平台模式如图 2-10 所示。

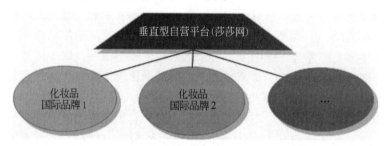

图 2-10　垂直型自营平台模式

3. 第三方平台服务模式

该模式下的电商平台只是提供一个跨境卖家与消费者进行在线交易的场所,通常平台会设置跨境电商卖家的进入门槛以确保平台商品的质量,同时通过收取会员费、增值服务费、广告费等作为服务性收入。例如,前面提及的亚马逊除了采购大量自营商品外,还通过"全球开店模式",让海外商家入驻,并对入驻的商家提供物流服务与平台监督。第三方平台服务模式如图 2-11 所示。

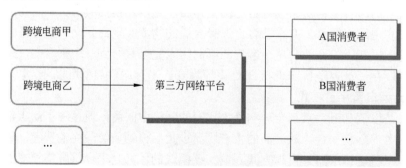

图 2-11　第三方平台服务模式

三、跨境电商 B2C 优劣势分析

跨境电商 B2C 通过网上商店拓展客户和企业交易的时间与空间，大大提高了交易效率，B2C 网站是网络深入人们生活的必然趋势。但人们在利用跨境电商 B2C 的便捷性同时，也不能忽视跨境电商 B2C 存在的网络安全问题及在不同国家发展的差异问题。

（一）跨境电商 B2C 的优势

1. 符合消费需求个性化趋势

根据网络时代的"长尾理论"，由于互联网连接全世界的特点，近乎无限制地拓展了商品存储和流通的空间，互联网的个性化文化不断向商业领域渗透，越来越多的产品和服务呈现个性化的趋势，"私人定制"渐成风气，高级定制也是主流发展方向之一。跨境电商企业作为数字化企业正好满足消费者个性化需求，由零售商委托工厂为消费者生产个性化产品。未来，工厂追求的目标将不再是工业化的大规模生产，而是多品种、定制化、优质和高效，多品种小批量的"私人定制"趋势将越来越明显。Nike 的"NIKEiD"定制服务、M&M 的定制巧克力豆、乐高的"马赛克积木"、丝芙兰的专属瓶身和礼盒……越来越多的零售大牌开始求新求变，在全球范围内，为消费者构建一个"个性化需求平台"。

2. 实现消费品单一出口为全球出口

跨境 B2C 网上零售商可以借助 Internet 的时空拓展性，建立国际分销渠道来销售商品，出口产品和国际市场都呈多元化趋势。国际市场多元化的好处在于全球市场机会远远超过一个单一市场的机会。同时，不同收入国家的消费者即使有不同的消费特点，也都能在跨境贸易环境中获得满足感。

3. 节省了制造商到终端消费者的中间环节

在跨境电商 B2C 模式下，由于信息的自由流通，商家获取比价信息的成本也大幅降低，零售商可以方便快捷地从更高层级的贸易商直接采购到自己需要的商品，而且通过小批量、多批次的频繁交易来降低库存压力、提高商品周转效率，提升自身竞争力；甚至最终消费者也可以通过电子商务平台直接对接进出口商和源头厂家。电子商务的出现有效消除了国际贸易链条上的多个流转环节，通过降低流转成本来降低商品价格，增加零售商的盈利能力和消费者的消费能力。

4. 加快了数字化产品的国际化进程

数字化产品是指信息、计算机软件、视听娱乐产品等可数字化表示并可用计算机网络传输的产品或劳务。在数字经济时代，这些产品（劳务）可不必再通过实物载体形式提供，可在线通过计算机网络传送给消费者。因此，随着跨境电商 B2C 模式的市场规模扩大，数字化产品将面向全球迅速传播，一国消费者可通过网上订阅模式、付费浏览模式、广告支持模式等获得国外优质的数字化产品。

（二）跨境电商 B2C 的劣势

1. 跨境电商 B2C 物流成本高昂

跨境电商 B2C 销售的对象主要是消费者。产品运输以小批量、多品种的国际快递物流为主要方式，物流成本高昂。目前主要是利用国外第三方物流快递公司，即 TNT、UPS、DHL、FedEx 四大国际快递公司，或者通过国际平邮和国际空运运输，而空运成本又是物流成本中最高的。以 1 千克物品运到美国为例，海运费为 1.3 元，空运费为 45 元，最高运费是最低运费的几十倍。DX 公司专做 3C 产品，一个价值 2 美元的东西，快递费要 50 元左右，但由于缺少竞争及比当地零售价便宜，所以目前销路还可以。可见，这种商业模式普及后，物流成本已是竞争成败的关键。

2. 跨境电商 B2C 物流服务水平差

网购的竞争就是时间的竞争、售后体验的竞争，跨境电商 B2C 面对消费者的最大困境是商品物流配送问题。在商品配送环节，真正决定物流服务水平差异的，或者说一套完善的跨境物流整体解决方案在实际中通常遭遇的问题，恰恰是因"最后一公里"造成的难题。纵观投诉缘由，物流时间太长、产品真假无法保障、售后维权困难，成为跨境电商成长过程中遭诟病的"原罪"。不少消费者都遇到过"到货时间过长"的情况。一些物流公司，因空运、清关等不确定因素，到货时间无法承诺。有些跨境物流公司因丢包事件时常发生，买家申请退款赔偿的周期十分漫长。还有些物流公司的海外仓，货物转仓越仓后信息登记不及时，客户查看不便，客户应答敷衍，严重影响了客户体验。新民晚报记者在洋码头 App 上看到，在"消费保障"中，网站宣传称"专业空运""海外商品 7 天直达"。然而，客服却表示因空运、清关等不确定因素，到货时间无法承诺，"清关快的话几天，慢的话就说不准了，买卖双方可自行协商，超出时间可以投诉"。

3. 新兴国家跨境电商 B2C 凸显"市场不规范"

以中国为例，因政策及监管的滞后，不少跨境电商企业的整个交易过程及支付方式都是与国家现有政策和法规相冲突的。于是，市场上出现了一些实际销售额惊人但在公开网站上相当低调的跨境卖家，这说明他们在通关、商检、收汇等出口法定程序上是逃离国家监管的，具有"灰色身份"的嫌疑。

4. 跨境电商 B2C 小语种人才缺乏

由于跨境电商 B2C 面向全球市场，因此和跨境电商 B2B 一样对综合性人才需求高。此外，还有一个更为突出的是诸如法语、西班牙语和葡萄牙语等小语种人才缺乏。这些小语种消费者因其覆盖市场区域辽阔广大，市场潜力较大。跨境卖家一旦缺失这方面的市场营销人才，将错失不少市场机会。

四、跨境电商 B2C 平台介绍

外贸跨境电商 B2C 有两大线上渠道，即第三方平台和独立商城（含移动端）。知名的独立网店都来自超级大卖家，大部分具有一定的垂直性，典型的有以 DX 为代表的 3C 销售平台和以兰亭集势为代表的婚纱派。在美国，由于中产阶级和市场信用度双高，美国不仅是跨境电商 B2C 的重要市场，同时也是全球跨境电商 B2C 最重要的货源地。美国独立网络零售商高达 60% 以上，而中国只有 10% 左右，且大部分通过第三方平台。现介绍几个主要的跨境电商 B2C 平台。

（一）京东海囤

1. 京东海囤全球简介

京东集团在 2013 年开始海外代购业务，2014 年开始，京东通过自营联系海外商家，采购大量自营商品，如葡萄酒等，在京东电商平台上进行销售。京东全球购正式上线时间是 2015 年 4 月 15 日，首批上线商品超过 15 万种，品牌数量超过 1 200 个，商铺超过 450 家。

2014 年 5 月 22 日，京东集团在纳斯达克挂牌，目前是仅次于腾讯、百度、阿里巴巴的中国第四大互联网上市公司。2015 年 7 月，京东成为泰勒·斯威夫特（Taylor Swift）商品在中国的第一家授权销售商。

2015 年 9 月，京东与韩国知名电商乐天网购签署战略合作协议，并成为乐天网购在中国今后 5 年唯一战略合作伙伴。

2018 年 7 月 30 日，京东全球购宣布与日本近铁百货集团签订战略合作协议。近铁百货海外旗舰店正式在京东全球购上线，将上线来自日本的美妆护肤、个人护理、母婴、妈妈专区、家居日用、服饰内衣等商品。

2018 年 11 月 19 日，京东正式将旗下全球购品牌全面升级为"海囤全球"，定位于"京东旗下全球直购平台"的海囤全球专注原产地直购模式，具有自营直采、突出原产直购、京东配送优势。

"海囤全球"意为从全球囤积海外好物，"海囤"又谐音"海豚"。京东海囤全球首页如图 2-12 所示。

图 2-12　京东海囤全球首页

2. 京东海囤全球商业模式的特点

京东商城把服务、创新和消费者价值最大化作为企业的发展目标，不断增强企业的产品信息系统、产品操作系统和物流技术三大核心竞争力。京东全球购的业务和国内业务一样，以自营及自营性物流作为自己的主要经营模式。京东在逐渐推行园区化管理，即将分拣中心距离接近，充分提高分拣中心的效率，这是第三方物流模式下难以实现的，而且，京东的自营性物流因甩开不必要的交接环节，可有效克服由国际快递公司配送造成的"最后一公里"难题，能够满足消费者对商品及时、准确送达及质量保证等良好用户体验方面的较高需求。

（二）亚马逊

1. 亚马逊简介

亚马逊（Amazon）成立于 1995 年，是美国最大的一家网络电子商务公司，位于华盛顿的西雅图。亚马逊一开始只经营网上书店销售业务。2000 年，亚马逊开始通过品类扩张和国际扩张，用户多为中高端消费群体。2012 年，亚马逊推出"全球开店"业务，亚马逊公司将"以顾客为中心"作为企业文化，不断努力提升顾客体验，其在消费者中的良好口碑使得网站的流量大幅提升，而流量的提升可以吸收更多的销售商。亚马逊的官方数据披露，主要会员已经遍布全球，总数接近 1 亿，其中至少有 6 000 万名会员来自美国——将近一半的美国家庭。亚马逊（中国站）首页如图 2-13 所示。

图 2-13　亚马逊（中国站）首页

2. 亚马逊商业模式的特点

（1）目标客户与竞争优势。亚马逊覆盖了当今全球热门、成熟的电商市场，全球亚马逊上的第三方卖家多达 300 万家，占据其全年销售的近一半。亚马逊中国卖家可以直接将商品销售给全球 3 亿活跃用户，截至 2019 年，已开放了美国、德国、英国、法国、意大利、加拿大、印度、日本等十大站点。

（2）营销战略与策略。亚马逊的全球开店模式使其境外扩展范围相当广，遍及美洲、欧洲和亚洲等。亚马逊的另一特色服务是允许第三方销售商在其平台上销售商品，并使用其物流网络。亚马逊为第三方商家提供 FBA（fulfillment by amazon）服务，极大地支撑了第三方商家开放平台的发展，进一步增加了亚马逊的品类，形成良性的循环。亚马逊也成功利用这个良性循环，通过提高卖家产品质量门槛、降低产品价格、提高服务质量，不断增加消费者回头率和销售商入驻率。因为它鼓励卖家做自己的品牌，以及商品质量和 FBA 仓配服务，用户体验好，欧美客户最愿意消费，所以客单价高，反过来促进更多优质卖家加入，形成良性循环。

（3）盈利模式。亚马逊的收入来源于自营商品的销售收入和平台的服务费。在亚马逊运营中心存放超过 365 天的商品需每月按件支付长期仓储费。在 2019 年 2 月 15 日之前，对于在亚马逊运营中心存放超过 365 天的商品，每件商品的最低仓储费率为 0.50 美元。自 2019 年 2 月 15 日起，每件商品的最低仓储费为 0.15 美元。

为了更好地服务亚马逊全球开店的卖家，2018年12月，亚马逊也针对销售佣金做出了更细分的调整。其中，对于美容化妆、个护健康和母婴（母婴服装除外）商品，若总销售价格不超过10美元，则销售佣金从15%降至8%；若总销售价格高于10美元，将继续收取15%的费用。对于食品类商品，若总销售价格不超过15美元则销售佣金从15%降至8%，若总销售价格高于15美元则将继续收取15%的费用。对于30个分类，亚马逊将把每件商品的最低费用从1美元降至0.30美元。而对于珠宝首饰和钟表类，每件商品的最低费用将从2美元降至0.30美元。对于家具商品，其总销售价格中超过200美元的部分，销售佣金从15%降至10%。此变更不适用于床垫。

亚马逊财报的数据表明，2018年，其净销售额达到了1 779亿美元，其中，平台云服务（Amazon Web services，AWS）收入为175亿美元。

（三）兰亭集势

1. 兰亭集势简介

兰亭集势（Light In The Box，简称"兰亭"）是一家B2C模式的出口跨境电商自营平台，其价值链主要涉及产品供应、物流、支付和营销四个方面。

兰亭集势成立的日期是2007年3月18日，注册资金为300万美元，成立之初就获得美国硅谷和我国知名风险投资公司的青睐与注资，2010年6月完成对3C电子商务欧酷网的收购，2013年6月6日成功在美国纽约交易所挂牌上市，成为当年在美国上市的中国跨境电商第一股。该网站基于26种语言，用户来自200多个国家和地区，累计发货目的地国家多达200个，遍布北美洲、亚洲、西欧、中东、南美洲和非洲，日均国外客户访问量超过300万，访问页面超过1 500万个。

兰亭集势首页如图2-14所示。

图2-14　兰亭集势首页

2. 兰亭集势商业模式的特点

（1）目标客户。兰亭集势成立于金融危机之初，致力于为全世界的中小企业提供一个基于互联网的全球整合供应链。兰亭集势上线之初，主营电子产品，但毛利不高，于是兰亭集势不断调整产品品类，增加毛利较高的产品品类，如服装、电子产品配件等。现在，兰亭集势的婚纱产品因质优价廉深受国外消费者欢迎。在兰亭集势上，海外消费者可以买到性价比高的中国产品，或者他们在当地买不到的东西。兰亭集势的客户主要是各种中国制造的"山寨"电子产品和廉价婚纱礼服的中低端消费者。

（2）营销战略与竞争优势。兰亭集势采用的是自营平台的方式，自营平台不同于开放平台，需要自己组织货源，建立供应链。兰亭集势拥有一套强大的供应链管理系统，中小制造商是兰亭集势的主要供应商，凭借搭建的供应链系统，兰亭集势可实现标准化的商品提前备货和个性化生产。

兰亭集势作为自营平台的优势在于可以自建品牌。兰亭集势根据交易数据分析和对流行趋势的参考，可直接参与供应商的设计、生产环节，特制指导方案确保供应商的产品是时下流行以及符合消费者需要的。2012年，与亚马逊实现24.8%的毛利率相比，兰亭集势的毛利率达到41.77%，这与兰亭集势较短的供应链和较低的成本不可分。

此外，兰亭集势营销战略的核心是快速而有效地抓住平台用户，扩大用户基数。兰亭集势的网络营销主要包括搜索引擎营销、社交媒体营销与网站联盟营销。

搜索引擎营销是兰亭集势最常用也是最主要的营销手段。从 Alexa 统计数据来看，美国、意大利、英国、法国和德国的谷歌站点是兰亭集势网站流量的主要来源，合计所占的比例达到33%以上。

为了解决物流费用率及物流费用高的问题，兰亭集势自己搭建跨境物流平台和建立海外仓。兰亭集势主要的物流合作商有 FedEx、UPS、DHL 和 EMS，它们都为兰亭集势提供了超省、标准和特快三种运输方式。兰亭集势还和国际顶级的物流商开展合作，积极开拓海外仓的建设，已在欧洲和美国建立了海外仓。兰亭集势没有属于自己的支付系统，主要是借助第三方支付结构完成支付活动。今后，加强平台大数据分析及提高支付服务水平是兰亭集势的努力方向。

（3）盈利模式。兰亭集势的广告在拉动产品销量的同时也带动活跃用户的快速增长，而这些用户正是兰亭集势营业收入的重要组成部分。

（四）全球速卖通

1. 全球速卖通简介

全球速卖通是阿里巴巴旗下唯一面向全球市场打造的在线交易平台，在这个平台上，你可以把商品卖到你可以想到的几乎任何国家和地区去，被广大卖家称为国际版"淘宝"。全球速卖通于2010年4月上线，2015年开始，速卖通出台个人卖家转企业卖家策略，该策略要求所有商家必须是企业并且要有自己的品牌，2016年已完成该项调整。速卖通销售品类前五的是服装及配饰、手机及通信工具、美妆及健康、计算机网络、珠宝及手表，其业务遍及220多个国家和地区，拥有近20个语言网分站，每天海外买家的流量超过5 000万，最高峰值达到1亿，是全球最活跃的跨境电商平台之一，也是我国最大的国际B2C交易平台。全球速卖通首页如图2-15所示。

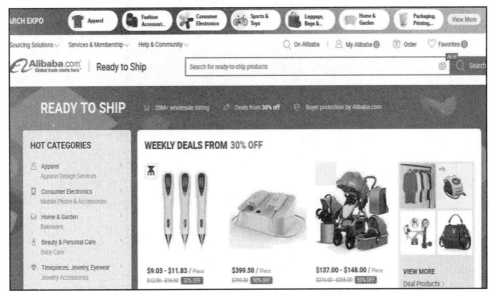

图 2-15　全球速卖通首页

2. 全球速卖通平台的特点

（1）目标客户。全球速卖通最大的特点是"价格为王"，卖家一定要价格低才能有优势。同时，速卖通操作简易，规则不多，平台上还有许多线上视频培训课程，很适合跨境电商小商户入驻。

（2）营销战略与竞争优势。全球速卖通非常重视营销推广。该平台免费为卖家提供四大营销工具，即限时限量折扣、店铺优惠券、全店铺满立减和全店铺折扣。卖家也可付费参加平台的直通车活动，在短时间内获得大量的曝光和流量。买家按照有效点击数来付费，费用高低与推广评价及出价相关。

（3）盈利模式。速卖通平台的收入来源主要包括技术服务费年费和交易服务费两种。除此之外，速卖通也会对卖家使用的广告营销服务收取服务费。2018年，速卖通针对不同经营大类的技术服务费年费在 3 000～10 000 元人民币不等（共享无技术服务费年费）；速卖通收取交易服务费（交易佣金）在交易完成后只对卖家收取，买家不需支付任何费用。

（五）Wish

1. Wish 简介

Wish 是一家新兴的移动 B2C 跨境电商平台。Wish 公司于 2011 年 12 月创立于美国旧金山硅谷，起初只是一家毫不起眼的图片社交应用网站。直到 2013 年，平台加入商品在线交易功能，移动 App 于同年 6 月推出。这个改变使得 Wish 成为跨境电商移动端的一匹黑马，当年交易额达 1 亿美元，如今日均活跃用户超过 100 万，日均新用户超 9 万，交易额达 30 亿美元。Wish 移动端界面如图 2-16 所示。

图 2-16　Wish 移动端界面

2. Wish 商业模式的特点

（1）目标客户。Wish 不同于前面几家跨境电商平台，移动商是客户的主要来源。Wish 一开始就十分注重智能手机的购物体验。在 Wish 平台，有 98%的流量和 95%的订单都来自移动端。这个特点使 Wish 成为跨境电商移动端的一匹黑马，当年交易额即达 1 亿美元。

（2）营销战略与竞争优势。Wish 的营销战略具有旗帜鲜明的特点，它采用的是精准营销模式。Wish 擅长用户数据的深度挖掘，通过用户的注册信息，结合用户的历史浏览信息，采用数据算法，推测用户的喜好。Wish 采用基于搜索引擎的匹配技术，即通过用户行为判断用户偏好，并运用数学算法将用户和商家、商品进行准确的匹配，每天给用户推送其可能感兴趣的商品和商家。

平台注重顾客的购物体验，能够针对不同顾客推送个性化的商品信息，呈现给用户的商品大都是用户关注的、喜欢的，同一个用户在不同时间看到的商品信息也不一样。在交易完成后，Wish 会随时跟踪用户的浏览轨迹及使用习惯，以了解用户的偏好，进而再推荐相应的商品给用户。

（3）盈利模式。相对于其他平台通过关键词额外收取费用向用户推荐商品的办法不同，在 Wish 平台上的商家上传任何商品都是免费的，只有在交易成功后商户才需要向平台支付一定比例的佣金，整个过程非常简单易行且没有任何隐藏费用。因此，价格在 Wish 平台是不敏感的，后期流量拼的是产品的优化和客服的质量。

第三节　跨境电商 C2C——海外代购

一、海外代购模式的概念

跨境电商 C2C（cross-border customer to customer）简称海外代购，是发生在跨境的自然人（居民、非居民）之间的商业模式，也就是一个国家的个人或商户为有需求的另一国家的消费者在当地采购所需商品,并通过跨境物流将商品配送到消费者手中的形式,是消费者通过网络交易平台、社交平台等方式,从境外卖家购买商品的行为。这种模式的主要特点是一种平民之间的自由贸易,其思路类似于西方的"跳蚤市场",在跳蚤市场中,买卖双方可以进行一对一的讨价还价,只要双方同意,立即可以完成交易。代购在跨境电商中具有很强的灵活性,能及时发现国内外价差、新品及促销等信息。

二、海外代购模式类型

根据连接买卖双方的网络平台类型,海外代购可分为基于第三方在线交易平台的平台模式和以微信和个人网店为代表的社交模式,因后者很多的经营项目是目前国家税收监管不到的领域,所以也被称为"灰色模式"。

(一)海外代购第三方平台模式

该模式的平台自身不涉及跨境交易的具体环节,其运营重点是吸引符合条件的第三方卖家入驻,是一个供个体与个体进行交易的场所。在这个平台上,大部分卖家是具有海外采购能力或者跨境贸易能力的个人,他们会定期或根据消费者订单集中采购特定商品,在收到消费者订单后再通过转运或直邮模式将商品发往消费者手中。相对于传统贸易,这种模式的优势是平台提供了较为丰富的海外产品品类选项,能满足不同消费者个性化需求,从而能够广泛地吸引用户,用户流量较大。其劣势是交易信用与风险难以控制,因相关法律不完善,国家不易监控。

目前,较为典型的海外代购第三方平台有洋码头、淘宝全球购、美国的 eBay。

(二)海外代购社交型模式(灰色模式)

该模式是随着移动社交网络的快速发展和普及,一种依托于卖家私人社交关系的新型跨境代购模式。例如,目前我国使用率最高的社交软件——微信,微信朋友圈展示着各式各样的商品,都可通过代购购买。这种新型代购模式具有高度信任性、小众化、针对性强等特点,深受消费者特别是中上层消费者的喜爱。但是,社交型 C2C 跨境代购行为因目前处于《中华人民共和国海关法》(以下简称《海关法》)、《中华人民共和国消费者权益保护法》等相关法律法规监控不到位的状态,被业界称为"灰色贸易"。据中国电子商务研究中心监测数据和商务部数据显示,2017 年上半年,我国进口跨境电商交易规模 8 624 亿元,邮寄物品的数量在不断增长,但同期我国对超额的行李物品、邮递物品(包括公民出境购物物品和邮寄入境物品)征收的行邮税总额却没有相应地增加。

三、海外代购平台介绍

(一)eBay 平台

1. eBay 平台简介

美国 eBay 公司是全球最大的 C2C 平台,公司成立于 1995 年,eBay 成立初期只是小规模地尝试"网上拍卖"业务。它较好地利用网络为旧物品寻找潜在用户,从而使物品增值，丰富的拍品和交易机会吸引了更多的买家，反过来又吸引了更多的上网拍卖的卖家。之后，eBay 拍卖的商品品类越来越多，除了收集品，还包括运动物品、电脑、玩具、旅行票券、照片等。

1999 年，eBay 开始全球扩张，开立首个海外站点——德国站。目前，eBay 已在全球范围内拥有 3.8 亿个海外买家、1.5 亿个活跃用户，其本地站点包括澳洲、比利时、加拿大、法国、德国、印度等 38 个国家。

eBay 首页如图 2-17 所示。

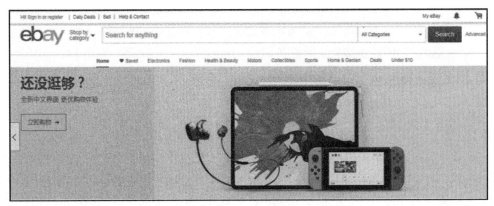

图 2-17　eBay 首页

2. eBay 平台商业模式的特点

（1）目标客户。eBay 虽是一个可让全球民众上网买卖物品的线上拍卖及购物网站，但平台对入驻的卖家要求很严格，既要求产品质量过硬，也要求价格方面有竞争优势，能做到真正的物美价廉。平台上的买家与卖家既有指向常规产品的交易，也有指向二手货的交易。

（2）营销战略与竞争优势。eBay 的经营之道不在于把店铺开得大而全，而在于它在网上提供了一个虚拟场所，吸引人气，让众多的购买者与出售者同时在此聚集，产生交易行为。在该平台的交易中，拍卖模式是其最大特色。一般是卖家通过设定商品的起拍价以及在线时间开始拍卖，然后看下线时谁的竞拍金额最高，最高者获得拍卖物品。

在平台卖家信誉评价方面，为了防止买卖双方炒作信用积分，eBay 并不是将所有的好评都累加到信用积分，所有的差评都削减信用积分，而是规定：对于同一用户，针对同一卖家在同一周内的累计评价只能带来最多 1 分的积分增减。如果好评次数多于差评次数，则信用积分增加 1 分；如果好评次数少于差评次数，则信用积分减少 1 分；如果好评次数等于差评次数，则信用积分不增也不减。例如，卖家甲和买家乙一周内产生若干笔交易，买家乙在这周内对卖家甲的评价有两次好评、三次差评，则系统削减信用积分 1 分。

（3）盈利模式。eBay 不参与平台交易行为，不赚取商品利润，只以管理费和交易费作为收益。在 eBay，交易方式分为拍卖和一口价两种。eBay 对每笔拍卖向卖家收取 0.25～800 美元的刊登费，在交易成功后再收取 7%～13%的成交费。

（二）洋码头

1. 洋码头简介

洋码头成立于 2009 年，是中国海外购物平台，满足了中国消费者不出国门就能购买到全球商品的需求。洋码头的卖家有两种：一种是海外商家，另一种是个人买手。洋码头让国内消费者可以足不出户淘遍全球，在洋码头挑选商品并付款后，卖家将货物通过国际空运运抵中国。如果在洋码头平台上找不到需要的商品，可以找买手在海外进行采购。洋码头首页如图 2-18 所示。

图 2-18　洋码头首页

2. 洋码头商业模式的主要特点

（1）目标客户。洋码头的目标客户是具有一定购买力的白领和家庭主妇，他们对生活品质有更高的要求，白领对身体健康的关注超过了普通消费者，有孩子的家庭主妇更关注下一代的健康状况。因此，他们对营养品及保健品有更高的要求。

由于洋码头首页有详细的中文购物指南、操作规则、会员保障等，所以它类似于"傻瓜式"海外购物网站，可以满足不同文化层次的消费者的海外购物需要。

（2）营销战略及竞争优势。第一，洋码头采用差异化产品战略，产品定位明确。它以保健品和母婴产品作为主要产品。第二，洋码头对入驻的海外买手严格审核。洋码头官网显示，其买手有严格的认证程序。买手在入驻洋码头之前，需提供其在美国的住址、个人信用卡账单及各项缴费账单。第三，洋码头采用三大营销渠道：一是洋码头海外购物社区，二是洋码头扫货神器，三是洋码头特色频道"聚洋货"。洋码头海外购物社区主要面向使用计算机终端的消费者。洋码头扫货神器是国内首款海外卖场扫货的 App，可以让消费者通过移动终端和海外买手一起购物，提高现场购物感。洋码头特色频道"聚洋货"汇集全球各地知名品牌供应商，提供团购项目，认证商家一站式购物，保证海外商品现货库存，全球物流护航直邮。第四，洋码头采用多样化的促销手段，其中，"晒单有奖"活动既降低消费者购物成本，又提升洋码头的知名度，将"洋码头"塑造成海外购物的品牌。第五，为保证海外商品能安全、快速地运送到中国消费者手中，洋码头自建立以来就致力于打造跨境物流体系——贝海国际速递。贝海国际速递接受买手们来自美国各个城市的包裹，包裹到达货站后将直接被空运至中国，经海关清关后，由 EMS 承接国内的配送任务。洋码头采购流程如图 2-19 所示。

（3）盈利模式。洋码头平台的产品价格由零售商或买手自己决定。代购产品的价格一般由产品成本价、代购费用或卖家自定利润和运费构成。代购费用原则上是按照产品实际价格的 10%收取，但买手或商家可以自己决定从中挣取的利润。

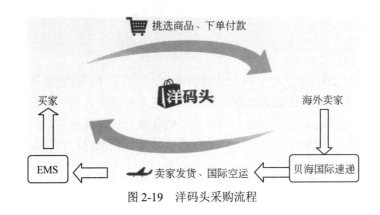

图 2-19 洋码头采购流程

思 考 题

1. 简述跨境电商 B2B、跨境电商 B2C、跨境电商 C2C 的概念及其区别。
2. 跨境电商 B2B 的具体实现模式有哪些？
3. 平台型跨境电商 B2C 有何特点？
4. 海外代购社交型模式为什么被业界称为"灰色模式"？你对基于微信的海外代购社交型模式有何看法？
5. 请根据本章所介绍的跨境电商平台，有选择地进入平台主页，探索该平台商业模式的运作特点。

阅 读 书 目

1. 邓玉新. 跨境电商：理论、操作与实务[M]. 北京：人民邮电出版社，2017.
2. 邓志超，崔慧勇，莫川川. 跨境电商基础与实务[M]. 北京：人民邮电出版社，2017.
3. 马述忠，卢传胜，丁红朝，等. 跨境电商理论与实务[M]. 杭州：浙江大学出版社，2018.
4. 白东蕊. 电子商务概论[M]. 4 版. 北京：人民邮电出版社，2018.
5. 肖旭. 跨境电商实务[M]. 2 版. 北京：中国人民大学出版社，2018.
6. 张瑞夫. 跨境电子商务理论与实务[M]. 北京：中国财政经济出版社，2017.
7. 孙东亮. 跨境电子商务[M]. 北京：北京邮电大学出版社，2018.
8. 郑建辉. 跨境电子商务实务[M]. 北京：北京理工大学出版社，2018.

自 测 题

第三章

跨境电商交易流程

本章提要：本章从跨境电商交易流程角度，就跨境电商交易业务的实施过程及各个环节的基本操作方法进行说明，阐述了跨境电商进出口交易流程；国际市场调研与客户开发；网上交易磋商；以及合同的签订和履行。通过本章的学习，读者应了解贸易磋商的程序，掌握询价、发价、还价、接受四个磋商环节的内涵。熟悉跨境电商平台上的业务沟通工具，掌握各类交易状态下的沟通技巧。

本章共分四节来阐述与探讨跨境电商交易流程。第一节是跨境电商交易流程简介；第二节是跨境电商国际市场调研与客户开发；第三节是网上交易磋商；第四节是合同的签订和履行。

关键词：交易磋商；询价；发价；还价；接受

第一节 跨境电商交易流程简介

一、跨境电商交易流程

跨境电商交易流程包括以下内容。

（一）交易前的准备工作

交易前的准备工作包括：调研目标市场，选择目标客户（通过发出询价与信息反馈，对潜在的客户进行筛选），建立客户关系。上述准备工作完成后就可以进行实质性的业务洽谈，即进入交易磋商和订立合同阶段。

（二）交易磋商的环节

交易磋商的环节包括询价、发价、还价和接受。交易双方对所洽谈的各项贸易条件达成一致意见，即为交易成功，并签订合同。以上各项工作均主要通过互联网手段完成。

履行合同。该阶段工作包括很多业务环节，按照工作落实的顺序要求，包括备货、落实信用证（在信用证支付条件下）、订舱、制单、结汇。这个阶段中一些环节的工作是通过互联网途径制定完成的。

以 CIF（成本费加保险费加运费）价格成交、信用证支付的出口业务为例，其整个交易的全部环节按照各项工作的流程来进行。其他贸易术语或使用其他运输方式的出口合同，其所涉及的环节同上述环节大致相同。由于使用的贸易术语不同，交易的卖方和买方承担的义务与责任有所差异。

进口贸易在交易准备阶段和交易磋商阶段中的各个业务环节与出口交易的程序是相同的。买卖双方通过谈判达成买卖协议后，一般多以出口合同的形式规定买方和卖方的责任与义务。此后，进入履行合同阶段。一方履行出口合同，意味着另一方履行进口合同。

二、跨境电商交易流程图

跨境电商整个交易的全部环节应按照各项工作的流程来进行，下面用跨境电商进出口交易流程示意图（图 3-1）和跨境电商交易流程图（图 3-2）来介绍跨境电商整个交易过程。

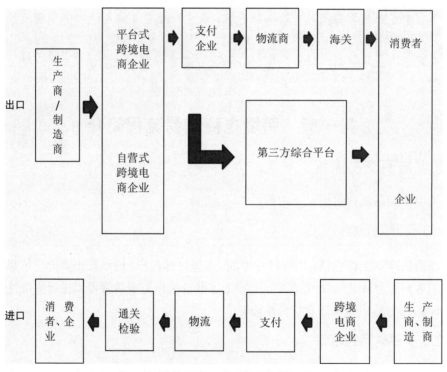

图 3-1　跨境电商进出口交易流程示意图

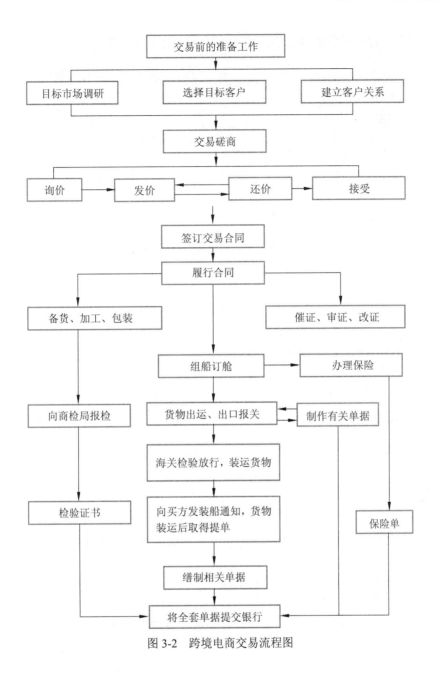

图 3-2 跨境电商交易流程图

第二节 跨境电商国际市场调研与客户开发

一、跨境电商市场调研的内容

跨境电商的国际市场调研与传统的市场调研一样，应遵循一定的方法和步骤，以保证市场调研的质量。跨境电商国际市场调研的内容通常包括以下几个部分：国别（地区）调研、市场需求调研、可控因素调研和不可控因素调研。

(一)国别(地区)调研

进行国别(地区)调研,主要是为了贯彻国别政策,选择适宜的市场,创造有利条件,建立跨境电商贸易关系。具体有以下几种。

1. 一般概况调研

一般概况调研包括人口、面积、气候、函电文字、通用语言、电子商务的普及情况、电子商务平台的使用情况等。

2. 政治情况调研

政治情况调研包括政治制度、对外政策以及与我国的关系等。

3. 经济情况调研

经济情况调研包括主要物产资源、工农业生产、财政金融、就业状况、收入状况、使用电商购物的人群特性等。

4. 对外贸易情况调研

对外贸易情况调研包括:主要进出口商品贸易额,进出口贸易的主要国别(地区),对外贸易政策,海关税率和商检措施,海关对于邮件、小包、快递类的管制措施,民法和商法以及与我国进行贸易的情况,等等。

5. 运输条件调研

运输条件调研包括:邮政包裹、商业快递的选择和使用情况,清关能力等。

(二)市场需求调研

市场需求调研包括市场需求容量调研、市场消费特点调研和目标人群调研。市场需求容量调研内容主要包括:现有和潜在的需求容量;市场最大和最小需求容量;不同商品的需求特点和需求规模;不同市场空间的营销机会以及企业和竞争对手的现有市场占有率等。市场消费特点调研内容包括消费水平、质量要求、消费习惯、销售季节、产品销售周期、商品供求价格变动规律等。目标人群调研,指通过目标人群调研,了解目标人群的消费特点,了解目标人群喜爱的品牌,以及这些品牌在该市场的占有率,也需要了解竞争对手是如何布局他们的同类商品线。同时结合目标人群的特性,做好第三方平台或独立平台的选择,在选择商品方面,要立足于第三方平台或者独立平台的目标人群的需求以及购物习惯。如出口跨境电商方面,eBay 在 3C 类电子产品、家居类上销量较好,亚马逊在品牌服饰上优势明显,速卖通在新兴市场国家销量增长较快,等等。

(三)可控因素调研

可控因素调研主要包括对产品、价格、销售渠道和促销方式等因素的调研。

1. 产品调研

产品调研包括有关产品性能、特征和顾客对产品的意见与要求的调研;市场适销商品调研,包括品种、规格、用料、颜色、包装、商标、运费等;产品生命周期调研,以了解产品所处的生命周期的阶段;产品的包装、名牌等给顾客的印象的调研,以了解这些形式是否与消费者或用户的习俗相适应。

2. 价格调研

价格调研包括：产品价格的需求弹性调研；竞争对手价格变化情况调研；新产品价格制定或老产品价格调整所产生的效果调研；选样实施价格优惠策略的时机和实施这一策略的效果调研。

3. 销售渠道调研

销售渠道调研包括：企业现有产品分销渠道状况；中间商在分销渠道中的作用及各自实力；用户对中间商尤其是代理商、零售商的印象等内容的调研。

4. 促销方式调研

促销方式调研主要是对人员推销、广告宣传、公共关系等促销方式的实施效果进行分析、对比。

（四）不可控制因素调研

1. 政治环境调研

政治环境调研包括对企业产品的主要用户所在国家或地区的政府现行政策、法令及政治形势的稳定程度等方面的调研。

2. 经济发展状况调研

经济发展状况调研主要是调查企业所面对的市场在宏观经济发展中将产生何种变化。

3. 社会文化因素调研

社会文化因素调研是对市场需求变动产生影响的社会文化因素，如文化程度、职业、宗教信仰及民风、社会道德与审美意识等方面的调研。

4. 技术发展状况与趋势调研

技术发展状况与趋势调研主要是为了解与本企业生产有关的技术水平状况及趋势，同时还应把握社会相同产品生产企业的技术水平的提高情况。

5. 市场竞争情况调研

市场竞争情况调研是对市场容量、供货主要来源、主要生产者、主要竞争者、主要消费对象等进行调研。

6. 竞争对手调研

竞争对手调研主要调查竞争对手数量、竞争对手的市场占有率及变动趋势、竞争对手已经并将要采用的营销策略、潜在竞争对手情况等。

二、跨境电商市场的直接调研法

对于跨境电商市场调研而言，除了一些传统手段的市场调研法仍然在使用外，随着科技的进步，特别是 IT 的飞速发展，利用网络进行跨境电商市场调研越来越成为主流方式。

跨境电商市场调研有两种方法：一种是直接进行的一手资料调研，即直接调研法，主要有传统的访问法、观察法和实验法等，如电话访问法、邮寄询问法等，同样，也可以基于网络根据不同的调查方式细分，如网上观察法、专题讨论法、在线问卷法和网上实验法。使用最多的是专题讨论法和在线问卷法。另一种是利用互联网的媒体功能，在互联网上收集二手资料,即网上间接调研法。

随着信息电子化的推进,利用网络进行跨境电商市场调研变得越来越容易。利用互联网进行市场调研,实际上已经很难严格区分一手资料和二手资料的界限。

(一)网上观察法

网上观察的实施主要是利用相关软件和人员,记录登录网络浏览者浏览的活动。相关软件能够记录登录网络浏览者浏览企业网页时所点击的内容和浏览的时间;在网上喜欢看什么商品网页;看商品时,先点击的是商品的价格、服务、外形还是其他人对商品的评价;是否有就相关商品和企业进行沟通的愿望等。

(二)专题讨论法

专题讨论法可通过 Usenet 新闻组、电子公告牌(BBS)或邮件列表讨论组进行。其步骤如下。

(1)确定要调查的目标市场。

(2)识别目标市场中要加以调查的讨论组。

(3)确定可以讨论或准备讨论的具体话题。

(4)登录相应的讨论组,通过过滤系统发现有用的信息,或创建新话题,让大家讨论,从而获得有用的信息。

(三)在线问卷法

利用在线调查问卷获取信息是最常用的在线调研方法。在线问卷法在网站上设置调查表,即请求浏览其网站的每个人参与企业的各种调查。访问者在线回答问题并提交到网站服务器,从服务器上即可看到调查的结果。在线问卷法可以委托专业公司进行。在线问卷法广泛地应用于各种调查活动,这实际上就是传统问卷调查方法在互联网上的表现形式。最简单的调查表可能只有几个问题需要回答,或者几个答案供选择。而复杂的在线调查可能有几十个甚至更多的问题。还可以在具有相应的功能支持的跨境电商企业网站上,设置多语种调查表进行调查。网上调查也被认为是跨境电商网站的主要功能之一。

1. 调查问卷的基本结构

调查问卷一般包括三个部分,即标题及标题说明、调查内容和结束语。

(1)标题及标题说明。标题及标题说明是调查者向被调查者写的简短信,主要说明调查的目的、意义、选择方法以及填答说明等,一般放在问卷的开头。

(2)调查内容。问卷的调查内容主要包括各类问题,问题的回答方式及其指导语,这是调查问卷的主体,也是问卷设计的主要内容。问卷中的问答题,从形式上看,可分为封闭式、开放式和混合式三大类。封闭式问答题既提问题,又给若干答案,被调查者只需对选中的答案打"√"即可。开放式问答题只提问题,不给具体答案,要求被调查者根据自己的实际情况自由作答。混合式问答题,又称半封闭式问答题,是在采用封闭式问答题的同时,最后再附上一项开放式问题。至于指导语,也就是填答说明,用来指导被调查者填答问题的各种解释和说明。

（3）结束语。结束语一般放在问卷的最后面，对被调查者表示感谢，也可征询一下被调查者对问卷设计与问卷调查本身的看法和感受，要诚恳亲切。

2. 在线问卷发布的主要途径

在线问卷发布的主要途径有以下四种。

（1）将问卷放置在自己网站或问卷网上，等待访问者访问时填写问卷。

（2）通过微信朋友圈的方式将问卷链接地址发送给微信朋友，说明并请求被调查者协助调查或转发问卷。

（3）通过已知的电子邮箱地址，以 E-mail 的方式将设计好的调查问卷直接发送到被调查者的邮箱中，或者在电子邮件正文中给出一个网址链接到在线调查表页面，这种方式在一定程度上可以对用户成分加以选择，并节约被访问者的上网时间。被调查者完成后再通过 E-mail 返回问卷结果。

（4）在相应的讨论组中发布问卷信息，或者调查题目。

（四）网上实验法

网上实验法是指在互联网上开展的实验研究。例如，在网上调查广告效果，设计几种不同的广告内容和形式在网页或者新闻组上发布，或利用 E-mail 传递广告。广告的效果可以通过服务器端的访问统计软件随时监测，也可以利用查看客户的反馈信息量的大小来判断，还可以借助专门的广告评估机构来评定。

三、跨境电商市场的间接调研法

网络市场间接调研指的是网上二手资料的收集。二手资料的收集相对比较容易，花费代价小，来源也更广。二手资料的来源有很多，如公共图书馆、大学图书馆、贸易协会、市场调查公司、广告代理公司、专业团体、企业情报室等。随着科技的发展，利用互联网收集二手资料更加方便，速度也比传统方法快很多，而且通常可以直接从网上复制，因此大大缩短了资料收集、输入及处理的时间。再加上众多综合型 ICP（互联网内容提供商）、专业型 ICP，以及成千上万个搜索引擎网站，使得互联网上二手资料的收集非常方便。间接调研法有网上搜索法、网站跟踪法和加入邮件列表等。

（一）网上搜索法

利用网上搜索可以收集到市场调研所需要的大部分二手资料，如大型国际调查咨询公司的公开性可查报告、大型国际性企业、商业组织、学术团体及报刊等发布的调查资料，各国政府发布的调查统计信息，等等。互联网上虽有海量的二手资料，但要找到自己需要的信息，首先必须熟悉搜索引擎的使用，其次要掌握专题型网络信息资源的分布。

（二）网站跟踪法

在市场调研的日常资料收集工作中，需要对一些提供信息的网站进行定期跟踪，对有价值的信息及时地进行收集、记录、分类、整理。对于一个特定的市场调研项目，至少要在一定时期内对某些领域的信息进行跟踪。一般来说，可以提供大量一手市场信息和二手资料的网站有各类网上博览会、各行业的经贸信息网站、企业间的跨境电商（B2B）网站、国际大型调研咨询公司网站、各国政府统计机构网站等。

（三）加入邮件列表

很多网站为了维持与用户的关系，常常将一些有价值的信息以新闻邮件和电子刊物等形式免费向用户发送，通常只要进行简单的登记即可加入邮件列表。比较有价值的邮件列表如各大电子商务网站初步整理出来的市场供求信息、各种调查报告等。定期处理收到的邮件列表信息也是一种有效的资料收集方法。

四、寻找和了解客户的途径

互联网搜索和境外组织获取是跨境电商寻找与了解客户的主要途径。

互联网搜索途径主要有搜索引擎、网络黄页、行业协会网站、国际展览会及其网站，以及 B2B、B2C 等网络平台。

（一）搜索引擎

搜索引擎指自动从互联网收集信息，经过一定整理以后，提供给用户进行查询的系统。互联网上的信息浩瀚万千，而且毫无秩序，所有的信息像汪洋上的一个个小岛，网页链接是这些小岛之间纵横交错的桥梁，而搜索引擎则为用户绘制一幅一目了然的信息地图，供用户随时查阅。它们从互联网提取各个网站的信息（以网页文字为主），建立起数据库，并能检索与用户查询条件相匹配的记录，按一定的排列顺序返回结果。

搜索引擎营销是外贸企业海外推广的有效手段之一，而在搜索引擎营销中，最为重要的莫过于选好关键词，并对关键词进行良好的关联管理。

利用搜索引擎寻找客户的主要步骤和方法如下。

第一步：明确营销目标。

在项目启动前，卖家建立营销项目的预期目标，分析目标用户，并了解用户在各种采购周期的关注点变化的影响因素。对目标用户的分析需要了解以下几个方面：目标用户会有什么文化习惯？哪些国家和地区是目标用户？用户经常访问哪些网站？用户使用哪些方法来查找他们需要的产品和服务？通过对这些问题的分析，推广工作才会更有针对性。

第二步：选取和评估主题关键词。

了解与公司品牌、行业特色、产品线、产品特点和营销活动相关的"关键词"。要研究这些关键词，列表中尽可能地将"关键字"罗列详细，并采取详尽的方式列出短语和词组的所有组合。

第三步：创建合理的分类。

第四步：分析竞争对手。

（二）谷歌搜图功能在外贸中的运用

1. 什么时候需要用到此功能

（1）客户发来一款产品，不知道名称时。

（2）客户发来一款产品让报价，需要查找供应商时。

（3）客户发来一款产品，要了解这款产品在国外的售价时。

谷歌（Google）图片搜索产品采用自动图像识别技术、元数据技术，使用图像内容、透视和颜色等因素（如图像搜索）来帮助用户找到近似的图像搜索结果。Google 搜索引擎除了允许用户添加图像 URL（uniform resource locator，统一资源定位器）来搜索图片外，还支持图像上传，如果你使用的是 Google Chrome 或 Firefox 浏览器，还可以直接用鼠标拖动图片，快速上传图片，直接搜索图片。

2. 利用谷歌分析客户

（1）通过已知的邮箱、网址、公司名称等信息搜出客户全面的信息，了解客户销售的网络、销售产品的类型、客户自己的就职经历、公司实力，来决定下一步应对方式、报价策略等，为拿下订单打下基础。

（2）通过客户的公司名称，查出对方所在国家的行业 B2B 以及其他推广的平台。继而去注册自己公司的信息，加大公司的国际网络推广力度。

（3）利用谷歌地图查看客户的公司所在地，是中心区还是郊区，是工厂还是 CBD（中央商务区），抑或是别墅，来判断客户是属于生产型的公司还是贸易型的公司，另外根据地图测量功能推断对方公司的规模和实力。在谷歌上搜索客户公司名称和客户名称，来了解其过往询盘以及求购信息。在 YouTube 频道搜索客户公司名称，来查看与客户有关的视频，如产品广告、公司宣传视频等，进一步了解客户。通过谷歌新闻频道了解客户公司近期或曾经发生的事情。

（三）其他适用于外贸的谷歌搜索语法

1. "－"语法，减号语法

Google 用减号表示"非"操作，"A－B"就是搜索包含 A 但没有 B 的网页。在搜索国外客户时不希望得到国内厂家的信息，所以可以用这个语法排除国内部分厂家的信息，如"产品名字－factory manufacturer"搜索出来的结果排除了部分工厂的信息，减少工作量。而在这之前必须自己总结一下不想找到的那部分信息的特征，要有基本的归纳能力。

2. "OR"语法，大写 OR 语法

Google 用 OR 表示逻辑"或"的操作，"A OR B"表示网页中有 A 或有 B 或既有 A 又有 B 的网页，这个语法不同于"A 空格 B"，后者表示既有 A 又有 B，前者得到的信息更加宽泛。用这个语法同样是为了减少工作量，无须用三个（A，B，AB）关键词分别搜索。

3. inurl/allinurl 语法

inurl 语法得到的是网页的链接中包含第一个关键字，后面的关键字出现在链接中或

者网页文档中的结果。伊朗远期信用证代理的 URL（就是地址栏里的内容）完整内容是：www.Sihhxx.com/2011/02/专业伊朗进出口代理，伊朗远期信用证代理.html，当然，你实际复制粘贴过来的链接不是这样的，中间有个转换的过程，但是实际在 URL 中出现了比较重要的关键词，这样在外贸的过程中通过搜索 URL 中的关键词，可以提高准确率和减少工作量。

  inurl 后面不能有空格，Google 也不对 URL 符号进行搜索。allinurl 语法得到的结果则是所有的关键词都是显示在 URL 里的结果。

4. intitle/allintitle 语法

  这个语法和上面的语法类似，需要解决的就是理解 title 的含义，"<title>外贸学习博客</title>"就是这个博客的标题。现在很多公司的首页标题都比较长，除了网站的名称，还有主营的产品信息，这主要就是为了在搜索引擎结果中获得比较好的排名。由此可见，title 里面包含了关键词的网站绝对是相关度极高的网站，用这个方法搜索国外的客户可以减少很多时间，但是这个方法找到的信息很可能是国内的厂家，不过对于外贸公司来说没有坏处，你肯定也在关注国内工厂的信息，顺便可以了解竞争对手或是供应商的情况。

5. inanchor/allinanchor 语法

  anchor，计算机语言里面应该翻译为"锚文本"，通常我们文章中链接到另外一篇文章不是完整地将另外一篇文章的 URL 直接复制过来，而是会有一段描述，如"专业伊朗进出口代理，伊朗远期信用证代理"，然后对这段文字添加链接，那么这段文字就是锚文本。通过 anchor 语法搜索出来的结果可以了解到那些比较关注特定关键词的网页，但是必须要说明的一点是，一般公司的产品目录里面都有一个总目录，然后链接到单个的产品，所以这个方法可以找到这个公司的产品网页，无论是工厂还是贸易公司都会有这样一个页面。其用法与 intitle 和 inurl 相同。

6. bphonebook 语法

  这个语法可以搜索商务电话的资料，另外还有一个 phonebook 语法，得到的是美国本地的结果。如果你想了解一个公司的信息，用电话号码或是传真号码去搜索往往可以得到更准确的结果，因为电话号码，特别是传真号码是不太会换的。

7. insubject 语法

  这个语法可以得到那些在论坛主题中包含关键词的结果，用这个语法主要是为了可以找到相关的网页论坛博客做外链。例如："insubject：外贸学习"。

8. link 语法

  这个语法可以查询链接到某个 URL 的网页（不一定是所有的），这也是为了找相关的网页论坛博客。不一定用自己的公司地址做 URL，可以找同行中做得最好的公司或是相关网站地址做 URL，这样与之相关的网站肯定也与自己的网站相关，然后逐个去回帖宣传留言。例如："link:www.alibaba.com"。

（四）网络黄页

  网络黄页（企业名录）是跨境贸易人士获取商业信息的主要途径之一。它是纸上黄页在互联网上的延伸和发展的结果，是了解境外客户的直接渠道。传统黄页是以纸张形式汇集企业基本信息，包括公司地址、公司名称、邮政编码、电话号码、联系人等。在网络黄页中，拥有独立业务 logo 企业网站，可提供多种选择的版本，包括企业邮件、产品动态、数据库空间、交易信息、企业简介、即时消息、短信交互等功能。通过网页上的行业划分，可以找到你要在线查找的企业，或输入关键字，搜索你需要搜索的企业。

（五）行业协会网站

行业协会网站的信息集中反映本行业领域内（业内）有关国内及国外生产、销售、市场状况，是外贸行业人士比较喜爱的用于了解国内外商务行情的便利渠道。在搜索引擎中输入所要找的行业协会的名称，即可找到该协会的网站。例如，在搜索引擎百度上输入文字"中国食品土畜进出口商会"，就可找到该商会的网站。进入某境外行业网站，在搜索引擎中输入关键词，如输入"产品名称+association"，就能找到相关的协会网站。

（六）国际展览会、博览会网站

国内外大型的、固定办展的国际进出口商品展览会或博览会都有本展会的官方网站，并且拥有大量的世界范围的参展客户名录，这些参展企业一般都是相关的制造商或经销商或进出口贸易企业。上这些网站搜索信息，能够使企业的商业视野更加宽阔，并获得参展的信息和参展产品情况的信息。查询展览会、博览会网站的方法比较简单，在搜索引擎（如百度）输入博览会名称，即可找到该会网站。例如，输入"广州进出口商品交易会官方网站"就会得到该网站的页面和网站地址（网址 http://www.gdz1188.com）。

要搜索国外展会网站，只要在国外的搜索引擎中输入关键词即可找到该网站。例如，"产品+exhibition 或 fair 或 conference"。在这些展会网站里，通常可以得到有关展会的概况、参展企业名称及参展企业数量、参展企业来源国家或地区、展馆及参展的大类产品参展动态，尤其是新产品发展的动态等。

（七）我国各级商务组织的外派机构

我国对外经贸交往十分广泛。国内从中央到地方的一些官方或半官方的对外贸易组织，往往会在与我国有主要经贸交往的国家或地区设立常驻机构，配备驻外商务代表。国家层面的驻外机构，如驻各国大使馆经济商务参赞处，地方外派的商务组织形式，多为贸易办事处、商务小组，或仅仅为商务代表，如天津×××集团驻澳大利亚墨尔本商务代表处负责处理该集团与墨尔本之间的贸易关系，包括对天津地方和墨尔本之间的商家的介绍与引荐、业务牵线和对当地信息提供咨询等工作。

我国有些驻外大使馆经济商务参赞处建立了网页，必要时，可以向其咨询所驻国家宏观领域的情况；而对于贸易业务层面的事项，更适合向本地向外派驻商务代表处求助。方法是：通过国内外派组织获得该代表处的通信方式，与其联系即可。

（八）其他

通过 B2B、B2C 等网络平台，可以获得大量的供求信息。境外组织信息主要包括通过银行或外国咨询公司获取的信息、通过国外商会和老客户提供的信息。

五、网上商务信息发布的途径

网上发布商务信息的渠道和形式众多，各有长短。发布信息时，企业应根据自身情况及信息发布的目标选择合适的渠道与方式。常用的方式有以下几种。

（一）网站形式

建立企业自己的网站，它如同企业名片，不但包含企业信息，还能更好地树立企业在市场和行业内的形象，是自家的广告宣传载体。企业网站办得好，会成为企业的无形资产。

（二）网络内容服务商

企业可向国内外专业的网络服务商购买相关服务产品，如产品发布、客户寻求等网络服务产品。国内一些成熟的网站访问量巨大，信息涵盖范围广，网站知名度高，是企业可以关注和选择的目标网站，如搜狐、网易、新浪、百度、腾讯等。

（三）供求信息平台

供求信息平台是目前最为普遍和有效的信息发布途径之一，对于跨境商务企业而言，主要是各种 B2B 及 C2C 平台。其会员注册数量多，平台活跃程度高；其服务一般分为免费会员和收费会员两种。免费会员一般能够发布各种供求、合作、代理信息，有上传图片、联系方式等简单操作；收费会员则能享受到更周到的服务，如发布信息的数量、上传图片的数量等都有明显增加。

（四）黄页网站/企业名录

黄页网站和企业名录由于有大量的浏览客户，因此也是发布信息的重要渠道。大部分的黄页网站都可以免费发布信息。另外，这些网站一旦发布信息，可以较长时间地保持发布记录，而且能够分门别类地进行归档，便于顾客查询。

（五）网络报纸或网络杂志

互联网的发展改变了大众主要依靠"纸面"形式的阅读方式。国内外一些著名的报纸、杂志纷纷在 Internet 上建立自己的主页，并且发行网络报纸、杂志。使用这种阅读方式的人群也在不断地扩大。对于注重广告宣传的跨境商务企业来说，在这些网络报刊上做广告也是一个很好的传播渠道。

第三节　网上交易磋商

网上交易磋商（online business negotiation）是指买卖双方通过互联网的形式，就某项交易的达成进行协商，以求完成交易的过程。

一、网上交易磋商的方式及途径

（一）网上交易磋商的基本方式

网上交易磋商的基本方式有两种：口头磋商和书面磋商（图 3-3）。口头磋商是交易双方利用互联网洽商交易，其主要方法有：Internet 在线服务（如 Skype）、跨境电话、微信语音等。口头磋商的优点是可以使双方及时、准确地了解对方的合作态度，根据具体进展随时调整战略。书面磋商是交易双方通过电子邮件、传真、电传、信函、电报或互联网等通信方式磋商洽谈。有时口头和书面两种形式也可以结合使用。随着现代化通信技术的发展，书面磋商越来越简便易行，而且费用与口头磋商相比有时还更低廉一些，因此，通过网络通信技术或平台进行交易磋商成为网络贸易的主要业务洽谈方式。

图 3-3　网上交易磋商的方式

（二）网上交易磋商的通信途径

现阶段，跨境电商网上交易磋商常用的通信途径有以下几种。

1. 电子邮件

目前，利用电子邮件进行业务联系在国际贸易中极为普遍。发电子邮件不仅操作容易，而且它的特点适合贸易的需要，不受时间地点的限制，可随时收发；极低廉的通信成本；能收发多样化信息载体的文件，如照（图）片、链接、PDF 格式文件等。它是通过书写形式进行业务沟通的主要途径。

2. 即时通信软件

Skype 软件是网络即时语音沟通工具。有计算机版、Android 手机版等。Skype 有视频聊天、多人语音会议、多人聊天、传送文件、文字聊天等功能。Skype 网络电话软件能让使用 Skype 的人免费语音通话、免费视频通话。Skype 是现阶段跨境电商方式下贸易人员进行口头交流的首选沟通方式。此软件下载网址为 http://skype.tom.com。

3. 传真与网络传真

传真（fax）曾是 20 多年前发展最快的非话电信业务。它是将文字、图表、相片等记录在纸面上的静止图像，通过扫描和光电变换，变成电信号，经各类信道传送到目的地，在接收端通过一系列逆变换过程，获得与发送原稿相似记录副本的通信方式。网络传真（network fax）是基于 PSTN（公共电话交换网）和互联网络的传真存储转发，也称电子传真。它整合了电话网、智能网和互联网技术，其原理是通过互联网将文件传送到传真服务器上，由服务器转换成传真机接收的通用图形格式后，再通过 PSTN 发送到全球各地的普通传真机上。由于通信技术迅速发展，电子网络传真正逐渐取代传真机成为新一代通信工具。网络传真采用客户端、Web 浏览器、电子邮件三种常用方式发送传真。

二、交易磋商的主要内容

交易磋商的主要内容通常包括 11 个交易条件，也就是《2010 年国际贸易术语解释通则》中的 11 个贸易术语所对应的交易条件。每个交易条件构成交易合同中的一个贸易条款。而这 11 个贸易条款构成交易合同的主要内容。为使磋商进行得有序、有效率，按照洽商内容的重要程度，将交易条款（件）分为两类：一般贸易条件和基本贸易条件。一般贸易条件：货名、规格、数量、包装、价格、装运期和支付条件。保险条款磋商与否，需要依据交易所使用的价格术语而定。基本贸易条件：检验检疫、争议与索赔、不可抗力和仲裁。一般而言，一笔交易首先要对一般贸易条件进行磋商，达成一致后，再对基本贸易条件一一商定。一旦谈判双方对各项条件达成一致，交易合同即告成立。

三、网上交易磋商的基本过程

通过互联网进行交易磋商与传统的贸易磋商在内容和过程上是一致的。网上交易磋商的一般程序包括询价（inquiry）、发价（offer）、还价（counter-offer）和接受（acceptance）四个环节。电子合同与传统的纸质合同最明显的不同主要是，电子合同必须经数字签名及第三方权威认证机构的认证，才能实现在合同上的签字功能。

（一）询价

询价又称为询盘，是指交易的一方为购买或出售商品，向另一方询问商品的交易条件以邀请对方发盘的表示。内容可有价格、数量、规格、质量、包装、运输、交货时间，并可获取样品、目录等。在实际业务中，询盘主要询问价格，因此通常把询盘称为询价。任何希望交易的一方都可以以口头表述的形式或者书面的形式来进行。询价的目的是检验对方对交易条款的诚意和理解，有时可能是一笔交易的起点。但对买卖双方并无法律约束力，不是交易磋商的必要环节，也没有固定的格式。

1. 书面形式询价的实例解读

（1）买方询价（邀请发价）。

Please offer wedding dress most favorable price.（请报婚纱的最优惠价格。）

Bookable middle size T-shirt 2 000 dozen, please cable lowest price earliest delivery.（拟订购中号 T 恤衫 2 000 打，请电告最低价格和最快交货期。）

（2）卖方询价（邀请递盘）。

Can supply wedding dress，please bid.（可供婚纱，请递盘。）

Can supply T-shirt March shipment，cable if interested.（可供 T 恤衫 3 月装，如有兴趣电告。）

在实际的网络贸易中，业务洽谈中多是以电子邮件进行沟通，此时会使用询价函。询价函的撰写：一是表明如何获知对方信息的，二是表明去函目的，三是鼓励对方回函。

2. 口头形式询价的实例解读

（1）买方询价。

We're interested in your Flying Pigeon brand bicycles. I'd like to have your lowest quotation for 500 sets CFR Singapore In May.（我们对你方飞鸽牌自行车很感兴趣，请报 CFR 新加坡的最低价，数量 500 辆，5 月装运。）

（2）卖方询价。

We are one of the leading companies dealing in spaces in Tianjin. These are all our samples. If you'd like to have our competitive quotations, I shall supply you with it immediately.［我们公司是天津经营香料的主要公司之一。这里（展示的）都是我公司的样品。如果需要我方有竞争性报价，我们可以马上提供。］

（二）发价

在国际贸易实务中，发价也称发盘、报盘、报价。发盘可以是交易一方接到对方的询价后，应对方询盘的要求发出，也可以在没有询价的情况下，主动向对方发出确定的交易条件。发盘一般由卖方发出，但也可以由买方发出，称为递盘。法律上称之为"要约"。根据《联合国国际货物销售合同公约》（以下简称《公约》）解释，发盘指向一个或一个以上特定的人提出订立合同的建议，并且表明在确定的数量和价格及其他条件在得到对方接受时，承受其约束。

发盘通常由卖方公司主动发出，习惯上称为卖方发价。当由买方发出时，习惯上称买方交盘。例如：

Offer 5 000 dozen sport shirts sample March 15th USD84.50 per dozen CIF New York export standard packing，May/June shipment payment by irrevocable sight L/C subject reply here 20th.（兹发盘 5 000 打运动衫，规格按 3 月 15 日样品，每打 CIF 纽约价为 84.50 美元，标准出口包装，5—6 月装运，以不可撤销的信用证支付，限 20 日复到。）

（三）还价

还价又称还盘，是受价人对发价的内容不完全同意而提出修改或变更的表示。还价的形式可有不同，有的明确使用"还价"字样，有的则不使用，在内容中表示出对发价内容的修改构成还价。需要注意的是，还价是对发价的拒绝，还价一经确定，原发价即失去效力，发价人便不再受原发价的约束。对还价做再还价，就是对新发价的还价。在实际业务中，一项交易的洽谈中可以有多次还价，即反复地讨价还价，直至最终对各项交易条件取得一致意见，交易达成。如果在讨价还价中未能对交易条件达成一致，而且任何一方无意继续洽商，则洽商终止，未能成交。

（四）接受

接受是交易的一方在接到对方的发价或还价后，以声明或行为向对方表示同意，法律上将接受称作承诺。接受和发价一样，既属于商业行为，又属于法律行为。一方的要约或反要约经过另一方接受，交易即告达成，合同即告订立，合同双方均应承担各自的义务。表示接受，一般用"接受""同意""确认"等术语。在国际贸易中，由于各种原因，有时受价的接受通知晚于发价人规定的有效期送达，这在法律上称为"逾期接受"或"迟到的接受"。对于这种迟到的接受，发价人不受其约束，不具法律效力。

接受的撤回是指受价人在该接受未生效前收回接受的行为。如果由于事先考虑不周，或对市场行情的变化不能及时有效地把握，受价人发出接受通知之后可以撤回其接受，只要撤回通知在接受到达受价人之前到达发价人，或二者同时到达。

四、《公约》和《中华人民共和国合同法》对电子商务条件下磋商过程的相关规定

1980年颁行的《公约》是影响范围最为广泛的国际法律文件，其是具有强行法的性质而非具有"软法"性质的示范法。我国是《公约》的缔约国，《公约》对我国相关法律的制定产生重大影响，《中华人民共和国合同法》（以下简称《合同法》）中大量借鉴了《公约》的相关规定。《公约》虽然是迄今为止最为成功的一部国际法律，但由于其严格限制适用范围，因此其无法有效地应对当下电子商务条件下新的交易形式，也无法适用于服务贸易。这里阐述《公约》和《合同法》对电子商务条件下磋商过程中有关环节的相关规定。

自1980年《公约》制定以来，截至2010年，已有近80个国家批准或加入，公约自颁行以来，促进了许多缔约国的法律改革，构建了世界范围内买卖法的统一规则，并有力地推进了经济全球化的进程。因此，该公约曾被认为是所有国际性法律文件中最为成功的一部国际性法律。但经济全球化和国际贸易的发展，尤其是电子商务等新的交易形式的发展，对该公约的完善提出了新的要求。中国是《公约》最早缔约国之一，《公约》促进了我国合同法的改革，也对我国改革开放和市场经济的法治建设产生了深远的影响。因此未来公约的完善也将会影响到我国法治的未来走向。《公约》和《合同法》对电子商务条件下磋商过程做出的相关规定如下。

（一）询盘过程

《合同法》规定，要约邀请是希望他人向自己发出要约的意思表示，如寄送的价目表、拍卖公告、招标公告、招股说明书、商业广告等。

（二）发盘过程

交易一方接到对方的询盘后，主动向对方发出确定的交易条件，叫作发盘，又称发价、报盘、报价。在法律上称为要约。根据《公约》的解释，发盘指向一个或一个以上特定的人提出订立合同的建议，并且表明在确定的数量和价格及其他条件在得到对方接受时，承受其约束。

1. 发盘的内容必须十分确定

十分确定指发价必须列明货物品名、价格、数量，或者决定价格、数量的方法。按照《公约》第十四条规定："向一个或一个以上特定的人提出的订立合同的建议，如果十分确定并且表明发价人在得到接受时承受约束的意旨，即构成发价。一个建议如果写明货物并且明示或暗示地规定数量和价格或规定如何确定数量和价格，即十分确定。"发盘内容必须十分确定，至少包括三个基本要素，即货物、数量和价格。但是上述十分确定的三个条件只是最低要求。在实际业务中，如果只按这三个条件而不提及其他，很容易给履行合同带来困难，也容易产生纠纷。慎重起见，我们应在对外报价时，将货物的品名、规格、数量、价格、包装、交货期限和支付方式等列明为宜。

2. 发盘必须送达受盘人时才能生效

不论什么原因导致发盘未能送达受盘人，则该发盘均无效。送达是指将发盘内容通知特定的受盘人或送交受盘人，送达标志是将发价送交特定受盘人的营业场所或通信地址。如无营业场所，则送交受盘人的惯常居住地。

《合同法》规定，要约到达受盘人时生效。该法还规定，采用数据电文形式（如淘宝）订立合同时，收件人指定特定系统接收数据电文的，该数据电文进入该特定系统的时间，视为到达时间；未指定特定系统的，该数据电文进入收件人的任何系统的首次时间，视为要约或者承诺到达时间。

3. 发盘的有效期

发盘的有效期指给予对方表示接受的时间限制，超过发盘规定的期限，发盘人即不受约束。

发盘人对发盘有效期可做明确的规定。例如，采取口头发盘时，除发盘人发盘时另有声明外，受盘人只能当场接受方有效，采用函电成交时，可规定最迟接受的期限（如5月31日复到有效），或规定一段接受的期限（如发盘有效期为10天）。

如果发盘中没有明确规定有效期，受盘人应在合理的时间内接受，否则该发盘无效。"合理时间"无明确规定。有效期的规定要考虑国外法律的不同规定和所在国与我国所处的地理位置和时差，明确有效期的起止日期。例如，"我方时间×月×日复到"或"我方时间5日为复到有效"。该时间的起算，《公约》解释，从发盘人电报、电话等交发时刻起算。如信上未载明发信日期，则从信封上所载日期起算（我国信封邮戳日期）。发盘人以电话、传真或其他快速通信方式规定的接受日期，从发盘送达受盘人时起算。

4. 发盘的撤回和修改

《公约》第十五条规定："一项发价，即使是不可撤销的，得予撤回，如果撤回通知于发价送达被发价人之前或同时，送达被发价人。"

撤回的实质是阻止发盘生效。因此，在受盘人接到发盘之前，发盘人可以用更为迅速的传递方式，声明撤回和修改发价内容。只要该项声明是在发盘送达之前或同时送达，撤回和修改即生效。但在现代通信技术发达的时代，贸易商都采用传真和电子邮件等方式进行询盘、发盘，撤回不可能实现，故需对发盘内容做好详细考虑。

5. 发盘的撤销

英美法系和大陆法系国家的法律将撤回与撤销作为同一个概念对待。其实二者有很大的区别：撤回指发盘人在其发盘生效前的更改或取消；撤销指发盘人将发盘已送达受盘人生效之后再取消。

由于各国法律在对待发价有效期之内是否可以撤销的问题存在不同解释，这样就形成了法律冲突，有碍国际贸易发展。为了解决这个法律冲突，《公约》做了如下规定：①撤销通知于受盘人发出接受通知之前到达受盘人，则可撤销。②下列情况不得撤销：发盘写明有效期或以其他方式表明发盘不可撤销；受盘人有理由相信该发盘不可撤销，并已本着对该发盘的信赖行事。

6. 发盘的终止

发盘的终止是指发盘的法律效力消失。《合同法》规定，有下列情形之一的，要约失效。

（1）受盘人做出还盘，相当于新的发盘。

（2）发盘人依法撤回或撤销发盘。

（3）发盘中规定的有效期届满，受盘人未做出承诺。

（4）人力不可抗拒的意外事故造成发盘的失效。例如，政府宣布发盘中的商品禁止进口或出口；发盘人在发盘被接受前，当事人丧失行为能力或死亡或破产；发盘人因违法被取消经营权。

（三）还盘过程

还盘是指受盘人收到发盘以后，对发盘表示接受，但对发盘的内容不同意或不完全同意，向发盘人提出修改建议或新的限制性条件的口头或书面的表示。

《合同法》中对其的称呼是"反要约"。交易磋商中，还盘是对原发盘的拒绝，是一项新的发盘，因其对原发盘的交易条件做了修改、增添或限制，实际上构成了新的发盘。因此，还盘一经做出，原发盘将失去效力，发盘人不再受到约束。它等于是受盘人向原发盘人提出的一项新发盘。

（四）接受过程

1. 接受的构成条件

（1）接受必须是无条件地同意发盘所提出的交易条件，即接受内容应该与原发盘完全一致。如果受盘人对发盘或递盘、还盘的内容做了修改、添加或限制，就构成还盘。但并不是所有的更改都构成还盘。《公约》解释，只有"实质性"变更才构成还盘，否则可视作"有条件的接受"。

根据《公约》第十九条规定可知，实质性的变更包括变更货物价格、付款、货物质量、数量、交货时间、地点、双方赔偿责任范围、争端解决条件;"非实质性变更"包括变更单证的份数、单据的种类。如果发盘人不表示反对,则视为有效接受。交易条件以变更后的条件为准。

(2)接受必须在有效期内送达受盘人。如果发盘人明确规定了具体的有效期限,受盘人只有在此期限内表示接受才有效。如果是用信件或电报通知接受,由于接受通知不能立即送达发盘人,则有一个接受通知何时生效的问题。对此,国际上不同法系的法律规定不一样。

《公约》采用到达生效。发盘有效期内接受未到达,则接受无效。

2. 逾期接受

如果接受晚于有效期或合理时间才送达发盘人,该项接受便成为逾期接受或迟到的接受。它对发盘人无约束力,实际上是新的发盘。《公约》规定,在以下两种情形下接受仍然有效。

(1)如果发盘人毫不迟延地用口头或书面形式将此种意见通知受盘人,则逾期接受仍有效。

(2)如果载有逾期接受的信件或其他书面文件证明,它是在传递正常、能及时送达发盘人的情况下寄发的,则该项逾期接受是有接受力的(逾期接受是由于传递不正常情况造成的延误),除非发盘人毫无迟延地用口头或书面形式通知受盘人,他认为他的发盘已经失效。

由此可见,发生逾期接受时,合同可否成立主要取决于发盘人。因此,在遭遇逾期接受时,发盘人及时通知受盘人明确其态度是十分必要的。

《公约》还规定,在接受期限的最后一天是发盘人所在地正式假日或非营业日,而使对方的接受不能送达发盘人地址,只要证明上述情况属实,该项接受的最后期限应顺延至下一个营业日有效。而在计算接受期限时,接受期间的正式假日或非营业日期应计算在内。

3. 接受的撤回问题

《公约》规定,接受是可以撤回的,只要撤回通知先于接受通知或与接受通知同时到达发盘人即可。大陆法系也有同样的规定。而英美法系认为,接受通知一旦投邮发出就立即生效,合同成立,撤销已生效的接受,无异于撤销一份合同,即构成毁约行为。因此,发盘人一定要谨慎,规定"接受于接受通知到达时生效"。

第四节 合同的签订和履行

一、合同的签订

在交易磋商中,一方发盘经另一方接受以后,签订买卖合同(contract)交易即告成立,买卖双方就形成合同关系。合同不仅是双方履约的依据,也是处理贸易争议的主要依据。在电子商务合同中,须经当事人的数字签名及第三方权威认证机构的认证,才能实现合同当事人的签字功能。

国际上越来越多的跨境厂商采用 E-mail 邮件方式来签订商务合同。目前缮制此类合同主要有三种方法：一是直接使用邮件正文文本作为合同；二是采用通过附件发送的 Word、Excel 等电子文档作为合同；三是先由一方发送 Word、Excel 等电子文档，另一方接收后用打印机打出，然后再签字盖章，再使用扫描仪扫描成 PDF 或图片格式，最后再通过 E-mail 回传第一方（或通过传真方式回传）。从规范化、安全性的角度行事，更多的跨境商务企业使用第三种方法。

除了上述 E-mail 电邮合同的方式外，在现阶段，传统的贸易合同形式依然广泛存在于国际贸易中，甚至还占有主要地位。在国际上，对书面合同的形式没有具体的限制。买卖双方可以采用正式的合同、确认书（confirmation）、协议（agreement），也可以采取订单（order）等形式，而它们则以书面形式存在。

（一）合同

合同的特点在于，内容比较全面，对双方的权利和义务以及发生争议后如何处理，均有比较详细的规定。一般在大宗、复杂、贵重或成交额较大的商品交易中通常采取这种形式。合同若由卖方制作就称为销售合同（sales contract）；若由买方制作，则为购货合同（purchase contract）。

（二）确认书

确认书属于一种简式合同，它适用于小批量业务或金额不大但批次较多的业务，或者已订有代理、包销等长期贸易协议的交易。

与合同相比，确认书往往不列出或不完全列出基本贸易条件，而只列明一般贸易条件。

（三）协议

协议或协议书在法律上与合同具有同等的含义。若买卖双方所商洽的交易较为复杂，经过谈判后，商定了一部分条件，其他条件有待于进一步协商，双方可先签订一个"初步协议"或者"原则性协议"，把双方已商定的交易条件确定下来，其余条件留待日后另行洽谈。

（四）订单

订单是指由进口商或实际买主拟制的货物订购单。在买卖双方达成交易后，国外买主通常将他们拟制的订单寄来一份，以便卖方据此履行交货和交单等合同义务；有的还寄来正本一式两份，要求对方签署后返回一份。这种经磋商成交后寄来的订单，实际上是国外客户的购货合同或购货确认书。合同的条款是构成跨境电子交易合同的主要内容。对每一个交易条件进行洽商而达成一致后，将它们一一明确无误地写入合同中，就是交易条款。这些条款包括：货名、规格、数量、包装、价格、装运期和支付条件、保险条款、检验检疫、争议与索赔、不可抗力和仲裁条款。

二、出口合同的履行

在我国出口贸易中,多数按 CIF(成本费加保险费加运费)条件成交,并按信用证支付方式收款,履行这种出口合同,涉及面广,工作环节多,手续繁杂,且影响履行的因素很多,为了提高履约率,各外贸公司必须加强同有关部门的协作与配合,力求把各项工作做到精确细致,尽量避免出现脱节情况,做到环环扣紧、井然有序。CIF 贸易术语下信用证支付方式成交时,履行出口合同的程序,一般包括备货、催证、审证、改证、租船、订舱、报关、报检、保险、装船、制单、结汇等工作环节。在这些工作环节中,以货(备货)、证(催证、审证和改证)、船(租船、订舱)、款(制单结汇)四个板块的工作最为重要。其中"货"指落实货物,包括备货和报检环节;"证"指落实信用证,包括催证、审证和改证环节;"船"指货物出运,包括租船、订舱、报关、投保、发装运通知等环节;"款"指制单结汇,包括制单、审单、交单、结汇、核销和退税环节。四个板块相辅相成、相互影响,只有准确做好每一环节的工作,才能防止出现"有货无证""有证无货""有货无船""有船无货""单证不符"或违反装运期等情况,顺利履行出口合同。

(一)落实货物

落实货物就是指出口企业在合同规定的最迟装运日期之前使货物处于备妥待运状态,具体包括备货、报检,并做好租船订舱及报关的准备。

(二)报检

出境货物检验检疫工作的一般程序是:报检后先检验检疫,再放行通关。

法定检验的出境货物的报检人应在规定的时限内持相关单证向检验检疫机构报检;检验检疫机构审核有关单证,符合要求的受理报检并计收费,然后转施检部门实施检验检疫。

一般出口商品最迟应在出口报关或装运前 7 天报检,个别检验检疫周期较长的货物,应留足相应时间;需隔离检疫的出境动物在出境前 60 天预报,隔离前 7 天报检。

法定检验检疫的货物,除活动物在出境口岸检验检疫外,原则上应在产地检验检疫。

通常情况下,报检人应填制和提供《出境货物报检单》,随附出口合同或订单、商业发票、装箱单、信用证复印件或有关函电、生产单位出具的厂检单原件等。凭样品成交的,还需提供样品。

(三)落实信用证

在信用证支付方式下,出口企业在落实货物的同时,还必须落实信用证。只有在收到信用证正本并经审核确认信用证内容与合同及操作惯例相符时,才可以发出货物。如果在信用证未落实的情况下贸然发出货物,会让出口企业结汇时处于被动。

落实信用证包括催证、审证和改证三个环节,其中审证环节是最为重要的、必不可少的环节。正常情况下,买方应按合同规定的时间开立信用证,但在实际业务中,有时买方不能按时开证,为保证合同顺利履行,卖方需要向买方催开信用证。催证的方法:卖方采用电子邮件方式催证。核心内容为:××号合同项下货物已备妥,请速开证。

审证包括两个环节:一是银行(通知行)审证,二是卖方审证。这两个环节同等重要,各有侧重,不能相互替代,缺一不可。

实际业务中,较为常见的信用证修改是"展期",也就是卖方(受益人)在不能如期完成交货的情况下,要求开证申请人同步延展装运期和信用证有效期。

(四)货物出运

出口货物既可以由出口商自行向承运人办理托运,也可以委托货运代理公司(以下简称"货代")办理。在实际业务中,后者占15%以上,因为,货代不仅可以提供专业的包括租船订舱、报检换单、报关、产地装箱等一揽子货运服务,还可以提供出口商个人无法从承运人那里申请到的优惠运价。除非进口商指定承运人或货代,出口商应根据货代的等级、优势航线、所提供运价的竞争力和综合服务能力选择货代。

(五)国际贸易单证与缮制

出口货物装运以后,出口公司即应按照信用证的要求,正确缮制各种单据,经审核无误后,在信用证规定的交单有效期限内将单据递交银行结汇。结汇后还要及时办理出口收汇核销和退税手续。

三、进口合同履行

我国进口货物,大多数是按FOB(离岸价)条件并采用信用证付款方式成交,按此条件签订的进口合同,其履行的一般程序包括:开立信用证、租船订舱、接运货物、办理货运保险、审单付款、报关提货验收与接交货和办理索赔,等等。

买方开立信用证是履行合同的前提条件,因此,签订进口合同后,应按合同规定办理开证手续,如合同规定在收到卖方货物备妥通知或在卖方确定装运期后开证,买方应在接到上述通知后及时开证;如合同规定在卖方领到出口许可证或支付履约保证金后开证,买方应在收到对方已领到许可证的通知,或银行传知履约保证金已收讫后开证。买方向银行办理开证手续时,必须按合同内容填写开证申请书,银行则按开证申请书内容开立信用证,因此,信用证是以合同为依据开立的,它与合同内容应当一致。卖方收到信用证后,如要求展延装运期和信用证有效期或变更装运港等,若买方同意对方的请求,即可向银行办理改证手续。

思 考 题

1. 简述跨境电商交易流程。
2. 简述跨境电商国际市场调研的内容。
3. 跨境电商市场的直接调研法有几种?

4. 简述交易磋商的主要内容。

5.《公约》和《合同法》对电子商务条件下磋商过程的"询盘"做了哪些规定？

6.《公约》和《合同法》对电子商务条件下磋商过程的"接受"做了哪些规定？

阅 读 书 目

1. 吴喜龄，袁持平. 跨境电子商务实务[M]. 北京：清华大学出版社，2018.

2. 韩小蕊，樊鹏. 跨境电子商务[M]. 北京：机械工业出版社，2017.

3. 王玉珍. 电子商务概论[M]. 北京：清华大学出版社，2017.

4. 青岛英谷教育科技股份有限公司. 跨境电子商务导论[M]. 西安：西安电子科技大学出版社，2017.

5. 曹盛华. 跨境电商发展策略与人才培养研究[M]. 北京：中国水利水电出版社，2018.

6. 马述忠，卢传胜，丁红朝，等. 跨境电商理论与实务[M]. 杭州：浙江大学出版社，2018.

7. 陈启虎. 国际贸易实务[M]. 北京：机械工业出版社，2019.

自 测 题

第四章

跨境电商平台操作

本章提要： 目前跨境电商在国家相关政策的大力扶持下，在国内飞速发展，许多跨境电商平台应运而生并蓬勃发展。对于这些跨境平台，因为影响到经营者的运营节奏、推广策略、物流模式和支付方法等，所以企业和个人可以根据自身的产品优势和区位特点，选择合适的平台。目前在中国，主流的跨境电商平台有阿里巴巴国际站、速卖通、亚马逊、eBay、Wish等。每一个平台都有相应的特点，同时具有一定的平台功能和平台操作方法，本章将对主要的跨境电商平台的功能、操作方法以及规则进行介绍。

本章共分8节来阐述跨境电商平台操作。从第一节到第七节分别介绍了阿里巴巴国际站、亚马逊、敦煌网、兰亭集势、设备时代、eBay、Wish的平台功能和平台操作，第八节介绍了在各个交易环节中的平台规则。

关键词： 亚马逊；敦煌网；eBay；Wish；平台操作

第一节 阿里巴巴国际站

一、阿里巴巴国际站概况

阿里巴巴国际站成立于1999年，是阿里巴巴集团的第一个业务板块，现已成为全球领先的跨境贸易B2B电子商务平台。"阿里巴巴国际站"是为中小企业拓展国际贸易市场提供出口营销推广服务的贸易平台，通过向海外买家展示、推广供应商的企业和产品，进而获得贸易商机和订单，是出口企业拓展国际贸易市场普遍使用的网络平台之一。

阿里巴巴国际站2016—2018年发展态势良好，其买家和订单规模持续增长（图4-1）。在阿里巴巴国际站，有超过1 000万的海外优质活跃买家，他们平均每天会发送超过30万个订单采购需求。一笔普通的订单往往面临市场拓展、海外营销、语言交流、国际支付、备货融资、加工生产、跨境物流，以及与监管部门交互的关检汇税等复杂环节。中小企业在跨境电商交易过程中面临着商机寻找困难、流通成本高、利用政策难、金融支撑获取难、信用屏障高等诸多困境，但在2018年的阿里巴巴国际站9月采购节上，线上支付的买家和交易订单数量均实现了超过3位数比例的增长。

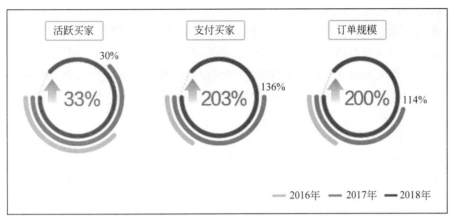

图 4-1　阿里巴巴国际站 2016—2018 年买家和订单规模

数据来源：阿里巴巴国际站相关行业和市场数据

目前，阿里巴巴国际站已覆盖全球 200 多个国家和地区。在美国加征关税的背景下，阿里巴巴以数字化流量去帮助中小企业拓展更多海外市场。例如采取网站付费流量投放策略，将流量持续向拥有高质流量的欧洲、澳洲等发达系国家投放，也向具有成本优势的东南亚和"一带一路"新兴国家倾斜。基于供应商的产品特点，阿里巴巴国际站还提供了精准的流量和客户生命周期管理产品，帮助企业沉淀优质客户。

外贸买卖，双方存在跨语言沟通的问题，阿里巴巴国际站通过多种多媒体工具和大数据应用，向平台所有供应商提供 43 种语言的实时翻译，并支持卖家将发布的商品翻译成 16 种语言，实现对商品、成交、物流和履约方式更精准清晰的表达，帮助中小企业高效地接触到买家并完成线上交易。

此外，阿里巴巴国际站提供了旨在解决外贸交易信任障碍的信保服务，通过对供应商基本信息和贸易交易额的数据分析，提供最高达 100 万美元的信用担保额度，有效促进了实际成交。同时这项服务也为卖家建立类似于淘宝星钻冠的信用体系，出口数据越大，卖家获得的担保金额就越大；诚信等级越高，获得订单的概率就越大。

阿里巴巴国际站以数字化格局的技术与产品，重构跨境贸易全链路，精准匹配跨境贸易买卖双方业务需求，为客户提供数字化营销、交易、金融及供应链服务。

二、阿里巴巴国际站平台功能

（一）商家入驻

这项功能主要包括账号管理、会员服务、签约与开通管理。其中几乎每一项功能又包含了各自的子功能。

1. 账号管理

账号管理包含账号安全管理、子账号设置管理、个人信息管理、账号注册管理、账号登录管理、账号注销管理、账号关闭管理等一系列子功能。在个人信息管理子功能中又包含了下一级子功能，即包括头像管理、隐私管理、邮件订阅管理、商业信息管理、个人信息管理、积分管理六个方面。

2. 会员服务

会员服务中包含网商贷服务、一达通服务、付款会员、CNFM（中国电影博物馆）免费会员、阿里商机通一系列子功能。其中阿里商机通又包含阿里商机通汇总、付费相关服务、产品发布功能、商机相关服务、商机通邮箱相关服务、商机通介绍及准入服务等多种服务类型。

3. 签约与开通管理

签约与开通管理包括服务开通、实地认证管理、发票管理、付款管理、签约管理。其中实地认证管理包括认证资料审核及进展、认证资料提交、认证信息变更、中英文名称翻译、实地认证介绍等方面；发票管理子功能中包括发票更换管理、发票寄送管理、发票申请管理、发票介绍等方面。签约管理中包括签约汇总管理、签约订单管理、签约操作管理、出口通介绍等方面。

（二）旺铺管理

旺铺管理包括企业网站管理、旺铺装修、公司介绍、全球 E 站。其中企业网站管理包括旺铺展示、旺铺介绍和域名管理。旺铺装修管理包括设计师模块、旺铺升级、店招设计、店铺分类、页面背景、公司介绍、新增自定义页面、移动端旺铺装修、营销模块、装修发布问题。公司介绍包括证书验真、贸易记录、公司信息管理。全球 E 站包括全球 E 站开通、全球 E 站使用。

（三）商品管理

商品管理包括产品发布与管理、安全与网规两个一级子功能。

产品发布与管理包含的子功能非常多，包含支持买家直接下单的产品信息管理、关联一达通出口产品信息管理、多语言产品信息管理、回收站管理、产品展示管理、产品分组与排序管理、产品管理、产品审核管理、产品发布管理、基本信息介绍、工具中心子功能。在工具中心子功能中又根据不同的工具包含三级子功能，分别为图片银行管理、视频银行管理、导航模板管理和全文搜索工具。

安全与网规功能中也包含较多的二级子功能，包括可疑会员管理、钓鱼网站监控、行业准入、禁限售、品牌相关管理、安全规则管理、不当使用他人信息、账号安全管理、盗图监控、知识产权保护（IPR）系统。

（四）商机洽谈

商机洽谈的功能包括千牛、TradeManager、买家商业身份识别、采购直达、邮箱、客户、询盘、阿里卖家、国际版钉钉。

千牛主要包括千牛无线工作台、接待中心、注册登录和系统设置。

采购直达包括 RFQ（报价请求）权益、管理 RFQ、回复 RFQ、RFQ 推荐&定制、发布 RFQ 和市场规则。

邮箱功能包括客户端设置、邮箱功能、邮件收发和外贸邮介绍。

客户功能包括客户汇总类目、客户通和名片功能。

询盘功能包括询盘效果、询盘设置、询盘管理、询盘订单、询盘收发和询盘介绍。

国际版钉钉工作台包括 KP 版、员工版和顾问版多种类型，每种类型有不同的网络接口。

（五）效果营销

效果营销包括数据管家、供应商能力、增值服务、活动营销和搜索诊断一级子功能。

1. 数据管家

数据管家中包括几个二级子功能，分别为数据管家行业版、无线市场专题、知行情、知买家、知己、诊断中心、产品介绍。数据管家行业版中又包含三级子功能：流量数据、产品数据、客户数据、访客数据、行业数据、分析报告、数据功能培训。知行情中也包含三级子功能：行业视角、热门搜索词和 RFQ 商机。知买家包含营销管理和访客详情两个三级子功能。知己中包含的三级子功能有我的子账号、我的词、我的产品、我的店铺、我的效果等子功能。

2. 供应商能力

供应商能力包括商家验真、交易等级、商家星等级和诚信等级。其中商家验真功能包括实时验真功能、产品关联证书操作、证书关联产品等三级子功能。

3. 增值服务

增值服务包括的二级子功能有外贸直通车、顶级展位、橱窗产品、明星展播、金品诚企和拍摄服务。其中外贸直通车包括的三级子功能有产品介绍、智能推广、关键词推广、直通车账户、直通车数据、优化工具和活动中心。而金品诚企包括的三级子功能有验厂视频、主营认证产品、认证进展、企业能力评估、金品诚企介绍等。

4. 活动营销

活动营销包括几个二级子功能，分别为专场活动、区域活动、粉丝通、折扣营销、优惠券活动等。

这些重要功能的设计，使得整个网络的运作情况良好，同时为平台使用者提供了极大的便利。

（六）2019 "新外贸操作系统" 新功能

2019 年 1 月 18 日，阿里巴巴国际站（Alibaba.com）发布了 "新外贸操作系统"（图 4-2），这也是阿里巴巴赋能商业社会的最新承诺。阿里巴巴国际站通过数字化重构交易履约体系，旨在帮助商家在做跨境贸易时，像做内贸一样简单。阿里巴巴面对全球的消费者和商家群体，构建出了一套以 "数字化'人货场'" 为内环、"数字化交易履约系统" 为外环、"数字化信用体系" 为链接纽带的三大全新矩阵布局。

在这个数字化商业系统中，首要的关键点便是作为内环的 "数字化'人货场'"。以人为例，数据赋能 "人"：就是帮助企业做一个客户资产管理，从企业端的固定资产做数字化赋能，并通过数字化的方式去存储现有客户需求。其次，则是商品（"货"）信息升

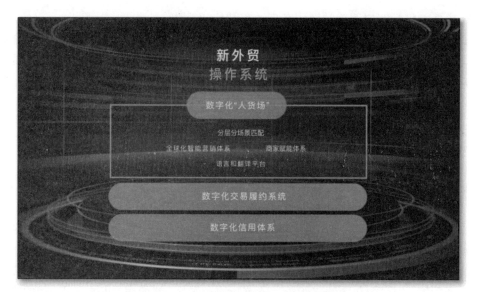

图 4-2　阿里巴巴国际站的新外贸操作系统功能

级并分层、分场景赋能，卖家通过商品的数字化重构，提高自身竞争力。就像沃尔玛针对消费者偏向于小批量、碎片化、定制化采购需求，提高定制化能力以及小批量生产的能力一样。阿里巴巴通过数字化的方式帮助商家将产品设计、生产工艺不断展现出来，抓住买家的眼球。最后，打造多元化的"场"，如多元场景和关系型导购或者全球展会场景拓展，将所有参展商家的商品和服务进行数字化，并通过数字化的方式让线上买家可以和商户进行实时互动，让"场"发挥更大的效应。而作为外环的"数字化交易履约系统"则在这个过程中扮演着保护伞的角色，全面升级包括信用保障、外贸综合服务平台、国际物流、国际快递、金融服务、支付结算在内的跨境供应链。

三、阿里巴巴国际站平台操作

（一）登录操作平台

在浏览器主页输入 https://supplier.alibaba.com/，登录阿里巴巴国际站官网，单击登录按钮。如果是新用户，可以单击注册按钮进入注册页面，输入本人基本信息进行免费注册。注册成功后就可以利用账户和密码登录平台了。阿里巴巴国际站登录对话框如图 4-3 所示。

（二）商家学习

如果想在短时间内迅速了解阿里巴巴国际站的相关模块，可以通过在主页面单击"商家学习"打开相关页面。其中包含新手入门、官方课程、阿里产品、一达通、开启外贸、洽谈和订单、订单执行等多个模块，每个模块有可供选择的系列视频教程，内容丰富。除此之外还可以在网页中找到帮助中心，里面罗列了各种常见的问题和解答，包括在下单、支付、备货、发货、物流、收货、售后、资金管理、进口业务等环节中出现的常见

图 4-3　阿里巴巴国际站登录对话框

问题和解答都可以找到。还有一类可供学习的资料可以在新手指南的页面中找到，这一页面重点在于通过四个步骤的指导，让刚刚接触阿里巴巴国际站的用户很快上手。这四个步骤分别是账户和诚信安全、产品发布、旺铺装修以及数据跟踪。在此页面中还可以找到新手必备的各种外贸资料。

（三）登录后台管理工具

阿里巴巴国际站有一个即时沟通工具：TradeManager。它类似于 QQ，业务员可以用它与客户沟通及关注后台数据。每个业务员必须有一个账号，一般要求 24 小时在线，并设置成开机自动启动。这也是使曝光率提高、询盘增加的一个重要操作。登录后就可以看到后台的管理界面了（图 4-4）。

（四）运用关键词

当注册企业想要客户通过在阿里巴巴国际站上搜索该词来找到企业的某个产品时，关键词的运用无疑是客户轻松找到企业产品的绿色通道。产品关键词的设置虽然跟排序无关，但它在提升匹配度上起到决定性作用。

1. 查找关键词

首先需要结合自己产品及行业特点编写关键词。不是定什么关键词，客户就会通过该关键词来找，而是客户通过什么关键词来搜索该类产品，卖家就该定什么关键词。其次，从同行的网站中学习经验。可以通过进入同行的网站，找类似产品，得到关键词。尤其要善于发现那些在寻找过程中具有优质、高效特点的关键词。最后，利用数据管家→热门搜索词，数据管家→行业视角，数据管家→我的词，阿里巴巴前台搜索下拉框，

图 4-4　阿里巴巴国际站 TradeManager

产品发布关键词填写下拉框，谷歌关键词搜索工具，国内外同行网站产品名称，国内外同行网站源代码搜索，客户搜索记录，等等，查找关键字。

2. 分析关键词

在前台搜索到关键词后，将已发布的关键词剔除掉，并将生冷偏僻的关键词暂时保存起来，接着将需要发布的类目确定下来，再将需要发布的关键词确定下来，最后还需要将目标排名位置确定下来。

3. 填写关键词

在填写时需要注意三个要点：首先，要使关键词保持完整性。其次，通过新奇的组合来实现。避免使用一些热门的组合，因为那些卖家能想到的组合往往也是别人能想到的，就会导致竞争激烈，使得排名很有可能靠后，即使偶尔排名在前面，卖家还需要经常花大把的时间来维护；一些组合出来的长尾词、偏门词，客户根本就不会搜索该词。最后，还要注意填写的位置。这里的关键词填写栏有三个（图4-5），此时可以根据不同的情况采用不同的方法填写。方法一：三个产品关键词栏里各填写不同的"产品关键词"；方法二：三个关键词栏里都填写同一个"产品关键词"。例如橱窗产品可以选择三个栏里各填不同的关键词；热度较高的产品关键词则在三个关键词栏里填同一个关键词；热度较低的产品长尾关键词则在三个关键词栏里填不同的产品关键词。

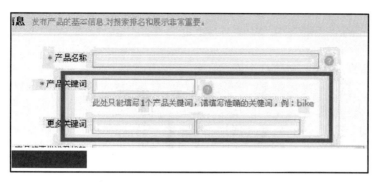

图 4-5　阿里巴巴国际站关键词填写

（五）填写产品名称

有关产品名称的填写，也需要注意一些问题，主要有以下几种情况。

1. 核心词后置

此时修饰词可以放在核心词的前面。一般格式为：修饰词+修饰词+…+核心词。例如"18 mm black film faced plywood"用来表示产品名称为"18 mm 黑色覆膜胶合板"。

2. 核心词前置

此时产品名称的标题中也可使用 with/for，核心词在 with/for 前面。例如"符合 ASTM DIN JIS 标准的钢管"可以写成"steel pipe with ASTM DIN JIS standard"。再举个正确的例子："15 mm film faced plywood for construction"可以用来表示"建筑用 15 mm 覆膜胶合板"。

3. 产品名称的长度要适当

衡量一个产品名称好坏的标准是看它能否恰当地突出产品优势特性，不要过短，也不要过长。买家搜索词是有 50 个字符限制的，名称写得太长了就跟买家搜索词的匹配度不高，因为产品名称即产品标题是买家搜索的第一匹配要素。

4. 避免累加不同名称

在填写产品名称时要切忌将多个关键词重复累加在名称当中。当产品标题中含多个不同的名称时，买家是否能通过搜索这些不同的名称而搜索到该产品呢？其实不能。也就是说，累加了多个不同名称的产品名其实不会提升产品的曝光率。这是因为在产品的搜索过程中买家往往赋予匹配精度以更高的权重，对于不能精确匹配的名称则会产生抵触和排斥心理，同时降低搜索兴趣和信任度。产品名称罗列和堆砌不但不会提升产品的曝光度，反而会降低匹配的精度，从而影响搜索结果，影响排序。

5. 慎用特殊符号

产品名称如果使用了特殊符号"/""-""()"等，可能会被系统默认成无法识别的字符，最终影响排序。如必须使用，则需要在符号前后加空格。

（六）提升产品排名

产品排名优先级是指在匹配条件同等的情况下将买家偏好的、更好的产品、更优质的供应商优先展示，首先，主要考虑买家偏好及排序、产品信息、供应商信息三个要素。

其次，在产品信息质量同等的情况下，橱窗、关键词排名及 P4P 等付费广告对于排名也有一定的促进作用。

1. 产品信息

在排序规则里，信息质量是指产品信息的完整度和专业度。完整度指供应商在发布产品时能够真实、完整地填写便于买家快速作出购买决策的项目（如标题、类目、属性、图片、详细描述、交易条件等），如属性不全或者产品信息填写过少就会影响产品信息质量。专业度要求填写各项目时按照买家的信息需求及阅读习惯，将买家最关注的特征描述清楚，如关键词在产品描述中堆砌、非自然语言或信息重复就会影响产品信息质量。

在设置产品时应注重以下三个方面：产品标题、产品属性和产品详细描述。首先，产品标题要做到言简意赅，简要、清楚地描述产品的名称、型号以及关键特征、特性，使买家一看即知产品关键信息。切忌反复堆砌、罗列相同或者意思相近的词组，过于冗长的标题会使买家找不到重点，难以判别产品标题的中心内容。其次，产品属性要尽量完整、准确地填写，主图尽量清晰、明确，这些能够帮助买家清楚了解产品。最后，产品详细描述的信息一定要真实、准确，避免和标题、属性出现互斥或者不一致的情况，对买家或平台的判断造成干扰。恰当使用图片或表格介绍产品功能、特点、质量、优势，有助于买家的快速理解。

2. 供应商信息

平台排序功能会从供应商信息的完整度、真实度、供应商在平台的活跃度、供应商对其店铺及产品的管理维护程度等多方面进行供应商信息质量的判断。它要求公司产品的整体信息质量较好，不存在大量的重复产品发布现象。积累良好的网站线上行为数据，如积极主动服务买家、真实一达通交易数据、加入信用保障计划等。

在设置供应商信息时应注重以下三个方面：完善公司信息、合理运营店铺和提升买家体验。首先，在完善公司信息方面，尽可能完成或者提供更多的认证信息。一般来说，供应商认证信息展示得越多，买家对该供应商真实性的疑虑越小，沟通的成本也越低，发生询盘的概率也会随之提升。其次，在合理运营店铺方面，要积极、及时地对自身的店铺进行维护，如合理控制产品总量、突出重点产品、对逾期或者不具太大价值的产品进行清理等。店铺内相似的产品或无效产品大量累积会使买家产生视觉疲劳，从而失去对该店铺的兴趣，并将直接影响供应商信息质量，进而影响供应商的搜索排序效果。最后，在提升买家体验方面，及时回复买家的各类询盘、咨询等。及时的回复能提升买家的好感，有助于达成交易，避免错失商机。

3. 买家偏好及排序

排序功能会根据买家的行为识别买家偏好，将买家更喜欢的产品排序靠前。如果想根据买家偏好来提升排名，需要注意以下五个方面。

（1）了解行业动态。及时了解自身所在行业动态信息和买家需求点，与自有产品的优势、特点进行分析和结合，并在产品标题、关键词、自定义属性、描述中加以体现。过高或者过低的价格及起订量等信息可能都会对买家喜好产生影响。

（2）合理提升浏览、点击率等数据。买家偏好更多取决于买家自身的采购意愿。不同的买家搜索相同的关键词，因为买家偏好、意愿不同，买家对产品或供应商的选择也会不同。不要试图通过虚假的方式获得浏览、点击、给询盘的行为,对于欺骗买家和其他诚信的供应商的行为,不但是阿里巴巴集团不允许的,最终也会给自身带来恶果。

(3) 不断积累线上订单的交易金额 (GMV)。增加线上订单交易因素的数据积累,重点可关注信保和在线批发的订单的实收金额。

(4) 努力提升信保订单完单率。完单率高是供应商信誉度高的一个表现,信誉度高的卖家更吸引买家,商家可以及时通过一达通完成报关发货,并及时操作关联完成订单。

(5) 付费产品。由于国际站产品排名竞争激烈,如果商家对公司排名的要求比较高,如希望主打产品均排在首页或者前五位,在财务支出允许的情况下也可以选择一些付费产品来提升公司排名。目前国际站效果较好的付费产品包括外贸直通车和顶级展位。其中外贸直通车可以使得三星以上产品通过出价排名至首页前五,而顶级展位则可以绑定产品排名至首页第一。

第二节 亚 马 逊

一、亚马逊概况

亚马逊最早作为一个普通的公司,于 1994 年在华盛顿州登记,1996 年时改到德拉瓦州登记,并在 1997 年 5 月 15 日股票上市。亚马逊目前是美国最大的一家网络电子商务公司,位于华盛顿州的西雅图,是网络上最早开始经营电子商务的公司之一,一开始只经营网络的书籍销售业务,现在则扩及了范围相当广的其他产品,已成为全球商品品种最多的网上零售商和全球排名前三的互联网企业(图 4-6)。在公司名下,也包括了 AlexaInternet、a9、lab126 和互联网电影数据库(Internet Movie Database,IMDB)等子

图 4-6 亚马逊网络平台页面

公司。亚马逊及其他销售商为客户提供数百万种独特的全新、翻新及二手商品，如图书、影视、音乐和游戏、数码下载、电子和电脑、家居园艺用品、玩具、婴幼儿用品、食品、服饰、鞋类和珠宝、健康和个人护理用品、体育及户外用品、玩具、汽车及工业产品等。

2004 年 8 月亚马逊全资收购卓越网，使亚马逊全球领先的网上零售专长与卓越网深厚的中国市场经验相结合，进一步提升客户体验，并促进中国电子商务的成长。2018 年 12 月 18 日，世界品牌实验室编制的 2018 年《世界品牌 500 强》揭晓，亚马逊排名第 1 位。

二、亚马逊的阶段性目标

亚马逊作为跨境电商平台，具有自己的特点。在整个发展过程中它经历了三次大的转折，发生了令世人瞩目的三次转变，并由此形成亚马逊网络平台发展过程中三个非常重要的历史阶段，在每一个阶段都有一个明确的发展目标。

（一）第一个阶段

亚马逊平台的第一个阶段是从 1994 年到 1997 年，在这一阶段它的目标是成为"地球上最大的书店"。

1994 年夏天，从金融服务公司 D.E.Shaw 辞职出来的贝佐斯决定创立一家网上书店，贝佐斯认为书籍是最常见的商品，标准化程度高，而且美国书籍市场规模大，十分适合创业。经过大约一年的准备，亚马逊网站于 1995 年 7 月正式上线。为了和线下图书巨头 Barnes&Noble、Borders 竞争，贝佐斯把亚马逊定位成"地球上最大的书店"。为实现此目标，亚马逊采取了大规模扩张策略，以巨额亏损换取营业规模。经过快跑，亚马逊从网站上线到公司上市仅用了不到两年时间。1997 年 5 月 Barnes&Noble 开展线上购物时，亚马逊已经在图书网络零售上建立了巨大优势。此后亚马逊和 Barnes&Noble 经过几次交锋，亚马逊最终完全确立了自己是最大书店的地位。

（二）第二个阶段

亚马逊平台的第二个阶段是从 1997 年到 2001 年，在这一阶段它的目标是成为"地球上最大的综合网络零售商"。

贝佐斯认为和实体店相比，网络零售很重要的一个优势在于能给消费者提供更为丰富的商品选择，因此扩充网站品类、打造综合电商以形成规模效益成为亚马逊的战略考虑。1997 年 5 月亚马逊上市，尚未完全在图书网络零售市场中树立绝对优势地位的亚马逊就开始布局商品品类扩张。经过前期的供应和市场宣传，1998 年 6 月亚马逊的音乐商店正式上线。仅一个季度，亚马逊音乐商店的销售额就已经超过了 CDnow，成为最大的网上音乐产品零售商。此后，亚马逊通过品类扩张和国际扩张，到 2000 年的时候，亚马逊的宣传口号已经改为"最大的网络零售商"。

（三）第三个阶段

亚马逊平台的第三个阶段是从 2001 年至今，在这一阶段它的目标是成为"地球上最以客户为中心的企业"。

2001 年开始，除了仍然继续宣传自己是最大的网络零售商外，亚马逊同时把成为"地球上最以客户为中心的企业"确立为努力的目标。此后，打造以客户为中心的服务型企业成为亚马逊的发展方向。为此，亚马逊从 2001 年开始大规模推广第三方开放平台（third party open platform），2002 年推出网络服务（AWS），2005 年推出 Prime 服务，2007 年开始向第三方卖家提供外包物流服务 fulfillment by Amazon（FBA），2010 年推出 KDP 的前身自助数字出版平台 Digital Text Platform（DTP）。2018 年亚马逊完善这些服务，并不断推出新的服务，使其超越网络零售商的范畴，成为一家综合服务提供商。目前"全球开店"可以开通的站点有：美国，加拿大，墨西哥，英国，法国，德国，意大利，西班牙，日本。其中美国、加拿大和墨西哥为北美联合账号；英国、法国、德国、意大利、西班牙为欧洲联合账号，联合账号是指卖家开通其中任意一个站点，则无须再提供其他资料就可以连带开通联合账号内的其他站点。

三、亚马逊平台基本要求及操作步骤

（一）基本要求

1. 需要满足一定的资质要求

入驻亚马逊的卖家必须是在中华人民共和国（港、澳、台地区除外）注册的企业，且需要具备销售相应商品的资质。如果顾客需要发票，卖家须及时为顾客提供普通销售发票。亚马逊顾客遍布全国，卖家会收到来自全国各地的订单，所以如果选择了自主配送模式，卖家需要具备将商品配送至全国的能力。另外，如果是个体工商户，按照规定是不能入驻亚马逊商城的。

2. 公司营业执照

作为亚马逊网站的卖家，公司营业执照必须是三证合一的，要求为竖版，右上角有社会统一信用代码。"三证合一"登记制度是指企业登记时依次申请，分别由市场监督管理部门核发工商营业执照、组织机构代码管理部门核发组织机构代码证、税务部门核发税务登记证，改为一次申请、合并核发一个营业执照的登记制度。

3. 对于特殊商品需要提供相应文件

如果卖家通过亚马逊网站销售的商品属于下述类型，还需向亚马逊提供与产品相对应的文件的电子版，主要包括图书类、美容化妆类、个护健康类、食品类、酒类、母婴类、玩具类、电池和充电器类的商品。例如，如果要销售酒类，则需要提供相应的资质文件，包括食品流通许可证或食品经营许可证、酒类流通备案登记证明（或者酒类批发许可证/酒类零售许可证/酒类产销许可证）、入网食品经营者档案、食品生产许可证、商标持有人开具给食品生产许可证持有人的委托加工协议（入驻企业非生产厂家）。而且，如果相应的酒类产品属于进口商品，则还需要提供进口货物报关单，如果不是进口收货单位或消费使用单位，还需要提供收货单位或消费使用单位开具的关系证明或授权文件。

(二) 操作步骤

1. 创建账户

亚马逊账户类型有如下两种：个人销售计划和专业销售计划。

无论是个人还是公司都可以申请"个人账户"；同样，不论卖家是个人还是公司也都可以申请"专业账户"。无论是个人还是公司，都可以注册这两种销售计划。这两种计划的主要区别在于费用结构和功能使用的权限有所不同。以日本市场为例，"个人销售计划"账户会被按件收取费用，而"专业销售计划"账户则需要支付月度的使用费。选择好之后，在线填写公司信息，创建亚马逊卖家账户。在注册过程中，卖家需要提交公司资质，以及品类和品牌相关的资质以完成亚马逊资质审核。

2. 提交保证金

为了维护整个亚马逊商城的公平和公正，保障商城和卖家业务的长期可持续发展，从根本上贯彻"正品质优"的经营理念并增强客户体验，亚马逊实施卖家保证金政策。根据该政策的要求，所有卖家必须确认接受在卖家平台管理保证金页面公布的承诺函，重申在亚马逊商城销售正品质优商品的保证。同时，不同品类的卖家必须依照承诺向亚马逊缴存保证金。

3. 上传商品

准备好商品信息和图片后，卖家可以通过卖家平台逐一添加商品信息或通过模板批量上传。

4. 顾客浏览商品并下单

商品信息上传完成，卖家的商品便成功上线，顾客能够浏览、搜索和购买商品。一旦有订单产生，卖家就会收到亚马逊的邮件通知，同时，卖家可以通过卖家平台查看到订单信息。

5. 配送商品和发票

订单产生后，需要按照顾客要求的配送方式，及时配送商品。如果顾客需要发票，卖家平台的"管理订单"中会有提示，卖家需要及时向顾客邮寄符合国家税务规定的普通发票。

6. 结算货款

亚马逊每隔14天会与卖家进行一次结算。

(三) 商品推广

商品推广又被称为"关键字广告"，是一种利用关键词匹配用户搜索，在亚马逊上精准定向展示商品的广告形式，它按实际点击次数收取费用。也就是说卖家可以通过选择想要的产品关键词做推广，卖家广告就会在搜索结果页或者商品详情页较显眼的位置展示，从而靠近消费者购买的决策终端，增加销售机会。而且消费者在点击卖家广告后即进入商品详情页，而卖家只需在广告被点击的情况下付费，提高了广告利用的透明度，可及时衡量出投资回报，控制卖家在推广活动上花费的金额并优化广告投入。

卖家在亚马逊平台上进行商品推广时，必须了解一些由平台提供的工具，并努力掌握其中的技巧和方法。以下主要从四个方面介绍。

1. 新产品上市的分阶段广告策略

对于新产品上市，一般分三个阶段：第一阶段是提升认知度，拉近与消费者的距离，为在最开始的 30 天到 60 天吸引高质量的流量。直接开启手动商品推广广告，充分利用商品投放，同时启动商品推广自动广告，为下一阶段积累有效关键词。第二阶段是提升销售速率，利用品牌和竞争对手的关键词促进销售。利用关键词投放开启手动商品推广广告，品牌主还应该利用品牌推广和品牌旗舰店唤起直接购买行为。同时尝试多种广告组合，来测试不同的承接页，如品牌旗舰店、定制的专题页面或者搜索结果页面，以提升广告投入产出比。第三阶段，ASIN（Amazon standard identification number，亚马逊标准标识号，相当于一个独特的产品 ID）成熟，利用所有广告产品最大化效果和影响力，总结之前积累的经验教训并运用到所有投放的实践战略中，由于卖家已经积累了产品的认知度，现在可以集中精力投放品牌关键词以促进销售。

以新品服装阿迪达斯男款运动外套和鞋为例，可以在第一阶段创建一个没有结束日期的广告活动，以保持始终在线。同时设置每日预算为 100 美元，选择手动广告中的商品投放类型。第二阶段选择男性外套分类（man's jacket），并进一步细化为品牌（Adidas），价格高于 150 美元，评分为 3~5 星，接着可以添加相关的外套商品。在品牌推广的文字部分输入：Check out our new jacket in brands you love。第三阶段在旗舰店里创建一个男性外套的专题页面，比较测试旗舰店主页、该专题页面、搜索结果页作为广告承接页的表现效果。综合使用自动商品推广、手动商品推广、品牌推广和品牌旗舰店来提升外套的销量。

2. 亚马逊商品推广使用的六种报告

亚马逊商品推广提供了六种报告，能帮助卖家分析并优化相关活动，让卖家投入的广告资金尽量得到最大回报。

自动投放报告：本报告包含亚马逊官网（Amazon.com）上搜索的客户输入的实际搜索字词列表以及卖家所有活动的曝光量、点击量以及转化数据。本报告包含了在卖家广告上产生了至少一次点击量的搜索词。

广告活动业绩报告：本报告包含每个活动的点击量和对应销量，包括每个广告小组、SKU（库存保有单位）和关键词的结果。卖家从中了解每个活动的绩效情况，并能够改变关键词和出价，从而提升广告的绩效。

其他 ASIN 报告：本报告是顾客点击卖家广告之后购买的产品列表。很多时候顾客都会购买投放了广告的同一 ASIN，但有时某些顾客可能会购买卖家未推广的 ASIN。知道顾客在点击了卖家的广告之后购买了哪个 ASIN 将帮助卖家分析活动绩效并做出调整，以达成商业目标。

广告展示位置：比较在 Bid+打开或关闭时广告活动的绩效情况，卖家可以对比每个活动在 Bid+打开或关闭时的曝光量、点击量、每次点击成本、广告费用及销售量。卖家可以确定 Bid+功能对销量和广告费用的影响，以确定哪些活动会因为竞得高销售的广告展位提高出价而获益。

按 SKU 查看业绩：在卖家所选时间段内，至少有一次关于曝光量的产品销售绩效。本报告提供了关于卖家每件广告商品的绩效摘要，使卖家能通过曝光量、点击量、点击通过率（CTR）、广告总费用、平均点击价格（CPC）来比较每件广告商品。

按时间查看业绩报告：此报告是关于特定的时间段内卖家的点击量和广告费用的汇总信息。例如，卖家可以查看过去 3 周里每天的点击量和广告费用的汇总。或者卖家可以在月汇总中查看到一个月的数据。卖家可以将时间段按天、按月、按年划分，也可以为报告自定义起始时间。卖家可以根据日期栏、点击量栏、广告总费用栏进行排序，也可以选择打印报告或者将数据下载以进一步分析。

3. 旺季商品推广策略

策略 1：提前行动。思维不应局限于"重要节日，重大优惠"。在节日到来之前，筹划出完善的策略。设置易于度量的目标，制订进度跟踪计划。在第三季度和第四季度早期找出最有效的关键字，将其应用到节日广告活动中。找出最应景、最有季度相关性的 ASIN，开展主题广告活动。提前提交广告活动，避免审批过程造成的延误。注意，对于新提交的"头条搜索"广告活动以及"亚马逊品牌旗舰店"，审批流程可能长达 3 个工作日。提前设置 KPI（关键绩效指标）和易于度量的目标，以便在节日期间更有效地优化广告活动。

策略 2：确保在零售层面做好准备。节日流量会带来更高的点击率和展示次数，卖家的亚马逊产品详情页面也会受到更多关注。在节日来临之前，卖家需要严格检查打算推广宣传的产品，确保这些产品的详情页面能够有效运行。

策略 3：进行促销规划。确定要在节日期间提供的优惠幅度，确保各种节日计划能够顺利制订。卖家可以借助亚马逊的相关服务提高节日优惠的可见度，如在搜索结果展示位置自动显示 Deal of the Day 徽章。还有 Lightning Deals and Savings and Sales Deals 等服务适用于通过"商品推广"广告进行的促销活动，并且会（在适用情况下）显示特价徽章、促销价格以及截止日期。"商品推广"广告还会自动在搜索结果中显示 Limited Time Deal 徽章。

策略 4：提高竞拍活动的策略性，使用手动投放。加大竞价力度的最佳时机莫过于节日期间。通过提高竞价，卖家将有更多机会在竞拍中胜出。考虑在黑色星期五/网络星期一之前，提前两周提高竞价，并将价格保持至 1 月底，因为所有广告单元的平均单次点击成本（aCPC）都会在这段时期增加。

策略 5：占据最高点。在节日期间开展手动投放式广告活动的另一个理由是：卖家可以使用"竞价+"功能。在手动投放式"商品推广"广告活动中启用"竞价+"，卖家就有更多机会赢得搜索结果顶部的投放位置。搜索结果顶部是非常宝贵的位置，它可以让位于"购买漏斗"底部的购物者更容易看到卖家的产品。

策略 6：测试。在第三季度和第四季度早期对各种具体元素进行测试，让"头条搜索"广告的潜力得到最大化利用。至少安排 2 周的测试，以便在旺季前优化广告活动。例如可以考虑测试以下部分：访问自定义登录页面，对"头条搜索"广告中显示的 ASIN 进行试验，在"头条搜索"广告中尝试不同的图像和徽标，对主题季节性文字和全年通用的广告文案进行对比测试，等等。

策略 7：注重文案。以句首大写的格式制作明白易懂、有吸引力的标题。推销文案应包含明确和直接的行动号召。避免以下一些可能会造成延缓广告活动审批过程的情况。

（1）文案中标注价格（如美元金额或%折扣）。

（2）文案有效性受时间影响（如"网络星期一"）。

（3）提出未经证实的论断（如"全球最好的手机壳"）。

（4）使用最高级形容词（如"销量第一""最好""质量最好""极品"）。

（5）使用全大写格式，或首字母不大写。

（6）包含错别字或文字错误。

策略 8：优化关键字精准度。在节日来临之前启动广告活动，在其中使用多个"广泛匹配"关键字，使之匹配众多品牌、竞争和类别搜索词。在接下来几周内优化广告活动，找出效果最好的关键字，逐渐从"广泛匹配"过渡到"词组匹配"，再从"词组匹配"过渡到"精准匹配"。

策略 9：不要因超支使得广告停止展示。监测自己的预算，确保不会在中途超支。为了应对激增的需求量，卖家应该考虑将预算上限提高 150%～350%。例如可以参考以下数据：与 2018 年第三季度相比，亚马逊的广告点击次数在 2018 年第四季度提高了 25%～75%。

策略 10：洞悉事态。不要等到节日结束再对广告活动进行业绩评估。亚马逊的报告可以显示广告活动中的哪些做法行之有效，让卖家了解哪方面的优化有助于达到 KPI 目标和提高销售额。

4. 商品推广中的批量操作

此处的批量操作是指在亚马逊上大规模更改现有广告活动、广告组、广告以及关键词，这是商品推广中的一种有效手段。可下载文件包括现有广告活动信息，卖家可以更改该文件中的广告活动并上传至广告活动管理平台。卖家还可以按照同样的方式借助于提供的批量模板使用批量文件创建全新的广告活动。

批量操作的用途有四个方面。第一，利用广告报告分析得出的信息，可以批量更改卖家的广告活动。第二，根据实际支出更新卖家的预算，以确保卖家广告始终在线。第三，启用与广告活动相关的竞价+，以便增加搜索结果置顶机会。第四，分析关键绩效，提高竞价。

下载批量文件的操作方法如下。

第一步：转到卖家中心的"广告"选项卡，单击"广告活动管理器"。

第二步：选择标签为"导入活动"的第二个选项卡。亚马逊网络平台广告活动管理器如图 4-7 所示。

第三步：将默认卖家进入"下载"选项卡。

第四步：选择日期范围，最多可为 60 天前。应选择至少两周内的数据。选择完成后将只包括规定日期范围内至少一次展现所收取到的广告活动、广告组、广告以及关键词。

第五步：选择文件格式，最常用的格式是须在 Excel 中查看的.xlsx 格式。

第六步：单击"申请批量文件"按钮。将出现带"请求的报告"字样的复选标记。

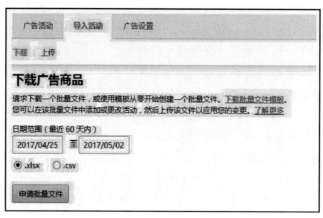

图 4-7 亚马逊网络平台广告活动管理器

第七步：刷新卖家页面。在"批量文件下载"部分生成文件前，卖家可能需要刷新几次。一旦"下载"按钮出现，单击以打开文件。

第三节 敦 煌 网

一、敦煌网概况

敦煌网是全球领先的在线外贸交易平台。敦煌是中国古代丝绸之路上的辉煌驿站，是中国丰富商品走出国门的盛大之城。敦煌网以此命名，正是承载着其创始人兼 CEO 王树彤女士打造网上丝绸之路，帮助中小企业"买全球，卖全球"的梦想。王树彤是中国最早的电子商务行动者之一，1999 年参与创立卓越网并出任第一任 CEO，2004 年创立敦煌网。敦煌网致力于帮助中国中小企业通过跨境电商平台走向全球市场，开辟一条全新的国际贸易通道，让在线交易不断地变得更加简单、更加安全和更加高效。敦煌网是国内首个为中小企业提供 B2B 网上交易的网站。它采取佣金制，2019 年 2 月 20 日起新卖家注册不再收取费用，只在买卖双方交易成功后收取费用。

作为中小额 B2B 海外电子商务的创新者，敦煌网采用 EDM（电子邮件营销）的营销模式低成本高效率地拓展海外市场，自建的 DHgate 平台，为海外用户提供了高质量的商品信息，用户可以自由订阅英文 EDM 商品信息，第一时间了解市场最新供应情况。2011 年在深圳设立华南总部的敦煌网在深圳部署物流相关工作。2013 年，敦煌网新推出的外贸开放平台实质上是一个外贸服务开放平台，而敦煌网此举应该是在试探外贸 B2B "中大额"交易。通过开放的服务拉拢中大型的制造企业，最终引导它们在线上交易。

作为中国 B2B 跨境电商领跑者，敦煌网自创办伊始就专注 B2B 赛道不动摇。通过整合传统外贸企业在关检、物流、支付、金融等领域的生态圈合作伙伴，敦煌网打造了集相关服务于一体的全平台、线上化外贸闭环模式，极大降低中小企业对接国际市场的门槛，不仅赋能国内中小产能，也惠及全球中小微零售商，并成为二者之间的最短直线。

敦煌网牵手中国 2 000 多个产业带、2 200 万件商品、200 万家供应商与全球 222 个国家和地区的 2 100 万中小微零售商在线交易，在技术优势、用户优势、运营优势、品牌优势四大维度上建立起了行业难以复制的竞争优势（表 4-1）。敦煌网是商务部重点推荐的中国对外贸易第三方电子商务平台之一，是国家发改委的"跨境电子商务交易技术国家工程实验室"，科技部"电子商务交易风险控制与防范"标准制定课题应用示范单位，工信部"全国电子商务指数监测重点联系企业"，工信部电子商务机构管理认证中心已经将其列为示范推广单位。

表 4-1 敦煌网的竞争优势

优势点	体 现
技术优势	14 年技术沉淀 年均近万个迭代优化 数字贸易智能生态体系（DTIS）
用户优势	1 500 万+买家 170 万个商家 覆盖 222 个国家和地区
运营优势	1 000 + 运营模块 高度跨界的人才 典型电子商务基因
品牌优势	14 年国内外品牌认知 海外线下实施品牌渗透 7 个已开海外数字贸易中心（DTC）

资料来源：https://zhuanlan.zhihu.com/p/45630632.

二、敦煌网平台功能

敦煌网的业务布局以平台交易为核心，整合并升级产业链上的支付、物流、金融等供应链服务，并在国内、国外市场实现有效下沉和业务拓展。敦煌网开创了 DHgate 小额 B2B 交易平台，打造了外贸交易服务一体化平台 DHport，为优质企业提供了直接对接海外市场需求的通路。

该平台为传统贸易线上化提供从金融、物流、支付、信保到关、检、税、汇等领域的一站式综合服务。在卖家端：敦煌网升级供应商结构，让拥有更优质的产品与服务的企业脱颖而出，并为产业集群优质商户提供更丰富的服务，实现交易和服务的融合。在买家端：敦煌网在"一带一路"沿线和重点商贸区域，通过跨境贸易精准营销，整合互联网上的海量用户，带来业务量的持续增长。敦煌网的大数据中心将全程为敦煌网的全球布局提供信息的有效获取、追踪、分析、处理与应用，为敦煌网更加高效的市场拓展、买家获取、用户服务、客户关系管理、供应商升级提供决策支持。

敦煌网提供的服务有在线交易、数字贸易中心、诚信安全体系、出口退税、卖家增值服务、国际培训 CBET（能力本位教育和训练）、海外物流专线等。在交易过程中，主要功能有注册与认证、商品管理、店铺营销、管理订单、订单结算、快速通关、物流等，同时提供特色帮助。

三、敦煌网平台操作

（一）企业认证

在企业认证过程中一般包含商家入驻、账户认证和修改账户信息等操作。

DHport 供应商入驻的网页为 http://supplier.dhport.cn/（图4-8），此时单击左上角"免费入驻"或右上角"立即入驻"。

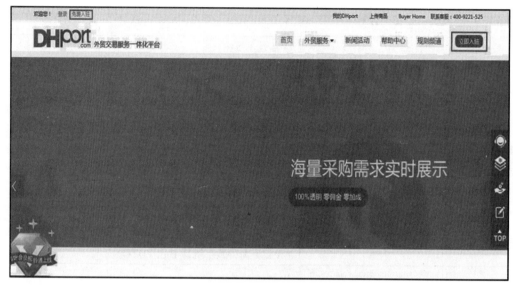

图 4-8　商家入驻敦煌网

接着，按照页面提示信息依次填写"电子邮箱"，可作为登录账号使用，此邮箱可用于找回密码、接收通知等，需要注意已注册邮箱不可重复注册。还需要填写图片校验码，阅读《DHport.com 用户注册协议》及《贸易服务合作协议内容》，并勾选同意协议内容，单击"下一步"。根据平台发送的验证链接，进行邮箱验证。设置登录密码及进行手机验证，激活链接在 24 小时内有效。在新出现的页面上单击"确认"按钮后，企业注册即成功。

如果要进行账户认证，则需要进入企业认证登录链接（图4-9）。

首先填写企业信息，带有红色"*"标记的为必填内容。填写完成，单击"下一步"；接着，上传企业认证资质，带有红色"*"标记的为必填内容。上传完成，单击"下一步"，进入待审核。审核完成后，企业认证结果分为审核通过和审核未通过。如不通过，则需根据提示补充相关资料。在此过程中需要注意以下一些问题：需要上传三证合一的营业执照，所有上传文件均需为 JPEG 或 PNG 格式，且每张照片大小不超过 2M；上传营业执照需为原件电子版或彩色扫描件或复印件加盖公司红章，图片要求清晰可见；企业认证信息需根据营业执照信息填写，并保持一致，否则审核不通过；所有信息填写完毕后，平台一般会在 1~3 个工作日内审核完毕。

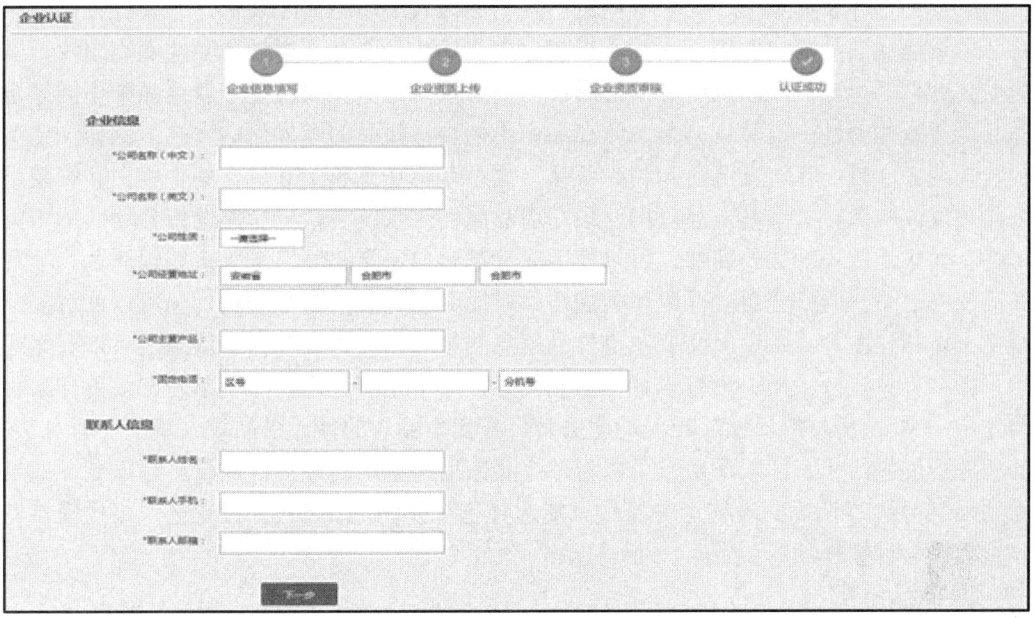

图 4-9　企业认证

（二）商品管理

在商品管理功能中包含商品上传、商品列表和出口产品创建等几个方面。

1. 商品上传

商品上传主要包括三大步骤：第一步，登录网站后台。在 seller.dhport.com 登入账号，单击"我的 DHport"进入供应商后台，即卖家后台。第二步，添加商品。在后台页面单击商品项下的"添加商品"或者单击后台首页页面中的"上传商品"，进入商品上传页面。只有在申请企业审核之后才可以进行添加商品。接着选择商品所属类目，可通过单击列表中类目逐级寻找，或者利用搜索框搜索类目，搜索中英文均可。为了能让买家更准确地搜到产品，需要谨慎选择类目。之后，就可以按照提示填写商品信息。第三步，提交审核。产品信息以及图片上传完毕后，可以单击"提交审核"等待后台管理审核商品信息，如果卖家还有信息待完善可以单击"保存"将产品信息保存为草稿待下次修改。注意：如果商品质量分数不足 60 分则无法进行提交审核操作，所以需要尽量完善商品信息。

在上传商品的各个环节中需要注意一些细节性问题。首先，在设置商品标题时一定要规范。因为商品标题是匹配关键词搜索、产品曝光的关键。一般可以使用关键词来组合标题，可以包括产品名称、型号、功能、特点、性能等；尽量写满 140 个字符；关键词之间用空格，尽量避免使用标点；不要使用"Free Shipping""Wholesale"；避免使用容易使买家混淆的字词；重要关键词写在前边；遵守英文书写规则；标题中不要出现任何站外联系方式以及敏感词。其次，上传商品图片时要清晰。商品图片是对商品品质的最好展示，图片格式为 JPEG，大小控制在 5 M 以内，图片像素不低于 600×600（建议

800×800 像素以上），正、侧面、细节、包装等都应展示；建议不要在产品图片上加边框，以及在主体添加水印、文字等信息；实物图与效果图相搭配展示；不要过分修饰图片，尽量还原商品真实面貌；图片不得包含中文描述，而且不得抄袭其他卖家图片，以免受到处罚。再次，要注意区分商品属性与商品规格。商品属性是一款商品中不同规格商品所共有的属性，商品规格是一款商品中不同规格商品的差异化的属性。例如一款塑料管装美白牙膏，味道有薄荷味和绿茶味，大小有 100 克和 150 克，其中美白、管装是商品属性，味道、大小是商品规格。填写商品属性时系统会根据卖家选择自动匹配相关属性。如果还需添加额外属性，可以使用底部的"自定义属性"工具来编辑属性。填写商品规格时系统同样会自动匹配相关规格，可以对已有规格进行编辑，也可以针对某个规格上传相应图片。最后，需要注重样品信息的填写。因为设置样品信息之后，买家即可下样品订单进行采样。没有设置样品的商品，买家无法进行样品下单。在设置样品时需注意，平台会对样品收取 4.5%的服务费，在卖家输入的预计样品收入基础上加 4.5%的服务费展示给买家；限购数量可以对单个买家所能购买的最多样品量进行限制，如果无须限制可选"不限"；设置运费模板只能选择已有模板，如果还未设置运费模板应该先设置模板再设置样品。

2. 商品列表

在商品列表中，卖家可以登录供应商后台，找到"交易"单击，并选择"商品"项即可以查看到账户中所有产品，页面展示产品默认按照从新到旧的状态展示（图 4-10）。上传的产品一般包括如下几个状态：草稿（产品信息填写完整，保存）、待审核（产品信息填写完整，提交）、审核不通过（产品未通过审核，系统会提示未通过审核原因）、已下架（产品已经下架，如果选择自己下架产品，需要填写下架原因）、已上架（产品审核通过，但无库存）、可销售（产品上架且有库存）。

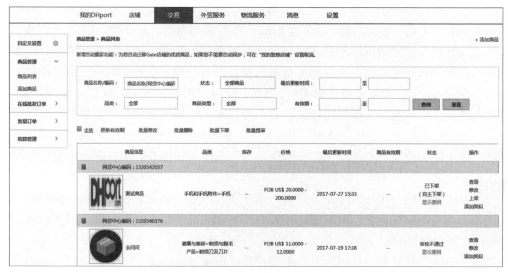

图 4-10　商品列表

3. 出口产品创建

在出口产品创建中，首先需要登录供应商系统，之后选择外贸服务下的出口产品，可在右侧单击新增产品，或在左侧单击添加产品，均可进入添加产品页面。接着填写产品信息。输入 10 位 HSCode 编码直接查询产品品类，或者直接搜索产品名称。其中*号为必填项，其他项如实填写，所有填写的信息用于海关申报。币种及单位信息可在下拉菜单中进行选择。上传产品附件，其中图片要求清晰、多角度，最多可上传 8 张。还可以添加联系人信息，此联系人必须了解此产品，以便进行产品信息核实。信息填写完毕后，可直接提交。

（三）店铺营销

店铺营销包括企业信息、品牌管理、店铺设置、橱窗展示、搜索与排名等几项功能。

1. 企业信息

对于工厂或者贸易公司且有配套的工厂，卖家登录供应商后台，找到"店铺设置"后单击"企业信息添加"就可以填写公司的详细信息，该信息审核通过后，会展示在买家页面，这样无疑会提高公司的信誉度，同时也会增强买家购买信心。

2. 品牌管理

对于卖家自己有商品品牌的，卖家可以登入供应商后台，单击店铺—店铺管理—品牌管理，添加自己的品牌信息，包括品牌名称、品牌 logo、品牌创建时间、品牌简介及故事。信息填写完成后，工作人员会审核。资料审核通过后，每次上传产品时即可选择对应的商品品牌，卖家在后台品牌列表中可以看到品牌信息。在买家页面会有专门的品牌聚合页，展示目前的品牌，买家可以通过品牌名称看到所有该品牌下的产品，在产品最终页面也可以看到该产品的品牌介绍。

3. 店铺设置

卖家还可以进行店铺设置（图 4-11）。打开 seller.dhport.com，登录并进入供应商后台首页，单击店铺项下的设置店铺。进入店铺设置页面，即可开始设置，除标注需填写中文信息的位置以外，其余都需要用标准英文填写。店铺信息就是卖家在 DHport 平台的

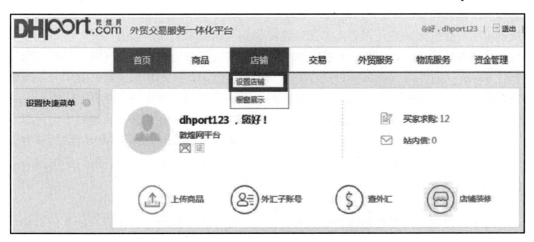

图 4-11　店铺设置

企业名片，会被成千上万的买家所浏览，所以为了企业形象，需要仔细填写企业信息。其中基本信息是供应商对企业的基本信息进行展示的环节，供应商可以在这里简单地描述一下自己的主营业务，一般在3~5项比较合适，然后用精练的语句描述一下企业的核心竞争力。工厂信息是对企业的加工生产能力的基本体现，一般来说工厂规模可以反映出一家公司的接单能力和生产能力，规模较大的供应商具有良好的信誉，生产质量也有保证。贸易信息是对供应商以往的贸易数据的展示，供应商可通过这个板块展示自己的商品的畅销程度，主要面向市场以及贸易便利性和专业性。展示信息是公司展示图片的上传区，公司标志图是公司的 logo 图案；公司形象展示可以展示公司优越的办公环境、干净整洁的厂房、高端先进的技术设备、精神面貌良好的员工集体照等；店铺首页广告图可以上传供应商当季热销的产品广告，以及促销活动广告，增加曝光。证书及专利是对供应商创新能力和生产水平的集中体现，拥有多项专利和认证的企业往往处于行业领先水平，这样的供应商无疑也是海外买家的首选。当所有的信息都填写完毕，可以单击"预览"查看前台的展示效果，如果需要先保存待进一步修改则选择"暂存"，如果信息无误无须继续修改则选择"提交"进入待审阶段。

4. 橱窗展示

如果所经营的产品具有季节性或者某些特殊性，卖家可在店铺中对这部分产品进行热销品或者新品的推荐，这样买家进入店铺后会优先看到这部分商品。先登录供应商后台，单击店铺—店铺管理—橱窗展示，进入橱窗展示页面，选中想推荐的产品，便可以对该产品进行新品、热销品的设置了。设置完毕后，单击"确定"，在产品标记类型中将会展示出该产品的性质。新品、热销品设置完毕后，卖家可以去"我的店铺"查看推荐效果，此效果将会直接在买家页面进行展示。如果该产品已经过了销售季节或者不再是新品，卖家可取消其推荐设置。如果卖家没有对任何产品进行设置，系统会将展示店铺中商品销量最多的 8 个商品作为热销品，根据商品最后更新时间，选取最新上架的 9 个商品作为新品。

5. 搜索

要想产品能被搜索到就必须要做到匹配，这里的匹配指的是搜索返回结果要与买家输入的搜索词相匹配，主要考虑类目相关性、文本相关性两个方面。类目即产品的类别，搜索功能首先要保证类目相关，以期快速定位到买家需求所属的同类产品。所以卖家发布产品时不要错放类目。DHport 将恶意地不正确放置类目以期获得曝光的行为认定为作弊行为，此类行为将会受到平台反作弊机制的严厉打击，并对供应商产品展示效果产生负面的影响。存在准确类目的产品不要放在"Other"类目下。如果供应商难以找到合适的类目或认为平台的类目建设不够合理，可以随时通过客服或者客户经理向平台反馈。文本相关性是指搜索精准匹配到买家需求的产品集合。搜索功能会根据产品标题、属性、关键词等产品关键信息进行检索，并与买家搜索词的文本相关性进行匹配。卖家发布产品时应作出真实、准确、合理、完善的关键信息描述。

6. 排名

对于商品排名，卖家可以积极关注。首先，要及时了解自身所在行业动态信息和买家需求点，与自有产品的优势、特点进行分析和结合，并在产品标题、关键词、自定义属性、描述中加以体现。过高或者过低的价格及起订量等信息可能都会对买家喜好产生影响。其次，要合理提升浏览量、单击率等数据。买家偏好更多取决于买家自身的采购意愿。不同的买家搜索相同的关键词，因为买家偏好、意愿不同，买家对产品或供应商的选择也会不同。试图通过虚假的方式获得浏览量、点击率、给询盘的行为是不被允许的。再次，增加线上订单交易因素的数据积累，重点可以信保和在线批发的订单的实收金额为主。最后，提升信保订单完单率，完单率高是供应商信誉度高的一个表现，信誉度高的卖家更吸引买家，建议商家可以及时完成报关发货，并及时操作关联完成订单。最后可以通过付费产品——驼铃通产品来提升。由于国际站产品排名竞争激烈，如果卖家对公司排名的要求比较高（如希望主打产品均排在首页或前五位），在财务支出允许的情况下也可以选择一些付费产品。

（四）快速通关

在平台上提供快速通关的服务。DHport 提供代理报关服务之前，需要卖家配合做两步操作：通关无纸化网上签约和通关无纸化代理报关委托。其中通关无纸化网上签约是指出口经营单位开通相关关区的无纸化网上签约，关区海关审批通过后即可进行无纸化申报。而通关无纸化代理报关委托则主要用于经营单位企业同意申报单位企业发起的代理报关委托申请，通过后 DHport 即可给供应商提供关务服务。

对于通关无纸化网上签约，需要先登录中国电子口岸网站首页，选择"通关无纸化网上签约"。按指示操作，插入经营单位企业法人卡，输入卡密码，然后确定，进入签约系统，选择"三方协议签约"，并选择相应关区，单击"同意"和"签约"。例如选择青岛海关，单击"同意"，然后再单击"签约"。一般情况需要等待到第二天，签约海关才会审批成功，最终状态显示为"签约海关审批"即表示申请通过。经过以上过程即完成签约，然后才可以进行如下操作，即可以签署电子《代理报关委托书/委托报关协议》。对于通关无纸化代理报关委托，则需要先登录中国电子口岸网站首页，选择"通关无纸化代理报关委托"，进入"委托报关"中选择"确认委托书申请"，该功能仅作为双方"首次"签订委托书时使用，如果双方已经签订过委托关系书，本次委托申请属于追加委托协议，应进入"确认追加委托协议"。进入"确认委托书申请"后，点选查询按钮，系统查找待确认的委托书和委托协议。单击"明细"可进行确认。进入"确认追加委托协议"后，填写相关信息待系统查出委托协议，单击"明细"，进行确认操作。单击"明细"按钮，查看该份委托书项下的委托协议明细内容。"确认委托书申请"时，也就是双方首次签订委托关系书时，其委托关系书项下的委托协议，至少需要有一份被对方接受，如果对方全部拒绝了委托协议，则委托关系书无法签订。"确认追加委托协议"时，对方发来的多份委托协议，可以全部拒绝，也可以部分拒绝。完成委托关系书项下委托协议的确认后，单击"确定"按钮，确认接受该份委托申请，完成委托确认操作。经营单位身份用户进行委托确认操作时，委托协议的内容不需要填写，也不能够变更。

此外还可以通过平台创建出口服务订单（图4-12）。首先需要登录供应商系统，选择外贸服务下的出口服务订单。在右侧单击创建订单，或在左侧单击立即下单，选择订单类型。之后选择报关服务订单，进入报关服务订单创建页面填写报关信息。其中*号为必填项，其他信息如实填写。还需要添加收发货人、生产销售单位、本单联系人（联系人需要对订单信息比较熟悉）等信息。接着需要上传附件。对于产品信息，同样*号为必填项目，需要添加出货产品清单。搜索已添加的"出口产品"，若无"出口产品"，需要先添加。然后依次填写信息。对于报关费用，可选择是否开发票。若需开发票，需要填写相关信息。所有信息填写完毕后，可直接单击"提交订单"，即完成下单操作。同时平台还提供"保存草稿"功能，方便卖家填写到一半时候保存所填信息；"预览"功能可预先浏览填写信息，方便检查信息准确性。

图 4-12　创建出口服务订单

总体上，敦煌网跨境电商平台以"促进全球通商，成就创业梦想"为使命，以"创建全球领先的在线交易平台"为愿景，以"梦想高远，脚踏实地"为工作精神。将"成就客户、团队合作、持续创新、快乐成长、正直诚信、把事做成"作为企业的核心价值观。在跨境电商平台领域一直致力于帮助中国中小企业走向全球市场，在国际贸易的网络通道上努力让在线交易变得更简单、更安全、更高效。

第四节　兰亭集势

一、兰亭集势概况

兰亭集势以技术驱动、大数据为贯穿点，整合供应链生态圈服务的在线 B2C 跨境电商公司。兰亭集势成立于 2007 年，注册资金 300 万美元，总部设在北京，在北京、上海、深圳、苏州、成都、香港等地设有分公司。2013 年 6 月 6 日，兰亭集势在美国纽约证券交易所挂牌上市，交易代码为"LITB"，成为中国跨境电商第一股。兰亭集势跨境电商生态链业务涵盖：兰亭主站、兰亭 MINI 站、兰亭全球买家平台、兰亭智通、鲁智深云 ERP 软件平台、移动端互联网购物 App、共享海外仓业务等。

兰亭集势以"以亲民的价格，将优质的商品带给全球客户"为使命，坚持勇往直前不断开辟新大陆的航海文化理念。LightInTheBox.com 在全球所有网站中排名 1 290（Alexa 排名 1 290）（2017 年 5 月数据），网站用户来自 200 多个国家和地区，遍布北美洲、亚洲、西欧、中东、南美洲和非洲。日均国外客户访问量超过 300 万，访问页面超过 1 500 万个。目前，网站已经拥有来自世界各地的注册客户数千万人。

兰亭集势平台在诸多方面存在优势。第一，它拥有高端信息技术支撑的网络购物平台，可支持全球 1 000 万用户同时访问，而且每天可处理上万订单。第二，兰亭集势属于"一站式"网络购物平台。目前平台上有近百万种正在销售的商品，有无限的货架空间，而且兼营批发和零售两类业务。第三，兰亭集势拥有强大的互联网营销能力。在营销过程中,采用领先于世界的精准营销手段,第一时间覆盖全世界逾 50 亿互联网用户。第四,在物流方面,兰亭集势力图快速准确地向用户递送最新产品信息并能够最大限度实现线上信息渠道与线下物流渠道的无缝整合,并努力做到"门到门"的递送服务。第五,兰亭集势实现跨国界、跨地域的多点办公。兰亭集势在北京、深圳、苏州、香港等地均设有办公室,拥有一支具有丰富国际管理与技术经验的领导团队,拥有 1 000 余名年轻、有活力、有激情的员工。第六,兰亭集势拥有专业的全球范围内的物流开放平台,提供多种优质服务,包括极具竞争力的物流个性化定制服务,强大的干线运输和进出口通关、退税服务,同时还有稳定的仓库操作与系统支持。

二、兰亭集势平台操作流程

兰亭不向平台卖家收取平台服务费,其所有收益来自销售扣点,跟卖家的利益绑定更加紧密。兰亭根据多年的海外营销经验,多语言服务体系可以为卖家提供合法、合规、公平、高效的全球运营环境。兰亭会分享平台卖家的全部销售数据,并部分开放兰亭整体趋势数据,使卖家可以随时随地了解销售动向,调整销售策略。

兰亭集势登录页面如图 4-13 所示。其卖家操作流程分为以下五个步骤。

图 4-13 兰亭集势登录页面

(一)创建账户,填写资质材料,确认合作关系

在线创建兰亭全球卖家平台账户,在注册过程中,卖家需要提供相应的资质信息。在获取了卖家的联系方式之后,兰亭招商经理会与卖家取得联系,沟通合作模式,确认合作关系。资质审核工作完成之后,即可进行新品上传。

（二）上传新品

第三方卖家将准备好的商品信息和图片上传至卖家平台。其中图片要求无水印，不可有侵权图案。除服装可以是街拍图，其他产品的主图必须为白底。图片格式一般要求是 JPG，文件大小不小于 35 K，不超过 3 M。如果是主图则必须大于 500×500。图片一律要求是正方形。所有信息上传后，就可以提交审核。在通过兰亭审核后，卖家制定商品销售价在前台销售。买家能够搜索、浏览和购买卖家上架的商品。

（三）查看兰亭订单

兰亭负责海外运营和客户服务。买家购买卖家的商品之后，卖家可以通过卖家平台查看订单信息。

（四）统一配送商品

第三方卖家根据卖家平台上的订单信息将商品发货至兰亭仓库。所有商品均由兰亭统一发货至全球买家。

（五）结算货款

通过兰亭全球卖家平台，卖家可以实时查看商品的结算明细，并根据结算日和账期进行结算。

三、兰亭集势的危机

自 2013 年开始，伴随着网络技术的快速普及、消费升级的发展趋势，跨境电商飞速发展。但马太效应显现，龙头电商天猫、京东、网易考拉等占据跨境电商主导地位，留给像兰亭集势这样的竞争对手的发展空间则越发狭小。

根据财报显示，2019 年，兰亭集势第三季度营收为 5 990 万美元，与去年同期的 4 450 万美元相比增长 34.6%，标志着自收购 Ezbuy 以来连续第二个季度的营收增长，5 年来首次实现季度盈利，净利润为 1 000 万美元，而上年同期净亏损为 1 780 万美元，同比增长超 156.2%。

根据这次发布的新财报来看，兰亭集势的核心数据增长饱受市场认可。在营收和净利润这两个核心数据上，再次保持良好的同比增速。亮点频现的财务数据表明，兰亭集势和 Ezbuy 并购的协同效应已经带领公司进入良性的发展趋势中。

在业务营收方面，产品销售的净营收为 5 810 万美元，同期增长 35.4%。毛利率正向持续增长，从上年同期的 15.1%提高至 42.3%。应收和毛利的双增长主要得益于公司提升精细化及本地化运营，并及时反馈到供应链端，不断优化产品结构，更好地满足不同地区不同文化背景的客户的需求。

在其他数据方面，2019 年第三季度活跃消费者平均下单金额同比增加 15.2%，通过加深对活跃消费者购物偏好的了解和年度消费的持续追踪，兰亭集势坚持以客户需求为核心，不断提升客户满意度。公司通过提升平台技术，深入了解流行产品的设计和趋势，帮助供应商不断优化产品以适应新趋势,进而让全球客户享受更优质的购物体验。

第五节　设 备 时 代

一、设备时代概况

设备时代网（图 4-14）是辽宁迈克集团股份有限公司转型电子商务服务的重大战略布局。辽宁迈克集团股份有限公司成立于 1994 年 3 月 4 日,其前身为辽宁省机械设备进出口公司（成立于 1979 年）；集团更早可追溯到辽宁省机械公司（成立于 1960 年）,是集国际工程承包、国际贸易、国内贸易、房地产开发、仓储运输、物业管理为一体的综合性企业。现年均经营额 16 亿元人民币,年均进出口额 1.5 亿美元,是中国机电产品进出口商会常务理事单位。

图 4-14　设备时代中文首页

设备时代网是辽宁迈克集团独立研发的国际贸易全价值链的一站式服务平台,并于 2013 年 9 月全资注册了"设备时代（大连）电子商务有限公司",该公司即成为设备时代网的运营商。

设备时代网集高度专业化的队伍与专业资源,既为机电行业的中小企业提供外贸专业定制服务,又为其他行业的中小企业提供外贸综合业务服务,专注于支持中小企业无障碍、高效率、低成本地开展国际贸易。以超值服务为导向,以求真务实为根基,设备时代网经过不断发展,逐渐获得社会各界的认同,先后被评为 2012 年度中国可信 B2B 行业网站 50 强、商务部 2013—2014 年度电子商务示范企业、工信部 2013 年电子商务集成创新试点项目。

设备时代网将被建设成为具有国际影响力的第三方服务平台，帮助中小企业从烦琐的进出口业务流程中解脱出来，使企业专心生产和研发；同时通过平台盘活金融服务，打造具有活力的电子商务产业，围绕核心用户的个性化、碎片化需求，帮助中小企业高效率、低成本地实现国际贸易便利化。

二、设备时代网络平台功能

设备时代网目前凭借国际贸易全价值链的一站式服务已拥有数量可观的注册用户，其中收费用户约占 35%，续约率高达 79%。它结合开拓了国际市场服务，包括报关、报检、租船、订舱等常规外贸服务，还有银行退税、融资金融服务，以及到现场安装调试的售后服务，并将这些服务有效连接为一体。此跨境电商平台的创新点在于将国际贸易涉及的所有步骤完全融合，真正为客户提供国际贸易一站式服务。最典型的盈利服务模式包括以下三个方面。

（一）提供电商代运营服务，收取订单成交佣金

由设备时代工作人员代理运营企业店铺，全权负责产品发布、店铺日常管理运营，并后续实时帮助关注产品询盘、审核采购信息，并在询盘转化为订单的整个过程中提供全程专业服务。不成交不收费，成交后提成订单成交佣金。此项服务适用于试图将产品打入国际市场，但苦于找不到方法、没有稳定专业外贸业务员的供应商企业。

（二）提供网络店铺服务，收取自营店铺年费

店铺全权自营，自主发布产品，直接与采购商联络，按年收取固定会员费，并可按需求定制增值服务，按具体服务另行收取。此项服务适用于自有外贸业务团队或专业外贸业务员或对电子商务较熟悉的供应商企业。

（三）提供综合商务配套服务，收取服务费

设备时代网提供围绕电子商务的增值线下服务，即从业务洽谈磋商到货物外运以及融资、展会、培训等一站式自助式外贸专业服务，按具体项目收取增值服务费，以及为海外采购商提供工厂评估、产品检验、国际认证、赊销担保、行程安排等专业线下服务，按具体项目收取增值服务费。

三、设备时代网络平台操作

（一）创建账户

1. 注册

在任意设备时代页面的左上角单击"Join Free"，即"免费注册"（图4-15）。

图 4-15 设备时代免费注册页面

2. 邮箱验证

输入电子邮箱地址和验证码,单击"下一步"后,会收到一封验证邮件。单击邮件中的链接进入创建账号页面(图 4-16)。

图 4-16 设备时代创建账号页面

3. 填写信息

请认真填写需要的信息,包括用户名、密码、国家/地区以及验证码(图 4-17)。此处需要注意,为了增加信任级别,需要确保所提供的产品和公司信息详细而完整,同时还需要确保所填写的联系信息准确和详细。

信息填写完毕后,即可单击"创建账户"。至此,卖家便正式注册成为设备时代的会员。

(二)联系供应商

可以通过以下三种方式联系供应商。

1. 直接对供应商发送询盘

通过单击进入详细页面,直接对供应商发送询盘(图 4-18)。这种方式的好处是可以直接与供应商联系,能够在较短的预期时间内得到回应。按照页面上的提示信息依次填入 Title(商品标题)、Message(信息)和 Your Email Address(电子邮箱地址)。

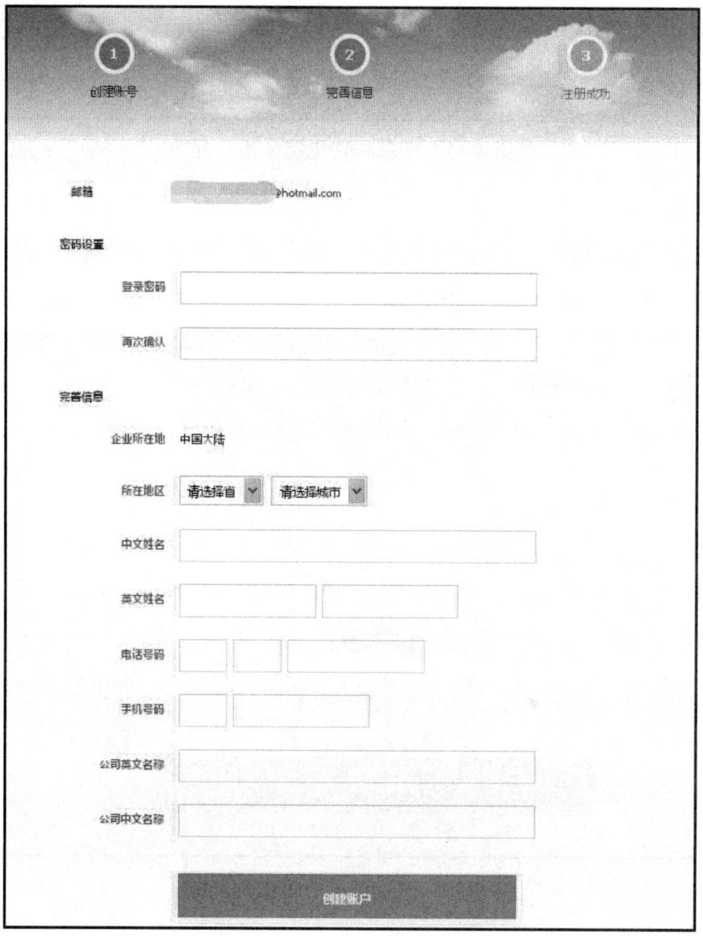

图 4-17　设备时代完善信息页面

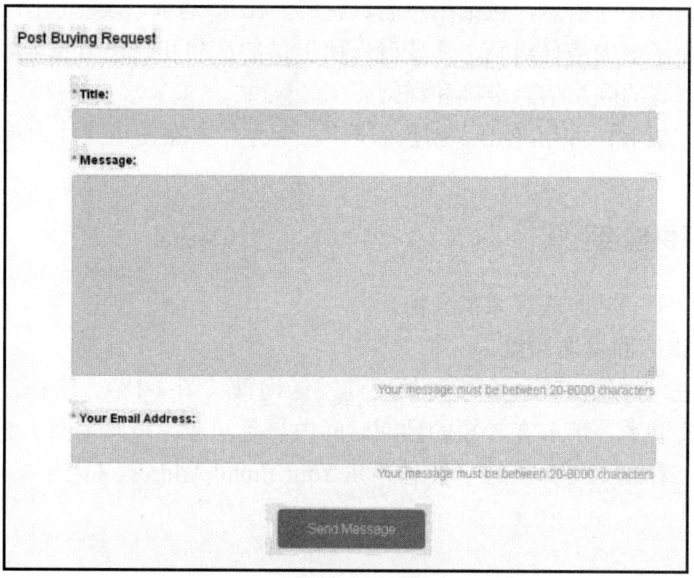

图 4-18　"给供应商发送询盘"页面

2. 联系供应商

在产品详细页面中单击"Contact Supplier",即"联系供应商"(图4-19)。这种方式也可以联系到供应商,但联系的结果需要后续再跟进,在一定程度上影响了联系的效率。

图4-19 "联系供应商"页面

3. 发布采购信息

在任意设备时代页面中单击"发布采购信息"(图4-20),也可以用来联系设备时代的相关客户服务人员。这样可以间接地联系到供应商,客户服务人员会把用户的问题及反馈发送给相应的供应商。

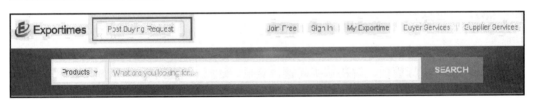

图4-20 "可单击"发布采购信息"链接

这种方式因为是间接沟通,所以和前两种方式比较而言,联系时间比较长,响应速度比较慢。

此外,还可以通过搜索列表找到供应商:先要在任意设备时代页面中找到搜索框,选择"供应商",然后在搜索框中输入一个与待查找供应商相对应的关键词,输入完成后,单击"search",这样便会得到相应的搜索结果。

(三)查找合适产品

当登录平台的用户需要查找合适的产品时,可以先在搜索框中搜索。也就是先在任意设备时代页面中找到搜索框,之后选择"产品",接着在搜索框中输入一个与所找产品对应的关键词,单击"search",就会得到相应的结果(图4-21)。

图4-21 "产品搜索"页面

如果已经确定所查找产品的类别,也可以通过查找类别来找到产品。这需要先在设备时代首页单击"全部类目"或者具体某一类目来寻找想要搜索的产品。这样可以大大节省搜索的时间,同时可以有效提高搜索的准确度。

第六节　eBay

一、eBay 概况

eBay,即 EBAY,也被称为中文电子湾、亿贝、易贝等。它是一个可让全球民众上网买卖物品的线上拍卖及购物的网站。eBay 于 1995 年 9 月 4 日由 Pierre Omidyar 以 Auctionweb 的名称创立于加利福尼亚州圣荷西。

普通民众都可以在 eBay 上通过网络出售商品。2014 年 2 月 20 日,eBay 宣布收购 3D 虚拟试衣公司 PhiSix。2017 年 6 月 6 日,《2017 年 BrandZ 最具价值全球品牌 100 强》公布,eBay 名列第 86 位。2018 年 7 月 25 日,eBay 终止与长期支付伙伴 PayPal 的合作,宣布与后者的竞争对手苹果和 Square 达成新的伙伴关系。2018 年 12 月 20 日,"2018 世界品牌 500 强"排行榜发布,eBay 位列第 47 位。eBay 在中国市场上的营业额约为 60 亿美元。在 eBay 的平台上,多数中国公司都在向世界其他国家出售产品,原因是中国本土公司正在测试全球市场。

二、eBay 平台功能

eBay 平台功能主要包括三大部分:买家管理、卖家管理与账户管理。买家管理主要包括购买物品、招标管理、解决购买问题、支付、送货和追踪物品、查询和购买管理、反馈管理、购买限制、与卖家合作。卖家管理主要包括售前准备、列出物品、退货和退款、费用和发票、完成销售、运输、销售工具、易趣店铺管理、卖家表现、与买家合作。账户管理主要包括账户设置、账户状态、账户安全以及易趣政策。下面将从主要的几个方面进行介绍。

(一)买家管理

在买家管理中除了常规的注册、下订单、物流选择外,eBay 平台也提供了一些较有特色的功能。下面将主要介绍购买物品、招标管理、查询和购买管理、反馈管理、购买限制、与卖家合作六个方面。

1. 购买物品

在此项功能中重点关注以下几点。

(1)过客身份。在购买时,买家可仅以过客身份购买。即使买家尚未注册账户,也可以在 eBay 上购物。只是会有一些额外的限制。

(2)取消订单。只要卖家尚未发送订单,买家可以在购买后一小时内取消订单。如果超过一小时,买家仍然可以联系卖家并询问他们是否可以取消订单,这对购物过程出现失误或者差错的买家而言是较为实用的功能。

(3）买家购物车。eBay 购物车可让买家在继续购物时保存想要购买的固定价格商品。准备好后，买家可以一次性确定下单并一次性支付多件物品，减少实际操作次数，提高效率。

（4）竞价议价。买家可以提出最好的报价，也就是说买家可以向卖家提供自己愿意为"立即购买"商品支付的价格。卖方决定是接受、拒绝还是反驳买家的报价。如果买家在"立即购买"列表中选定了最优惠，而卖家想要建议另一个价格，则卖家可以通过还价回复给买家。

（5）低价定制和购买本地车辆及配件。eBay Motors 为经销商提供了引导信息条录，让经销商能在网上列出大量新车和二手车信息。例如可以选择所需的品牌和型号、选择当地经销商从中购买车辆、联系经销商以安排取件和付款细节、选择喜欢的任何配置项、选择是否确保低价等。

（6）使用 eBay 移动应用程序。借助 eBay 移动应用程序，在移动设备中轻松购买、销售和浏览。适用于 Android 和 iOS，它还可以让买家及时知道列表何时结束或者买家是否出价过高。

2. 招标管理

（1）撤销出价。如果买家在对某件商品出价时出错，则可以在符合规定的情况下撤销出价。

（2）可以自动出价。自动出价是在 eBay 拍卖中出价的最简单方式。只需输入买家愿意为物品支付的最高价格，即会自动完成其余的工作。

（3）赢得拍卖的提示。eBay 拍卖通常会有多个竞争对手，但买家可以通过深思熟虑的出价策略来最大化获胜机会。

（4）出价狙击。等到拍卖的最后几秒才出价中标，这被称为出价狙击。这种策略用于试图阻止其他竞标者在拍卖结束前有机会作出反应并提出更高的出价。

（5）回应第二次机会提议。如果买家在拍卖中输了，卖家可能会向买家发送第二次机会优惠，从而让买家有机会获得买家想要的商品。

（6）运作底价。在 eBay 拍卖中列出商品时，卖家可以选择添加底价。底价是卖家愿意出售的最低金额，因此如果不满足底价，则不会出售该商品。

3. 查询和购买管理

（1）查看买家的购买历史记录。买家的购买历史记录可让买家跟踪和管理买家在易趣上购买的所有商品。转到购买历史记录，就可以查找到有关买家在 3 年前购买的商品的详细信息。

（2）高级搜索。eBay 的标准搜索通常是买家找到所需内容的最佳起点，并且具有一系列过滤器以缩小买家的搜索结果范围。但是，如果买家有所需的特定条件，eBay 的高级搜索功能可能会有所帮助。它还可以帮助买家快速找到 eBay 商店。

（3）买家的易趣物品 ID（身份识别号码）。买家在平台上购买的每件商品都有自己独特的商品编号。有时买家可能无法在 eBay 的网站上找到列表，这可能只是因为其他人已经购买了该物品，但有时可能存在列表问题，eBay 必须将其删除。

（4）保存的搜索。如果买家经常在搜索相同类型的项目，则可以通过创建已保存的搜索来节省时间。这些也称为后续搜索。

（5）买家最近浏览过的商品。买家可以回顾最近的活动，并通过最近查看的项目提醒自己感兴趣的项目。

（6）观察名单。如果买家已经开始关注某些事情但尚未做好准备，那么买家可以在决定时将其添加到观察列表中。买家最多可以将 300 个项目添加到观察列表中，这样买家就不必担心对丢失项目的跟踪。

4. 反馈管理

（1）查看和更改卖家的反馈意见。买家的反馈资料会显示买家收到的所有反馈，并留给其他人反馈。从那里，买家还可以跟进、进行更改或为买家留下的反馈添加评论。

（2）处理与卖家的反馈纠纷。当买家提供反馈时，买家会让其他人了解买家与卖家的购买体验。通常这意味着留下积极的反馈来识别成功的购买。但是，如果某些内容没有达到预期的那么顺利，买家可以选择留下负面评价或评论。如果发生这种情况，并且卖家不相信反馈是公平的，他们可以选择对此进行争议。

（3）卖家评分。买家可以通过查看卖家评分、反馈评分以及他们销售的商品数量，在易趣上找到最佳和最有信誉的卖家。

5. 购买限制

为了确保买家不会竞价或购买超过他们的满意度的商品，eBay 偶尔会限制会员的购买活动。如果 eBay 认为会员违反了 eBay 政策，eBay 也可能会限制购买。eBay 可能会不时对账户设置购买限制。在买家完成当前购买和订单之前，购买限制会阻止买家购买任何其他商品。限制可以防止买家购买任何东西，通常是由于可能违反政策。如果 eBay 对买家的账户设置了限制，eBay 会向买家发送一封电子邮件，说明原因以及买家可以采取哪些措施将其删除。有时候 eBay 会限制会员在 eBay 上购买的金额数目。这是为了鼓励负责任的购买，并为买家和卖家保持市场安全。

如果买家的购买活动受到限制，可能的原因一般包括：买家是该网站的新用户，正在进行大量购买或购买昂贵的商品；买家突然并且显著增加了买家的出价或购买活动；买家的账户中有过多的未付款商品或已取消的订单；买家是许多拍卖会中出价最高的人，但尚未支付任何物品。所以，买家要想避免被限制，最佳方法就是熟悉 eBay 的购买政策。

6. 与卖家合作

（1）联系卖家。在 eBay 上联系卖家的方式有多种，取决于买家是否已经从他们那里购买了商品。

（2）报告卖家问题。为了确保 eBay 是一个安全的买卖场所，eBay 制定了会员必须遵守的政策。如果卖家因为不遵守 eBay 政策而发生纠纷，买家可以告诉 eBay 客服，eBay 会对此进行调查。

（3）避免卖家欺诈。保持 eBay 会员的安全是 eBay 的首要任务，因此 eBay 对平台上的欺诈行为零容忍。如果买家发现可疑情况，可以立即告诉 eBay。

（4）卖家评分。买家可以通过查看卖家评分、反馈评分以及他们销售的商品数量，在易趣上找到最佳和最有信誉的卖家。

（二）卖家管理

如果想赚取额外现金，或者想出售一些自己不需要的物品，甚至想要创办企业，都可以尝试在 eBay 上销售。eBay 的卖家管理功能提供了相关的服务，下面将主要介绍售前准备、退货退款管理、费用和发票管理、在线销售工具和卖家沟通与反馈几个方面。

1. 售前准备

无论卖家销售的是少量商品还是大量商品，eBay 都有一系列选项可帮助卖家有效地创建和管理卖家的列表并提高销售额。eBay 可以帮助卖家为商品定价，使卖家以合适的价格列出商品并销售。卖家还可以在 eBay 上查看类似产品或同类产品，了解其他卖家的收费标准。eBay 可以让卖家的商品列表在国际上可用，并且可以通过在全球买家面前获取商品来帮助卖家拓展业务。卖家可以在 eBay 上的汽车类别中销售所有类型的车辆，包括汽车、卡车、摩托车和船只，也可以销售车辆的零件及配件。

2. 退货退款管理

这一功能可以帮助买家因未收商品而获得退款，或因商品不合格而退货。如果买家没有收到他们在 eBay 上购买的物品，他们有权获得退款，除非卖家能提供显示已交付的跟踪信息。如果买家想要将商品退回给卖家，卖家的回复方式将取决于他们退货的原因以及退货政策。如果物品有缺陷、损坏或与描述不符，卖家将不得不接受他们的退货。为了节省管理退货请求的时间，卖家可以设置退货政策或者设置规则以自动接受退货或立即退款。卖家可以学习一些经验，尽量采取一些简单实用的步骤来降低买家购买时出现问题的风险。有时也可以让 eBay 介入并帮助卖家。如果买家已通知卖家购买的问题，并且卖家无法在 3 个工作日内解决问题，则可以要求 eBay 为卖家提供帮助。退货时退货运费，由卖家还是买家来支付这取决于他们退回物品的原因，或者可以依据一定的退货政策。如果卖家在 eBay 介入以帮助解决卖家和买家之间的问题后不同意 eBay 的决定，卖家可以在案件结束后的 30 天内提供新信息，对 eBay 关于卖家退货或遗失物品的决定进行申诉。卖家还可以在 eBay 使用 Resolution Center（解决方案中心）报告和跟踪销售商品后出现的任何问题。

3. 费用和发票管理

（1）需要对有关费用、信用和发票的相关规定自行了解清楚。eBay 收取两种主要类型的销售费用，包括创建商品时的插入费用以及商品销售时的最终价值费用。

（2）eBay 提供多种付款方式以供卖家设置和更改。当卖家创建卖家账户时，卖家需要添加付款方式来支付任何销售费用。卖家可以选择 PayPal，直接付款或使用信用卡作为付款方式。

（3）卖家的发票总结了卖家的所有月度销售活动。它会显示卖家已经完成的付款、销售费用和折扣，也会显示在结算周期内应用于卖家账户的任何退款以及退款费用。

（4）可以随时查看卖家的账户余额。卖家的 eBay 账户余额显示卖家最近的销售活动中的任何费用项目的当前余额，同时它还会显示任何逾期金额。

（5）商店销售费用的支付。对于每月订阅，卖家可以运行自己的 eBay 商店。费用和收益取决于卖家选择的商店订阅类型。

(6)在 eBay Motors 上销售车辆的费用。eBay Motors 上市和销售车辆的费用与其他类别不同，但整体结构相同。当卖家的车辆出售时，eBay 会在卖家创建列表等操作时收取费用。有时，卖家还要为自己使用的任何高级列表升级和补充类服务支付相关费用。

(7)更新结算设置。卖家可以随时更改或更新结算信息，包括卖家的地址、结算币种以及用于自动付款的付款详细信息。

(8)税费和进口费用。当卖家在 eBay 上出售商品时，卖家有责任遵守所有适用的税法。如果卖家向境外的买家出售商品，卖家应告知他们收到商品时可能需要支付的进口费用。

(9)使用 PayPal 的费用。eBay 不收取在 eBay 上使用 PayPal 的费用。但是，如果卖家接受 PayPal 付款，PayPal 将在卖家完成销售时收取费用，而买家则使用 PayPal 付款。

4. 在线销售工具

(1)卖方中心。它是管理卖家的 eBay 业务的中心位置。它可以免费使用并将 eBay 所有的销售工具整合到一个位置。它还为卖家提供有用的数据和建议，以帮助卖家增加卖家的销售。

(2)"销售经理"。它是一款免费工具，旨在帮助中等销售量的卖家经营 eBay 业务。还有另外一款 Selling Manager Pro，称作"专业销售经理"，则是一项付费的月租服务，包含其他功能，更适合大批量销售商。

(3)销售模板。如果卖家经常在 eBay 销售商品，卖家可以使用销售模板，通过重复使用模板来创建高质量的商品列表和其他列表。

(4)使用 eBay 移动应用程序。使用 eBay 应用程序销售，卖家可以轻松创建、编辑和监控卖家的商品列表。卖家还可以利用移动应用的便捷性在旅途中重新登记项目并提供跟踪信息。

(5)"促销经理"。它的英文名称为 Promotions Manager，它为 eBay Store 订户提供了一种在 eBay 上设置特别优惠的简便方法。通过捆绑每个订单的更多商品，促销活动可以帮助卖家吸引更多买家，清理旧库存，增加平均订单大小，甚至降低运费。

(6)销售报告。eBay 的销售报告工具为卖家提供可以用于了解卖家业务的相关重要信息，同时还提供在 eBay 上的表现情况，以及提高销售额所需的详细信息。

(7)文件交换。大批量卖家可以使用 eBay 文件交换或 eBay 的商家集成平台批量上传和管理他们的库存。

5. 卖家沟通与反馈

(1)可以在 eBay 上进行争端反馈。如果卖家认为从买方收到的反馈不准确或不公平，卖家可以尝试通过回复反馈或请求反馈修订来解决问题。

(2)可以留下对买家的反馈。给买家留下反馈是一种很好表达谢意的方式。eBay 建议买家一旦付款卖家就立即为买家留下反馈意见，这样买家更有可能快速为卖家提供反馈，帮助卖家提升自己的销售量、及时了解客户的意见和建议等。

(3)可以查看并回复买家的反馈。有时卖家可能希望回复买家留给卖家的反馈，或者对卖家之前留给其他人的反馈添加评论，此时就可以使用这一功能。卖家无法更改卖家留给买家的反馈，但卖家可以要求买家重新考虑他们留给卖家的反馈。

（4）自动反馈设置。留下反馈是向买家表示感谢的好方法，它鼓励买家为卖家留下反馈。如果卖家在业务增长时难以跟上反馈，eBay 在一些应用程序和销售工具里都涵盖此功能。

（三）账户管理

注册 eBay 账户只需几分钟。设置完成后，卖家可以购买、销售、与其他 eBay 会员进行交流，并为卖家的贸易伙伴提供反馈。下面将主要从账户设置、账户受限管理和账户安全三个方面进行介绍。

1. 账户设置

（1）卖家的联系方式可以更改。如果卖家更改了地址或电话号码，或设置了新的电子邮件地址，请务必更新卖家的联系方式，以便卖家的 eBay 账户信息保持正确。

（2）卖家可以更改密码。无论卖家是忘记密码还是需要重置密码，或出于安全原因想要进行更改，都可以轻松更改卖家的 eBay 密码。为了保护卖家的账户，eBay 将始终首先要求卖家使用电子邮件或短信确认卖家的身份。

（3）卖家可以更改用户名。卖家的用户名或用户 ID 是卖家在创建 eBay 账户时选择的唯一名称。这是其他 eBay 会员在卖家购买或销售时看到的名称。

（4）卖家可以更改 eBay 账户的地址。卖家的主要送货地址是 eBay 向卖家提供的默认送货地址，因此他们知道卖家的商品运送到哪里。但是，卖家可以在结账时始终选择其他地址或输入新地址。

（5）可以更新卖家的国家或货币设置。当卖家首次在 eBay 上注册时，eBay 会要求卖家选择一个国家或地区。这有助于 eBay 以正确的货币和适当的语言向卖家显示最相关的项目。

（6）卖家可以随时看到通知和反馈资料。通过设置通知，卖家无须访问 eBay 网站即可跟踪卖家的相关活动。通过设置反馈配置文件，卖家可以了解 eBay 会员是如何被其他 eBay 用户评价的。

（7）关闭卖家的账户。如果卖家关闭卖家的 eBay 账户，卖家将无法再在该网站上销售或访问相关网页。卖家还将丢失卖家的反馈，以及卖家的购买和销售历史记录。

2. 账户受限管理

eBay 从不想阻止用户使用 eBay，但为了保护 eBay 的社区，如果 eBay 担心欺诈或对 eBay 的会员有可能造成其他负面影响，eBay 会偶尔限制或暂停账户。如果 eBay 对卖家的账户设置了冻结、限制或暂停状态，eBay 也会向卖家发送一封电子邮件，说明已发生的情况以及恢复账户所需执行的操作。卖家可以在"我的消息"中找到此消息的副本。

在账户被暂停期间，卖家无法出价、出售或留下反馈，但是当卖家的账户恢复后，卖家将能够在恢复之前的 30 天内为自己完成的任何交易留下反馈。现有列表中的任何投标人都可以撤销其出价，在卖家的账户恢复之前，卖家将无法联系投标人或回复邮件中的问题。需要记住，当账户被暂停时，不能创建新的列表，也不能修改现有列表。根据账户被暂停的原因，eBay 可能会提前结束列表。如果 eBay 因违反政策而删除商家信息，则费用信用的资格将取决于具体情况，并会考虑之前的任何政策违规行为。可以在"账户活动"页面上查看这些信用。需要注意,上市费用也可能会被取消,具体取决于暂停的原因。注意有时候可能收到的是来自冒充 eBay 的虚假账户发来的暂停通知,这种欺骗性电子邮件一定要注意识别。

3. 账户安全

如果卖家认为有人试图接管卖家账户,或者认为有人已经拥有卖家账户,eBay 将与卖家合作以确保其安全。为了保护卖家的利益,eBay 可能暂停卖家的账户。如果卖家收到的电子邮件似乎来自 eBay,并要求提供敏感的个人信息,请务必小心,该电子邮件可能是"欺骗"或"网络钓鱼"电子邮件。

三、eBay 平台操作

eBay 平台相比于其他平台,有一些特殊的业务和相关操作需要关注。下面将主要介绍三个方面:单属性 Listing 刊登、Marketing-Promoted listings 和视频认证。

(一)单属性 listing 刊登

精美的产品刊登,能有效吸引买家来浏览商品,促进成交。因此,很多高销量的产品背后,除了优质的产品本身之外,精美的 listing 编辑至关重要。一条 Listing 包含三大部分的内容,即 Product detail、Selling detail 和 Shipping detail。

以 eBay.com 为例,先进入 seller hub,在 listing 选项卡下选择 Create listing。可以直接在"Tell us what you're selling"输入框中输入想要售卖的产品关键词,如 women dress。此时在输入框下方,eBay 根据输入的关键词弹出相应的产品所属分类供选择,选择相应的分类后进行下一步,也可以不选分类,直接单击"Get started"按钮进行下一步。

1. Product detail 的设置

Product detail(图 4-22)需要重点说明的主要有以下几项。

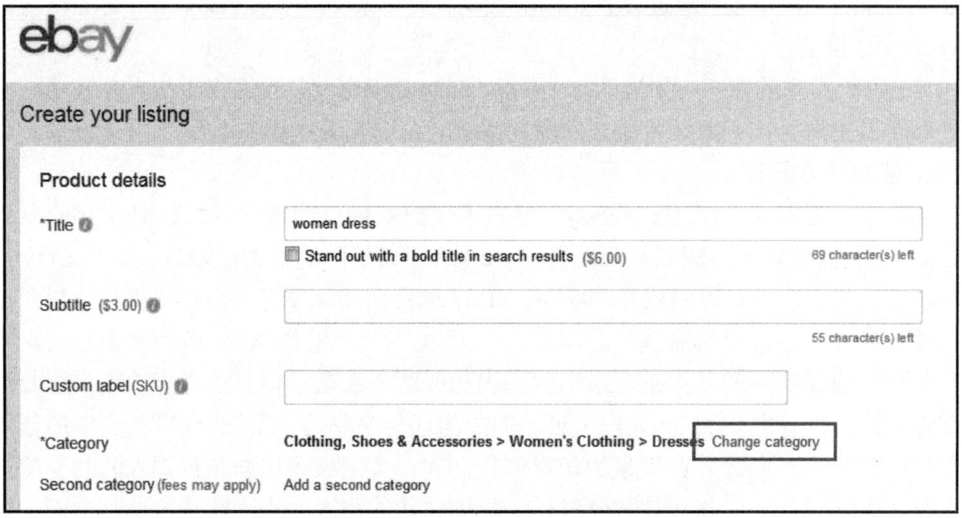

图 4-22 编辑产品信息

（1）设置 Title 标题和 Subtitle 副标题。尽量利用系统允许的 80 个字符表示物品特征，让买家在了解物品重要信息的同时，也增加物品关键词的搜索量和浏览量，以期带动销售。

（2）设置建议分类。卖家可以通过物品关键词使用 eBay"建议分类"，也可在刊登物品页面中单击 change category 选择或修改一个合适的分类进行刊登。在弹出的选项中，可以在 Suggested categories（推荐分类）中选择相应的分类，若没有合适的分类，可以在 Recently used categories（最近使用的分类）/ Search categories（搜索分类）/Browse categories（浏览分类）中选择。分类将影响物品售出后支付的成交费比例。

（3）输入 UPC 通用商品码。它是一种全球贸易项目代码（global trade item number，GTIN）。以 eBay 美国站点为例，此处的 GTIN 需要填写 UPC 通用商品码，通常 UPC 码为 12 位数字，需要填写正确的 UPC 码信息，若没有，可填写 Does not apply。

（4）Condition。这是指为产品明确标明其使用状态（全新，或者工厂翻新，或者卖家自行翻新，或者二手，等等）。当选择产品状态为全新未开封时，那么该产品就必须是全新未使用的，而且其包装需要和零售渠道包装一致，除非该产品是手工制作或者由生产厂商提供的特制的非零售渠道包装。

（5）物品图片上传。以 eBay 美国站为例。进入选择物品刊登方式页面后，在物品刊登设置页面有 Add photos 模块，在此上传的照片会显示在物品页面（View item page）左上角非常显眼的位置，上传的物品首图同时会显示在 eBay 的搜索页。单击"Add photos"上传物品图片。其中第一张图是主图，下面将显示"Main photo"。如果上传后发现第一张图不是原定的主图或者图片没有按照预期排序，可拖动图片放在想要排序的位置。物品照片起到至关重要的作用。高质量图片会促进销售，而且能使在搜索结果、物品浏览页和移动设备上的刊登效果看起来更棒。可为物品上传多达 12 张免费橱窗照片。

（6）输入 Item specific 物品属性。为买家提供物品的细节详情，如品牌、类型、尺寸、颜色等，帮助买家在搜索产品时准确筛选他们的需求，同时会按统一的格式显示在物品刊登内容描述中，让买家了解物品的详细情况。在创建物品刊登时，需要完整填写，因为这是物品成功销售的重要细节。

（7）Item description 物品详情描述。以 eBay 美国站为例，进入选择物品刊登方式页面，在详细的物品刊登设置页面中有 Item description 模块，单击"Standard"直接输入物品描述，或单击"HTML"，使用 HTML 代码加入较复杂的物品描述。此处尽量避免使用复杂的字体或过多的颜色。买家在决定购买前可能遇到诸多问题，可以针对这些问题提出解决方案。可以标明店铺政策，如收付款政策、物流政策、退换货政策。还可以说明店铺工作时间（以当地时区时间展示），写明将在收到邮件后多久给予买家答复。物品描述中不宜包括以下内容：任何不实的陈述；任何误导买家的信息，如与物品无关的"关键字"（Keywords），这些是违反 eBay 刊登政策的行为；禁止或受管制的内容（请参阅 eBay 的"禁售物品和管制物品列表"）；未经许可的情况下，使用品牌商标或抄袭其他卖家的物品描述内容；其他任何可能导致买家不满的要求或说明。在"HTML"中编辑输入完成 HTML 代码后，单击"Standard"，可看编辑后的效果。如果直接在"Standard"中编辑，可利用工具条对物品描述进行简单的排版设置。

2. Selling detail 的设置

接下来进入 Selling detail 设置（图 4-23）。eBay 提供两种不同的售卖方式，分别是一口价（Fixed price）和拍卖（Auction style）。不论是用哪种形式刊登，都需设置刊登方式、价格及可售数量等信息，才能让物品以更适合的销售形式刊登销售。

图 4-23　编辑售卖信息

（1）选择 Format 售卖方式。物品的刊登方式包括"拍卖/Auction"方式、"一口价/Fixed Price"方式、"拍卖/Auction"和"一口价/Fixed Price"方式并用，卖家可综合各种因素选择合适的刊登方式。

（2）设定 Duration 刊登在线持续时间。在 eBay 上刊登商品时，需要指定一个 listing 在线的时间。如果是一口价方式刊登：可以选择 3 天、5 天、7 天、10 天、30 天的在线时间。如果是拍卖方式刊登：可以选择 3 天、5 天、7 天、10 天的在线时间。如果回评数超过了 10 个，则还可以选择 1 天的拍卖在线时长选项。其中 1 天和 3 天的拍卖在线时长是需要额外收取费用的。

（3）Scheduling listings 预刊登。在撰写完一条 listing 后直接发布上线，也可以为刊登指定一个未来上线的时间（最长 3 周）。这样卖家可以在方便时撰写编辑 listing，然后控制 listing 上线和结束的时间。

（4）设定 Price 物品价格。为物品设置一个恰当的价格，是吸引买家注意的有效方式，更是增加物品浏览量以及带动销量非常重要的方法之一。如果要设置"一口价方式"物品价格，在物品刊登设置页面的 price 模块中，选择[Fixed price]，选择以"一口价方式"销售物品。在"Buy It Now price"下方文本框中输入"一口价"物品的销售金额。如果要设置"拍卖方式"物品价格，在物品刊登设置页面的 price 模块中，选择"Auction"，选择以"拍卖方式"销售物品。在"Starting price"下方文本框中输入物品的起拍价。很多卖家发现，起标价过高难以吸引买家出价，过低的起标价又可能令物品以低价成交，设定"保底价/Reserve Price"可以解决这个问题。如果拍卖物品没有超过预设的"保底价/Reserve Price"，可以选择不出售该商品。可以在"Reserve Price"下方文本框中，输入该物品的保底价格。使用保底价功能时，需要支付一定的费用。如果设置"拍卖"和"一口价"物品价格，在物品刊登设置页面的 price 模块中，选择"Auction"，选择以"拍卖方式"销售物品。在"Starting price"下方的文本框中输入物品"拍卖"的起拍价，在"Buy It Now price"下方的文本框中输入物品的"一口价"价格，即在设置物品"拍卖"

价格的同时设置"一口价"。

（5）设定 Quantity 物品可售数量。卖家需谨慎设定物品的可售数量，严格管理库存。如果库存有所调整，卖家需及时调整对应刊登物品的可售数量，避免出现仓库有货、刊登物品页面没货，或刊登物品页面有货、库存没货的情况发生，给买家带来不良购物体验，导致卖家账号面临风险。若选择用"拍卖方式/Auction"刊登物品，则只能拍卖一件物品。"Lots/批发"功能允许一次向买家出售多件商品，适合 eBay 上的批发商使用，或者提供 B2B 业务。

（6）选择 Payment options 付款方式。物品付款方式设置模块，可在"Payment options"中选择适合的付款政策。例如，可以勾选使用 PayPal 付款，并且输入 PayPal 收款的 E-mail。同时，也可以选择"Require immediate payment with Buy It Now"选项，来加速买家完成付款。如有额外的付款说明，可在"Additional payment instructions (shows in your listing)"中填写，设置完毕后，单击"Save"保存。

3. Shipping detail 的设置

（1）选择退货方式。单击"Domestic returns accepted"左侧的复选框，接受本地退货，下方可以设置具体的退货要求：退货时间设置为最短 30 天，同时需要设置退货运费由谁承担（Return shipping will be paid by），可设置为买家承担，也可设置为卖家承担，即 free return。同样方法，可以设置"International returns accepted"。

（2）设置 Domestic shipping 货运细节。可在"Domestic shipping"下的复选框中选择"Flat: same cost to all buyers"为每件物品设定固定运费，"Calculated: Cost varies by buyer location"为不同地区的买家设置不同运费，"Freight: large items over 150 lbs"为超过 150 磅的大型物品设置运费，"No shipping: Local pick up only"将物品设置为本地面交无运费。如果售卖的物品是普通小件物品，可选择"Flat: same cost to all buyers"。在"Services"下的复选框中可设置具体的运送服务。在"Cost"下面的文本框中可填写物品运费，当然也可以勾选"Free shipping"将物品设置为包邮。单击"Offer additional service"可为 listing 增加更多运输服务选项，如不需要，可单击"Remove service"取消。在"Handling time"下的复选框中可选择物品的处理时间。

（3）设置 International shipping。在"International shipping"区域中可设置国际货运细节，如果提供国际航运，可在"International shipping"下的复选框中选择货运收费方式；在"Ship to"下的复选框中可选择要寄送的目的地，请谨慎使用"Worldwide"选项，因为部分国家可能无法送达，可选择"choose custom location"自定义目的地；可在"Services"下的复选框中设置具体的物流服务，在"Cost"下的文本框中填写物品的运费；单击"Offer additional service"可增加更多运输服务选项，可为不同地区设置不同的运输服务和费用，如不需要，可单击"Remove service"取消；可在"Exclude shipping locations"中设置不能运达的国家/地区，可单击"Create exclusion list"来创建不能运达的国家/地区列表。单击"Change"，可以进入编辑物品所在地的页面。可在"Country"下方的复选框中输入物品所在国家，在"City，State"下方的文本框中输入物品所在城市和省份。

（二）使用 Marketing-Promoted listings

eBay 的 Promoted listings 工具主要用于营销推广，可让所售卖的产品获得更大的曝光率。它能让 listing 有更多机会展现在更多买家面前，使更多买家更快找到 listing。同时，只有通过使用了 Promoted listing 版位而售卖出的产品才会收取相应的广告费。

目前，eBay Promoted listing 功能在美国、英国、德国和澳大利亚等国家均已开放，一旦参加了 Promoted listing 活动，当买家在电脑端或手机端进行搜索时，listing 会被推广出现在一些特定的版位，如 home page、search result page、view item page。带有"SPONSORED"字样的产品即为参加 PL campaigns 的 listing 的产品。

卖家能够创建 promoted listing 活动，同时通过自己 Seller hub 中 Promoted listing 板块的 Dashboard（图 4-24），可以查看使用了 PL 的 listing 的商品的实际销售情况。

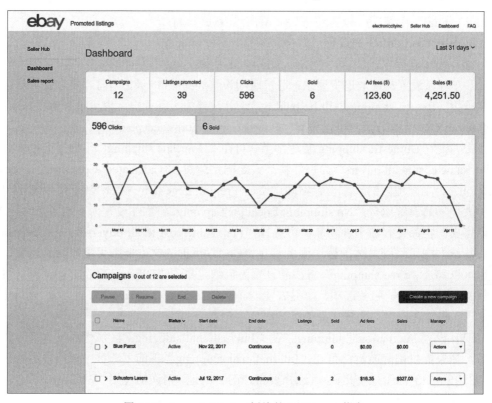

图 4-24　Promoted listing 板块的 Dashboard 信息

Dashboard 中的每一项都有一定含义。其中右上角"Last 31 days"指的是近 31 天内的数据反馈。展示在最上面一排的有"Campaigns"，即推广服务的投放量；"Promoted listings"，即参加 PL 的 listing 的数量；"Impressions"，即 PL 的曝光次数；"Clicks"，即 PL 的点击量；"Sold"，即参加 PL 活动售出的数量；"Ad fees（$）"，即推广费；"Sales（$）"，即使用 PL 所产生的销售额。

展示在下方的图表是 31 天的销售曲线图，通过此表可以看到广告投放的使用情况。再下方是具体某一个 campaign 的详细介绍，包括该 campaign 的目前状态、开始结束的时间、参加的 listing 数量、售出数量、广告费、通过广告产生的销售金额，以及在线 campaign 的管理。

如果卖家想在 eBay 上推广 listing，则需要订阅店铺下的创建 Promoted listing 活动。如果卖家有 eBay 店铺，则包括了所有的 Promoted Listing 工具。卖家可以创建 Promoted listings campaigns，同时可以通过 seller hub 监控使用的情况。首先在 seller hub 单击 "marketing" 并选择 "Promoted listing"。接着，单击 Dashboard 右上角的 "Create a new campaign"，进入创建 Promoted listing 活动页面。卖家可以看到创建 campaign 的两种方式："Select listings individually"（手动选取）和 "Select listings in bulk"（批量设置）。接着可以看到 "Select listings individually" 的演示。对于单独选取参加 campaign 的方式，平台会有 "Recommended listings" 的选项为卖家提供推荐参加的清单，以便于卖家节省更多的时间。在空白处任一单击，进入页面（图 4-25）。

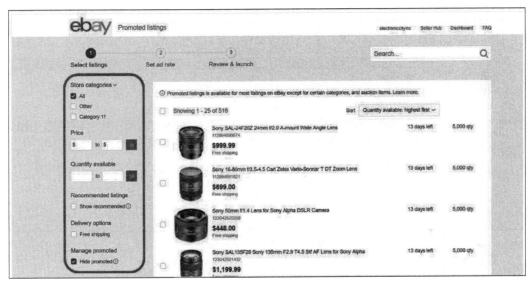

图 4-25　Promoted listing 中的正式选取页面

左边导航栏为选取 listing 的方式，卖家可以任意选择。选择完成后可通过右上方 "Sort" 进行排序。选择 listing 完成后可以进行广告费用设置。卖家可以统一对整个 PL campaigns 或选取的任一 listing 进行广告费率的设置，费率范围从产品售价的 1% 起，此处产品售价不含税费和物流费，当一个买家单击参加 PL 的产品，并在 30 天内进行购买，卖家就需要支付这笔广告费了。可以使用 "Apply trending rates" 的按钮，一旦使用了这个按钮，单个 listing 的广告费就会自动出现一个百分比，当然，卖家也可以在此基础上进行调整。广告费用设定完成，卖家可以对这一 campaign 进行命名。一旦发布这个 campaign，eBay 平台将会在之后的几个小时内陆续发布这些设置广告费的 listing。此时可以看到命名下方有个 "More option" 的标识，单击后还会出现 campaign 的开始和结束时间。

（三）视频认证

当卖家注册个人账号后，可以刊登的数量可能为 5 个，这 5 个代表了卖家能刊登产品的库存总量。如果卖家想快速提升数量，可以通过视频认证的方式进行额度提升。视频认证一旦通过，即可增加 76 天或 100 天的刊登数量的额度。

要申请视频认证，首先可以进入香港站点 www.ebay.com.hk，在右上角选择"我的 eBay"，单击左边栏"我的出售记录"，然后单击"申请放宽销售额度"。看到相关页面后（图 4-26），单击"继续"进入"检查更新你的资料"步骤，如实填写信息后，单击"继续"。这里需要注意的是，名字需要与身份证上完全一致；地址填写常住地址，并不一定要与信用卡账单地址和账号中填写的注册地址保持一致；电话填写固定电话即可，若没有则填写可联系到卖家的固定电话。请务必提前与电话所有人沟通好，一旦是 eBay 工作人员致电，请及时联系卖家。

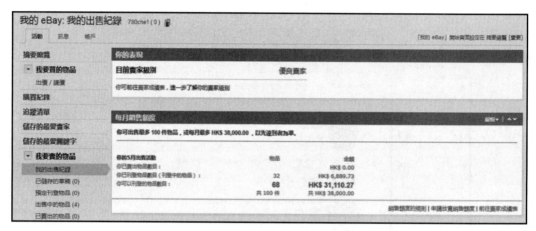

图 4-26　出售记录页面

接下来就可以开始录制短片，根据录影指示进行简单动作的操作（图 4-27）。

单击"开始录制"，就可以录制视频了。录制完成后，若卖家认为此视频录制不如卖家预期，可选择右上角"重新录影"。若确认该视频，则选择左下角"送出"，这样视频录制就完成了。

之后需要一直保持手机畅通，等待认证审核结果（图 4-28）。一般而言，耐心等待 3~5 个工作日便会得到视频认证的审核通知。通常而言可以从 3 个地方获取：ebay.com 中的"message"、ebay.com.hk 中的"讯息"以及卖家的注册邮箱。有时候也会出现例外情况，如在视频发送之后，会邮件告知卖家提供一些材料，只需要在规定的时间内提供正确的资料即可。

为保证较高的通过率，录制视频认证时应注意以下几点：eBay 账号注册地址与操作地址应保持一致；必须是由账号注册本人亲自进行的视频认证；账号的注册人姓名应与身份证上保持一致，若不一致，需要联系客服修改至完全一致；注册站点必须是香港站，如果注册站点是其他站点则需要联系客服进行修改操作；摄像头必须保持清晰而正常的工作状态；要保证在视频过程中光线充足，一般推荐白天进行录制；做认证时，不宜佩戴任何阻碍五官正常呈现的物品，尽量简洁自然。

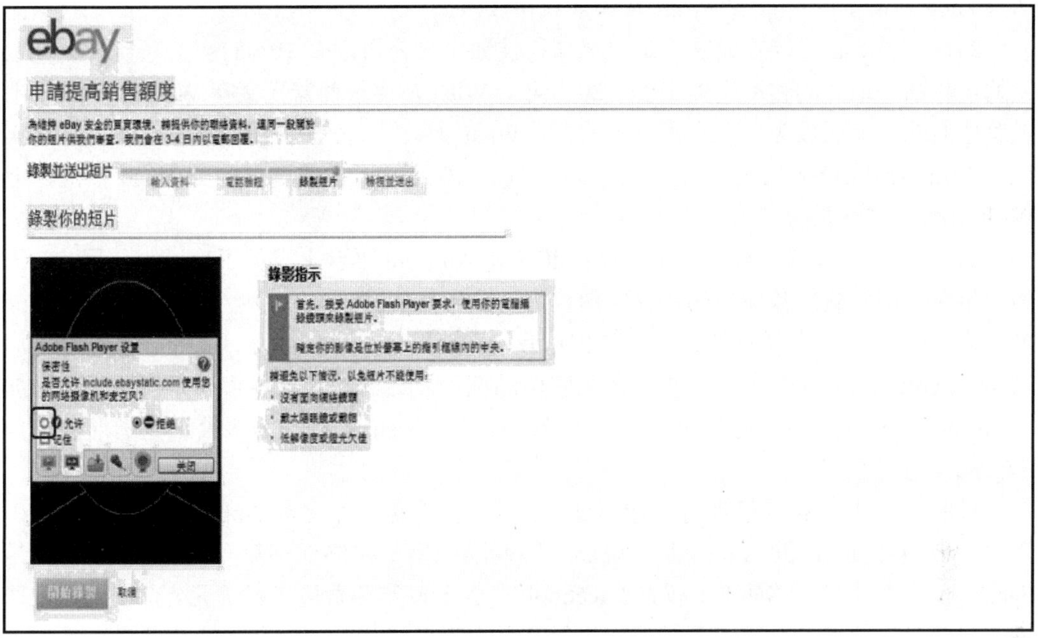

图 4-27　录影提示页面

图 4-28　认证审核结果页面

第七节　Wish

一、Wish 概况

Wish 的前身是 ContextLogic 公司，它是一家在线电子商务公司，刚开始以 Wish 作为核心业务运作。它是由 Peter Szulczewski（首席执行官）和 Danny Zhang "CTO（首席技术官）"于 2010 年创立的，他们分别是谷歌和雅虎的前程序员。与 eBay 类似，Wish 希望小企业和制造商直接向消费者销售商品。当时，Wish 开始作为一个应用程序，用户可以为他们想要的项目创建愿望清单，公司将联系商家并订购特定数量的产品。他们还通过 Facebook 上的广告以单击付费模式获得收入。

2011 年 Wish 于硅谷成立，是一家高科技独角兽公司，有 90%的卖家来自中国，也是北美和欧洲最大的移动电商平台。2013 年，Wish 在要求商家直接在 Wish 应用程序上托管他们的产品后成为一个电子商务网站，Wish 参与了每次销售的一部分。2015 年年底，Business Insider 报道亚马逊和阿里巴巴以 100 亿美元的收购要约与 Wish 接洽，但 Wish 拒绝了这些要约。

2017 年，Wish 移动购物应用程序在 iOS 和 Android 平台上占据了超过 1 亿用户，成为该年在美国下载次数最多的购物应用程序。在整个过程中，在 iOS App Store 和 Google Play 商店中，Wish 的美国下载量为 3 250 万，而亚马逊为 2 920 万。此外，该商店增加了 Wish Outlet，它出售的库存过多的名牌商品低于制造商的建议零售价。该商店还增加了 Wish Express，提供更快的运输。在 2018 年，Wish 还宣布与多渠道电子商务平台 Expandly 进行整合。

目前，Wish 声称现已拥有全球超过 3 亿用户。根据一个名为 App Annie 的应用分析平台，希望在 iOS 和 Android 应用商店的购物应用中始终保持第一的位置。Wish 是 Facebook 上最大的广告客户，仅在 Facebook 广告上每年花费近 1 亿美元。它使用优化算法大规模获取数据，并快速了解如何为每个客户提供最相关的商品，让消费者在移动端便捷购物的同时享受购物的乐趣，被评为硅谷最佳创新平台和欧美最受欢迎的购物类 App。

二、Wish 的平台功能

（一）Product Boost 功能

1. 功能简述

Product Boost（PB），即称产品推广，这是一种能为商家的产品吸引更多流量的广告形式。它是通过商户自设活动预算和竞价，对每千次流量展现进行计费的推广形式。产品推广为商户带来多个好处，如增加产品的流量和销售量；提高产品的排名和更快地发现卖家的热销产品与购买人群。参加产品推广活动是卖家最好的投资，让卖家更快地学习如何销售成功和成为顶级卖家。

要想达到最好的推广效果，建议选择优质产品。同时需要注意产品的季节性，选用清晰、有效和有吸引力的主打图片。Wish 会根据卖家提供的关键词，将产品展现在最有可能被购买的地方。产品将被展现在卖家店铺销售的国家和搜索结果中更好的排名位置。

2. 使用目的

当卖家选择好要推广的产品后，就可以设置预算，Wish 会帮助卖家投放在合适的位置，使得最有可能购买此产品的客户能够第一时间看到。产品推广是需要支付一定的费用的，这完全是由卖家自己决定的。卖家同时也决定自己的活动预算和竞价。竞价越高，客户看到此产品的机会就越大。一般，推广费用不会超过预算。通过产品推广，能为卖家的最好产品带来巨大的流量。商户每投资 1 美元在产品推广，平均带来 4.68 美元的销售增长。

3. Product Boost 的优势

使用产品推广的好处在于可以帮助卖家制定全面的营销和产品发布战略，结合使用各种品牌战略和沟通平台。它将帮助卖家把产品放在竞争对手的位置，以获得最佳的市场影响力。可以帮助卖家与潜在客户和行业内的客户建立最大的"嗡嗡声"。同时，当卖家进入市场并逐渐熟悉市场规制后，可以帮助卖家建立销售势头。可以充分利用卖家的个人 Product Boost 品牌顾问的专业知识，为公司与公司的营运价值主张确定开放和利基市场。还可以帮助卖家与直接做出购买决策的影响者积极联系，为后期推广活动的顺利开展建立稳固而庞大的客户群。

（二）Wish Express 功能

1. 功能简述

Wish Express 是单个产品配送单个国家的解决方案，是 Wish 平台推出的旨在支持平台商户开展海外仓业务的一种配送模式。与其说 Wish Express 是 Wish 平台的一个产品、一种配送模式，不如说是平台与商户携手构建的物流服务保证。

Wish 强调要在物流方面注重客户体验，注重要用最好的物流。Wish 服务中的一个重要环节就是物流方面，即尽快把货物发出去，尽快上网，选用好的物流方式，让客户尽快收到。

2. 指标测算

为保证 Wish Express 的物流质量，为消费者提供更优质的购物体验，Wish 对 Wish Express 设置了以下 2 项指标要求。

（1）延迟到达率＜5%。"延迟到达率"考核的是"未在规定时间内完成妥投 Wish Express 订单比例"，分为"产品延迟到达率"和"店铺延迟到达率"。它们的计算公式如下：

产品延迟达到率＝某 Wish Express 产品未在 1 周内按期妥投的订单数量÷在这周内该 Wish Express 产品的订单总量

店铺延迟达到率＝未在 1 周内按期妥投的全店 Wish Express 订单数量÷在这周内全店 Wish Express 订单总量

（2）预履行取消率＜5%。"预履行取消率"考核的是"商户主动取消订单的比例"，也分为"产品预履行取消率"和"店铺预履行取消率"。它们的计算公式如下：

产品预履行取消率＝某 Wish Express 产品在 1 周内被商户主动取消的订单数量÷在这周内该 Wish Express 产品的订单总量

店铺预履行取消率＝在 1 周内被商户主动取消的全店 Wish Express 订单数量÷在这周内全店 Wish Express 订单总量

3. 政策支持

为提供更优质的购物体验，更快速有效地将产品送达消费者手中，Wish 平台对参加 Wish Express 项目的产品和店铺提供了 7 项政策支持。商户只要开展了海外仓业务，即可轻松加入 Wish Express，获得支持，助力开展业务。

（1）采取较高的流量倾斜。Wish 在 App 端特别设置了 Wish Express 首页独立标签页、搜索栏独立标签页等专门展示 Wish Express 产品；在每个产品的详情页内增加相关 Wish Express 产品专栏，同时在相关产品页优先展示 Wish Express 产品。在 Wish App 端，首页有"Wish Express"标签页（"橙色小车"即为 Wish Express 标志），同时在搜索栏也有"Wish Express"标签页。在后台，Wish 通过数据将相同产品进行智能匹配，并将原先仅分配给直发产品的推荐流量，部分重新分配给同时提供 Wish Express 和直发的同款产品，其中倾斜量取决于倾斜流量的转化率以及商户的 Wish Express 妥投表现。以上措施，可为 Wish Express 产品带来平均 3 倍的流量，帮助产品实现更多销售。

（2）前端专属标志。Wish Express 产品专属的"橙色小车"标志在用户端显著标示了产品的配送属性。随着该标志的推广以及消费者对于 Wish Express 产品形象的认知加深，消费者将会更有选择性地购买带有"橙色小车"标识的快速妥投产品。"Wish Express"在 App 端的标志为"橙色小车"。同时，Wish Express 订单的配送方式属于"T1 等级"的物流服务，商户如果对某产品坚持使用这种配送方式，那么该产品将可获得"全明星商户标志"；除获得消费者的多重认可外，还可以享受快速放款、流量加权等多项利好政策。

（3）返利优惠政策。对于能够在 Wish Express 各国或者地区规定时限内完成妥投的订单，Wish Express 将给予订单金额 5%的返利奖励。对于配送至美国的 Wish Express 订单，商户还须为诚信店铺，方可接受返利奖励。

（4）海外仓退货服务。Wish Express 商户还可设置海外退货仓库以接收退货。如果用户申请退款，用户将被要求退回产品到商户指定的退货仓库，给予高价值产品更多保障。目前，只有配送至美国的 Wish Express 产品享受此退货方案。

（5）资金周转保障。因为 Wish Express 要求订单提供妥投信息，且 Wish Express 订单的配送方式属于"T1 等级"的物流服务，所以资金周转更加快速，普遍 7～14 天就可以收回货款。

（6）账户安全保障。Wish 平台对于产品、店铺的物流表现有比较高的要求，而 Wish Express 的考核指标能促进商户在店铺维度、产品维度上获得优秀的数据表现，从而提升产品竞争力，助商户获得长期、更大的收益。

（7）差异化运费设置。"独立库存工具"的出现，使得 Wish Express 产品可根据国家或者地区设置差异化运费，解决了 Wish Express 产品的成本问题；同时还允许商户设置单独的海外仓库存，解决了库存不准确问题。

（三）EPC 合并订单和 EPC OPT—OUT 功能

1. 功能简述

EPC 合并订单服务，为卖家提供更适合中小件的官方物流支持。EPC 全称 export process center，是 Wish 平台为卖家提供的一项出口处理中心服务。Wish 根据用户的订单情况，将同一买家跨店铺购买的商品进行合并发货并派送。换句话说，就是对寄送给同一消费者的来自不同卖家的产品，先由各个卖家运送至上海 EPC 合并中心进行打包处理，然后用更加优质的物流方式统一寄送给消费者。

2. 功能优势

Wish 平台在 2018 年 5 月正式推出此项服务,有不少商户申请开通了 EPC 服务。EPC 服务有效降低了发货成本,缩短回款周期,并降低退款率,而买家则会更快地收到合并商品,获得更好的购物体验。

3. 功能改进

Wish 平台了解到广大卖家担心部分紧缺商品无法及时发货、无法使用 EPC 功能。对此,Wish 平台在 EPC 的功能基础上又开发了 OPT—OUT 功能。

EPC OPT—OUT 功能为各店铺提供了一个针对 EPC 商品的屏蔽列表。已开通 EPC 服务的商户可以在列表中上传要屏蔽的商品 ID,系统将每月对上月商户上传的商品 ID 列表进行屏蔽。可以登录"Wish 商户平台"(www.merchant.wish.com),单击"账户"—"EPC"进入 EPC 操作页面,选择"EPC 产品屏蔽清单",即可进入屏蔽功能。

当订单生成时,如果该商品在屏蔽列表中,则不会被要求以 EPC 订单进行发货,从而无须履行"在 96 小时内将商品寄送至上海 EPC 合并中心"的要求。对于未列入屏蔽清单的商品,商户可将其发往 EPC 合并中心,从而享受优惠物流资费。因此,OPT—OUT 功能对于绝大多数紧俏商品以及 SKU 较多的商品而言绝对是一个有效管理的工具。

在填写产品 ID 时需要注意:每次可填写最多 50 个合规的产品 ID,超出 50 个,系统会自动报错;产品 ID 为字母、数字组成的 24 位编号;英文逗号、空格、空行都可以作为产品 ID 间的间隔符。输入完成后验证产品并导入,导入成功后,系统会有弹框提醒,同时新导入的产品 ID 可以在"下月的屏蔽产品"标签页下进行查看。如果需要对下月屏蔽的产品 ID 进行移除或者新增,可在每月 1 日 0 时至 26 日 0 时单击"编辑下月屏蔽产品清单"进行编辑并提交。如果下月不需要屏蔽任何产品,只需在相同的时间段,清空编辑框并提交即可。

(四) WishPost

1. 功能简述

WishPost(Wish 邮)是 Wish 推出的跨境电商物流产品,为 Wish 优质商户提供专属集货仓、专线产品、专业仓储等一体化物流解决方案。目前据 Wish 统计,该功能已经覆盖全球 214 个国家和地方,全球用户超过 3 亿,日均处理订单 150 万。其专属集货仓、优先处理、时效保险、免费揽收、动态查询、重点路向专线等选项也为卖家提供了相应服务和支持。

2. Wish 邮的主要产品

(1) Wish 邮—WiseExpress 专线。Wish 邮—WiseExpress 专线是 WishPost 推出的美国路向妥投类产品,提供头程运输、口岸操作、出口交航、进口接收、实物投递等实时跟踪查询信息,美国全程时效 5~8 个工作日,综合妥投率高于 98%,包裹全程可跟踪,支持带电产品配送。

(2) Wish 邮—中外运专线。Wish 邮—中外运专线,新推出法国路向妥投类产品,提供头程运输、口岸操作、出口交航、进口接收、实物投递等实时跟踪查询信息,全程时效 8~10 个工作日,综合妥投率高于 95%,包裹全程可跟踪,支持带电产品配送 [接受内置电池（PI967）和配套电池（PI966），不接受纯电池（PI965）及任何移动电源产品］。

（3）Wish 邮—YunExpress 专线。Wish 邮—YunExpress 专线是 WishPost 推出的德国、法国路向妥投类产品，提供头程运输、口岸操作、出口交航、进口接收、实物投递等实时跟踪查询信息，德国全程时效 6～10 个工作日，法国全时效 5～8 个工作日，综合妥投率高于 95%，包裹全程可跟踪，支持带电产品配送［接受内置电池（PI967）和配套电池（PI966），不接受纯电池（PI965）及任何移动电源产品］。

（4）Wish 达（公测版本）。Wish 达首批开放美向公测版本，二批开放加拿大路向公测版本，Wish 达是 Wish 推出口岸直飞路向的物流产品，即时提供头程运输、口岸操作、出口交航、进口接收、实物投递等实时跟踪查询信息。全程物流节点可在线实时跟踪查询（包括妥投信息），美向投送时效 9～14 个自然日，加拿大投送时效 12～15 个自然日，法国和瑞士投送时效 10～12 个自然日，全程首选直达航班，服务品质全面升级。

（5）Wish 邮—DLE。Wish 邮—DLE 是 Wish 推出口岸直飞美国路向的物流产品，即时提供头程运输、口岸操作、出口交航、进口接收、实物投递等实时跟踪查询信息。全程物流节点可在线实时跟踪查询（包括妥投信息），投送时效 7～12 个自然日，口岸货物当日操作、当日交航，确保 24 小时内快速出关启运。目前 Wish 邮—DLE 产品依托口岸充沛的国际直航资源，全年运效能均能得以保证。

（6）Wish 邮—International Bridge 中美专线。Wish 邮—International Bridge 中美专线是美国路向专线产品，产品分为 IB 标准服务（Standard）和 IB 快速服务（Express），均提供头程运输、口岸操作、出口交航、进口接收、实物投递等实时跟踪查询信息。全程物流节点可在线实时跟踪查询（包括妥投信息），标准服务（Standard）起重 60 克、投送时效 7～12 个工作日，快速服务（Express）起重 50 克、投送时效 3～7 个工作日，单个包裹不得超过 31.5 千克，发带电产品需提供相应的带电材料一套三件：①MSDS 文件；②DGM 报告；③UN38.3。

（7）Wish 邮—欧洲小包。Wish 邮—欧洲小包是 WishPost 推出的欧洲专线小包，提供收寄、出口封发、进口接收和投递等实时跟踪查询信息。Wish 邮—欧洲小包运作模式为客户在 WishPost 平台处理订单，打印详情单，提交揽收信息，或自送上门，Wish 邮—欧洲小包产品分为 Wish 邮—欧洲经济小包（半跟踪）和 Wish 邮—欧洲标准小包（可妥投），配送目的国：德国、法国、挪威、瑞士、荷兰、卢森堡、比利时、丹麦，支持带电产品。

（8）Wish 邮—E 邮宝。Wish 邮—E 邮宝是 Wish 与中国邮政速递物流股份有限公司合作的经济类速递产品，提供收寄、出口封发、进口接收和投递等实时跟踪查询信息。作业流程标准化，货物及时效都有保障。

（9）Wish 邮—中邮小包。Wish 邮—中邮小包是 Wish 与中国邮政合作，针对重量 2 千克以下小件物品为 Wish 平台卖家推出的空邮产品，产品分为平邮和挂号，运送范围覆盖全球 200 多个国家和地区。

（10）Wish 邮—DHLe 标准小包。Wish 邮—DHLe 标准小包是 WishPost 推出的美向妥投类产品，提供头程运输、口岸操作、出口交航、进口接收、实物投递等实时跟踪查询信息。全程时效 6～10 个工作日，无首重，限重 2 千克，不支持带电产品配送。

（11）Wish 邮—DHLe 经济小包。Wish 邮—DHLe 经济小包是 WishPost 推出的经济小包，提供揽收和收寄实时跟踪查询信息。Wish 邮—DHLe 经济小包运作模式为客户在 WishPost 平台处理订单，打印详情单，提交揽收信息，或自送上门，全程时效 12～17 个工作日，限重 2 千克，不支持带电产品配送。

（12）Wish 邮—英伦速邮。Wish 邮—英伦速邮小包是 WishPost 推出的英国专线小包，提供收寄、出口封发、进口接收等实时跟踪查询信息。Wish 邮—英伦速邮小包运作模式为客户在 WishPost 平台处理订单，打印详情单，提交揽收信息，或自送上门，支持带电产品，全程时效 5～8 天。

三、Wish 的平台操作

（一）登录并创建店铺

（1）选择习惯使用的语言，英文或者中文。选择按钮在页面的右上角（图 4-29）。

图 4-29　登录并创建店铺

（2）输入常用的邮箱开始注册流程。该邮箱也将成为未来登录账户的用户名。若已有 Wish 卖家账户，可以单击"登录"。

（3）输入店铺名称，确认店铺名称不能含有"Wish"的字样。店铺名称一旦确定将无法更改。

（4）输入登录密码。为确保账户安全，密码必须不少于 7 个字符，并且包含字母、数字和符号。例如"password100@store"。再次输入登录密码。

（5）输入验证码，注意切换到大写状态，不然会提示验证码有误。

（6）完成以上所有步骤之后，单击"创建你的店铺"。

（二）设置店铺信息

（1）选择运营的其他平台，并输入该平台店铺的 URL 链接（图 4-30）。

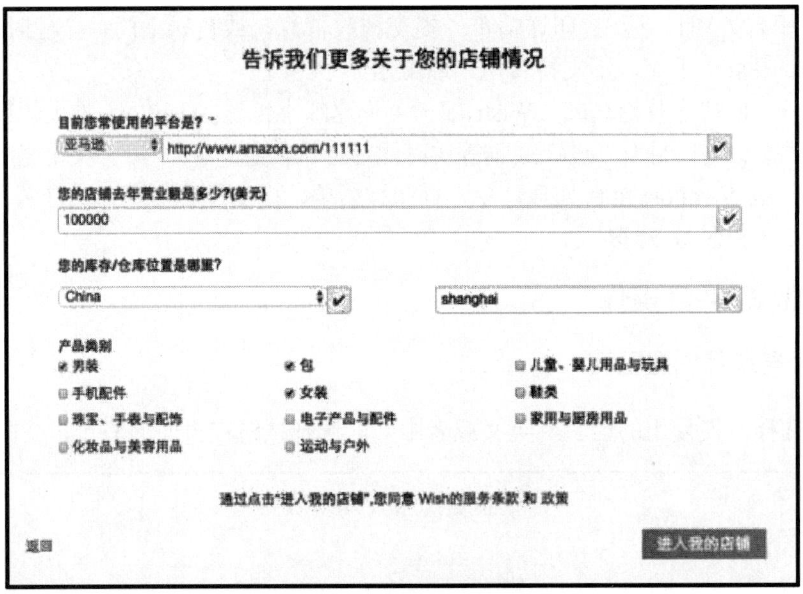

图 4-30　设置店铺信息

（2）以美元为单位填写店铺去年的营收额。
（3）选择仓库所在国家和城市。
（4）选择将在 Wish 平台销售的产品品类。
（5）认真阅读"Wish 的服务条款"和"政策"后单击"下一步"。

（三）验证信息

1. 验证邮箱

单击"开始"，即开始确认邮箱地址（图 4-31）。检查邮箱，会收到一封邮件，单击"Confirm Your Email"后会直接跳转到商户后台。如果未收到邮件，确认填写的邮箱地址是否正确并单击"再次发送"。同时也需要检查邮箱的安全设置，以免邮件被屏蔽或在"垃圾邮件"内。若仍然无法收到邮件，可以尝试更换邮箱或联系客户经理。

2. 验证电话号码

单击"发送验证码"后，会收到一条来自 Wish 的短信（图 4-32）。在页面空格中输入短信内的验证码并单击提交。之后会收到短信告知电话号码已验证成功。若未收到验证码，需要再次确认填写的电话号码是否正确，并单击"再次发送"。

若没有手机号码，单击"还没有手机号码"。可以输入座机号码，并单击"立即呼叫我"，于是就会接到电话，输入在电话内听到的语音 PIN 码进行验证。若输入的 PIN 码正确，电话号码将会验证成功。若仍希望用短信来接收验证码，单击"单击此处，通过短信验证您的手机号码"。

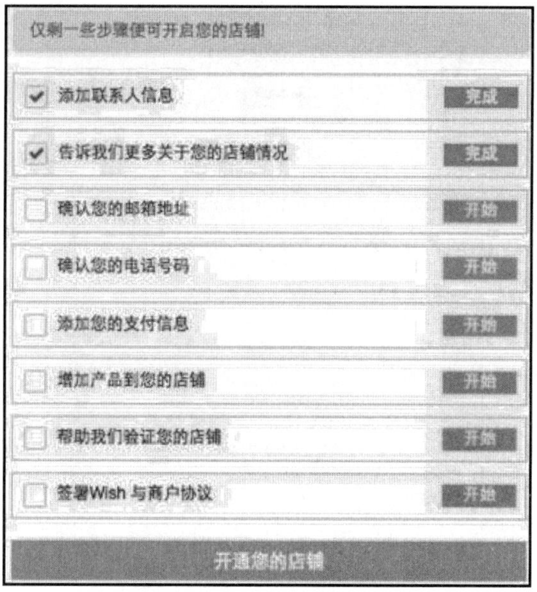

图 4-31　验证邮箱信息

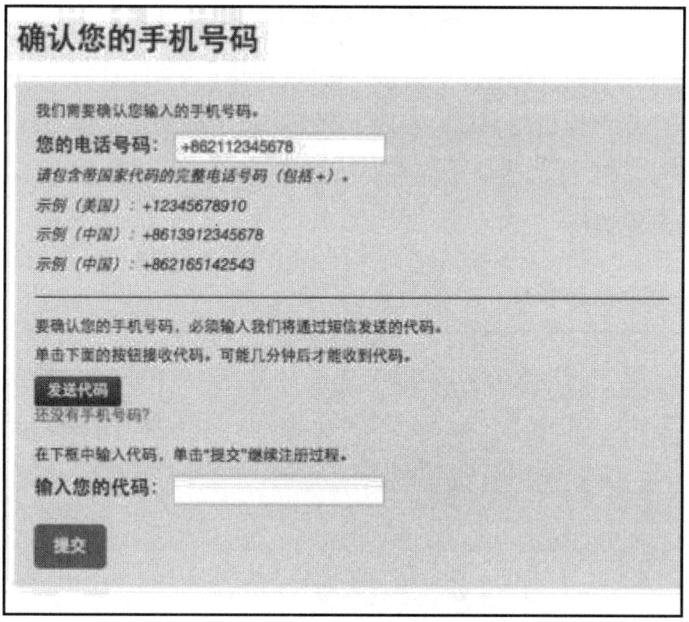

图 4-32　确认电话号码

（四）添加收款信息

（1）若希望使用 bills.com 收款，输入 bills.com 账户信息并单击"更新支付信息"（图 4-33）。

（2）若希望使用 Payoneer 收款，单击"登录"。如果已有 Payoneer 账户，需要登录。如果尚无 Payoneer 账户并希望开通 Payoneer 账户，则登录 Payoneer 的官网进行注册，然后进行后续操作。

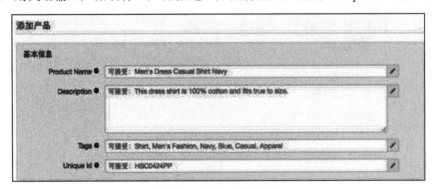

图 4-33　添加收款信息

（3）若希望使用易联（Payeco）收款，则选择易联。当填写开户行名称时，输入关键词后从下拉菜单里选择正确银行。若想了解更多关于如何正确填写开户行的信息，需要单击 this article，或者，也可以从总表内找到开户行信息。

（五）添加产品信息

（1）用英语输入产品名称、产品描述、产品标签、产品的 Unique ID（图 4-34）。

图 4-34　添加产品信息

（2）上传产品的主图。需要认真阅读"严禁在 Wish 上出售伪造产品"和"品牌大学"资料。如果希望添加附图，可以添加到"额外图片"处。最多可上传 10 张附图。

（3）添加产品价格，单位为美元。该价格将会在 Wish.com 上显示。

（4）添加产品库存、产品运费、产品的物流配送时间。可从选项内进行选择，同时亦可手动输入。

（5）选择产品的不同颜色属性（图4-35）。如果产品的颜色不在选项范围内，可在"其他"里用英语手动填入产品的颜色。选择产品的尺寸表和相关尺寸属性。填写每个子产品的编码、价格以及库存。完成所有产品信息填写后单击"提交"。

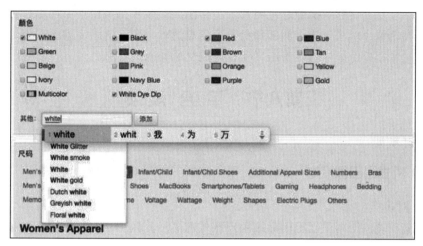

图 4-35　选择颜色属性

（六）验证店铺

1. 个人账户

输入 QQ 号码，上传本人手持身份证原件及当日报纸的彩色照片。本人面部、身份证信息及报纸日期清晰。照片清晰完整无处理，大小控制在 2 MB 以内。不接受临时和过期的身份证。输入身份证上的姓名、身份证编号。单击"保存"提交所输入的个人信息（图4-36）。

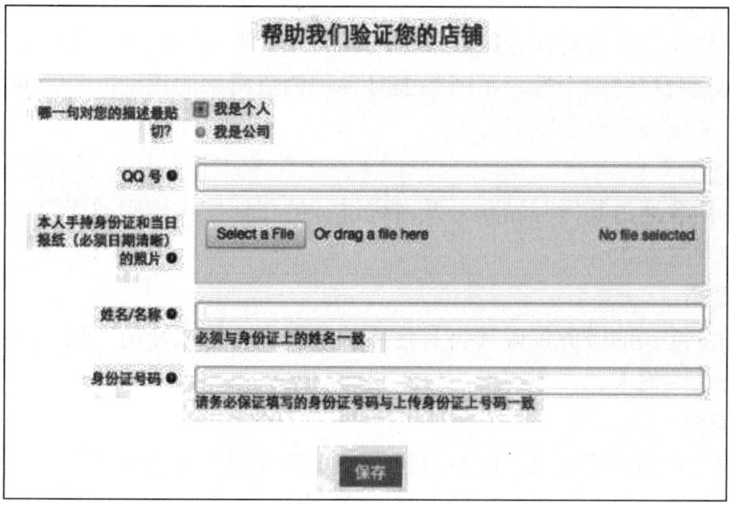

图 4-36　验证个人账户

2. 企业账户

输入 QQ 号码，上传公司营业执照的彩色照片，照片要求清晰完整无后期处理。输入公司名称、营业执照注册号。上传公司税务登记证的彩色照片，若为多证合一请在税务登记证栏重复上传营业执照彩色照片。上传法人代表手持身份证原件以办公场所为背景拍摄的彩色照片。法人代表面部和身份证信息清晰，照片清晰完整无后期处理。输入法人代表姓名、身份证号码。单击"保存"提交所输入的信息。

第八节 平台规则

一、注册规则

（一）阿里巴巴国际站

1. 注册前提

用户在申请注册阿里巴巴国际站用户账号前，应了解、同意并遵守 *Free Membership Agreement* 等相关协议/规则。

2. 账号仅限自身注册

用户应以其自身名义注册阿里巴巴国际站账号，不得有如下行为：冒用他人名义注册账号；向他人出租、出借其营业执照等法人单位证明文件用以注册账号；借用、租用他人营业执照用以注册账号；伪造、变造营业执照用以注册账号。

3. 账号信息合法合规

用户账号信息中不得包含违反国家法律法规、涉嫌侵犯他人权利或干扰阿里巴巴正常运营秩序等的相关信息。

4. 账号管理

用户应严格保密并妥善保管账户及密码，并应管理及规范账户操作人的行为。同时用户需定期检查账户的安全性，不断加强对各种钓鱼网站的识别能力，应禁止离职人员继续使用账户并应及时变更密码。

5. 账号责任

用户明确同意通过其国际站账号及密码进行的任何操作均应被视为用户行为，其法律后果由用户自身承担。

6. 服务使用

用户账户下购买的服务仅限其自身使用，不得许可他人使用；用户不得擅自将服务全部或部分转让给他人。

7. 账号安全

为了保护用户的合法权益，阿里巴巴一旦发现（或有理由怀疑将发生）数据异常或账号行为存在潜在风险，包括但不限于 IP 地址异常、信息泄露、信息被扒取、信息被非法使用等可能危害到用户或平台利益的情况，阿里巴巴有权对相关用户账号随时采取各种保护、限制或处罚措施。

（二）敦煌网

1. 注册资质要求

注册人年龄须在 18 周岁到 70 周岁之间，仅限中国内地的企业或个人，或香港地区企业申请注册。

2. 注册账户数量

使用同一营业执照注册的企业卖家账户数量不得超过 10 个；使用同一身份信息注册的个人卖家账户数量仅限 1 个。

3. 注册信息合规

敦煌网规定登录名不得包含违反国家法律法规、涉嫌侵犯他人权利或干扰敦煌网运营秩序等相关信息；不得包含猥亵、侮辱、歧视性或带有侵略性的词语；不能包含联系方式，包括邮箱地址、网址、电话号码、QQ 号、MSN 地址等；不能包含第三方品牌词汇（包括敦煌网官方名称 DHgate）、名人姓名等；不能包含误导性词语，如"PowerSeller""TopSeller"等。

如卖家登录名违反上述规定，敦煌网有权依据影响范围及严重程度修改卖家登录名或关闭店铺。

4. 身份信息合规

对于个人卖家：填写注册人本人姓名以及身份证号码，所有信息需真实有效。注册人即账户的持有人和完全责任人。对于企业卖家：填写注册人姓名、注册人身份证号码、公司名称、公司注册号。注册人需为该注册公司的法人，或者由该公司授权的全权代表。该注册公司为敦煌网卖家账户的持有人和完全责任人。同时必须填写注册人本人真实、有效、完整的 E-mail 和手机号码。

5. 实名认证

敦煌网会根据卖家提供的电子邮箱地址、手机号码、身份证件以及企业资质信息进行验证。

6. 账户违规处理

敦煌网卖家账户因严重违规被关闭，不得重新注册账户；敦煌网的卖家账户因违规被限期冻结时，冻结期间不得重新注册账户；注册用户名后，超过 120 天未完成手机验证和邮箱验证的账号，系统将自动视为放弃注册，不予开通。

（三）eBay

1. 注册资质要求

必须年满 18 岁，不可假冒身份，必须提供有效及完整的联络资料和有效的电子邮箱地址。不得在网上的公开区域公开其他会员的联络资料。必须依照 eBay 规则选择会员账号。

2. 注册后可享受的权利

可购买、出售物品，并与其他会员交流。储存最爱的关键字，并在物品刊登时收到通知。可以追踪最多 200 件物品。不论身在何处，都可以用电脑上网检查浏览自己的 eBay

资料，而且可以参与 eBay 社群。

3. 与其他 eBay 会员通信的规则

eBay 会员不能利用会员间联络方式传送垃圾邮件，必须遵守 eBay 在 eBay 家族、eBay 讨论区和社群内容的规则（包括商品评论及购买指南）。

4. eBay 责任相关规则

eBay 对个人资料的使用必须符合相关规定，隐私权政策附录中列出了合作伙伴有权存取的资料类型。根据 eBay 的服务中断政策，如果 eBay 网站长时间无法使用，卖家可获得赔偿。eBay 员工亦必须遵守所有 eBay 政策，而且必须在出价、刊登物品或是在网站上刊登时表明自己的 eBay 员工身份。

5. 账户受限或者违规

如果 eBay 在卖家的账户上设置了临时阻止，那是因为 eBay 认为它可能已被第三方访问。如果 eBay 对卖家的账户设置了暂停或者限制，通常是由于没有支付 eBay 费用、没有返还退款或者严重违反 eBay 的一项规则和政策。有时，如果文件中的付款方式已过期或最近遭拒，eBay 也可能会限制或暂停卖家的账户。

要改变此暂停状态，卖家需要更新付款方式。如果卖家的账户因未付卖家费用或未返还退款而受到限制或暂停，卖家可以进行一次性付款。收到付款后，eBay 会恢复卖家的账户。大多数账户限制或暂停都可以通过一次性付款或按照 eBay 在 eBay 消息中的电子邮件中提供的步骤来解决。

（四）Wish

1. 注册信息要真实准确

注册期间提供的信息必须真实准确，如果注册期间提供的账户信息不准确，账户可能会被暂停。

2. 账户要求唯一

每个实体只能有一个账户，如果公司或个人有多个账户，则多个账户都有可能被暂停。

3. 缴纳注册费

新注册店铺将需要缴纳 2 000 美元店铺预缴注册费。这项政策将适用于在 2018 年 10 月 1 日 0 时（世界标准时间）之后收到审核回复的所有商户账户。自 2018 年 10 月 1 日 0 时（世界标准时间）开始，长时间未使用的商户账户也需缴纳 2 000 美元的店铺预缴注册费。

4. 合作伙伴服务条款

ERP 合作伙伴及私有 API 必须接受合作伙伴服务条款的约束。在 Wish 上使用 ERP 合作伙伴 API 和私有 API 的商户须遵守合作伙伴服务条款。

5. 未能妥善保护用户数据

若未能妥善保护用户的个人信息和数据，账户可能会招致高额罚款、暂停交易或永久关闭。未能妥善保护用户数据的例子包括但不限于：向外界公开用户的姓名和地址、公开发布 API 令牌、分享账户密码等。

二、发布规则

（一）阿里巴巴国际站

1. 合法且不侵权

用户在阿里巴巴国际站发布信息应遵循合法、真实、准确、有效、完整的基本原则，不得包含违反国家法律法规或涉嫌侵犯他人知识产权等合法权益的相关内容。详见《阿里巴巴国际站禁限售规则》《阿里巴巴国际站知识产权规则》《不当使用他人信息处理规则》。

2. 合规

用户发布信息应符合电子商务英文网站的一般规范及要求，不得有滥发、类目错放、重复铺货等行为。阿里巴巴国际站的信息发布操作规范应遵循：《产品信息填写规则》《公司信息填写规则》《商品信息滥发违规处罚规则》以及《阿里巴巴国际站搜索排序规则》等其他阿里巴巴不时公布的操作规范和指引。

（二）敦煌网

1. 产品标题的发布规范

产品标题最多可填写 140 个字符；产品标题的前 10 个单词中须包含产品名称（如 cell phone），建议产品名称在前 5 个单词中展示；除产品名称外，产品标题中还需根据相关产品类型进行具体描述，包含但不仅限于品牌名、型号、款式、产品类目、热搜词、功能属性、促销词、适用范围等构成要素；产品标题中建议每个单词的首字母大写，不建议每个单词全部大写或小写，介词除外；产品标题中不能含有任何特殊字符或符号，除、-、'、#、% 符号；产品标题中填写的关键词须与上传的类目相符，禁止使用与产品本身无关的搜索关键词，与产品无关的关键词包含但不仅限于包邮、特供等词语，其中属性词、长尾词除外；产品标题撰写须使用半角字符（a~z，A~Z，0~9）；产品标题中重复使用的关键词不得超过 3 个；产品标题中不能包含产品价格、数量，珠宝、健康美容类目产品除外。

2. 产品图片的发布规范

产品图片像素不低于 600×600（建议在 800×800 像素以上）；产品图片大小须在 5 M 以内；产品图片须为正方形，即宽高比一致；产品图片的 85% 以上区域范围需进行产品主体的展示，以便买家清晰了解相关产品。产品图片格式须为 JPEG 格式，不得使用 GIF 动图。建议不要在产品图片上加边框，以及在产品主体添加水印、文字等信息；产品主图仅限展示产品本身，图片中不能含有产品描述、价格、数量等内容。部分行业的产品主图中可包含品牌 logo；产品主图不可以使用拼接或合成图片；产品主图背景颜色建议为白色或纯色；产品主图建议使用原始图片；产品主图需要完整地展示产品主体的正面信息，不可剪裁或修饰产品主体任何部分；产品主图不建议展示产品包装或吊牌；产品主图中仅限展示店铺中实际销售的产品，不建议展示不相关产品或配件。

3. 产品描述的发布规范

根据不同产品类型，产品详细描述中须包含产品尺寸说明；产品详细描述中须使用正确的语法与完整的句子，禁止使用列表或列点的形式进行描述；产品详细描述中建议包含多张产品细节图，禁止使用 GIF 动图；产品详细描述中建议包含但不仅限于品牌、材质、剪裁、型号、准确尺寸、产品功能属性、售后服务、物流时效、护理方式等内容；产品详细描述中禁止展示空白信息或只展示平台提供的描述模板。

4. 产品信息发布限制规则

产品信息中禁止包含色情文字、图片；禁止含有攻击性语言，如谩骂、诋毁、蔑视、嘲笑等侮辱歧视性的语言；禁止含有中文字符，除中文品牌名称、包装展示中文说明；产品信息中禁止含有私人联系方式、外网链接，如 QQ、MSN、WeChat、Instagram、私人网址、电话、邮箱等联系方式；禁止使用合成或进行任何修饰的图片，如拼接图片、涂抹或打马赛克等。

（三）eBay

1. 违反规则的处理

为了提供一个安全、公平且愉快的交易环境，eBay 制定了物品刊登规则和政策。这些限制说明特定物品应以何种方式描述、哪些做法可能会导致不公平竞争或负面的买家购物经验。刊登物品之前，需要先了解 eBay 刊登政策，以免不小心违反规则。

违反这些政策可能导致各种不同的处分，包括取消刊登、限制账户权利、冻结账户、没收 eBay 收费、取消"超级卖家"资格。发生违规行为时，eBay 会发电邮给卖家和出价者，通知他们刊登物品已提前结束。

2. 禁止刊登违禁刊登的物品

除了刊登规则外，务必详细阅读相关政策，包括如何建立不侵权的刊登物品、违禁品和管制物品以及与知识产权保护相关的规则，确认物品类型符合 eBay 刊登规定，以及是否还有其他限制会对要刊登的物品类型造成影响，如禁止刊登陈述不实的物品。

3. 一般性限制规则

除了特定政策已注明的例外情况外，卖家不得：将物品刊登于不适当的类别；提供与物品实际地点不符的物品所在地；在物品标题或说明中加入品牌名称或其他不当的关键字，即所谓"滥用关键字"；使用无法正确描述出售物品的误导性标题。

4. 禁止规避 eBay 费用

刊登物品不得使用任何伎俩企图规避 eBay 费用，除了在特定政策中注明为例外情况外，卖家不得提供商品目录，让买家可以直接透过目录购买物品，给予买家不同的物品选择，超过多件物品刊登限制，刊登单件物品，却在物品说明中提供其他相同物品。不得要求买家在使用一般付款方式时，另外支付附加费用。不得滥用底价选项。不得收取过高运费。不得提供在 eBay 外购买物品的机会。不得使用"我的档案"页面提议私下交易或推销违禁物品。

5. 必须符合公平交易原则

为买家提供安全且愉快的购物体验。除了在特定政策中注明为例外情况外，卖家不得怂恿买家邮寄现金或使用非 eBay 许可的付款方式。不得告知买家自己只愿意接受（或不接受）特定形式的 PayPal 付款方式。不得加入不符合 eBay 链接政策的链接。这些特定的链接类型包括链接至更详细的物品说明、电邮地址、图片、"我的档案"页面、刊登条款与条件以及 eBay 商店的链接。在物品刊登页、"商店"页面、"我的档案"页面或"我最想要！"广告中使用特定的 HTML 和 JavaScript 编码文字。宣传免费样品、抽签、抽奖活动、奖品或赠品。不得建立不含任何物品或服务的刊登。不得宣传自己想购买或交易的物品。例外情况：允许这类行为的无约束出价类别。不得加入第三者对 eBay 会员的背书。不得加入超过许可范围的第三者鸣谢声明。不得建立测试刊登项目，例外情况："其他；测试拍卖"类别。在刊登中使用亵渎字眼，例外情况：成人类别和媒体标题。

6. 特殊品类的限制

凡是与下列情况或物品类型相关的刊登，都须符合 eBay 政策所注明的限制：杂锦和资讯物品；eBay 试用方案；首页热门推介物品；珠宝、贵重金属和散装珠子；预售刊登物品保养服务合约。

（四）Wish

1. 产品上传期间提供的信息必须准确

如果对所列产品提供的信息不准确，该产品可能会被移除，且相应的账户可能面临罚款或被暂停。

2. Wish 严禁销售伪造产品

严禁在 Wish 上列出伪造产品。如果商户推出伪造产品进行出售，这些产品将被清除，并且其账户将面临罚款，可能还会被暂停。

3. 产品不得侵犯他人的知识产权

产品不得侵犯他人的知识产权。这包括但不限于：版权、商标和专利。商户有责任确保其产品没有侵犯他人的知识产权，并且在刊登产品前积极进行知识产权检查。如果商户反复刊登侵犯他人知识产权的产品，那么相关侵权产品将会被系统移除，商户账号也将面临至少 500 美元的罚款和/或被暂停交易的风险。如果商家继续反复侵犯他人的知识产权，那么该账号将面临更高的罚款、被暂停交易或被终止交易的风险。

罚款可于生成之日起 90 天进行申诉和审批。但如果罚款未在 90 天内获批，其将不可再撤回。以上政策于 2018 年 11 月 12 日起生效。

4. 产品不得引导用户离开 Wish

如果商户列出的产品鼓励用户离开 Wish 或联系 Wish 平台以外的店铺，产品将被移除，其账户将被暂停。

5. 严禁列出重复的产品

严禁列出多个相同的产品。相同尺寸的产品必须列为一款产品。不得上传重复的产品。如果商户上传重复的产品，产品将被移除，且其账户将被暂停。

6. 将原来的产品修改成一个新的产品是禁止的

如果商户将原始产品修改成了一个新的产品，那么这个产品将被移除，账号将被处以 100 美元罚款并将面临暂停交易的风险。自 2019 年 1 月 15 日 0 时（世界标准时间）起，该项罚款金额提高至 500 美元。罚款可于生成之日起 90 天进行申诉和审批。但如果罚款未在 90 天内获批，其将不可再撤回。以上政策于 2018 年 11 月 12 日起生效。

7. 禁售品将被罚款

产品应该清晰、准确并符合 Wish 政策。Wish 不允许销售禁售品。如果发现某产品不符合 Wish 禁售品政策，则商户将被处以 10 美元罚款且该产品将被系统下架。自 2019 年 1 月 15 日 0 时（世界标准时间）起，该项罚款金额提高至每个禁售品 50 美元。罚款可于生成之日起 90 天进行申诉和审批。但如果罚款未在 90 天内获批，其将不可再撤回。以上政策于 2018 年 11 月 12 日起生效。

8. 产品列表中不允许存在差异过大的产品

如果产品列表中存在差异过大的产品，那么该产品可能会被移除，而且店铺会有暂停交易的风险。差异过大的产品类型指以下情况：根本不同的产品；应有完全不同描述的产品；无法用单一产品名称描述的产品；一产品为另一产品的配件；难以想象会一起销售的产品。

9. 严厉禁止同一产品列表中的极端价格差异

同一产品列表中，最高变体价格必须小于最低变体价格的 4 倍。不遵循价格差异政策的产品将会被移除，并且账户有暂停交易的风险。

10. 存在误导性的产品将被处以罚款

若产品被检测到存在误导性，对于该产品被判定为误导性产品之日的过往 30 天内生成的订单，商户将面临每个订单 100 美元的罚款，并且所有订单金额将 100%被罚没；每个误导性产品的最低罚款金额为 100 美元。

如果该产品被判定为误导性产品之日"过往 30 天内的订单"生成于 2018 年 5 月 2 日 23 点 59 分（太平洋时间）之前，则处理规则如下：2018 年 4 月 18 日 0 点 0 分（太平洋时间）至 2018 年 5 月 2 日 23 点 59 分（太平洋时间）期间产生的订单，其订单金额将 100%被罚没。2018 年 4 月 18 日 0 点 0 分（太平洋时间）之前生成的订单不会被罚款。每个误导性产品的最低罚款金额为 100 美元，此规则仍然适用。商户可以对这些罚款进行申诉。罚款可于生成之日起 90 天进行申诉和审批。但如果罚款未在 90 天内获批，其将不可再撤回。以上政策于 2018 年 11 月 12 日起生效。

11. 同一产品列表内禁止出现极端价格上涨

商户在 4 个月内可将产品价格或运费提高 1 美元或最高 20%，以数值较高者为准。对于指定产品，该价格限制政策对产品价格和运费单独适用。请注意，促销产品不允许涨价。

12. 操控评论和评级政策

Wish 严禁任何操控用户评论的企图，并明确禁止有偿评论行为。一旦发现存在受操控的评论或评级的订单，商户将被处以 100%的订单金额的罚款，外加单个订单 100 美元的罚款。订单金额为订单数量×（产品售价＋产品运费）。

三、交易规则

（一）阿里巴巴国际站

1. 交易行为原则

诚信交易原则：用户应恪守诚信交易原则，按交易双方的约定履行相关交易，按照约定的时间、地点、交运方式、支付方式、货品验收方式等进行真实有效的交易行为，共同营造阿里巴巴国际站合法、诚信的交易市场秩序。

合法合规原则：阿里巴巴国际站的用户在交易中使用阿里巴巴国际站服务（包括但不限于交易服务）的，应遵守所有适用的法律法规、本规则、其他在阿里巴巴国际站不时公布的规则（以下简称"相关规则"）及有关服务相应的阿里巴巴国际站合同。

2. 交易规则的适用范围

交易规则适用于阿里巴巴国际站用户（作为买卖双方）相关的跨境货物交易（简称"交易"），不适用于外贸服务市场等中国内地用户间的产品或服务交易。

3. 跨境交易合同

阿里巴巴国际站支持买卖双方通过网站提供的在线交易系统及相关技术服务（统称"在线交易服务"）进行跨境货物交易。买卖双方在进行上述交易时，应遵守本规则、阿里巴巴交易服务协议、相关的阿里巴巴国际站服务合同（如中国供货商服务合同）和相关规则。买卖双方有责任协商确认与上述交易对应的跨境交易合同，并就货品数量、价格、规格材质等货品属性及支付方式、交付时间、地点、交运方式、货品验收等条款进行诚信约定。如果用户使用 Secure Payment、信用保障（Trade Assurance）等特殊服务，则首先应按前述特殊服务相应的合同约定和/或规则（如适用）处理，但如果前述规则没有明确规定，则按本规则处理。

为维护阿里巴巴国际站诚信的交易环境和平台健康有序的市场秩序，对于不当获取网站权益的合同、不真实的合同或不诚信的合同等，阿里巴巴有权单方决定对相关交易及涉及用户进行处置和处罚，并保留对不当获取的网站权益进行处置和追偿相关损失等权利。

阿里巴巴并不鼓励用户（作为买方或卖方）通过本站结识后仍然坚持通过线下传统跨境贸易方式进行交易，请买卖双方自行保留相关交易凭证，并维护相应权益。对于此类线下合同所引发的纠纷，阿里巴巴仅提供有限的纠纷调处。

（二）敦煌网

敦煌网通过评价的方式来保障交易的规范性和公正性。

1. 评级规则

为了精准、公平、公正地对平台商户进行不同维度的综合评估，敦煌网推出全新的商户评级体系，特制定此规则。它适用于所有敦煌网卖家。

商户评级是针对卖家近 90 天的服务能力进行商户等级评定。考核的指标包含基本指标和服务能力指标，根据卖家不同的服务水平划分为顶级商户、优秀商户、标准商户和低于标准商户,不同等级的卖家享受不同的平台资源。商户服务考核于每月末评定一次,次月5日公布评定结果。

2. 商户评级指标

参与顶级商户和优秀商户评定的卖家账户需通过平台实名认证且注册时间超过90天。共有以下4个指标。

订单数：90天内实际销售的订单个数。

交易额：90天内实际销售订单所产生的交易额。

卖家责任纠纷率：近90天平台裁决且最终判定为卖家责任的所有纠纷订单数与卖家账户确认订单数之比。新卖家前3单不计入纠纷率。

不良购买体验订单率（BPER）：近90天内买家不良购买体验订单数/近90天内所有确认订单。同一个订单出现多个行为，只算一次（表4-2）。

表4-2 敦煌网的不良购买体验订单率

买家不良体验	指标详解
成交不卖	买家付款后，卖家逾期未发货或由于卖家原因导致付款订单未发货的行为
虚假运单号	卖家填写的货运单号无货运信息、物流上网信息延迟，或有货运信息但长时间无妥投，对买家或平台造成误导的行为
升级平台纠纷	买卖双方未在协议纠纷阶段达成一致，最终升级至平台裁决的行为
协议纠纷5天内卖家不回复	买家提起协议纠纷后，卖家在5天内未作出回应
服务评价——商品描述中低分	订单结束后，买家给予卖家评价——货物与描述（item as described）相符程度3分及以下的评价
服务评价——卖家沟通中低分	订单结束后，买家给予卖家评价——沟通质量和回应速度（communication）3分及以下的评价
服务评价——物流服务1分	订单结束后，买家给予卖家评价——物流送达时间（delivery time）合理性

资料来源：敦煌网。http://seller.dhgate.com/policynew/c_5001003.html。

3. 商户评级标准

敦煌网新注册的商户，级别为标准商户，新注册商户经过一段时间的经营后，平台将根据新评级体系的评级指标对其进行考核，并对其商户级别进行评定（表4-3）。如不满足以上各级别评级条件将自动降级。

4. 各级别资源分配

平台将每月底对商户进行一次等级评定，并根据等级评定结果，对顶级商户和优秀商户进行奖励，对低于标准商户进行惩罚。敦煌网的各级别资源分配如表4-4所示。

顶级商户和优秀商户将享受包括独立标识展示、产品搜索排名等多项特权，顶级商户享有的奖励力度最大，标识更突出，产品搜索排名提升幅度更大，享有在站内和站外推广的优先权。相反，商户首次被评为低于标准商户，其订单将被延迟放款120天，且不可购买广告；第3次被评为低于标准商户，其产品的搜索排名将靠后；累计6次评为低于标准商户时，敦煌网将关闭其账户。累计周期为近12个月（包含当月）。

表 4-3　敦煌网的商家评级标准

顶级商户	优秀商户	标准商户	低于标准商户
满足以下任一指标： （1）90 天内订单数≥90 笔 （2）90 天内订单数≥20 笔且 90 天内交易额≥50 000 美元	90 天内订单数≥20 笔	满足以下所有指标： （1）90 天内订单数>0 （2）90 天内卖家责任纠纷率≤2.5% （3）买家不良购买体验订单率≤20%	满足以下任一指标： （1）近 90 天卖家责任纠纷率>2.5% （2）买家不良购买体验订单率>20%
通过实名认证	通过实名认证		
注册时间≥90 天	注册时间≥90 天		
近 90 天卖家责任纠纷率≤1%	近 90 天卖家责任纠纷率≤1.5%		
买家不良购买体验订单率≤3%	买家不良购买体验订单率≤6%		

资料来源：敦煌网. http://seller.dhgate.com/policynew/c_5001003.html.

表 4-4　敦煌网的各级别资源分配

资源内容	顶级商户	优秀商户	标准商户	低于标准商户
独立标识展示	"顶级商户"标识	"优秀商户"标识	无标识	无标识
产品搜索排名	排名大幅提升	排名提升	正常排名	排名靠后
免费广告机会	优先	优先	正常	无
平台促销活动	优先	优先	正常	无
站外推广	优先	优先	正常	无
流量快车	9 个	6 个	3 个	无
账户放款	正常放款	正常放款	正常放款	延迟放款 120 天

资料来源：敦煌网. http://seller.dhgate.com/policynew/c_5001003.html.

（三）eBay

1. 禁止没有购买意愿的出价

eBay 大多数的物品都是以拍卖形式刊登，每次出价都等于一份具法律约束力的合约。只有少数 eBay 拍卖属于"无约束力的出价"。不过，这类无约束力的出价代表买家非常有兴趣购买物品，所以也不允许买家胡乱出价。

2. 禁止滥用出价程序

滥用"取消出价"选项操纵出价程序。不符合卖家物品刊登条件的买家，请不要出价或购买物品。此外，买家亦不得为了干扰物品刊登而竞投或购买物品。这是所谓"不合规定的恶意购物行为"。

不得利用假出价蓄意提高物品价格，或是营造物品抢手的假象。物品的出价者不应受到物品卖家的任何影响。买卖双方均不得干扰交易或提议在 eBay 外私下买卖刊登物品。

3. 违规处理

违反这些政策可能导致各种不同的处分，包括取消刊登、限制账户权利、冻结账户、没收 eBay 收费、取消"超级卖家"资格、退出竞投。出价前一定要考虑清楚，因为出价后，通常是不能退出竞投的。

中标者有义务以中标的金额购买物品。一般而言，一旦出价便不可以退出竞投。所有在 eBay 的出价都具有法律约束力，除非是规则中规定的特殊情况。

无约束出价政策中注明的物品以及为法律或"eBay 会员合约"所禁止的物品属于特殊情况之一。有时候输入错误的出价金额，如原本想输入 HKD 995，却不小心输入 HKD 9995，但改变主意并不算是输入错误。如果发生这种情况在退出竞投后，便必须立即重新输入正确的出价金额。如果没有立即重新出价而退出竞投，便属违反 eBay 政策的行为，可能会因此受到账户冻结处分。如果必须要退出竞投，必须仔细阅读相关规定。

4. 更改或取消出价

一般而言，买家不能取消出价。一旦出价，即表示买家同意在成为中标者后付款，但有时可能会有无心之失。如果想取消出价，需要了解在拍卖形式刊登中取消出价的条件和时限。

如果买家认为自己有充分理由取消出价，可填写"取消出价"表格。如果买家想取消讲价，可用"取消讲价"表格。如果买家赢得物品但不想购买，则必须联络卖家。在 eBay 上出价是具有法律约束力的行为，买家必须购买赢得的物品。

能否取消出价取决于出价的情况和时间。在下列三种情况，买家可以取消出价：第一种情况是不小心输入错误的出价金额。例如买家出价$99.50，其实应该是$9.95。这种情况下，买家必须立即重新输入正确的出价金额。改变主意不算是意外输入错误出价金额。第二种情况是在买家最后一次输入出价后，物品说明的内容出现大幅改动。例如卖家更新了物品功能或状况的细节。第三种情况是买家无法透过电话或电邮与卖家取得联络。

如果买家符合取消出价的任何一个条件，还需要查看是否符合时限规定（表 4-5）。即时拍卖的时限和 eBay 上其他拍卖式刊登稍有不同，可以在拍卖开始前更改不在场出价金额，但不能取消在即时拍卖进行期间所做的出价。

表 4-5 eBay 取消出价的时限

拍卖结束时间	可否取消出价？	结　　果
刊登在超过 12 小时之后结束	可以	如果取消出价，eBay 会移除买家对该物品所做的全部出价。如果买家要更正出价错误，则必须再次出价
刊登在 12 小时之内结束	可以，但必须在出价 1 小时之内取消	如果买家取消出价，eBay 只会移除买家最近一次的出价。买家在刊登结束 12 小时前所做的出价不会被移除

资料来源：https://www.com.hk/pages/help/buy/bidding-overview.html.

5. 自动出价

最高金额出价（自动出价）系统助卖家轻松竞投，即使另外有人出价，卖家也无须每次手动出价。卖家只需在出价时，输入愿意付出的最高出价金额，卖家和其他出价者不会知道卖家的最高出价。

系统会根据自动递增金额代卖家出价，这个金额是根据目前最高出价金额计算的。系统会谨慎计算每次递增金额，以维持卖家的最高出价者地位，或达到底价，直至达到卖家设定的最高出价为止。当另一位出价者设定相同或更高的最高出价，系统会通知卖家再次出价。除非卖家的最高出价被他人超越，否则卖家的最高出价金额会保密。

6. 出价记录和搜寻出价者

为确保个人资料的保密，出价记录的显示方式设有限制。当最高出价、底价或"立即买"价格达到或超越某水平时，会员在"出价记录"页面将无法检视或搜寻会员账号等身份识别资料。虽然"出价记录资料"页面中会有出价者资料，但每人都被冠以匿名代号，如 x***y。只有卖家才可看到出价者的会员账号。eBay 将根据价格或出价金额，决定何时隐藏显示会员账号，而且因国家或地区而异。

（四）Wish

1. 所有订单必须在 5 天内履行完成

若订单未在 5 天内履行，该订单将被退款并且相关的产品将被下架。补充：世界标准时间 8 月 15 日 00:00 起，此类被退款的订单，每单将被罚款 50 美元。如果商户因以上政策退款的订单数量非常高，其账户将被暂停。

履行率是履行订单数量与收到订单数量之比。如果此比率太低，其账户将被暂停。

2. 配送

符合确认妥投政策的订单使用平台认可的，且能提供最后一公里物流跟踪信息的物流服务商进行配送。确认妥投政策对配送至表 4-6 所列国家时订单总价（价格+运费）大于或等于对应国家阈值的订单生效。

表 4-6 各国订单的阈值

国家	价格+运费的阈值
阿根廷、加拿大、智利、哥伦比亚、哥斯达黎加、丹麦、法国、德国、墨西哥、沙特阿拉伯、西班牙、英国、美国	≥10 美元
意大利	≥7 美元
俄罗斯	≥3 美元

资料来源：Wish 网. https://www.merchant.wish.com/policy/fulfillment.

此外，需要注意订单必须在 7 天内履行且带有有效的跟踪信息；订单必须使用平台认可的，且能提供最后一公里物流跟踪信息的物流服务商进行配送；订单须在可履行的 30 天内由确认妥投政策认可的物流服务商确认妥投。没有达到要求的商户将面临暂停交易的风险。

如果订单自生成起 168 小时内未由物流服务商确认发货，则商户将被处以罚款：20% 订单金额或 1 美元，以金额较高者为准。订单金额为订单数量×（产品售价+产品运费）。此罚款政策将仅对"产品售价+产品运费"小于 100 美元的订单生效。如果订单在生成后的×天内由物流服务商确认妥投了，那么该订单的延时发货罚款将会被撤销。

若使用虚假物流单号履行订单，则商户也可能会被罚款。在 2019 年 1 月 15 日 0 时（世界标准时间）之前标记为已发货或修改物流单号的违规订单，罚款将为订单金额加上 100 美元。在 2019 年 1 月 15 日 0 时（世界标准时间）之后标记已发货或修改物流单号的违规订单，罚款金额将是订单金额加上 500 美元。订单金额为"数量×（商户设定价格+商户设定运费）"。罚款可于生成之日起 90 天进行申诉和审批，但如果罚款未在 90

天内获批，其将不可再撤回。以欺骗消费者为目的而履行的订单会造成商户浏览量减少和每次 10 000 美元的罚款。

3. 中国内地直发订单

自太平洋时间 2018 年 10 月 22 日 17 时起，Wish 邮将成为中国内地直发订单唯一可接受的物流服务商。除了已经完成 Wish 邮线下转线上流程的物流服务商，其他所有中国内地直发的物流服务商均不被接受。非中国内地直发订单将不受影响。违反配送政策的店铺将面临被罚款、处罚、货款暂扣、账户暂停的风险。

在 2018 年 10 月 22 日 17 时（太平洋标准时间）至 2019 年 1 月 15 日 0 时（世界标准时间）期间，凡从中国内地发出，并由非 WishPost 的物流服务商履行的订单，每个订单将被罚以 10 美元。2019 年 1 月 15 日 0 时（世界标准时间）后，每个违规订单将被罚以 100 美元。

4. 取消订单罚款政策

取消订单罚款政策适用于 2018 年 10 月 17 日下午 5 点（太平洋时间）以后释放至商户后台的订单。如果订单在确认履行前被取消或被退款，则商户将被处以每个违规订单 2 美元的罚款。从 2018 年 10 月 31 日下午 5 点（太平洋时间）开始，商户可在取消订单之罚款生成后的 3 个工作日内对其进行申诉。

四、放款规则

（一）阿里巴巴国际站

在确认合同后，买卖双方应按照阿里巴巴补充服务协议进行交易支付。同时，买方应依照交易合同约定的支付金额、支付方式、收款账号进行付款。如果用户使用 Secure Payment（安全支付）、信用保障（Trade Assurance）等特殊交易服务，则首先应按前述特殊交易服务相应的支付规则（如适用）处理，但如果前述规则没有明确规定，则按本规则处理。

为保障买卖双方的权益，阿里巴巴国际站建议使用 Secure Payment、信用保障（Trade Assurance）交易服务产品认可的支付方式。除非特殊约定，一般情况下交易所产生的额外费用（如银行、第三方机构收取的费用）由产品或服务的使用方承担；买卖双方应自行承担交易过程中汇率变动的风险。

（二）敦煌网

目前敦煌网支持 EMS、DHL、FedEx、UPS、TNT、USPS、HK Post、China Post、燕文、Equick 等可在线跟踪的货运方式。针对有货运跟踪号的放款方式，制定了相关的订单放款规则。

1. 买家主动确认签收

买家确认签收的订单（除被风控调查订单），敦煌网会对订单的货运信息进行核实，如果订单查询妥投，会根据妥投信息做出表 4-7 所列处理。

表 4-7 买家主动确认签收时的处理

类别	货运情况	订单完成时限
第一类	妥投且时间、邮编和签收人都一致	此订单款项可放款至卖家资金账户，订单完成
第二类	妥投且时间、邮编和签收人任意一项不一致	账户放款将可能被延迟或暂停
第三类	部分未妥投、全部未妥投或无查询信息	

资料来源：敦煌网. http://seller.dhgate.com/policynew/c_5001011.html.

2. 买家未主动确认签收，卖家请款

买家未主动确认签收的订单，卖家请款后，敦煌网会先根据卖家上传的运单号核实妥投情况并做出相应处理（表 4-8）。

表 4-8 卖家请款时的处理

类别	货运情况	订单完成时限
第一类	妥投且时间、邮编和签收人都一致	发送催点信给买家，买家在 5 天内未发起任何投诉、协议或者纠纷，也没有邮件回复，将该订单款项放款至卖家资金账户，订单完成
第二类	妥投且时间、邮编和签收任意一项不一致	账户放款将可能被延迟或暂停
第三类	部分未妥投、全部未妥投或无查询信息	

资料来源：敦煌网. http://seller.dhgate.com/policynew/c_5001011.html.

3. 买家未主动确认签收，卖家在订单确认收款后的 90 天内也未请款

卖家完全发货后，若买家一直未确认签收，并且卖家在订单确认收款后 90 天内也未请款，平台将在完全发货 120 天后将该订单款项放款至卖家资金账户，订单完成。

4. 异常情况处理

为建立公平、诚信、透明的平台运营环境，卖家账户及交易符合以下条件时，账户放款将可能被延迟或暂停。如果当前有黄条的订单，放款将被延迟；黄条去除后，放款流程继续。当卖家当前账户纠纷率过高时，卖家账户放款将被延迟。当卖家账户及交易表现异常时，敦煌网可能人工介入对卖家账户或交易进行必要调查，根据其异常程度，卖家账户或订单放款将可能被延迟或无固定期限暂停。卖家账户放款被无固定期限暂停时，卖家账户及其关联账户将被无固定期限冻结，并不允许再在敦煌网注册新账户。

当卖家账户或交易违反以下一条或几条规则时，放款将可能被无固定期限暂停：交易为虚假交易；卖家实际销售产品为侵权品或禁销品；卖家关联账户处于因平台调查关闭账户状态；卖家关联账户处于无固定期限限制提款状态；卖家账户被司法机关调查中；卖家账户及其交易涉及其他违法行为。当卖家账户触犯多个放款限制规则时，最终放款延迟时间以时限较长者执行。如卖家针对放款阶段进行的账户或订单处理存在异议，可在账户的处罚管理中针对相关的处理进行在线申诉。

（三）eBay

eBay 认可的付款服务政策为 eBay 买家和卖家提供便利的付款方案。为营造安全的交易平台，卖家只可选用核准的付款方式，同时必须在刊登物品中注明接受的特定付款

方式,但建议不要对接受的形式加设限制。

1. 容许的付款

eBay 容许使用 PayPal 或者 PayPal Credit 进行付款,也可以透过卖家的网上商户账户处理信用卡或扣账卡,付款交易既安全又可靠。可以选择在 eBay 账户储存信用卡或扣账卡资料,并可随时前往"我的 eBay"账户设定中移除信用卡或扣账卡。

另外,也可以见面交收付款。如果能接受见面交收付款,便需要提供其中一种获核准的电子付款方式,并在刊登物品中加入以下说明:"请联络我查询见面交收付款方式。"

2. 有条件限制的使用

eBay 对于银行间转账(银行电汇和银行现金转账)、支票、汇票等的使用是有一定的条件限制的。如果是网上付款服务也有一定的条件限制,容许的有 Allpay.net、CertaPay、Fiserv、Nochex.com、XOOM。eBay 网页外付款是不被允许的,某些刊登类别除外。需要查看"可使用银行间转账、支票、汇票和网上付款服务的所有类别"来确定核实。

3. 禁止的使用

eBay 对于以下方式是禁止使用的,包括:以邮寄方式寄送现金,透过即时点对点现金转账(非银行)寄送现金或汇票(如 Western Union 或 MoneyGram);以邮寄方式寄送支票或汇票(属明确许可类别的物品不在此限);透过银行间转账方式付款(属明确许可类别的物品不在此限);透过为卖家的预付信用卡或扣账卡"增值"的方式来付款;透过未获本政策明确许可的网上或其他付款方式付款;要求买家联络查询其他付款方式,或提供的付款资料有误导之嫌或含糊不清;提供只限部分买家选用的付款方式;设法阻止买家选用在刊登物品中注明的任何付款方式;设法阻止买家选用 eBay 认可的付款方式;要求买家选用刊登物品没有提及的方式付款;使用虚拟货币或加密货币付款。

卖家可以对所接受的付款方式进行限制,如"我接受 PayPal,但不接受透过 PayPal 以信用卡付款""出价金额必须高于 15 美元,方可选用 PayPal 付款"。这些规则适用于卖家与买家之间的所有交易相关通信,并适用于刊登物品。

另外,以下的陈述也是禁止使用的:"请联络我们查询付款资料""请联络我们查询其他付款方式""请联络我们告知你的首选付款方式""买家可要求安排以支票或汇票方式付款"。

(四) Wish

Wish 将依据相关政策和规则或以 Wish 另行告知的方式,就使用服务等向卖家支付款项。

Wish 向卖家支付的款项,在 Wish 将应付卖家的付款金额汇入卖家选择的付款方式(如 UMPAY、PayEco、AllPay、Payoneer、PayPal China、Bill.com、PingPong 或不时添加或删除的其他方式)时,即被视为已支付及完成,不论卖家是否从支付提供商或处理商处收到付款。每个支付提供商或处理商均可能定有自己的使用条款或其他合法要求,Wish 概不对该类支付提供商或处理商提供的任何服务(包括但不限于该类支付提供商或处理商的任何款项汇寄、安全协议或对商户的义务、向商户的付款的准确性和及时性、服务的不可用性等）作出保证，亦不对此负责。支付提供商或处理商的损失和不付款风险由作为商户的卖家承担。

除上述情况外，2018年，Wish更新了商户服务条款，更新的商户服务条款自2018年12月27日起生效，Wish可以单方面选择延迟汇出并暂扣应付给商户的款项或根据或本协议条款或其有关费用和付款的政策应付的任何其他款项，直至Wish收到产品交货确认之时。Wish无法确认交付的交易，商户可能无资格获得付款。

如果Wish选择在适合付款之日前用卖家通过支付处理商或提供商作出的酌情预付款或预付款（以下简称"酌情预付款"）向卖家汇款，Wish可能会立即或在其后合理可行的范围内尽快从商户的适格付款中扣除酌情预付款的金额。

此外，如果Wish确定卖家的行为或表现可能导致退货、退款、索赔、争议、违反相关条款或政策而形成风险，或者对Wish或第三方造成其他风险，这时Wish可能会经其全权酌情决定在Wish确认对Wish或第三方构成的相关风险存在期间暂扣向卖家支付的任何款项。对于确定卖家欠付的任何金额，可以作出如下处理。

（1）从卖家的账户或卖家提供的任何支付票据中扣款。

（2）用卖家应向Wish支付的任何金额（以偿付或其他方式）抵销可能向卖家支付的任何款项或Wish可能欠付卖家的款项。

（3）就应付给Wish的款项向卖家开具发票，在此情况下，卖家将在收到时支付发票金额。

（4）撤销授予卖家的任何信用额度。

（5）以任何其他合法方式向卖家催收付款或偿付款。

如果Wish确定卖家的账户被用于从事欺骗性、欺诈性或非法活动，或违反Wish的政策，则Wish可以经全权酌情决定永久扣留向卖家支付的任何款项。

此外，可能会要求卖家支付其他款项，以保证卖家履行卖家于商务服务条款协议下的义务，或者降低因退货、退款、索赔、争议、违反条款或政策而形成的风险，或者对Wish或第三方构成的其他风险。该类款项可能按确定的方式可退还或不可退还，并且不遵守商务服务条款协议的条款（包括任何适用的政策）可能导致该等款项被没收。

五、评价规则

（一）阿里巴巴国际站

对于阿里巴巴认可的在线交易方式，买家可以对完结的交易进行评价（表4-9），表格中信用保障和Secure Payment相关内容可供参考。

表4-9　阿里巴巴国际站的评价时限

交易类型	评价时限
使用信用保障服务的交易	因交易合同中保障范围的不同而有所差异，最长不超过45天
使用Secure Payment的交易	买家确认收货后或系统自动确认收货起最长不超过30天

资料来源：阿里巴巴．https://rule.alibaba.com/rule/general/129.htm．

在评价或沟通中，禁止出现违法或不当言语（包括但不限于跟该交易无关的广告消息、淫秽、色情、侮辱、诽谤、泄露他人姓名、联系方式、地址等隐私，侵犯他人合法权益方面的言语及破坏社会稳定等言语），阿里巴巴有权视情况隐藏或屏蔽相关内容，或直接删除整条评价及相应的评价计分，并对相关用户进行处理。

（二）敦煌网

1. 卖家商品评价分数的计算规则

评价分数计算公式：评价分数＝好评分数－差评分数。

好评加1分，差评减1分，中评不计分；Review Score 分数为历史累计分数，没有时间限制。

2. 卖家服务值计算规则

卖家服务值包括四个方面，分别是：产品与描述相符程度、卖家沟通有效性、交付速度、运费；买家在交易完成后可以针对以上四项服务值进行打分，分为5分、4分、3分、2分和1分五个档次。

卖家服务值计算方式：卖家服务值＝每项服务值的总和/评价人数。

3. 服务评价行业平均得分（行业平均得分）计算规则

主营行业判定标准：将卖家成交额最高（以确认订单的成交额为准）的一级类目判定为主营行业。

分数计算规则：当卖家的主营行业得分大于等于同行业平均分时，计算规则为：卖家的店铺得分－同行业平均分；当卖家 Service Detail 得分小于等于同行业平均分时，计算规则为：同行业平均分－卖家的店铺得分；平台将显示卖家的主营行业及其得分，同时显示与同行业平均值的差值。卖家行业平均得分每月刷新一次。

4. 卖家好评率的计算方法

不同级别的买家评价，计分方式不同：所有 VIP 买家的评分翻2倍，普通买家的评分不翻倍，因此 VIP 买家的评价将会加倍地影响到卖家的好评率。好评率是依据买家下单成功时的级别计算的。好评率计算公式如下：

$$好评率 = \frac{VIP 好评 \times 2 + 普好评}{(VIP 好评 + VIP 差评) \times 2 + (普好评 + 普差评) \times 1}$$

5. 其他说明

不同的订单状态，评价、计分规则不同，具体见表4-10。

表4-10　不同订单状态的评价和计分规则

订单状态	是否可以评价	是否计分
超期自动付款	是	是
买家确认收货	是	是
交易成功	是	是
交易关闭	是	是

资料来源：敦煌网. http://seller.dhgate.com/policynew/c_5000015.html。

每个评价均有一次解释的机会,即每个评价卖家可回复一次;交易评价只能在订单指定状态后 90 天内作出,超过 90 天后系统默认好评;评价一旦作出立即生效。如果产品首图变更或产品被删除,相应的产品评论失效,不会再在产品最终页显示评论内容;如果产品下架,评论内容仍然保留,当产品重新上架后,原有评论仍会显示在产品最终页。在订单确认收货后 120 天内,无论产品信息是否失效,卖家都可以对买家评论进行回复。该回复内容也会显示在产品最终页,其他浏览产品的买家也可以看到。

6. 评价修改规则

分项评分评价修改:如果卖家对买家评价存在任何疑义,可申请修改。每个评价只能申请修改一次,买家也只能修改和删除一次;卖家必须在买家提交评价后的 15 天内申请修改评价,逾期不可申请;买家可以在卖家申请修改后的 15 天内进行修改,逾期不可修改。评价一旦删除则不可恢复。

文字评论修改:文字评论一旦提交即无法修改,但可以删除,如果卖家对某个产品的评论有异议,可以在订单确认收货后的 120 天内回复买家评价,进行适当的解释说明。

7. 评价分数的作用

卖家评价分数将展现在产品最终页及店铺产品最终页,因此分数越高,买家下单的概率越大;买家的评价留言对其他买家有很好的指导和建议作用;评价分值会影响到买家搜索时的产品排序;产品评价越多,五星好评越多,产品的转化率越高。

六、纠纷处理规则

(一)阿里巴巴国际站

用户在在线交易服务中或通过阿里巴巴国际站结识后,通过线下传统贸易方式进行交易,而在交易履行过程中产生交易争议,买卖双方应自行协商解决,若双方无法协商或协商不能达成一致意见,一方或双方可申请提交阿里巴巴进行纠纷调处,阿里巴巴有权根据相关规则决定是否受理相关争议投诉。其中,发起交易纠纷投诉、提出判责要求的用户称为投诉方,另一方为被投诉方。

阿里巴巴可视实际情况行使单方面决定权,同意介入调处其交易纠纷。阿里巴巴提供投诉举报平台(网址:https://service.alibaba.com/complaint/center/index.htm,以下简称"投诉平台")供争议双方使用。争议双方应通过投诉平台提交投诉、反通知、支持自身主张的证据材料。投诉方未在规定时间内提供证据材料或虽提交证据材料,但不能充分说明其主张的,阿里巴巴有权不予受理并关闭该投诉。投诉双方应保证在投诉平台所提供的证据材料真实、准确且没有误导性。任意一方有涂改、伪造、变造证据材料情形的,阿里巴巴有权直接作出不利于该方的决定。

阿里巴巴目前接受三种交易类型的纠纷投诉(表 4-11),表格中信用保障和 Secure Payment 相关内容供参考,具体需要以阿里巴巴国际站服务相关协议和规则为准。

对于涉嫌欺诈类投诉(包括但不限于收款不发货、严重货不对版和收货不付款等情况),阿里巴巴有权延长投诉受理时效或不设具体的受理时效。

表 4-11　不同交易类型的投诉时效及相关规定

交易类型	投诉时效	纠纷调处时效	保障金额
使用信用保障服务的交易	根据交易合同中发货方式的不同而有所差异，且最长不超过确认收货后 30 天	阿里巴巴纠纷处理团队会在 20 天内给出答复，若有特殊情况，纠纷调处处理时长会有适当的调整	因交易合同中保障范围的不同而有所差异，且最大不超过交易合同实收金额
使用 Secure payment 的交易	买家完成支付后至确认收货前或系统自动确认收货前，且最长不超过卖家发货之日起 90 天		
使用线下支付的交易	在约定交货之日起 90 天内		

资料来源：阿里巴巴. https://rule.alibaba.com/rule/general/129.htm.

卖家对销售的货品负有承担售后问题的责任，须自觉遵守对买家作出的售后服务承诺，并遵守相关法律、法规及/或阿里巴巴国际站相关规则。若用户未按时履行约定导致交易中产品的主要商业目标无法达成，平台有权利根据实际投诉情况来酌情延长纠纷投诉受理时效，不受上述投诉受理时效规则所限。

对于阿里巴巴决定调处的纠纷，阿里巴巴将根据相关规则对相关事实进行认定，双方均有义务针对自己主张提供相关事实依据，阿里巴巴有权根据已收集到的数据进行独立判断，并作出处理决定。若认定某方存在违约违规行为，阿里巴巴将按相关服务合同及相关规则进行处理。鉴于阿里巴巴非专业争议解决机构，对证据的鉴别能力及对纠纷的处理能力有限，阿里巴巴不保证争议处理结果符合买卖双方的期望，亦不对争议处理结果承担任何责任。如阿里巴巴介入斡旋后，买卖双方仍无法就相关争议达成一致意见的，买卖双方应另行采用诉讼或仲裁等方式解决争议。同时，阿里巴巴的处理并不能免除责任方依据适用法律法规应受的处罚。

（二）敦煌网

1. 协议纠纷

协议纠纷是指买家发起退货/退换退款申请后，买卖双方自主协商的纠纷。

卖家填写货运单号后的 5~90 个自然日内，买家可发起协议纠纷。开启协议纠纷的原因主要有"未收到货""货物与描述不符""虚假运单号""无理由退货"。在协议纠纷阶段，买家可提出的协议内容包含部分退款、全额退款、退货退款、重新发货等。

处理流程：买卖双方将有 10 个自然日协商解决方案，卖家须在协议纠纷开启后的 5 个自然日内对买家的退货/退款申请作出回应（同意/拒绝），如逾期未回应，系统将自动按照买家的申请执行退款。在协商期内，如卖家同意买家方案，即买卖双方协议达成，系统将按照协议内容执行；若卖家拒绝，需同时提交新的解决建议。如买卖双方未在 10 个自然日内达成一致，系统自动升级至平台裁决。

特殊状况：若卖家设置了承诺运达时间，则在承诺运达期内，买家无法开启"未收到货"的投诉。

2. 平台纠纷

平台纠纷是指买卖双方未协商一致，买家主动将协议纠纷升级或系统自动升级，由调解中心处理裁决的纠纷。

VIP 买家可在协议纠纷开启后的 3~10 个自然日请求平台介入，非 VIP 买家可在协议纠纷开启后的 5~10 个自然日请求平台介入或协议阶段买卖双方未在 10 个自然日内达成一致，系统自动升级至平台介入裁决。开启平台纠纷的原因主要有"未收到货""货物与实际描述不符""虚假运单号""无理由退货"。

处理流程：升级平台纠纷后，买卖双方需在 3 个自然日内上传有效的证据至调解中心，调解中心将根据买卖双方证据内容判定责任方并出具裁决结果。若证据充足，则直接给出裁决结果；若证据不足，则限期双方提供补充证明，平台将根据双方提供的所有证明判定责任方并出具裁决结果。如任何一方未提供补充证明，平台会按照现有的证明给出裁决意见并进入申诉期。

特殊情况：开启原因为未收到货及虚假单号的订单，系统自动做出全额退款的预裁决，卖家可在 3 个自然日内同意或者拒绝，如未做任何操作，系统将自动执行退款；如卖家拒绝并且上传证据，该纠纷会升级至调解中心由平台作出裁决。还有一种特殊情况就是买家请求平台介入的纠纷，在调解中心给出裁决意见前，买卖双方仍可进行协商。

3. 售后纠纷

售后纠纷是指买家在订单完成放款后发起的纠纷，此类纠纷由调解中心处理裁决。

买家可在订单完成放款后的 30 个自然日内发起纠纷（VIP 买家 60 个自然日内发起）。开启售后纠纷的原因有"其他原因（未收到货）"和"货物与实际描述不符"。

处理流程：平台纠纷的裁决同样适用于售后纠纷。若卖家产品设置了售后服务条款，当买家发起纠纷时，调解中心将参考卖家售后服务条款进行裁决；若卖家所设置的售后服务条款与产品描述页的售后服务承诺不符，调解中心将以最有利于买家的条款执行；若卖家所设置的售后服务条款与平台纠纷处理细则相悖，调解中心将按照平台纠纷处理细则执行。

（三）eBay

eBay 希望买卖双方能对交易感到安心，并相信交易伙伴会完成交易，因此，当买家赢得物品或用"立即买"购买物品后却不付款时，买家的账户便会收到弃标警告。如果买家账户收到多个弃标警告，eBay 会进一步限制买家的账户。

有时候，eBay 可基于某些合理原因，移除买家账户的弃标警告。如果买家有证据证明在被弃标物品个案结束前已经付款，请透过 eBay 客户服务支援对被弃标物品提出申诉。请注意，卖家无法移除被弃标物品，买家必须直接与 eBay 联络。客户在申诉时，需要使用"被弃标物品申诉"网上表格（表 4-12）。

表 4-12 认可的证明文件

证明	申诉时应附上的资料
PayPal 或其他网上付款服务的付款确认	请附上由付款服务所寄出和确认付款电邮的内文
卖家表示已付款的电邮	请附上电邮的内文
支票、汇票或汇票收据的副本（如果以传真提出申诉）	请附上支票、汇票或汇票收据副本的正面及背面副本，请附上物品编号和会员账号

资料来源：eBay. https://www.ebay.com.hk/pages/help/buy/appeal-unpaid-item.html.

以传真提出申诉：请附上付款证明、物品编号和 eBay 的会员账号。请在传真封面上注明"出价者申诉"，将申诉传真至 1-888-379-6251。传真申诉的处理时间可能需要 10 个工作日。

买家如果有不付款的理由，也可以根据不同情况进行区别对待。也就是说一般而言，买家应该为所购买或赢得的物品付款。不过，在某些情况下，买家可能认为自己有不付款的正当理由，可以通过查看相关资料（表 4-13）进行核查。

表 4-13 不付款的原因

原　　因	处 理 方 式
卖家在成交后改变了价格、运费或付款方式	这是违反卖家规则的行为，如出现这种情况，请联络 Wish
卖家账户已被冻结	请按照以上说明提出弃标申诉
我从未购买这件物品，我认为有人盗用我的账户	检举账户盗用行为，并采取适当步骤保护账户安全

资料来源：eBay. https://www.ebay.com.hk/pages/help/buy/appeal-unpaid-item.html.

（四）Wish

1. 争议的范围

"争议"应包括但不限于卖家与 Wish 之间因服务、内容、提交内容（包括但不限于销售、退货、退款、取消、缺陷、政策、隐私、广告或卖家与 Wish 之间的任何通信）产生或以任何方式与之相关的任何权利主张或纠纷，即使该主张在卖家或 Wish 终止服务或用户账户后产生。

争议还包括但不限于以下主张：卖家对 Wish 的员工、代理、关联公司或其他代表提出的权利主张；Wish 对卖家提出的权利主张。

争议还包括但不限于：因卖家和 Wish 之间关系的任何方面产生或以任何方式与之相关的主张，不论是基于合同、侵权、规程、欺诈、保证、虚假陈述、广告争议还是任何其他法理；在 Wish 平台相关规则生效前产生或因与 Wish 的先前条款产生的争议；受限于卖家并非当事人或集体诉讼成员的持续诉讼的主张；Wish 平台相关规则终止后产生的主张。

2. 初步争议解决

大多数争议均可在不诉诸仲裁的情况下得到解决。如果发生争议，卖家和 Wish 均应同意首先向另一方提供书面通知（"争议通知"），其中应包含：对问题的书面描述及有关文件和证明资料；对所寻求的具体救济的陈述；提供争议通知的一方的联系信息。争议通知必须发送至：One Sansome Street，San Francisco，CA94104 或通过电子邮件发送至 support@wish.com。Wish 通过与卖家的 Wish 用户 ID、商户 ID 或卖家向 Wish 提供的其他信息相关联的电子邮件地址，向卖家提供争议通知。

在任何一方启动诉讼和仲裁前，卖家和 Wish 应同意先尽最大努力通过彼此诚信协商解决争议。如果在收到争议通知后 45 天内未能达成协议，卖家或 Wish 可以启动仲裁程序。尽管有上述规定，有关专利、版权、精神权利、商标和商业秘密的争议，以及有关盗版或未经授权使用服务的索赔,均不接受仲裁,并且本段要求的通知和诚信协商不适用于此类争议。

3. 具约束力的仲裁程序和手续

除 Wish 平台相关规则另有规定外,如 Wish 无法以非正式方式解决争议:如果卖家居住在美国,则任何争议仅可通过在卖家居住所在县或卖家与 Wish 书面约定的任何其他地点进行的具约束力的仲裁来解决;如果卖家居住在美国境外,则卖家知悉并同意,仲裁应在加利福尼亚州旧金山进行。Wish 和卖家进一步同意接受位于加利福尼亚州旧金山的任何州或联邦法院的属人管辖权,以强制进行仲裁。

要开始仲裁程序,卖家必须向 ContextLogic Inc.的法律总顾问发送一封信函,以申请仲裁,并描述卖家的主张,地址为 One Sansome Street,40th Fl,San Francisco,CA 94104。仲裁将由一名仲裁员进行。涉及金额少于 250 000 美元(不包括律师费和利息)的索赔和反索赔的争议,应受载于 http://www.jamsadr.com/rules-streamlined-arbitration/的 JAMS 最新版本的简化仲裁规则和程序约束;所有其他索赔均应受载于 http://www.jamsadr.com/rules-comprehensive-arbitration/的 JAMS 最新版本的综合仲裁规则和程序约束。

JAMS 是一家领先的仲裁机构,其成员专门从事工程/建筑、体育与娱乐、知识产权和 IT 等众多行业的国际仲裁。JAMS 的规则亦可通过浏览 www.jamsadr.com 或致电 800-352-5267 联系 JAMS 索取。如果无法请 JAMS 进行仲裁,则双方将选择另一个仲裁地。如果 JAMS 规则(或双方选择的另一仲裁地的规则)与 Wish 平台相关规则存在冲突,以 Wish 平台所载规则为准。仲裁意味着卖家放弃了要求陪审团审判的权利。在仲裁中,卖家可以根据卖家所在州/国家的法律寻求卖家本可以获得的任何和所有补救。

如果仲裁的申请费超过提起诉讼的费用,Wish 将支付额外费用。除非仲裁员裁定卖家的索赔、抗辩或其他产生费用的活动是为了不正当目的而主张或进行的或是无意义的,否则 Wish 还应承担所有仲裁费用。卖家应承担卖家可能在仲裁中招致的所有其他额外费用,包括但不限于律师费和专家证人费用,除非根据适用法律特别要求 Wish 支付该类费用。

如果 Wish 或卖家仅为 10 000 美元或以下的金钱救济提出索赔,并且未请求任何类型的衡平法补救,则提出索赔的一方可以根据 JAMS 规则,完全基于提交给仲裁员的文件来选择是通过电话聆讯还是亲身聆讯,对索赔进行仲裁。

如果 Wish 有资格请求在小额索偿法庭提起诉讼,并且未主张请求任何类型的衡平法救济,则卖家或 Wish 可以选择在具有管辖权的小额索偿法庭和审判地提起诉讼。但如果卖家决定在小额索偿法庭提起诉讼,须向 support@wish.com 发送电子邮件和向 General Counsel(法律总顾问),ContextLogic Inc.,One Sansome Street,40th Fl,San Francisco,CA 94104 寄送邮件,提前通知 Wish。

思 考 题

1. 简述阿里巴巴国际站的平台功能。
2. 亚马逊跨境电商平台的发展经历了几个阶段?每个阶段的目标是什么?

3. 简述 Wish 的 EPC 合并订单和 EPC OPT—OUT 功能的区别。为什么 Wish 在 EPC 合并订单功能的基础上增加了 EPC OPT—OUT 功能？

4. 阿里巴巴国际站和敦煌网的放款规则分别是什么？它们的侧重点有什么不同？

5. 简述 eBay 平台和设备时代平台的操作。

6. 兰亭集势面临怎样的危机？分析一下主要原因。

7. 案例分析题

在跨境电商交易中，常常会遇到纠纷问题，以下是两个案例：

案例 1：品牌侵权

张建东是中国内地的一名卖家，一直在亚马逊上做跨境电商。2016 年年初，他店内销售的商品被某国际知名奢侈品牌起诉侵权，随后其账户里的 75 万美元被亚马逊冻结。

事情发生后，张建东与该奢侈品牌及亚马逊平台沟通，希望能尽快解决此事。但由于张建东人在国内，又没有任何国外诉讼经验，所以沟通效果并不乐观。大量资金被冻结，很快致使张建东的资金运转困难，陷入难以为继的困境。

案例 2：仓储服务商拒绝服务

卖家林玲如今在亚马逊上也算是大卖了。可回想起两年前的那场纠纷，她现在都感到后怕。之前她在 FBA 储存了价值数十万元的货品，由于某些原因亚马逊单方面决定不再为林玲提供 FBA 仓储服务，随后便发邮件通知她，并要求她在 30 天内将货物移出清理。

但由于当时林玲的英文理解能力有限，误将此邮件当作亚马逊的广告邮件而忽略，没有及时进行回复处理。30 天后，亚马逊开始对林玲的货物进行销毁。林玲了解情况后，赶紧与亚马逊进行沟通，并要求其停止对货物的销毁。但效果不佳，亚马逊还在继续销毁。看着自己每天都有成百上千的货品被销毁，林玲心疼不已，欲哭无泪。

阅读以上材料，请回答以下问题。

（1）案例中提到了哪些典型的纠纷问题？

（2）谈谈案例中跨境电商的纠纷类型。

（3）阐述如何更好地规避和解决平台纠纷。

阅 读 书 目

1. 李文立，逯宇铎，徐延峰. 跨境电子商务平台服务创新与风险管控[M].北京：科学出版社，2018.

2. 孙正君，袁野. 亚马逊运营手册[M]. 北京：中国财富出版社，2017.

3. 丁晖. 跨境电商多平台运营：实战基础[M]. 北京：电子工业出版社，2017.

4. 陆金英，祝万青，王艳. 跨境电商操作实务（亚马逊平台）[M]. 北京：中国人民大学出版社，2018.

5. 冯晓宁，梁永创，齐建伟. 跨境电商：阿里巴巴速卖通实操全攻略[M]. 北京：人民邮电出版社，2015.

6. 潘兴华，张鹏军，崔慧勇. 轻松学跨境开网店全图解（易贝+亚马逊出口篇）[M].

北京：中国铁道出版社，2016.

7. 李鹏博. 揭秘跨境电商[M]. 北京：电子工业出版社，2015.

8. Wish 电商学院. Wish 官方运营手册：开启移动跨境电商之路[M]. 北京：电子工业出版社，2017.

9. 严行方. 跨境电商业务一本通[M]. 北京：人民邮电出版社，2016.

自　测　题

第五章

跨境电商产品定价

> **本章提要：** 要做好跨境电商，有了产品以后，首要问题就是定价。但是到目前为止，很多跨境电商企业，尤其是很多开展跨境电商业务的小微企业，对产品定价的方法和技巧还不是很熟悉，本章就来介绍一下关于跨境电商产品定价的要点。
>
> 本章共分五节来阐述与探讨跨境电商产品定价。第一节是跨境电商产品定价的基本概念，包括成本构成、开店费用、利润和利润率等；第二节是跨境电商产品成本核算；第三节是价格的调整与计算；第四节是定价方法；第五节是定价技巧及误区。
>
> **关键词：** 产品定价；成本；价格；费用

第一节 跨境电商产品定价的基本概念

在很多跨境电商平台里，对商品的搜索排序产生重要影响的两大因素分别是销量及关键词，而影响销量最为关键的因素则往往在于价格。

一、成本构成

成本构成一般指产品成本中所包含的各个成本项目，具体而言，还包括这些成本项目不同的数额和占比，即产品（劳务或作业）成本的构成情况。不同生产部门的产品，成本结构通常是不相同的。如采掘业的产品成本结构，生产工人工资的比重较大；而机械制造业的产品成本结构，则原材料费用的比重较大。

跨境电商销售产品的成本构成主要包括产品的生产/采购成本、国内物流费、国际物流运费、开店费用（含佣金）、推广成本、服务成本等。

由于每个产品的种类繁多，产品重量、属性各不相同导致的物流成本差异较大，再加之每个跨境电商平台收取的平台佣金额度不同，不同订单的推广和服务成本又因具体情况而异，故针对跨境电商产品的成本构成通常只分析其包含的成本项目，而无须细算各产品的各项成本占比。

二、开店费用

各个跨境电商平台包含的开店费用项目和收费标准都不尽相同，下面介绍各主流跨境电商平台当前的开店费用及标准。

（一）亚马逊开店费用

亚马逊卖家分专业卖家（professional）与个人卖家（individual）两类。由于亚马逊是多站点平台，根据站点的不同，各类开店费用也有异（表5-1）。

表 5-1 亚马逊北美站点的开店费用及相关说明

账号类型	个人销售计划（individual）	专业销售计划（professional）
注册主体	个人/公司	个人/公司
月租金	免费	39.99 美元/月
按件收费	0.99 美元/件	免费
销售佣金	根据不同品类亚马逊收取不同比例的佣金，一般为 8%～15%	
功能区别	单一上传，无数据报告	单一上传/批量上传，可下载数据报告

（二）速卖通开店费用

1. 店铺年费（以 2019 年新入驻公告为主）

速卖通的店铺年费实行按类目收费，不同类目收费金额不同，如电子烟、手机类目 3 万元人民币、真人发类目 5 万元人民币，其他类目 1 万元人民币。

速卖通的店铺年费可以根据不同的店铺类型和销售额进行全额返还或者 50%返还。

2. 类目佣金

类目佣金是指平台按订单销售额的一定百分比扣除佣金。速卖通各类目交易佣金比例不同，5%～8%不等。

3. 商标（R 标或 TM 标）

速卖通规定，如若卖家手上早已有品牌商授权的商标，或所申请的类目不需要商标授权就可售卖的，商标注册费用不必再掏，直接用即可；如若所需类目需要商标，而卖家自己没有或没得到商标持有人的授权，则需花商标注册费用。不同国家的商标注册费用不同。

4. 提现手续费（若没提现则可忽略）

卖家在进行提现时，银行会收取 15 美元/笔的手续费，手续费在提现时扣除。如果是使用支付宝来进行结汇，那么是无手续费的。

（三）eBay 开店费用

1. 刊登费用

卖家每个月可以获得一定的免费刊登额度（不同类型卖家免费额度也不同）。不开设店铺的卖家，每月有 50 条免费刊登条数，订阅店铺的卖家则依据店铺等级来定。

注意：listing 刊登超过了免费刊登数量，才会收取每条 0.3 美元的刊登费。对于免费的部分，有些品类或产品是不参加的。

2. 成交费用

eBay 成交费基于买家支付的费用来计算，包含产品费用和物流费用。在没开店铺的情况下，绝大部分产品的成交费是销售总额的 10%，但最高不超过 750 美元。

注意：在 eBay 美国站，如果销售表现跌落到"below standard seller"（低于标准卖家），则成交费收取的费率会上涨一定比例。

3. PayPal 费用

销售额收取一定比例的 PayPal 费用。月销售额在不同区间，则按标准费率或优惠费率进行收取。

4. 其他可选费用

不同等级店铺，收取费用不同。有月度和年度两种收费方式，而不同等级的店铺，每月免费 listing 的刊登数量、刊登费及成交费收取的比例均不相同。但店铺等级越高，免费刊登数量越多，且其他费用的费率越低。若卖家想增开额外的店铺功能，需要额外再收费。

（四）Wish 开店费用

1. 预缴注册费

2018 年 10 月 1 日以后新注册的所有商户账户，需缴纳 2 000 美元的店铺预缴注册费。同时，也是自这个时间起，Wish 平台上的非活跃商户账户也将被要求缴纳 2 000 美元的这一费用。

2. 平台佣金

产品售出后，Wish 将从每笔交易中按一定百分比或按一定金额收取佣金。即卖出物品之后收取这件物品收入的 15%作为佣金，即

$$\text{Wish 平台佣金} = （商品售价+邮费）\times 15\%$$

3. 其他费用

Wish 平台的使用还包括提现手续费、物流运费、平台罚款等。

（五）Shopee 开店费用

Shopee 平台的卖家不需支付任何开店费、入驻服务费、年费及上架费，仅需透过官方招商渠道提供符合要求的资料即可。

新卖家前 3 个月全免佣金，3 个月后按经营类目收取不同比例的佣金。

可以说，若不算卖家筹集所需的开店资料、产品采购成本、人工成本，Shopee 开店可以说是零成本的。

三、利润和利润率

利润和利润率是卖家在进行产品定价时经常会涉及的两个概念，它们既相互联系，又相互区别。利润率的目标和出发点也是为了利润，是通过求得更高的利润率来求得更大的利润。

（一）利润

从经济学的角度而言，利润是企业家的经营成果，是企业经营效果的综合反映，也是其最终成果的具体体现。利润的本质是企业盈利的表现形式，是全体职工的劳动成绩。企业为市场生产优质商品而得到利润，剩余价值和利润不仅在质上是相同的，而且在量上也是相等的，不同的是，剩余价值是对可变资本而言的，利润是对全部成本而言的。因此，收益一旦转化为利润，利润的起源以及它所反映的物质生产就被赚了。

结合上述经济学中对利润的界定，跨境电商产品的利润可以简单地理解为除去各种成本开销以外，跨境产品的销售所带来的盈利。

（二）利润率

一个企业的利润率形式可以有很多种，一个跨境电商企业主要依靠产品销售获取收益，则其利润率可按成本利润率和销售利润率两种形式来计算。

1. 成本利润率

成本利润率是一定时期的销售利润总额与销售成本总额的比率，它表明单位销售成本获得的利润，反映成本与利润的关系。其计算公式如下：

$$成本利润率＝销售利润÷销售成本×100\%$$

2. 销售利润率

销售利润率是一定时期的销售利润总额与销售收入总额的比率，它是以销售收入为基础分析企业获利能力，反映销售收入收益水平的指标。其计算公式如下：

$$销售利润率＝销售利润÷销售收入×100\%$$

大多数跨境电商企业的利润率往往统计的是除去各种成本开销以外的利润与总成本之间的比率，即这里所说的成本利润率。

四、常见价格术语及其相互关系

上架价格（list price，LP）：产品在上传的时候所填的价格。

销售价格/折后价（discount price，DP）：产品在店铺折扣下显示的价格。

成交价格（order price，OP）：用户在最终下单后所支付的单位价格。

这几个价格之间的关系如下：

$$销售价格＝上架价格×折扣$$

成交价格＝销售价格－营销优惠金额（满立减、优惠券、卖家手动优惠）

弄清了这几个价格之间的关系，跨境电商卖家就可以有针对性地对不同定位的产品采取不一样的定价策略。

第二节　跨境电商产品成本核算

跨境电商企业的核心目的是盈利，所以首先要非常清楚真正的产品成本，这也是后期选择产品定价策略的基础。跨境电商产品的实际成本计算公式如下：

跨境电商产品的实际成本＝进货成本＋跨境平台的管理费用＋运营推广成本＋物流成本＋售后维护成本＋其他综合成本

在这众多的成本构成里，进货成本涉及产品价格、国内运费和破损率；跨境平台的管理费用则主要指平台年费和其他被平台收取的服务费与管理费等；其他综合成本主要指人工成本、公司的日常开销等，这些是相对比较容易理解的概念，此处不赘述。下面就跨境物流运费计算、运营推广成本核算以及售后维护成本计算三个方面的内容进行讲解。

一、跨境物流运费计算

跨境物流费用的报价一般建议包含在产品标价里面，并且在产品上传时打上 FREE SHIPPING 这样的标价方式，这样可以较好地吸引流量。下面以中国邮政小包挂号（表 5-2）为例来简单讲解跨境商品物流运费的计算方式，以及有些跨境平台上出现的运费模板折扣应如何计算。

表 5-2 中国邮政小包资费表

分区	国家	挂号/（元/千克）	挂号费/（元/票）
1	日本	62.00	8.00
2	新加坡、印度、韩国、泰国、马来西亚、印度尼西亚	71.50	8.00
3	奥地利、克罗地亚、保加利亚、斯洛伐克、匈牙利、澳大利亚、瑞典、挪威、德国、荷兰、捷克、希腊、芬兰、比利时、爱尔兰、意大利、瑞士、波兰、葡萄牙、丹麦、以色列	81.00	8.00
4	新西兰、土耳其	85.00	8.00
5	英国、加拿大、美国、西班牙、法国、俄罗斯、乌克兰、卢森堡、爱沙尼亚、立陶宛、罗马尼亚、白俄罗斯、斯洛文尼亚、马耳他、拉脱维亚、波黑、越南、菲律宾、巴基斯坦、哈萨克斯坦、塞浦路斯、朝鲜、蒙古、塔吉克斯坦、土库曼斯坦、乌兹别克斯坦、吉尔吉斯斯坦、斯里兰卡、叙利亚、阿塞拜疆、亚美尼亚、阿曼、沙特、卡塔尔	90.50	8.00
6	南非	105.00	8.00
7	阿根廷、巴西、墨西哥	110.00	8.00
8	秘鲁、老挝、孟加拉国、柬埔寨、缅甸、尼泊尔、文莱、不丹、马尔代夫、东帝汶、阿联酋、约旦、巴林、阿富汗、伊朗、科威特、也门、伊拉克、黎巴嫩、智利	120.00	8.00
9	塞尔维亚、阿尔巴尼亚、冰岛、安道尔、法罗群岛、直布罗陀、列支敦士登、摩纳哥、黑山、马其顿、圣马力诺、梵蒂冈、摩尔多瓦、格鲁吉亚	147.50	8.00

资料来源：中国邮政小包网。

例如，一件商品包装后的实际重量是 100 克，使用中国邮政小包前五区包邮，运费应当是多少？若该商品被卖到八区内的某一国际，其八区的运费折扣应当是多少？

五区邮费：0.1 千克×90.5 元/千克＋8 元挂号费＝17.05 元

八区邮费：0.1 千克×120 元/千克＋8 元挂号费=20 元

运费折扣：1－17.05/20＝14.75%，即 1.475 折。

在跨境电商平台上卖家如果对前五区国家进行包邮，也就是将五区邮费算入商品定价之中，平台上显示的定价为：成本＋利润＋五区运费。而对于发往前五区以外的国家的商品，则需要向买家收取运费。此时为保证商品在价格上的优势，收取的运费应该是减去五区运费后的超额运费，于是就需要对后五区的标准运费进行打折。敦煌网上在设置运费模板时很好地诠释了跨境卖家对包邮以外地区的运费折扣应如何理解（图 5-1）。

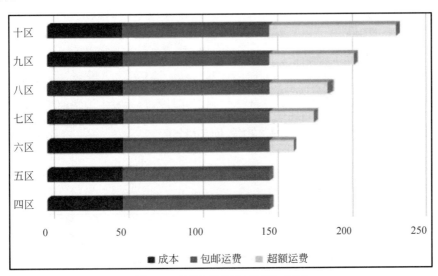

图 5-1　敦煌网标准运费折扣图解

需要注意以下两点。

（1）运费折扣除了和目的国所在区域的资费有关外，还与商品打包后的实际重量相关，若依每个商品的重量不同而逐一计算未免太过烦琐，故通常采用 100 克、200 克、500 克等几个范围来进行运费折扣模板设置即可。

（2）在填写运费折扣时，为了方便起见，前面例子中算出的八区运费折扣 1.475 折可直接写成 1.5 折或 2 折。填写折扣比率时不宜采用四舍五入的方法，而宜采用进一法，因为对于卖家而言，折扣太低表示让利更多，在利润率不高的情况下甚至可能会引起亏损。

二、运营推广成本核算

运营推广成本包括各种营销活动的费用支出，需要加到产品价格里面。例如阿里巴巴速卖通平台的 P4P（外贸直通车）项目推广，就是突出强调运营推广成本可以带来收益的一种运营推广形式。

资金实力不是特别雄厚的中小卖家，对于商品的推广投入成本应该谨慎并且有非常详细的预算，一般建议是（工厂进价＋国际物流成本）×10%－35%。一般不建议超过40%的推广投入成本，如果超过了40%，运营压力就非常大，店铺本质上会长期处于亏损状态。

三、售后维护成本计算

这部分的成本包括退货、换货、破损率等，它是很多跨境创业新人最容易忽视的一个成本。例如，跨境物流很多中小跨境卖家通过中国境内发货，线长、点多、周期长，经常会出现一些产品破损、丢件甚至客户退货退款的纠纷事件。因为跨境电商的特性，这样的成本投入往往比较高，在核算成本的时候应该把这个成本明确地核算进去。

比较合理的跨境电商产品售后维护成本比例一般是（进货成本＋国际物流成本＋推广成本）×3%－18%，如果超过这个比例，建议放弃这类产品。因此，选择跨境品类的时候，应该选择一些适合国际物流、标准化强，并且不容易发生消费纠纷的品类。

四、对相同产品进行不同定价的案例对比

下面以跨境电商敦煌网上的不同卖家销售同款产品的实例，看看相同的产品不同的定价会产生怎样的影响（图 5-2、图 5-3）。

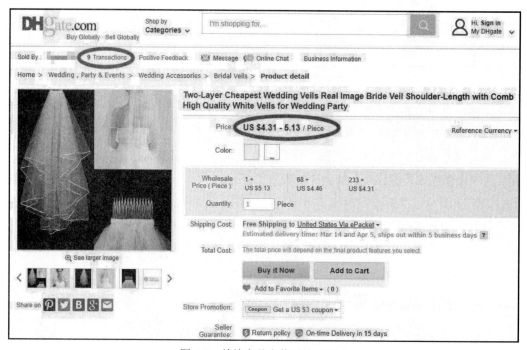

图 5-2　敦煌商品定价对比示例 1

备注：该卖家对该商品进行单件和打包出售，免运费，但商品定价较高，利润设置过高，且商品单价销售和批量打包销售时定价并未拉开差异，故很难销售出去。

图 5-3 敦煌商品定价对比示例 2

备注：该卖家对该商品也进行了单件和打包出售，也免运费，但商品价格较低；商品单价销售和批量打包销售时定价拉开了较大的梯度。故该商品无论是单个销售还是打包出售，相比于前面的卖家给出的同款商品而言，利润控制合理，具备价格优势，适合新入手的个人买家和批发群体的老买家，总体销量很不错。

从上面的例子中我们可看到，定价是决定产品最终是否能售出的关键因素，卖家需要从平台和买家的角度来合理设置商品价格。而要想合理定价，需要做好本节前面所讲的三方面成本的核算，同时注意定价的方法、技巧以及需要规避的误区。（本章中后续内容中还会详细讲解。）

第三节　价格的调整与换算

下面以速卖通平台为例进行讲解。在速卖通上，对商品的搜索排序影响最大的两个因素是商品的销量以及关键词，而影响销量的最关键因素则是价格。

（1）研究同行业卖家、同质产品销售价格，确定行业最低价，以最低价减 5%～15% 为产品销售价格。用销售价格倒推上架价格，不计得失确定成交价。

那么上架价格又可以两种思路来制定。

上架价格＝销售价格/（1－15%）

上架价格＝销售价格/（1－30%）

第一种思路费钱，可以用重金打造爆款，简单、粗暴、有效。但不宜持续太久，因为风险较大。

第二种思路略微保守一些，可以通过后期调整折扣来让销售价格回到正常水平。

这两种定价思路基本都可以在 15% 折扣下平出或者略亏，作为引流爆款。

（2）通过计算产品的成本价，根据成本价加利润来确定产品的销售价格，这样做是比较稳妥的。

产品的销售价格确定后，根据店铺营销的安排，确定上架价格。

例如：产品成本是 3 美元，按照速卖通目前的平均毛利润率（15%），还有固定成交速卖通佣金费率 5% 及部分订单产生的联盟费用 3%～5%。我们可以推导：

销售价格＝3/（1－0.05－0.05）/（1－0.15）≈3.92（美元）

再保守点，销售价格＝3/（1－0.05－0.05－0.15）＝4（美元）

那么这其中，5% 的联盟佣金并不是所有订单都会产生，但考虑到部分满立减、店铺优惠券直通车等营销投入，以 5% 作为营销费用，可以减少定价方面的差错。

当然，这其中还可以加入丢包及纠纷损失的投入，按照邮政小包 1% 的丢包率来算，又可以得到：

销售价格＝3/（1－0.05－0.05－0.01）/（1－0.15）≈3.97（美元）

再保守点，销售价格＝3/（1－0.05－0.05－0.15－0.01）≈4.05（美元）

得到销售价格后，我们需要考虑该商品是作为活动款还是一般款来销售。

假如作为活动款，那么，按照平台通常活动折扣要求 30% 来计算：上架价格＝销售价格/（1-0.3），活动折扣可以到 50% 甚至更高。

作为一般款销售：上架价格＝销售价格/（1－D），D 表示平时打的普通折扣，一般比较低，若不打折则 D 为零。

速卖通建议折扣参数不低于 15%，因为其平台大促所要求的折扣往往是这个数字，同时，大促折扣通常规定不高于 50%，因为折扣过大容易产生虚假折扣的嫌疑。而根据速卖通官方的统计，折扣在 30% 左右，是买家最钟情的折扣，属于合理预期范围。

对于 50% 折扣的活动要求，基于以上定价的模式，基本上相当于平出，不会亏本或者略亏，假如客户购买两个及两个以上，卖家就能赚到钱。

由于不同商品的重量不同，选择的物流方式有异，为了便于日常上传商品时能快速准确地填写商品价格，需要平台运营专员利用软件来进行计算。例如利用 Excel 公式对速卖通平台上传商品时进行定价（图 5-4）。

这里以中邮小包挂号这种物流方式为例（大部分符合小包邮寄要求的都会选择这种物流方式，详见第六章讲解），在设好公式后，只需根据填写不同商品的"产品重量（单位：克）""原价（成本价）"和"利润率"这三个数据，该商品在跨境电商平台上（表中以速卖通为例）各种折扣情况下的定价和利润都能自动计算出来。若是其他跨境平台上的商品定价计算，也只需相应地调整佣金即可。

国际运费计算-中邮小包					示例		灰色：常量	
运费单价(单位:元/千克)	产品重量(单位:克)	挂号费(单位:元)	运费折扣(单位:%)	国际运费(单位:元)	运费计算：9元挂号费，9分一克，每950一公斤，打8.5折。如果是100克，运费计算为:(0.09×100+9)×0.85=15.3元		黄色：输入	
90.5	150	8	100.00%	21.58			红色：输出	
(Free Shipping)速卖通包邮售价计算（若为其他跨境平台需将佣金一栏相应调整）								
原价(成本价)(单位:元)	国内运费(单位:元)	国际运费(单位:元)	利润率(单位:元)	人民币对美元汇率(单位:1:X)	速卖通佣金(单位:%)	利润(单位:元)	速卖通售价(单位:美金)	总成本(单位:元)
100	0	21.58	15.00%	6	8.00%	18.24	25.33	121.58
速卖通售价(单位:美金)	折扣(XX% Off)	折后价格(美金)	折后利润(元)	$1.99邮费售价(单位:美金)	$2.99邮费售价(单位:美金)	$3.99邮费售价(单位:美金)	$4.99邮费售价(单位:美金)	
25.33	10.00%	22.797	4.25944	23.34	22.34	21.34	20.34	
速卖通售价5折(50% Off)	速卖通售价6折(40% Off)	速卖通售价7折(30% Off)	速卖通售价8折(20% Off)	速卖通售价9折(10% Off)	速卖通售价95折(5% Off)	速卖通售价4折(60% Off)	速卖通售价3折(70% Off)	速卖通售价2折(80% Off)
50.66	42.23	36.2	31.66	28.14	26.67	63.33	84.35	126.65
总利润	总利润	总利润	总利润	总利润	总利润	总利润	总利润	总利润
170.22	119.64	83.46	56.22	35.1	26.28	246.24	372.36	626.16
总折扣	总折扣	总折扣	总折扣	总折扣	总折扣	总折扣	总折扣	总折扣
42.00%	50.00%	59.00%	68.00%	78.00%	82.00%	33.00%	25.00%	18.00%
$2.99邮费售价5折(50% Off)	$2.99邮费售价6折(40% Off)	原$2.99邮费售价7折(30% Off)	$2.99邮费售价8折(20% Off)	$2.99邮费售价9折(10% Off)	$2.99邮费售价95折(5% Off)			
44.68	37.24	31.92	27.93	24.82	23.52			

图 5-4 速卖通商品综合定价示例

第四节 定价方法

商品定价是整个商品销售链中非常重要的一环，一方面定价直接关系到商品的销量和利润，另一方面定价直接影响到商品的定位、形象和竞争力。跨境电商商品定价难倒了不知道多少从事跨境行业的卖家，有合理的商品定价策略才能在竞争激烈的环境下留存下来。

跨境电商卖家在进行产品定价时，要考虑产品的类型（引流款、爆款、利润款），产品的特质（同质性、异质性、可替代程度），同行竞品价格水平，店铺本身的市场竞争策略以及产品的自身价值等。常用的跨境电商商品定价方法有成本导向定价法、竞争导向定价法和价值导向定价法。

一、成本导向定价法

基于成本的定价即成本导向定价法，是在产品单位成本的基础上，加上预期利润作为产品的销售价格，这种方法又被叫作成本加成定价法。采用成本导向定价法的关键点有两个：一要准确核算成本；二要确定适当的利润加成率也就是百分比。根据成本价加费用加利润，来定产品的销售价格，确定完产品的销售价格后，决定上架价格，要依据营销计划的安排确定。

简单而言，要想计算基于成本的定价，只需知道产品的成本，并提高标价以创造利润。

该定价策略的计算方式如下：

总成本（含采购价和各种费用）＋预期利润＝商品定价

例如，一家卖衬衫的跨境电商店铺采购一件衬衫并打印样式，需要花上 11.5 美元；这件衬衫的平均运费是 3 美元，所以基础成本是 14.5 美元；卖家要想在每件售卖的衬衫上赚取 100%的利润率，那么该商品的定价就应该是：11.5＋3＋11.5＝26（美元/件）。

如果新增了一种新衬衫，这种衬衫需要额外的打印费，成本可能需要 15 美元，加上 3 美元的预计运费，仍保持 100%的利润率，定价就应该为 15＋3＋15＝33（美元/件），也就是 18 美元的产品成本再加上 15 美元的利润。

当然，卖家也可以使用百分比来计算定价，可以简单地在产品成本上加上期望达到的利润率来创建价格。

基于成本的定价策略可以让零售电商卖家避免亏损，但它有时可能会导致利润下降。例如国外的客户可能会乐意为产品支付更多的费用，从而增加利润；因为价格太高，导致卖家销售的产品数量较少，利润下降。

二、竞争导向定价法

基于竞争对手的定价也称竞争导向定价法，它的基本依据是市场上同行相互竞争的同类商品的价格，特点是随着同行竞争情况的变化随时来确定和调整其价格水平。了解某商品同行的平均售价，具体做法是：在想要进驻的跨境电商买家平台搜索产品关键词，按照拟销售产品相关质量属性和销售条件，依照销售量进行大小排序，可以获得销量前 10 的卖家价格；如果想获得销量前 10 卖家的平均价格，可以按照销量前 10 的卖家价格做加权平均，再根据平均售价倒推上架价格。

例如，第一步，在全球速卖通买家网页，搜索产品关键词 cellphone case（手机壳），根据该类产品相关质量属性和销售条件，按照销售量大小进行降序排序，在所有 Free shipping（包邮）的该类商品中，搜索对比同行竞争卖家的价格（图 5-5），如果搜索到的前 10 卖家的价格差别很大，有益的参考价值有限，就需要依据前 10 卖家的店铺、销量、价格等计算其价格加权平均数，得到平均售价做参考。这种通过计算权重的定价方法，理论上行得通，实际上应用得不多。

第二步，按照销量前 10 的卖家价格做加权平均，权重＝店铺销量/总销量。加权平均价格＝（权重 1×价格 1＋权重 2×价格 2＋…＋权重 10×价格 10），如表 5-3 所示。

经过上述计算得出同行销售该类商品的平均售价为 2.339 8 美元/件。

第三步，根据前面计算得出的平均售价，再结合卖家自身想要实现的利润率，则可倒推出计算商品上架价格。例如，想要销售该类商品，保证利润率在 10%～30%的卖家，则计算方式如下：

上架价格 1＝平均售价/（1－10%）＝2.339 8/0.9≈2.60（美元）

上架价格 2＝平均售价/（1－30%）＝2.339 8/0.7≈3.34（美元）

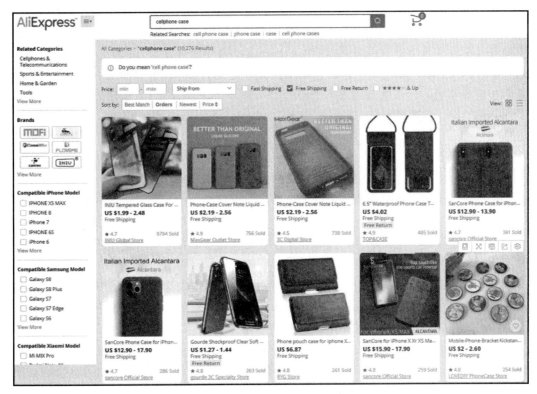

图 5-5 速卖通同行竞品卖家价格示例

表 5-3 速卖通同行竞品卖家加权价格示例

店铺编号	销量／件	价格／美元	权重	加权价格／美元
1	9 794	1.99	0.570 1	1.134 5
2	756	2.19	0.044 0	0.096 4
3	738	2.19	0.043 0	0.094 1
4	485	4.02	0.028 2	0.113 5
5	391	12.90	0.022 8	0.293 6
6	286	12.90	0.016 6	0.214 7
7	263	1.27	0.015 3	0.019 4
8	261	6.87	0.015 2	0.104 4
9	259	15.90	0.015 1	0.239 7
10	254	2.00	0.014 8	0.029 6
同类商品总销量	17 180		加权平均价	2.339 8

资料来源：根据速卖通平台手机壳类销售数据整理得到。

卖家需要定出的商品实际上架价格应处于下面算式得出该商品的上架价格区间，即介于 2.60 美元和 3.34 美元之间。卖家可根据实际情况做适度调整。

采用竞争导向定价法，更多的要依据商品的差异性和市场变化因素。这种零售定价模式，只有当自己与竞争对手销售相同产品、两种产品没有任何区别时，才可以起到作用。实际上，如果使用了这种策略，就是在假设竞争对手的价格一定是匹配市场期望的。

不幸的是，这种定价策略很可能会带来价格竞争，有些人称之为"向下竞争"。假设在亚马逊平台上两个卖家销售同样的商品，一位卖家将价格设定为 299.99 美元，发现订单并没有涌来。后来发现竞争对手正在以 289.99 美元的价格出售该商品，因此又将价格降至 279.99 美元。不久之后，双方都会因为不断降价，把利润空间压缩得几乎可以忽略不计。所以，一定要谨慎使用这种基于竞争对手的电商定价方法。

三、价值导向定价法

如果跨境卖家专注于可以给客户带去的价值，其想法是：在一段特定时期内，客户会为一个特定商品支付多少价格？然后根据这种感知来设定价格，这就是基于产品价值的价值导向定价法。

基于产品价值的电商定价，相对前面介绍的两种定价方法而言更为复杂，原因有以下两点。

（1）这种策略需要进行市场研究和顾客分析，跨境电商卖家需要了解最佳受众群体的关键特征，考虑他们购买的原因，了解哪些产品功能对他们来说是最重要的，并且知道价格因素在他们的购买过程中占了多大的比重。

（2）如果跨境卖家使用的是基于价值的定价策略，这意味着其商品定价的过程可能会是一个相对较长的过程。随着对市场和产品的了解加深，需要不断地对价格进行重复、细微的改动。

不过，由于该定价方式需要进行一定的市场和顾客调查，它也可以为你带来更多的利润，不管是从平均产品利润还是盈利整体来说。

想象一位在繁忙大街上卖雨伞的供应商，当阳光灿烂时，路过的行人没有必要立即买雨伞。如果他们买了雨伞，那也是在未雨绸缪。因此，在天气好的情况下，雨伞的感知价值相对会较低。但尽管如此，卖家仍可以依靠促销价来达到薄利多销的目的。

在下雨天时，雨伞的价格可能会上升很多。一位着急赶去面试的行人在下雨天时可能愿意为一把雨伞支付更高的价格，因为他们不愿意浑身湿透了再去面试。因此，卖家可以从每把销售的雨伞中获得更多利润。

换句话说，有些商品的价值是更多依靠顾客的感知为基础的，那么就可以采用价值导向定价法。

第五节 定价技巧及误区

跨境消费者有订货时间、地点分散，商品种类、时效性不同，订货批量不大等特征，经常使用的定价策略有免费策略、差别定价策略、动态订货时间不同定价策略以及联盟定价策略等，在具体运用中，跨境电商产品的价格定位需要把握几点技巧，并注意回避几点常见的误区。

一、定价技巧

（一）依据不同电商平台销售相同产品的定价技巧

许多网上产品的价格已经相当透明，为广大卖家所熟知，因而卖家对自己想经营的产品的价格及价格变化要保持较高的敏感度，要通过对比不同跨境电商平台销售相同产品的价格来定价，这种方法或技巧很简单易用，但是也容易出问题，如同样的玩具产品，外形式样相同但材质不同，价格差别有的很大，因而买家购买后在不了解的情况下容易引起纠纷。所以，卖家一定要了解某类不同档次产品的市场价格，具体做法可以通过搜索选项找出该产品价格从高到低的排序，并分析产品质量对应价格的情况。

如现在想了解 leggings 打底裤的国际价格，可以在亚马逊、eBay、速卖通上分别搜索，会发现亚马逊平台上的价位高一些，而且在冬季，质地厚、保暖性强的打底裤更畅销，价位也当然要高于春秋季节；如果在跨境电商平台上没有完全找到与自己销售的同质产品时，可以找同类产品中类似的材质或款式样式产品的价格作为参考；如果所在的电商平台没找到同类同质的产品，可以把利润控制在 20% 左右，作为定价依据。

（二）依市场买家不同特点的定价技巧

不同的跨境电商平台所对应的消费群体各有特点，要仔细研究市场买家特点，从而确定不同的产品价格。如果跨境电商平台买家是经营网点或实体店的中小批发商，其特点是库存量小、产品订购频繁、产品的专业性不强，一般是同时经营几条产品线，比较注重的是转售利润空间、卖家产品的专业性及售后服务质量的高低。根据这类买家的特点，小巧轻便的产品可以打包销售，设置免运费；跨境电商平台卖家的批发价一般要比国外直售单价至少低 30%，低的这部分 30% 给买家转售留下了利润空间，又包含其转售产品的基本费用成本。如果跨境买家是个人消费者，定价要稍高；如果是个人定制的产品，价格要更高一些。

作为卖家，要重视消费者行为对商品定价的影响，如跨境消费者的上网频率、购买方式、习惯传统及对商品的喜好程度等。

（三）依据卖家企业不同的经营目标的定价技巧

卖家企业的经营目标不同，制定出的价格策略也会不同。例如，在进入跨境电商市场初创时期，经营用户规模比较小，可以采用低价甚至是免费定价策略来快速获得用户，提高流量，采用多种营销手段使访问者转化成潜在的购买者和实际购买者。

如果是实行个性化差别化经营策略，专业化运作的专门出售某类商品的平台或网站，定位明确，有利于吸引大批忠实的消费者，在产品定价方面，可以推出高、中、低三个价位：低档做引流吸引客户，中档作为赚取利润的主要来源，高档提升总体的品牌质量。例如，推主品牌的同时，推出子品牌或副品牌，彼此不产生品牌形象冲突，可以在大品牌的统领下，推出三个系列，不同系列的产品价格差别很大，用差别定价技巧可以不流失客户，并能赚取更多的利润。

（四）依据物流费用的优惠程度的定价技巧

合理设置运费或跨境物流运费，特别是新手卖家应该给予足够的重视。针对单位价值较低的产品，可以设置免运费，比较容易吸引客户，也便于隐藏高额运费。

卖家在上架产品前，应对每个产品进行称重并计算相应的运费，合理设置包装方式，尽量将运费成本降到最低，并让利于买家，这样做会在价格上获得更多的竞争优势，利于产品的销售。

作为卖家一定要提高物流反应速度，提升消费者满意度，选择高质量的第三方物流或在有足够实力的情况下发展自己的物流体系。注重商品需求与退货为随机条件下的逆向物流定价策略，更有利于企业制定更具实效性且符合商品市场实际情况的价格策略，使成本消耗更低和收益更高。

（五）合理运用定价区间的定价技巧

进行跨境电商产品定价时，可以合理运用定价小技巧，如下面举例说明的同价销售术或分类型同价销售、价格分割法、非整数法和弧形数字法等。

（1）同价销售术或分类型同价销售，如设置1元钱商品区及10元、50元、100元商品区等。

（2）价格分割法，可以采用较小的单位报价和用较小单位商品的价格进行比较两种形式。

（3）非整数法，能激发消费者的购买欲望，即把商品零售价格定成带有零头的非整数的做法，如以每件1元的价格销售的商品，价格变成9角8分。

（4）弧形数字法，即用带有弧形线条的数字进行定价，如5、8、0、3、6等。

二、定价误区

（一）粗心大意误操作

因为粗心大意而填错产品价格的卖家比比皆是，这类问题最典型的代表就是把LOT和PIECE搞混。有的卖家朋友在产品包装信息的销售方式一栏选择的是"打包出售"，填写产品价格的时候，误把LOT当成PIECE，填的却是1件产品的单价。结果，买家看到的实际产品单价也就严重缩水了。这也是目前时常会发现跨境电商平台上某些产品的价格低得离奇的一个重要原因。

另外，还有一些卖家在定价时不注意货币单位，把美元看成人民币，数字是对了，单位却错了。本来是100元人民币一件的商品，最后显示出来的实际产品价格成了100美元一件了。这样的产品价格当然只会把买家吓跑。

所以，卖家在填写产品价格信息的时候一定要谨慎细心，不要因小失大。

（二）随意定价

有的卖家可能是由于之前没有外贸经验，或者是不熟悉 wholesale 这种明码标价的模式，或者是还没有投入相应的精力和时间，对于跨境电商网络平台上的产品如何定价，他们心里是不太清楚和确定的。所以有些卖家填写产品价格的时候，都是随随便便乱填一气。

例如，一个卖家因为没有时间确认产品价格，就把所有的产品都设为 1.14 美元还免运费，原以为买家肯定会怀疑，不会购买。没想到，真的有买家下单了。最后可能是赔得一塌糊涂。

随意定价的方式只会极大地伤害买家的购买体验，对卖家的信誉和口碑更是会产生严重的影响。所以，卖家最好考虑周全了再确定产品价格。

（三）销售方式不恰当

有的卖家销售的产品规格小、货值低，如零配件、小日用品等。一个产品的单价可能就只有几美分甚至是更低。可是在选择销售方式的时候，却选择按 PIECE 出售。试想，如果海外买家下单只买这么低价的一个产品，卖家是选择成交不卖还是硬着头皮亏本发货呢？反正不管选择哪种方式，都会给卖家自身带来不必要的麻烦和损失，需要避免。

对于这类产品规格非常小、货值也比较低的产品，建议卖家选择打包出售的方式，以几十件或者几百件为一个单位打包销售。

思 考 题

1. 查阅主要的跨境电商平台开店费用。
2. 简述跨境电商产品的实际成本构成。
3. 跨境电商产品的价格定位有哪些技巧？
4. 跨境电商卖家常用的商品定价方法有哪些？
5. 以速卖通平台为例，如何进行价格的调整？

阅 读 书 目

1. 李鹏博. B2B 跨境电商[M]. 北京：电子工业出版社，2017.
2. 速卖通大学. 跨境电商——阿里巴巴速卖通宝典[M]. 北京：电子工业出版社，2015.
3. 冯晓宁，梁永创，齐建伟. 跨境电商：速卖通搜索排名规则解析与 SEO 技术[M]. 北京：人民邮电出版社，2017.
4. 莫兰，亨特. 搜索引擎营销——网站流量大提速[M]. 宫鑫，等，译. 3 版. 北京：电子工业出版社，2016.
5. 速卖通大学. 跨境电商视觉呈现：阿里巴巴速卖通宝典[M]. 北京：电子工业出版社，2017.
6. 冯晓宁，梁永创，齐建伟. 跨境电商：阿里巴巴速卖通实操全攻略[M]. 北京：人民邮电出版社，2015.

7. 易静，郭晶晶，彭洋. 跨境电商实务操作教程[M]. 武汉：武汉大学出版社，2017.

自　测　题

第六章

跨境电商物流

本章提要： 本章较为系统地探讨了当前跨境电商中常用的物流模式：邮政物流、国际快递、专线物流以及海外仓。通过对跨境电商物流的内涵及特征分析，帮助卖家更全面深刻地了解跨境电商物流；通过对我国当前跨境电商物流中存在的问题分析，帮助卖家认清其所面临的主要风险，提前做好预防这些风险的措施；通过对各种类型跨境电商物流模式优劣势分析，帮助卖家更好地选择合适的商品跨境物流解决方案；通过对报关通关流程的分析，帮助卖家更好地进行跨境电商物流的操作。

本章共分七节来阐述与探讨跨境电商物流。第一节是跨境电商物流概述，包括跨境电商物流的内涵、特点以及目前跨境电商物流面临的问题；第二节至第六节是介绍主要的跨境电商物流模式：邮政物流、国际快递、国际专线物流和海外仓的相关知识以及各种物流模式的比较分析。第七节是跨境电商通关与报关的基本流程和阿里一达通外贸综合服务平台的通关服务。

关键词： 跨境电商物流；邮政物流；国际快递；专线物流；海外仓

第一节 跨境电商物流概述

一、跨境电商物流的内涵

跨境电商运作过程中涉及信息流、商流、资金流和物流，信息流、商流和资金流均可通过计算机和网络通信设备在虚拟环境下实现，但物流环节是不能在虚拟环境下实现的。跨境电商交易主体分属于不同的关境，因此其商品的运输过程中涉及从一个关境到另一个关境问题。因此，与一般的电商物流系统包括仓储、运输、配送、流通加工、包装、装卸搬运和信息处理七个子系统不同，跨境电商物流系统增加了一个通关环节。跨境电商物流系统高效率、高质量、低成本的运作是跨境电商快速发展的保证。

跨境电商物流是采用现代物流技术，利用国际化的物流网络，选择最佳的方式与路径，以最低的费用和最小的风险，将货物（商品）从一个关境的卖家运送到另一个关境的买家的活动，从而实现国际商品交易的最终目的，即实现卖方交付单证、货物和收取货款，买方接收单证、支付货款和收取货物。跨境电商交易双方分属不同国家（地区），商品需要从供应方国家（地区）通过跨境物流方式实现空间位置转移，在需求所在国家

（地区）内实现最后的物流与配送，所以，跨境电商物流分为销售国境内物流、国际（地区间）物流与运输、目的国（地区）物流与配送三块。

现阶段采用较多的跨境物流四大模式是邮政物流、国际快递、国际专线物流及海外仓。其中邮政物流是目前跨境电商使用的主要物流方式。国际快递业务具有速度快、服务好、丢包率低的特点，尤其是发往欧美等发达国家和地区非常方便。专线物流主要有燕文专线、中俄航空专线、中外运安迈世（国内也称"中东专线"）以及中俄快递——SPSR 等。一些需要航空包舱的商品通常都选用专线物流。随着跨境电商进入 3.0 时代，很多物流企业开始大规模建立海外仓、边境仓，同时，保税区物流、自贸区物流以及集货物流等跨境物流模式也逐渐兴起。

二、跨境电商物流的特征

与一般的电商物流相比，跨境电商物流中增加了通关环节，与一般国际贸易相比，跨境电商中的商品流通存在着小批量、多批次、订单分散、采购周期短、货运路程长等特点，这就使得跨境电商物流具有一些显著的特征。

（一）物流服务环节上增加了语言和报关服务

由于跨境电商的交易主体分属于不同的国家或地区，语言往往不通，并且所交易的商品类型属于国际贸易范畴，因此，需要在物流服务时增加语言和报关服务。

（二）物流系统构建上要同时建设内外两个系统

由于跨境电商同时包括本国商品的出口贸易和海外商品的进口贸易两个方面，因此，必须针对进口和出口相应地建设国内和国外两套物流系统。

（三）在基础设施上增加了保税设施

无论是进口跨境电商还是出口跨境电商，若要实现对订单的快速响应，在买家所在国家或者地区仓储商品是非常好的选择，这就需要在相应的国家或地区建设自贸区、保税区、保税库等保税设施。

（四）在物流企业上增加了海外代理类物流企业

由于跨境电商的商品交付过程涉及进出境，因此，报关清关代理类物流企业必不可少。同时，由于跨境电商的物流服务一般需要经由另一个国家的物流企业和基础设施完成，因此，海外代理类物流企业同样必不可少。

（五）物流速度反应快速化

跨境电商物流服务直接面向广大消费者，前置时间越来越短，配送间隔越来越短，物流配送速度越来越快，消费者的体验感越来越强。因此，跨境电商物流必须快速反应。

（六）物流作业的规范化

跨境电商物流涉及的参与者多，跨度大，因此强调功能、作业流程、作业动作的标准化与程式化，使复杂的作业变成简单的易于推广与考核的动作。物流自动化方便物流信息的实时采集与追踪，从而提高整个物流系统的管理和监控水平。

（七）物流信息电子化

由于计算机信息技术的应用，跨境电商物流过程的可见性明显增加，物流过程中库存积压、延期交货、送货不及时、库存与运输不可控等风险大大降低，从而可以加强供应商、物流商、批发商、零售商在组织物流过程中的协调和配合以及对物流过程的控制。

三、跨境电商物流的难点

（一）我国跨境电商物流基础设施不够完善

物流在我国发展得较晚，整体物流环境相对较差，连接不同运输方式的交通枢纽比较少，各种配套设施也有待完善。由于跨境电商涉及跨境的仓储、配送、运输、报关、报税等一系列问题，为了使运输过程损耗尽可能减少，且速度更快、成本更低，需要建立合理高效的物流体系，并且需要更先进和更完备的物流设施。目前国际快递的运输时间长、受限多、成本高，不利于跨境电商的飞速发展。顺丰、圆通、中通、韵达等物流公司采取扩张方式在极短时间内迅速建立国际范围内的物流体系。但是由于发展太快，行业良莠不齐、体制不完善等造成"夺命快递"、卷款私逃和恶性竞争等问题频发。虽然在目前巨大的跨境物流需求之下屡屡被忽略，但一直是笼罩在行业健康发展道路上的一片阴云，不仅阻碍了跨境物流业的发展，而且影响其上端的跨境电商行业。

（二）我国跨境物流企业的信息化水平较低

跨境物流企业服务跨境电商的过程中，还存在信息化建设不足的问题。很多跨境物流企业认为信息化建设不仅投入大，而且存在较大的信息风险，所以对其产生抗拒心理。跨境物流业进行信息化改革的企业文化氛围不够，使很多员工的参与积极性受到影响。有些员工认为这种信息化会减少工作岗位，从而影响其工作稳定情况。为此，很多企业员工对于信息化的建设一直持反对态度。缺乏整合全球产业链趋势下的战略性信息化建设规划。目前我国大多数跨境物流企业在制定物流信息化发展战略时，往往是针对当前存在的问题进行解决，缺乏一种针对全局的战略化发展规划。此外，当前我国跨境物流企业的发展中还存在信息化人才不足的情况。

（三）跨境物流面临清关障碍

跨境电商物流发展最大问题就是通关问题。而国内物流不存在通关问题。
各个国家海关政策不同，对进出境货物审查也不同，有些国家海关申报手续烦琐、申报时间长，同时费用支出也非常高。此外，海关对于申报不合格商品一律采取滞留方式，这样就会致使消费者无法按时收货。

对于大多数国家的海关来说，实现跨境电商企业与海关系统无缝对接难度很大，需要投入大量的人力和物力，而能否实现海关的系统化管理关乎全球跨境电商的进一步发展。对于各国海关来说，一方面，电子商务的发展，海外购物也不是什么稀奇事，大量的货物出入境给海关监管与征税带来很大的难题。另一方面，海关的通关效率直接影响了跨境电商的发展，电商企业对海关快速提高通关效率、规范结汇以及快速解决出口退税等要求的呼声越来越高。建立健全与跨境电商进口税制机制相适应的海关征税系统，真正实现跨境交易与购物的便捷性，是跨境物流企业和海关今后共同努力的方向。

（四）跨境物流配送速度慢

对于物流企业来说，由于电商货物规模较大、时间分布不均匀、发货频率高、环节分散，并且没有规律可循，相关的成本难以估算，一旦出现消费高峰，物流企业就会出现爆仓现象，要不就出现瘫痪现象，要不送货时间就会无定期延迟，这样严重影响客户的网上购物体验。

阿里巴巴旗下的速卖通承诺发往欧洲国家的商品运达时间为 90 天，这意味着客户从下单到收到货物有可能需要 3 个月的时间。目前使用中邮或者香港小包发货到欧美国家所需时间基本上在 40~90 天，使用专线物流基本上需要 15~30 天，而国际快递虽然比起邮政小包和专线物流时效性强，但是由于国际快递业务的费用高，一般商品难以承担。

（五）跨境包裹破损甚至丢包现象

货物在跨境物流中被滞留以后，需要经过多次转运才能到达最终用户手中，极易出现包裹破损的情况。如使用专线物流还存在丢包事件，大大影响客户的购物体验，卖家运营成本也增加很多，这样客户由于其糟糕的网购体验可能会选择放弃网购，跨境电商企业就会丢失大量客户。

（六）跨境物流退换货困难

跨境电商退换货物流也存在很大问题，跨境货物一旦售后出现问题，会遇到无回程通路、国际运费高等弊端。如果商品在发货时其名义收货人其实是转运公司，一旦出现退货还需要找到转运公司，而且可能因为转运公司不配合运输而无法退货。退货对于消费者来说成本很高，花的时间也很长，大多数买家即使对商品不满意也会放弃退货，甘愿吃亏。这样消费者由于不能体验到高效便捷低廉的物流服务，也会放弃跨境电商消费。

（七）跨境包裹难以全程追踪

我国电商物流近年来快速发展，基本上实现了包裹的实时追踪查询，但对于跨境电商的物流，尤其境外配送段，一旦商品出境，其物流就难以追踪。如果是在欧美等发达国家和地区，跨境商品的追踪问题可能还没有那么严重，但对于一些小语种国家或者是极不发达地区，则很难查到包裹的投递情况。

（八）国家政策法规不完善

近年来，我国政府积极建立基础信息标准和接口的规范准则，陆续出台关于跨境电商的政策，如"国六条"明确支持跨境电商，并通过税收、海关、质检、支付、信用和外汇六项措施来落实，财政部联合税务总局明确跨境电商零售出口税收优惠政策等。而这些政策对所有出口企业都是可遇不可求的机会。目前我国跨境电商的一些试点实现了海关、出入境检验检疫、税务、外汇管理部门等与电子商务企业、物流配套企业之间的标准化信息流通，但服务产业链的发展依然滞后，完整的供应链体系尚未形成，配套的法律法规和信用体系等也有待健全，这些都在无形中阻碍了跨境电商和跨境物流企业的快速发展。

（九）专业人才供应不足

跨境电商的各个环节比国内一般电商更加复杂，在发展电子商务方面，中小外贸企业面临市场、社会、经济等多重风险。由于发展规模小、实力不强、空间小，原本紧缺的高技术、强能力的高级电子商务人才就更难投身这样的中小企业，这使得我国中小外贸电商的发展严重受阻。而跨境电商物流作为一门综合性学科，需要的是既懂跨境电商、又熟悉跨境物流的复合型人才。目前，我国很多大学都开设电子商务或物流等相关专业，但将电子商务与物流整合的学校较少，而将跨境电商与国际物流相结合教学的则少之又少，因此我国亟须培养这方面人才。

第二节 邮 政 物 流

一、邮政物流概述

（一）邮政物流的概念

邮政，是由国家管理或直接经营寄递各类邮件（信件或物品）的通信部门，具有通政通商通民的特点。随着社会的发展，很多国家都建立较为庞大的邮政体系。邮政物流是指通过邮政体系实现商品进出口，运用个人邮包形式进行发货。邮政体系已经在全球范围内形成一个相对完整的网络，其发展得益于我国邮政联盟和卡哈拉邮政组织。但是由于这个组织旗下成员国数量众多，各个国家的邮政快递发展模式不一致，且各个国家的发展不均衡，所以需要所有成员国的邮政体系达到一定的标准才能使国际邮政真正进入跨境物流体系之中。

（二）邮政物流的优点

邮政物流是目前广大中小跨境电商企业选择最多的跨境物流渠道，通过邮政的寄送平台,以个人邮寄物品的方式将网络成交的商品运往世界各地。首先,它最大的优点就是运送覆盖范围广,基本上能够覆盖全世界大多数的国家和地区。其次,手续简便,投递卖家根据要求在箱体粘贴航空标签、报关单、地址和挂号单号码后,就可以完成投递,商品投递之后的所有手续包括报关、商检都由邮政公司代为完成。对于中小跨境电商企业而言,这是门槛最低的物流配送方式,也是目前大多数小型跨境电商企业主要的物流配送渠道。

(三)邮政物流的缺点

邮政物流的缺点是递送时效慢、丢包率高,配送商品种类受到限制,物流信息的收集和跟踪水平较低。国际邮政的递送周期代理商给出的都是 15~30 天,但几乎 80%以上的包裹都是超过 30 天递送。要是碰到春节、圣诞节等旺季,这个时间可能无限延长。另外,丢包率高,一个包裹发出去了,中国海关的出关信息有了,然后就什么都没有了,过几个月客户发信息问东西到哪儿了,才发现这个东西根本就没有送达。由于配送条件的限制,邮政物流在清关时含有电子、粉末、液体等特殊商品一般不能通过。当然,市面上也有可以进行清关的,但是不保过关,被检查出来就是整包退回,甚至直接扣下,这样的情况对于跨境电商来说是致命的。邮政物流对物流信息的收集和跟踪水平较低,发货者很难及时查询到真实、准确的物流信息,因此,退换货业务和售后服务过程常常与顾客发生纠纷。最后,邮政物流的价格变动较为显著,不同业务、不同时期所采用邮政物流配送货物的成本可能差别很大。例如原有的中国邮政小包,每千克价格 50 元人民币,现在价格大约在 90 元人民币,比原有的价格涨了一倍。

二、中国邮政速递物流股份有限公司

(一)EMS 简介

中国邮政速递物流股份有限公司(EMS,简称"中国邮政速递物流")是经国务院批准,由中国邮政集团公司作为主要发起人,于 2010 年 6 月发起设立的股份制公司,是中国经营历史最悠久、规模最大、网络覆盖范围最广、业务品种最丰富的快递物流综合服务提供商。中国邮政速递物流在国内(不含港澳台)31 个省(自治区、直辖市)设立分支机构,并拥有中国邮政航空有限责任公司、中邮物流有限责任公司等子公司。截至 2017 年年底,公司注册资本 220 亿元人民币,员工近 16 万人,业务范围遍及全国(不含港澳台)31 个省(自治区、直辖市)的所有市县乡(镇),通达包括港、澳、台地区在内的全球 200 余个国家和地区,自营营业网点超过 5 000 个。中国邮政速递物流主要经营国内速递、国际速递、合同物流等业务,国内、国际速递服务涵盖卓越、标准和经济不同时限水平和代收货款等增值服务,合同物流涵盖仓储、运输等供应链全过程。拥有享誉全球的"EMS"特快专递品牌和国内知名的"CNPL"物流品牌。中国邮政速递物流坚持"珍惜每一刻,用心每一步"的服务理念,为社会各界客户提供方便快捷、安全可靠的门到门速递物流服务,致力于成为持续引领中国市场、综合服务能力最强、最具全球竞争力和国际化发展空间的大型现代快递物流企业。

（二）EMS 国际及台港澳特快专递承诺服务

国际及台港澳特快专递承诺服务是指中国邮政速递物流与指定国家和地区互寄 EMS 邮件，向客户承诺邮件传递的全程时限，对于因邮政物流原因造成实际传递时限超过承诺时限的邮件，用户可以要求返还已交付的邮件资费。

国际特快专递承诺服务的范围为：澳大利亚、中国香港、日本、韩国、美国、英国、西班牙、法国。承诺范围覆盖通达国家和地区全境。

1. 可以提供的服务

无缝覆盖：邮政所拥有的网络终端覆盖到千家万户，澳大利亚、中国内地、中国香港、日本、韩国、美国、英国、西班牙、法国 9 个邮政邮件运递网络共拥有 3 亿多个投递点、14 万个邮政营业机构。邮政网络可提供安全、准确、快速、覆盖面最广的运递服务。

多通道信息接入：公司网站平台（www.11183.com.cn）、全国统一的 7×24 小时的呼叫平台（11183）和遍布城乡的邮政营业网点。

实时跟踪：通过邮件跟踪与查询服务，可以实时了解交寄邮件的全程信息，对签约客户可以提供邮件实时信息的主动反馈服务。

承诺时限：按照从邮政编码到邮政编码的方式计算承诺时限。承诺时限是客户交寄邮件的最大运递时限，实际运递时间有可能比承诺时限短。

延误赔偿：因邮政物流原因造成邮件的实际运递时间超过承诺时限时，退还已收取的邮件资费。

2. 服务使用说明

交寄邮件时，请在邮件详情单收件人地址栏内填写正确的收件人邮政编码（寄往香港的除外）；要了解详细信息，请登录公司网站或拨打全国统一客户服务电话 11183 查询。查询承诺投递日期必须提供的基本信息为：交寄日期、交寄地邮政编码和收件人邮政编码（香港除外）。

邮件发生投递延误时，寄件人应在自邮件交寄日起 30 天内提出索赔，邮政速递物流将在 7 个工作日内给予答复。如寄件人未能在规定时间内提出要求，邮政速递物流将不再按照承诺服务相关要求进行赔偿。如经查实确属物流的责任造成延误，将向寄件人退还已收取的邮件资费（不包括包装费、验关费等其他费用）。

属于下列情况的，邮政速递物流不承担承诺服务邮件时限延误赔偿责任。

（1）寄件人未在详情单指定位置填写收件人邮政编码（香港除外）。

（2）寄件人提供的收件人邮政编码不在承诺范围内或收件人地址、邮政编码等信息不全或错误。

（3）收件人拒收或查无此人等因收件人原因造成邮件无法投递。

（4）由于海关或类似主管部门的行为造成邮件无法及时投递。

（5）由于战争、自然灾害等不可抗力因素造成邮件无法及时投递。

（三）EMS 国际及台港澳特快专递资费标准

EMS 国际及台港澳的特快专递和中速快件按照起重 500 克、续重 500 克来进行计费，并将邮件寄达国划分为 9 个资费区，不同的资费区计费标准不同（表 6-1）。

表 6-1　EMS 国际及台港澳特快专递、中速快件资费标准（单位：元）

资费区	国际及台港澳特快专递邮件通达国家和地区	起重 500 克及以内 文件	起重 500 克及以内 物品	续重 500 克或其零数	中速快件通达国家和地区
一区	中国香港、中国澳门	90	130	30	
二区	日本、韩国、蒙古、中国台湾	115	180	40	
三区	马来西亚、新加坡、泰国、越南、柬埔寨	130	190	45	印尼、菲律宾
四区	澳大利亚、新西兰、巴布亚新几内亚	160	210	55	文莱、新喀里多尼亚
五区	比利时、英国、丹麦、芬兰、希腊、爱尔兰、意大利、卢森堡、马耳他、挪威、瑞士、葡萄牙、德国、瑞典	180	240	75	法国、荷兰、西班牙、奥地利、斐济、瓦努阿图
六区	美国	220	280	75	加拿大
七区	巴基斯坦、斯里兰卡、老挝、土耳其、尼泊尔	240	300	80	印度、孟加拉、直布罗陀、缅甸
八区	巴西、古巴、圭亚那	260	335	100	阿根廷、哥伦比亚、墨西哥、秘鲁、巴拿马、巴哈马、巴巴多斯、智利、玻利维亚、哥斯达黎加、厄瓜多尔、多米尼加联邦、特立尼达和多巴哥、多米尼加共和国、萨尔瓦多、海地、格林纳达、危地马拉、洪都拉斯、牙买加、巴拉圭、乌拉圭、委内瑞拉
九区	巴林、伊拉克、乌干达、约旦、以色列、阿曼、卡塔尔、科威特、伊朗、马达加斯加、叙利亚、科特迪瓦、吉布提、塞内加尔、肯尼亚、突尼斯、阿联酋	370	445	120	塞浦路斯、博茨瓦纳、刚果（金）、刚果（布）、布基纳法索、乍得、埃及、埃塞俄比亚、厄立特里亚、加蓬、加纳、几内亚、马里、也门、摩洛哥、莫桑比克、几内亚比绍、尼加拉瓜、马尔代夫、尼日利亚、卢旺达、格陵兰岛、沙特阿拉伯、尼日尔、利比里亚、阿尔及利亚、黎巴嫩、冈比亚、莱索托、利比亚、马拉维、毛里塔尼亚、毛里求斯、纳米比亚、塞舌尔、索马里、南非、苏丹、苏里南、坦桑尼亚、多哥、赞比亚、津巴布韦、安哥拉、佛得角、斯威士兰

资料来源：http://www.ems.com.cn/.

此外，EMS 公司在其官方网站上提供资费查询服务，选择邮件寄达国家或地区，输入邮件的重量，以公斤为单位，单击查询，计算结果中将显示出所需要的资费（图 6-1）。

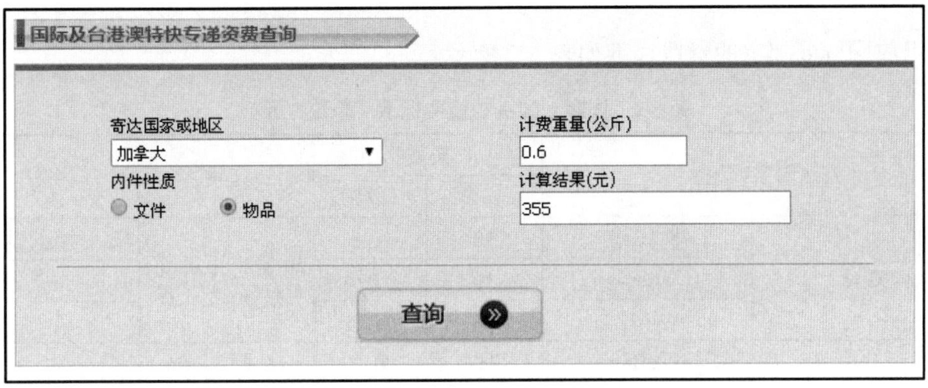

图 6-1　EMS 国际及台港澳特快专递资费查询

三、国际 e 邮宝

（一）国际 e 邮宝简介

国际 e 邮宝（ePacket）是中国邮政为适应国际电子商务寄递市场的需要，为中国电商卖家量身定制的一款全新经济型国际邮递产品。国际 e 邮宝和香港国际小包服务一样，是针对轻小件物品的空邮产品，目前，该业务限于为中国电商卖家寄件人提供发向美国、加拿大、英国、法国和澳大利亚的包裹寄递服务。

国际 e 邮宝正常情况下 7~10 个工作日即可完成妥投，在国内段使用 EMS 网络进行发运；出口至美国后，美国邮政将通过其国内一类函件网（First Class）投递邮件。通关采用国际领先的 EMI 电子报关系统，保障客户投递的包裹迅速准确地运抵目的地。

国际 e 邮宝提供邮件跟踪服务，在中国邮政和美国邮政（USPS）都可以查询，eBay 买家的"my eBay"也可以查询。考虑到中美邮政交换信息有时延，中国邮政 EMS 网站上显示收寄和离开口岸信息比美国邮政网站早，而美国邮政网站显示到达美国处理中心信息比中国早。

国际 e 邮宝的重量限制为单件最高限重 2 千克。

国际 e 邮宝的体积限制包括最大尺寸和最小尺寸。

最大尺寸：单件邮件长、宽、厚合计不超过 90 厘米，最长一边不超过 60 厘米。圆卷邮件直径的两倍和长度合计不超过 104 厘米，长度不得超过 90 厘米。

最小尺寸：单件邮件长度不小于 14 厘米，宽度不小于 11 厘米。圆卷邮件直径的两倍和长度合计不小于 17 厘米，长度不小于 11 厘米。

（二）国际 e 邮宝优势

（1）经济实惠，支持按总重计费，50 克首重，续重按照每克计算，免收挂号费。

（2）时效快，7~10 天即可妥投，帮助卖家提高物流得分。

（3）专业，为中国 eBay 卖家量身定制。

（4）服务优良，提供包裹跟踪号，系统与 eBay 完美对接，一站式操作。

（三）国际 e 邮宝资费标准

当前国际 e 邮宝的资费标准如表 6-2 所示。

表 6-2　国际 e 邮宝的资费标准（单位：元）

寄达国家或地区				资费		起重	备注
				元/件	元/克		
美国			非 eBay	10	0.08	50 克，不足 50 克按 50 克计费	旺季航运暂增价
			eBay	10	0.074		
			Wish	10	0.075		
俄罗斯			非 eBay	10	0.1	50 克，不足 50 克按 50 克计费	
			eBay	8	0.1		
			促销	8	0.092		
乌克兰				8	0.075	10 克，不足 10 克按 10 克计费	促销
哈萨克斯坦				8	0.07	50 克，不足 50 克按 50 克计费	仅北京、乌鲁木齐试运行
新西兰				9	0.07	50 克，不足 50 克按 50 克计费	
日本				12	0.04		
越南				12	0.06		
西班牙				14	0.06		
泰国				14	0.045		
以色列				17	0.06		促销
英国				17	0.065		eBay+非 eBay
中国香港				17	0.03（广东 0.02）		促销价执行中
澳大利亚	法国	德国	瑞典	19	0.06		
挪威				19	0.065		
加拿大				19	0.07		旺季航运暂增价
韩国	马来西亚	新加坡		25	0.04		
土耳其	奥地利	比利时	瑞士	25	0.06		
丹麦	匈牙利	意大利	卢森堡				
荷兰	波兰	希腊					
芬兰	爱尔兰	葡萄牙		25	0.065		
墨西哥				25	0.085		
沙特阿拉伯				26	0.05		

资料来源：根据国际 e 邮宝官方网站及相关网站相关资料整理得到。

说明：

（1）发运系统支持语言：简体中文、繁体中文、日语、意大利语、西班牙语、俄语、英语；不支持语言：韩语、阿拉伯语、葡萄牙语、德语、法语、挪威语。

（2）资费价格涉及小数点后 3 位的，计算结果四舍五入，保留到两位小数，精确到分。

（3）中国香港地区、广东省执行促销资费：17 元每件，香港 0.03 元每克，广东 0.02 元每克。

（4）促销路向的促销价格截止时间另行告知。

（5）哈萨克斯坦 e 邮宝目前仅在北京、乌鲁木齐试运行。

四、中国邮政大包

（一）中国邮政大包简介

中国邮政航空大包服务是中国邮政区别于中国邮政小包的新业务，是中国邮政国际普通邮包裹三种服务方式中的航空运输方式服务，可寄达全球 200 多个国家和地区，对时效性要求不高而重量稍重的货物，可选择使用此方式发货。重量在 2 千克以上、通过邮政空邮服务寄往国外的大邮包，可以称为国际大包。国际大包分为普通空邮（normal air mail，非挂号）和挂号（registered air mail）两种。前者费率较低，邮政不提供跟踪查询服务；后者费率稍高，可提供网上跟踪查询服务。

由于中国邮政大包的体积限制，寄往各国包裹的最大尺寸限度分为两种。

第一种尺寸：最长一边不超过 150 厘米，长度与长度以外的最大横周合计不超过 300 厘米。

第二种尺寸：最长一边不超过 105 厘米，长度与长度以外最大横周合计不超过 200 厘米。请见中国邮政航空大包资费表中各个国家重量及尺寸限制的备注。

横周的计算公式：横周＝2 高＋2 宽＋长。

（二）中国邮政大包优势

（1）价格比较 EMS 稍低，且和 EMS 一样不计算体积重量，没有偏远附加费。

（2）以首重 1 千克、续重 1 千克为单位的计费方式结算。

（3）成本低。相对于其他运输方式（如 EMS、DHL、UPS、FedEx、TNT 等）来说，中国邮政大包服务有绝对的价格优势。采用此种发货方式可最大限度地降低成本，提升价格竞争力。

（三）中国邮政大包资费标准

中国邮政大包的资费标准如表 6-3 所示。

五、中国邮政小包

（一）中国邮政小包简介

中国邮政航空小包，是中国邮政开展的一项国际、国内邮政小包业务服务，是一项

表 6-3 中国邮政大包的资费标准（单位：元）

国家和地区	航空	续重	SAL	续重	海运	续重	限重
每千克	每千克	每千克	每千克	每千克	每千克	每千克	每千克
美国	158.5	95	104.6	51.1	83.5	20	30
英国	162.3	76.6	126.2	50.5	108.1	22.4	30
加拿大	137.7	72	99.2	45.7	86.2	22.7	30
澳大利亚	143.8	70	117.2	53.4	88.8	15	20
法国	185.3	68.3	149.1	42.1	131	14	30
意大利	159.3	71.2	121.2	43.1	99.8	11.7	20
德国	190.9	69.5	154.7	43.3	140.8	19.4	30
西班牙	166	72	126.1	42.1	无	无	20
奥地利	153.8	60.4	123.9	40.5	116.1	22.7	20
荷兰	158.9	68.5	122.8	42.4	104.7	14.3	20
新西兰	171.1	101.5	无	无	116.4	18.8	20
日本	124.2	29.6	110.9	26.3	108	13.4	30
波兰	139.4	56.1	117.8	44.5	无	无	15
爱尔兰	162.2	72.4	124.1	44.3	无	无	无
韩国	98.3	21.3	96	29	87.9	10.9	20
瑞典	184.9	57.6	161.8	44.5	152.8	25.5	20
瑞士	161	68.8	124.6	42.4	115.2	23	20
罗马尼亚	150.3	57.7	128.2	45.6	无	无	20
以色列	192.2	95.8	无	无	112.8	16.4	20
南非	210.2	117.1	无	无	110.9	17.8	20
丹麦	161.2	70.8	121.3	40.9	105.3	14.9	20
比利时	210.2	51.7	182.3	33.8	164.2	5.7	20
挪威	179.4	75.9	138	44.5	134.6	31.1	20
冰岛	179.8	83.4	140.5	54.1	无	无	20
塞浦路斯	156.8	75.9	无	无	99.4	13.7	30
匈牙利	145.1	57	121.4	43.3	106.5	18.4	20
俄罗斯	170.2	59.3	144.9	44	无	无	20
中国香港	76.9	21	无	无	60.7	4.8	30
哥伦比亚	212.7	137.6	132.6	67.5	无	无	20
新加坡	91	35.1	无	无	66.8	10.9	40

经济实惠的国际快件服务项目。可寄达全球 230 多个国家和地区的各个邮政网点。

中国邮政小包的运送时间为：到亚洲邻国 5～10 天；到欧美主要国家 7～15 天；其他国家和地区 7～30 天。

中国邮政小包的重量限制为 2 千克以内。

中国邮政小包的体积限制，非圆筒货物：长+宽+高≤90厘米，单边最长为60厘米，最小尺寸单边长度≥17厘米，宽度≥10厘米。

（二）中国邮政小包优势

（1）价格实惠，中国邮政小包相对于其他运输方式（如 DHL、UPS、FedEx、TNT 等）来说有绝对的价格优势，同时比香港小包价格也要便宜。

（2）邮寄方便，可以寄达全球各地，只要有邮局的地方都可以送到（极少数国家地区除外）。

（3）中国邮政小包安全、掉包率低；挂号可全程跟踪。

（4）速度优势。直接交接中国邮政，无须中转香港，包裹交邮局后当天可在中国邮政网查到包裹状态。

（三）中国邮政小包资费标准

中国邮政小包主要国家资费标准如表 6-4 所示。

表 6-4 中国邮政小包主要国家资费标准

区域	国　家	资费标准/（元/千克）	挂号费/元
1	日本	62	8
2	新加坡、印度、韩国、泰国、马来西亚、印度尼西亚	71.5	8
3	奥地利、克罗地亚、保加利亚、斯洛伐克、匈牙利、瑞典、挪威、德国、荷兰、捷克、希腊、芬兰、比利时、爱尔兰、意大利、瑞士、波兰、葡萄牙、丹麦、澳大利亚、以色列	81	8
4	新西兰、土耳其	85	8
5	美国、加拿大、英国、西班牙、法国、乌克兰、卢森堡、爱沙尼亚、立陶宛、罗马尼亚、白俄罗斯、斯洛文尼亚、马耳他、拉脱维亚、波黑、越南、菲律宾、巴基斯坦、哈萨克斯坦、塞浦路斯、朝鲜、蒙古、塔吉克斯坦、土库曼斯坦、乌兹别克斯坦、吉尔吉斯斯坦、斯里兰卡、巴勒斯坦、叙利亚、阿塞拜疆、亚美尼亚、阿曼、沙特、卡塔尔	90.5	8
6	俄罗斯	96.3	8
7	南非	105	8
8	阿根廷、巴西、墨西哥	110	8
9	老挝、孟加拉国、柬埔寨、缅甸、尼泊尔、文莱、不丹、马尔代夫、东帝汶、阿联酋、约旦、巴林、阿富汗、伊朗、科威特、也门、伊拉克、黎巴嫩、秘鲁、智利	120	8
10	塞尔维亚、阿尔巴尼亚、冰岛、安道尔、法罗群岛、直布罗陀、列支敦士登、摩纳哥、黑山、马其顿、圣马力诺、梵蒂冈、摩尔多瓦、格鲁吉亚	147.5	8

【例 6-1】 计算商品的物流运费

一位 eBay 店主卖给了一位美国客人 2 双运动鞋,重量为 300 克/双(纸箱重量 100 克),请分别计算其选用 EMS、ePacket 以及中国邮政小包的运费。

商品总重量=300×2+100=700(克)

根据表 6-1 的数据,采用 EMS 寄送的话,其运费为:280+75=355(元)

根据表 6-2 的数据,采用 ePacket 寄送的话,其运费为:10+0.074×700=61.8(元)

根据表 6-4 的数据,采用中国邮政小包寄送的话,其运费为:90.5 元

第三节 国 际 快 递

一、国际快递概述

(一)国际快递的概念

跨境电商使用较多的另一种物流模式为国际快递。国际快递是指商品通过国际快递公司进行物流配送。知名的国际快递公司主要有 TNT、UPS、FedEx、DHL,中国的顺丰、申通等本土快递公司也逐步涉入跨境物流业务。

(二)国际快递的优点

国际快递多由经验丰富、管理规范的国际知名物流企业所运营,这些企业大多拥有完整的配送链条、覆盖范围较广、服务质量较高、对物流信息的收集与跟踪能力较强。国际快递可以针对不同的顾客群体,如国家地区、商品种类、体积大小、商品重量等选取不同的渠道实现商品速递。国际快递具有时效性高、丢包率低等特点。一般情况下,商品可在 48 小时之内送达到消费者手中。

(三)国际快递的缺点

国际快递的最大缺点是快递费用十分昂贵,偏远地区的附加费尤其高。举个例子,2 千克的包裹从中国递到美国,市面上最低的国际快递价格在 200~260 元,而如果使用国际邮政小包只需要 160 元,价格至少相差 20%。试想在当前跨境电商比拼价格的年代,除非客户有特殊需求,使用此类快递的商家会较少,毕竟增加 20%物流成本,不是每个商家都能够承担得起。此外,国际快递对于商品的要求高,仿牌、含电、特殊类商品基本上都不能递送。

二、TNT

(一)TNT 简介

TNT 是 Thomas National Transport 的简称,成立于 1946 年。TNT 是世界顶级的快递与物流公司,公司总部设在荷兰的阿姆斯特丹,其母公司 TPG 在纽约等证券交易市场上市。TNT 快递国际网络覆盖世界 200 多个国家和地区,提供一系列独一无二的全球整合

性物流解决方案。此外，TNT 还为澳大利亚以及欧洲、亚洲的许多主要国家提供业界领先的全国范围快递服务。

TNT 拥有 43 架飞机、2 万辆货车，全球子公司近 1 000 家，员工超过 4 万人。TNT 同时还拥有数量众多的技术先进的分拣中心和完善齐全的设备资源，竭诚为客户提供业界最快捷、最可信赖的门到门送递服务。

TNT 支持 multiple package shipment（MPS），即中文的一票多件。TNT 按体积重量收费。20 千克以下以每 0.5 千克计费，超过 20 千克以每千克计费。TNT 快递单箱限制的最大重量为 70 千克，对于部分国家偏远地区可能会加收偏远地址费。

TNT 不支持运递食品、液体、粉末、电池、品牌（包括但不限于）和一切中华人民共和国限制出口的商品。如果提交的 TNT 国际运单包括以上物品，订单可能会被延后。

TNT 的优势是速度快，西欧国家通关有优势，澳大利亚、新西兰等国家价格有优势，支持一票多件。

早在 1988 年，TNT 就已进入中国市场。目前，TNT 为客户提供从定时的门到门快递服务和供应链管理，到直邮服务的整合业务解决方案。TNT 在中国拥有 25 个直属运营分支机构，3 个全功能国际口岸和近 3 000 名员工，服务范围覆盖中国 500 多个城市。

（二）TNT 主要服务

TNT 提供国际经济（TNT Economy）和国际特快（TNT Express）的服务，国际经济可于 6~7 个工作日抵达欧美主要地区，国际特快较国际经济快 1~3 个工作日不等。

（三）TNT 快递资费标准

TNT 国际快递于每年 1 月对现有公布价格进行调整，有效期至当年的 12 月 31 日。

三、UPS

（一）UPS 简介

UPS 是 United Parcel Service 的简称，在 1907 年作为一家信使公司成立于美国华盛顿州西雅图，是一家全球性的公司，其商标是世界知名商标之一。UPS 是世界上最大的快递承运商与包裹递送公司，同时也是运输、物流、资本与电子商务服务的领导性的提供者。

UPS 每天都在世界上 200 多个国家和地区管理着物流、资金流与信息流。通过结合货物流、信息流和资金流，UPS 不断开发供应链管理、物流和电子商务的新领域，如今 UPS 已发展成拥有 300 亿美元资产的大公司。

2017 年 6 月 7 日，2017 年《财富》美国 500 强排行榜发布，UPS 快递排名第 46 位。2017 年 6 月，《2017 年 BrandZ 最具价值全球品牌 100 强》公布，UPS 快递排名第 16 位。2018 年 7 月 19 日，《财富》世界 500 强排行榜发布，UPS 快递位列第 138 位。2018 年 12 月 18 日，世界品牌实验室编制的《2018 世界品牌 500 强》揭晓，UPS 快递排名第 50 位。

（二）UPS 的优点

UPS 的主要优点是速度快、服务好。美国 48 小时能到达，货物可送达全球 200 多个国家和地区，查询网站信息更新快，遇到问题解决及时，可以在线发货，全国 109 个城市提供上门取货服务。

（三）UPS 的缺点

UPS 的主要缺点是运费较贵，要计算产品包装后的体积重，对托运物品的限制比较严格。UPS 不支持（包括但不限于）电池、液体、名牌产品或商标、粉末的配送，如果提交联邦快递的订单包含以上物品，合并打包请求可能被延后。UPS 会对体积超大物品收取超重费，部分国家偏远地区可能会加收偏远地址费。

四、美国联邦快递 FedEx

（一）FedEx 简介

FedEx 的总部位于美国田纳西州孟菲斯，在中国香港、加拿大安大略省多伦多、欧洲比利时布鲁塞尔、拉丁美洲美国佛罗里达州迈阿密设有分支机构。

联邦快递为顾客和企业提供涵盖运输、电子商务和商业运作等一系列的全面服务。联邦快递集团通过相互竞争和协调管理的运营模式，提供了一套综合的商务应用解决方案。现在联邦快递有 654 架飞机，每天为 210 个城市的 300 万名顾客服务，主要竞争对手包括 DHL、UPS 及 TNT。

FedEx 在中国有两种方式：FedEx IP（中国联邦快递优先型服务）和 FedEx IE（中国联邦快递经济型服务）。FedEx IP 的特点是时效快、清关能力强、为全球 200 多个国家及地区提供快捷、可靠的快递服务。FedEx IE 的特点是价格更加优惠、时效比较快、清关能力强、为全球 90 多个国家和地区提供快递服务。

（二）FedEx 的优点

联邦快递的主要优点是折扣低、价廉物美，任何体积的货物都按照重量计算。500 克以下的物品可以按文件价格计算。可以当天收货、当天操作、当天上网，清关能力强。

到中南美洲和欧洲的价格较有竞争力，去其他地区，运费较贵。网站信息更新快，网络覆盖全，查询响应快。

（三）FedEx 的缺点

联邦快递的主要缺点是速度偏慢，查询网站信息滞后，通达国家较少，一旦出现问题只能做书面查询，时间较长。需要考虑产品体积重，对托运物品限制也比较严格。

五、DHL

（一）DHL 简介

DHL 是全球著名的邮递和物流集团 Deutsche Post DHL 旗下公司，主要包括以下几个业务部门：DHL Express、DHL Global Forwarding、Freight 和 DHLSupply Chain。

1969 年，DHL 开设了它的第一条从旧金山到檀香山的速递运输航线，公司的名称 DHL 由 3 位创始人姓氏的首字母组成（Dalsey，Hillblom and Lynn）。很快，DHL 把它的航线扩张到中国香港、日本、菲律宾、澳大利亚和新加坡。在致力于建立起一个崭新的、提供全球门到门速递服务的网络的构想下，在 20 世纪 70 年代中后期，DHL 把它的航线扩展到南美洲、中东地区和非洲。2018 年 12 月，DHL 入围 2018 世界品牌 500 强。

DHL 的机队大约有 420 架飞机，机型主要包括空中客车 A300 型货机和波音 757 型货机；原有的波音 727 机队正在慢慢地退出服务。DHL 机队的枢纽机场设在比利时的布鲁塞尔，作业车辆有 76 200 多辆。

（二）DHL 的优点

DHL 主要优点是速度快，尤其是到欧洲只需 3 个工作日，到东南亚地区只需 2 个工作日，派送网络遍布世界各地，查询网站货物状态更新及时，遇到问题解决快，21 千克以上物品更有单独的大货价格，部分地区大货价格比国际还要低，超省费用。

（三）DHL 的缺点

DHL 主要缺点是小货折扣高，比国际 EMS 费用高 20%～30%，体积重大于实际重按照体积重量计算费用，对所托运的物品限制比较多，拒收许多特殊商品。

【例 6-2】 某位商家卖给日本客户一件商品，商品包装后其总重量为 0.6 千克，如果选用 DHL 发货，请计算其运费。

查询 DHL 运费可知，邮寄到日本首重是 0.5 千克，运费是 135 元，续重 50 元/0.5 千克，采用 DHL 寄送的话，其运费为：135＋50＝185（元）。

第四节　国际专线物流

一、国际专线物流概述

（一）国际专线物流简介

国际专线物流大多在出口区域中心城市（如我国的广州、深圳）设有出口仓库，在仓库完成国际寄送物品的整理、分拣、分配、包装，并根据货物去向统一订购航班舱位，通过统一分拣统一发货，能够大大降低成本，提高速度。

根据从事专线物流公司所属行业，可以分为跨境电商平台企业专线物流和国际物流企业专线物流。

跨境电商平台专线物流是为了更好地为平台内中小企业解决物流问题而开发的物流项目，它们大多在国内建仓，专业为在该平台内从事跨境电商的中小企业提供物流解决方案，平台内的电商企业发货可以享受运费优惠，操作简单。例如，敦煌网上线"在线发货"e-ulink 专线物流服务，到主要出口市场美国 0.5 千克的商品费用为 63.28 元，大大低于邮政小包的计费标准。

国际物流企业的专线物流是从物流配送的专业化角度出发开发的专线物流，更注重地区性和专业性。例如，针对中俄跨境电商的 XRU 俄速通专业从事中俄物流，在清关、物流衔接等环节更富专业性。恒盛通物流公司具有俄罗斯专线、中美专线等国际专线物流，并且提供清关、关税、送货上门等一站式服务。

（二）国际专线物流的优点

国际专线物流的成本相对较低，配送效率相对较高。其物流起点、物流终点、运输工具、运输线路、运输时间基本固定，物流时效较国际小包快，物流成本较国际快递低，且在其服务范围内的通关、衔接等业务中表现规范并高效，清关方面专线物流基本上都是这方面的专家。因此，如果跨境电商企业只做某地市场，且对清关方面有较高要求的话，国际专线物流是一种较好的物流解决方案。

（三）国际专线物流的缺点

国际专线物流的缺点也很明显，覆盖范围窄，主要集中在传统欧美市场和新兴俄罗斯市场。许多专线物流企业只能控制国内物流线路，国外物流线路仍交给当地邮政企业，可能出现运送延迟。同时，专线物流大多不提供退货服务。

二、典型国际专线物流简介

（一）Special Line—YW 简介

燕文航空挂号小包根据不同目的国家选择服务最优质和派送时效最快的合作伙伴。燕文在北京、上海和深圳 3 个口岸直飞各目的国，避免了国内转运时间的延误，并且和口岸仓航空公司签订协议保证稳定的仓位。全程追踪，派送时效在 10～20 个工作日。

（二）Russian Air 简介

Russian Air 是由黑龙江俄速通国际物流有限公司提供的中俄航空小包专线服务。包机直达俄罗斯，80%以上包裹 25 天内到达买家目的地邮局。运费根据包裹重量按克计费，1 克起重，每个单件包裹限重在 2 千克以内。交寄便利，深圳、广州、金华、义乌、杭州、宁波、上海、苏州、北京、无锡、温州 1 件起免费揽收，揽收区域或非揽收区域也可自行发货到指定集货仓。邮件丢失或损毁提供赔偿，可在线发起投诉，投诉成立后最快 5 个工作日完成赔付。

（三）Aramex 简介

Aramex 国际快递在国内又称中东专线，是全球国际快递联盟创始成员，也是第一家在纳斯达克上市的中东地区企业。Aramex 国际快递在中东、南亚、北非地区价格和清关具有绝对优势。目前 Aramex 快递网路已经超过 12 000 个点，拥有 33 000 辆车和 66 000 多名员工，服务 240 多个不同的国家、310 个不同的地点，服务区域覆盖全世界。强大的联盟网络服务，为其国际运输中提供了强大的支撑力量和保障服务。目前 DHL 部分中东货件也是由 Aramex 清关、派送。

Aramex 是发货至中东地区的首选快递，时效非常有保障，价格合理，服务多元化。正常时效为 3 个工作日，一般时间为 3~5 个工作日，主要优势在于中东、北非、南亚等 20 多个国家和地区。Aramex 快递发往迪拜的货物，相比 DHL 物流服务，价格优势显著，最低降幅达 60%。

（四）SPSR 简介

"中俄快递—SPSR"服务商 SPSR Express 是俄罗斯最优秀的商业物流公司之一，也是俄罗斯跨境电商行业的领军企业。"中俄快递—SPSR"提供经北京、香港、上海等地出境的多条快递线路，可寄送重量 100 克~31 千克，尺寸在长宽高之和小于 180 厘米单边不超过 120 厘米以内的包裹，运送范围为俄罗斯全境。

第五节 海 外 仓

一、海外仓概述

（一）海外仓简介

海外仓又称海外仓储，指在跨境电商目的国预先租赁或建设仓库，通过国际物流预先把商品送达仓库，然后通过互联网销售商品，当接到顾客订单后从海外仓进行分拣、包装和配送。确切来说，海外仓储应该包括头程运输、仓储管理和本地配送三个部分。头程运输时，商家可以通过海运、陆运、空运或者联运将商品运送至海外仓库；仓储管理阶段，商家通过物流信息系统，远程操作海外仓储货物，实时管理库存；本地配送阶段，海外仓储中心根据订单信息，通过本地邮政或快递将商品配送给顾客。

（二）海外仓的优点

海外仓最大的优势在于可以使得卖家实现远程的货物管理并使卖家在短时间就收到商品，因而大大提升了用户体验。海外仓的物流模式对于跨境电商的发展具有先导性的作用，同时，海外仓储这种物流模式完全改变了卖家与物流配送的关系。

海外建仓的物流运营模式其实就是供应商在目标国消费市场建立储备仓库，在消费者下单前就根据前期物流订单的数据平台信息和采购趋势预测将货源直接发往目标国仓库，当客户下单后，直接从海外仓库调配商品，并通过当地的国内运输运送到消费者手中。这种配送模式可以大大缩短客户下单后的等待时间，使客户获得与国内网上购物毫无二致的物流配送体验，这是跨境电商企业突破跨境物流配送时滞最直接有效的方式。同时，由于是前期配货，可以选择海运将商品运至目的地，运输限制减少，电商企业的产品线极为丰富，利于跨境电商的横向扩展。

（三）海外仓的缺点

虽然海外仓库具备诸多优势，但是毕竟仓库是一个"蓄水池"，它会掩盖供应链当中许多问题。成本是决定海外建仓物流配送费用高低的关键。

1. 库存管理困难

因为所有的库存都在遥远的境外仓库，卖家不能亲眼看到仓库里的库存，如果是一个早晨起来就必须看到自己库存的卖家，那么可能就不太适合用海外仓储。在一定程度上，卖家对海外仓服务的信任程度也是很关键因素。

2. 增加仓储费用成本

海外建仓必定带来仓库的租赁、人工等固定成本，同时，前期对商品库存量的预测十分困难：商品发多了，积压在仓库，占用库存，库存商品的维护费用将大幅提高，若销售不佳，需要支付调配至其他市场或退库存的额外运费；若商品发少了，不能给消费者带来海外建仓快速配送的优质体验，达不到建仓效果。卖家需要先算一下目前发货方式所需要的成本，再对比一下使用海外仓储的费用，尤其是货物在淡季的仓储费用，如果一个月的订单量过少，在利润方面没什么实际优势，那么不太适合做海外仓储。成本问题永远是优先考虑的因素，建议在商品销售旺季使用海外仓储服务。

3. 受限于销售商品的性质

海外仓储要求卖家有一定的库存来进行销售，如果商品必须根据客户的需要来生产，无法提前准备商品，那么不太适合海外仓储。并不是所有的商品都适合做海外仓储，建议可以根据实际情况自主地设计一些固定的商品供广大客户选择。

二、海外仓的运作流程

海外仓从兴起到现在，已经形成一套较为成熟的运作流程。海外仓不仅是涉及跨境电商企业和跨境物流的简单配合，还包含计算机信息技术、金融支付、报关报检和咨询管理等行业的工作内容，而且这些大多是以提供知识密集型的服务为主。海外仓有效整合了这些行业的优势及特点，运用到海外仓的经营管理当中，不仅解决了跨境物流的种种难题，还为跨境电商企业提供了多元化的服务，满足跨境电商及物流的一体化需求，促进双方的发展。海外仓的运作流程可以分为三部分，即头程运输、仓储管理以及本地配送，下面分别进行详细介绍。

（一）头程运输

一般国内跨境电商出口企业在未接收到国外客户下单之前，就通过传统的运输方式，将商品提前运送到海外仓，其中包括许多流程，如集中式报关、个性化加工等额外的增值服务，这些商品通过批量处理，提高了管理精准度和作业效率，节约了大量时间和运输及管理成本。

(二) 仓储管理

仓储管理不仅是单纯地存储商品，这个过程中还会对海外仓的商品进行精细科学的分类存储，以便商品出库时更加高效方便。此外，仓储管理还能提供订单管理服务，根据订单及时发货，根据订单的数量预测下一季度或某个相似时间段的商品销售数量，还可以将海外仓当地季节、节日等因素，反映给跨境电商企业，以便及时仓储合适量的商品。这可以避免缺货情况的出现或者库存量过多的压力，从而减少跨境电商企业的库存成本，提高海外仓的利用率。

(三) 本地配送

境外消费者通过跨境电商平台下单，跨境电商企业收到客户的订单信息之后发送给海外仓管理系统，由海外仓出库商品发货。这就使得跨境电商的销售行为转换为境内销售行为，省去了跨境电商所在国到目标市场海外仓的距离，减少了客户从下单到接收商品的时间，无须经历漫长的等待。同时，海外仓也成为跨境电商企业展示自身商品的一个窗口，吸引消费者，使得消费者更加了解远在境外的跨境电商企业，从而提高了跨境电商企业的知名度，增加消费者重复购买行为。

海外仓的运作流程如图 6-2 所示。在境内，厂家或者通过自提送货、集货理货的方式把商品运送至头程仓，根据商品的特性和数量办理拼箱还是整箱的运输包装，然后由跨境电商企业或者货运代理公司办理订舱报关及退税手续，将商品送到目标国。办理完入境清关、缴税等手续之后，将商品运送至海外仓，海外仓对货物即时入库上架，进行

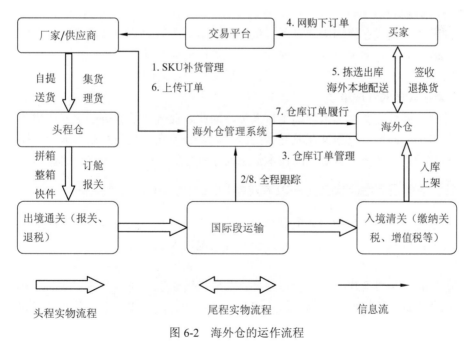

图 6-2　海外仓的运作流程

精准分类、安全有效的仓储管理。境外的买家若通过 eBay/Amazon 或其他的跨境电商平台购买商品下单，跨境电商企业上传订单至海外仓管理系统，仓库管理人员及时履行订单，拣选商品出库进行海外本地配送，将商品送到消费者手中。此外，海外仓还可以履行退换货、补货管理等增值服务。整个流程一气呵成，由专业的公司把握各个环节点。这三个流程并不是孤立运转，而是由海外仓系统对整个流程进行全局掌控。

三、海外仓建设的三种模式

目前我国海外仓有三种比较典型的经营模式：自建模式、与第三方合作模式及一站式配套服务模式。

（一）自建模式——以兰亭集势为例

自建模式是指实力雄厚的跨境电商企业在海外建立专属的海外仓，代表企业就是兰亭集势。兰亭集势成立于 2007 年，至今已有 10 多年的历史，是我国跨境电商开展最早的企业之一。兰亭集势发展至今已经积累了一定的海外运营经验和客户群体，在国外占有一定的市场规模。兰亭集势资金实力雄厚，在国外有固定庞大的销售量并有不断扩大的趋势，为减少物流成本，兰亭集势于 2014 年在欧洲市场建立海外仓，次年又在北美建立海外仓。跨境电商企业是否选择自建海外仓模式，需要考虑以下因素。

1. 选址因素

海外仓选址的影响因素很多，如和消费者及港口的距离、运输交通条件、自然条件等。由于跨境电商企业距离目标市场较远，对目标市场所在国缺乏了解，因此需要提前调研，比较不同仓库地址的优劣势，选择合适的仓库地址。

2. 成本控制

自建海外仓模式在前期需要投入大量建设成本，在运营期间也需花费管理成本，在短期内很难获得投资回报，并且目前我国建立跨境电商海外仓主要选择欧美地区，这些地方的成本远高于国内，一般跨境电商企业很难承担前期的巨额投入。

3. 团队人员的管理难题

海外仓在海外需要聘用当地的工作人员，因此之前必须了解所在国的法律政策、劳工待遇等方面的问题，克服文化差异和交流阻碍。海外仓还是与互联网最新科技相结合的一个新型模式，需要大量专业的技术信息人才进行供应链、仓储方面的管理。

（二）与第三方合作模式——以大龙网为例

与第三方合作模式是指跨境电商企业和第三方企业合作共用海外仓的模式，包括租用第三方的海外仓和双方共同建立海外仓两种情况，大龙网就是其中的代表企业。大龙网积极在目标市场与第三方寻求合作。2014 年，在俄罗斯，大龙网与俄罗斯的大型物流企业——俄速通达成合作，双方优势互补，共同出资建设大龙网在俄罗斯的海外仓，为俄罗斯消费者提供快捷便利的物流运输服务。同年 8 月，在印度，大龙网又顺利与物流商 DTDC 达成合作协议。这次合作创新了与第三方的合作模式，决定由 DTDC 筹集资金，大龙网组织在印度的销售管理团队。与第三方合作模式一方面由双方分摊建仓成本，缓解跨境电商的资金压力；另一方面也可以利用第三方所在国对目标市场的熟悉了解，加快跨境电商建仓进程，使跨境电商企业更快融入目标市场，适应所在国的环境，避免不必要的文化冲突和矛盾。

（三）一站式配套服务模式——以递四方速递为例

一站式配套服务模式是指由物流公司在海外建立海外仓，提供从境内到境外商品运输的一系列服务，典型的代表企业就是递四方速递。递四方速递的物流服务遍及全球大部分国家和地区，递四方速递选择在海外建立仓库，为跨境电商企业提供以海外仓为核心的国际物流服务，极大地提高了运输效率。仓储是物流的一个重要环节，递四方速递作为以传统物流服务起家的物流公司，仓库是其经营管理的一个专业领域，已经积攒一定仓库管理经验。而建设海外仓可以利用这些仓储管理经验及对目标市场的了解，为跨境电商企业提供专业的物流服务，合理分工，提高了跨境电商企业和物流公司双方的工作效率和收益，使跨境电商领域更加专业化。

海外仓的三种建设模式各有优劣，三种海外仓建设模式的优劣势比较如表6-5所示。

表6-5　三种海外仓建设模式的优劣势比较

建设模式	优　　势	劣　　势
自建模式	（1）后期成本下降； （2）库存周转率大； （3）自主性高，有效控制和管理商品物流	（1）国家的法律和税务的限制； （2）需调配各方面的资源，维护仓库的运营成本高； （3）管理难度大
与第三方合作模式	（1）共同承担运营风险及成本，分担建设投入，可以提高单件商品利润率； （2）第三方物流在物流运输及仓储管理方面更专业； （3）互补，有效弥补跨境电商薄弱环节的劣势，专业分工	（1）电商企业失去对货物的有效控制； （2）第三方物流质量难以确定
一站式配套服务模式	（1）利用资源； （2）更优质的服务	（1）追求面面俱到而本末倒置； （2）方案制订较为困难

根据上述三种海外仓典型建设模式的分析可知，自建模式最为灵活，能够有效控制和管理商品物流，其他两种模式不具备如此好的优势，但同时其成本和风险也是最高的，适用于市场占有率大、资金实力强劲的大型跨境电商企业。但实际上这些资金实力雄厚的大型跨境电商企业不多，我国更多的是发展较为缓慢的中小型跨境电商企业，资金周转不是那么灵活富足，能承担的风险也较小，这类跨境电商企业与第三方合作的模式是更合适的选择。这类企业虽然已经具备一定实力，销量也可观，但仍然很难租赁到大型跨境电商企业的海外仓，因此需要和第三方企业合作，利用第三方更加专业的物流服务。这类跨境电商企业目前占比较大，而且迫切需要借助第三方的海外仓开展业务，对海外仓的需求较为稳定。

从卖家角度看，一站式配套服务模式相比其他两种模式而言，服务更加专业全面，而且跨境电商企业承担的风险、成本最小，跨境电商企业最为省心，适合于小型或者缺乏物流管理经验的跨境电商企业。这些跨境电商企业看中广阔的全球市场，积极拓展海外业务，但由于初期缺乏管理经验、缺乏品牌知名度，很难打开全球市场，因此可借助一站式配套服务模式顺利开展国外业务。所以，未来一站式配套服务模式的发展前景也非常广阔。

三种海外仓经营模式在成本、管理、服务等方面各有优点和缺点，因此不同类型、不同发展时期的跨境电商企业，不能随便选择海外仓的运营模式，应了解自身企业的特性和各种海外仓运营模式的特点，选择最合适的模式，节约成本，控制风险。

第六节　跨境电商物流模式比较

一、新型跨境物流模式

（一）边境仓

边境仓是指在跨境电商目的国的邻国边境内租赁或建设仓库，通过物流将商品预先运达仓库，在互联网上接受客户订单后，从该仓库进行发货。根据所处地域不同，边境仓可分为绝对边境仓和相对边境仓。海外仓的运营需要成本，商品存在积压风险，送达后的商品很难再退回国内，这些因素推动着边境仓的出现。一些国家的税收政策十分严格和政局不稳、货币贬值、严重的通货膨胀等因素，也会刺激边境仓的出现，如巴西的税收政策十分严格，海外仓成本很高，那么可以在与其相接壤国家的边境设立边境仓，利用南美自由贸易协定推动对巴西的跨境电商。

绝对边境仓是指跨境电商的交易双方所在国家相邻，将仓库设在卖方所在国家与买方所在国家相邻近的城市，如我国对俄罗斯的跨境电商交易，在哈尔滨或中俄边境的中方城市设立仓库。

相对边境仓是指跨境电商的交易双方不相邻，将仓库设在买方所在国的相邻国家的边境城市，如我国对巴西的跨境电商交易，在与之相邻的阿根廷、巴拉圭、秘鲁等接壤国家的临近边境城市设立仓库。相对边境仓对买方所在国而言属于边境仓，对卖方所在国而言属于海外仓。

（二）保税区、自贸区物流

保税区或自由贸易区（以下简称"自贸区"）物流，指先将商品运送到保税区或自贸区仓库，在互联网上获得客户订单，通过保税区或自贸区仓库进行分拣、包装等程序后集中运输并进行物流配送的一种物流方式。这种物流方式具有集货物流和规模化物流的特点，有利于缩短物流时间和降低物流成本。

保税区模式是目前最常用的跨境进口电商物流配送模式之一。保税区的商品暂时不需要向海关缴纳进口关税、增值税、消费税等税赋，只有当客户下订单之后，卖家将信息对接清关信息系统，发货出保税区进行配送时才需要缴纳进口税，这可降低企业成本。

保税区最显著的特征是通过仓储前置,用位移换时间,然后通过更经济的方式降低干线运输成本。这是一种提前备货、高效通关,最后选择更经济物流企业完成"最后一公里"运输的物流运作模式。

通过自贸区或保税区仓储,可以有效利用自贸区与保税区的各类政策、综合优势与优惠措施,尤其是保税区和自贸区在物流、通关、商检、收付汇、退税方面的便利,简化跨境电商的业务操作,实现促进跨境电商交易的目的。

这种新型的"保税备货模式",只需要消费者承担商品价格和国内物流费用,其他风险都由卖家承担,消费者购物风险得到极大程度的降低,有利于企业大订单集货,降低商品价格,提高客户满意度,避免了传统模式下的很多不利因素。

(三)集货物流

集货物流指先将商品运输到本地或当地的仓储中心,达到一定数量或形成一定规模后,通过与国际物流公司合作,将商品运到境外买家手中,或者将各地发来的商品先进行聚集,然后再批量配送,或者一些商品类似的跨境电商企业建立战略联盟,成立共同的跨境物流运营中心,利用规模优势或优势互补理念,达到降低跨境物流费用的目的。

二、跨境电商物流模式选择

物流环节对于跨境电商来说显得尤其重要,小卖家一般可以通过平台发货,选择国际邮政小包等渠道,但是大卖家或者独立电商平台的卖家,他们需要优化物流成本、考虑客户体验、整合物流资源并探索新的物流模式。

(一)跨境电商物流模式比较

目前的跨境电商物流模式各有优缺点,跨境电商物流模式比较如表 6-6 所示。

表 6-6　跨境电商物流模式比较

物流模式	优　势	劣　势
国际邮政小包	邮政网络基本覆盖全球,比其他任何物流渠道都广。而且,由于邮政一般都是国有,有国家税收补贴,价格非常便宜	一般以私人包裹方式出境,不便于海关统计,也无法享受正常的出口退税。同时,速度较慢,丢包率高
国际快递	速度快、服务好、丢包率低,尤其是发往欧美发达国家和地方非常方便。例如,使用 UPS 从中国寄包裹到美国,最快可以在 48 小时内到达,TNT 发往欧洲一般 3 个工作日可到达	价格昂贵,且价格资费变化较大。一般跨境电商卖家只有在客户强烈要求时效性时才会使用,且会向客户收取运费
国际专线物流	集中大批量货物发往目的地,通过规模效应降低成本,因此价格比国际快递低,速度比邮政小包快,丢包率也比较低	相比邮政小包来说,运费成本还是高了不少,而且在国内的揽收范围相对有限,覆盖区域有待扩大

续表

物流模式	优势	劣势
海外仓	用传统外贸方式走货，可以降低物流成本；相当于销售发生在本土，可提供灵活可靠的退换货方案，提高了海外客户的购买信心；发货周期短，发货速度快，可降低跨境物流缺陷交易率；可以帮助卖家拓展销售品类，突破"大而重"商品的发展瓶颈	不是任何产品都适合海外仓，最好是库存周转快的热销单品，否则容易压货。同时，对卖家在供应链管理、库存管控、动销管理等方面提出了更高要求

（二）跨境电商物流模式选择

每种跨境电商物流模式均有自己的优势和劣势，跨境电商企业在选择跨境物流时可以根据如下原则选择适合的物流模式。

1. 根据配送速率选择

对配送速率要求比较高的商品可以选择国际快递，国际快递的费用虽然高，但是可以实现全程跟踪，并且在5～7天就可以将商品送达，包裹遗失以及客户撤销付款的风险比较低。如果对配送速度要求不高，可以选择国际邮政小包，商品的重量控制在2千克以下，这种运送方式虽然方便、便宜，但是时效性不稳定，物流信息更新慢，容易出现丢包和产生客户纠纷。

2. 根据目的国的物流环境选择

不同国家物流发展的情况不同，物流环境也存在一定的差异，因此，不同国家的物流运输方式也就存在较大的区别。

西欧、北欧、南欧可以使用清关能力较强的DHL、TNT，TNT在荷兰、比利时具有明显的优势。DHL在东欧的罗马尼亚、保加利亚、摩尔多瓦、匈牙利等国家和地区有优势。

在亚洲，韩国、日本、泰国等适合选用FedEx、DHL，FedEx时效快，DHL速度快，但是两者的价格都比较高。对于印度尼西亚则可以使用清关能力较强的DHL。

大洋洲的DHL、UPS速度快，但是价格高；TNT、FedEx价格低，但是网点比较少。寄往澳大利亚的商品包装上要贴上"Made in China"的字样。

对于中美洲，FedEx有价格优势，但是要预防清关风险。

非洲的国际快递比较贵，而且有些寄送地区比较偏远，因此，邮政小包是一种不错的选择。

第七节 跨境电商物流中的通关与报关

一、跨境电商的通关方式

当前跨境电商中常用的通关方式有三种：邮件方式通关、快件方式通关和一般贸易通关。

（一）邮件方式通关

邮件方式通关是指通过邮政渠道进出境的包裹、小包邮件以及印刷品等所有国际邮件都要接受海关的检查，以维护国家安全为目的，不仅征收关税等租税收入，并且为保护国民健康安全，还会扣留物品。海关不会允许所有的邮件进入境内，会禁止或限制一部分邮件的通关。为了更有效地执行任务，海关指定通关邮局，对国际邮件进行集中通关，根据海关检查，把物品分为免税对象物品、进口申报对象邮件和通关限制物品等。免税对象物品自动运送到收取人家中，通关对象邮件只有经过通关程序才能领取。有关进口申报对象邮件和通关限制物品的通关程序，请参照海关通报的海关通知。同时，海关对出口邮件进行抽样检查，发现出口伪造产品等出口限制物品时，会根据相关法律进行处罚。海关对邮寄进出口邮件的限制有明确规定：对寄自或寄往国外的包裹、小包、物品型特快专递邮件每次限值人民币 1 000 元；对寄自或寄往港澳台地区的包裹、小包、物品型特快专递邮件每次限值 800 元。

优点：方便灵活，由邮局办理通关手续。

缺点：与其他邮快件混在一起，物流通关效率较低，速度慢。

适合企业：业务量较少，商品价值较低，客户对时效性要求不高。

（二）快件方式通关

快件方式通关，是指进出境快件运营人以快速商业运作方式承揽、承运的进出境货物、物品。中国海关将进出境快件分为文件类、个人物品类和货样类三类。文件类进出境快件是指法律法规规定免税且无商业价值的文件、单证、票据及资料。个人物品类进出境快件是指海关规定自用、合理数量范围内进出境旅客分离运输行李物品、亲友之间相互馈赠物品和其他个人物品。货样类进出境快件则是个人物品和文件之外的快件，如参加展览的样品和广告品等。快件通关的产品是非通过正式金钱交易的产品。

个人物品类和文件类快件的通关，一般参照邮政通关的做法，而货样类快件的通关，除了免征税的货样、广告品外，其他货物通常应参照一般贸易的方式通关和扣税。

优点：由快递服务提供商办理通关手续，免去自己办理通关手续的麻烦。

缺点：与其他快件混在一起，通关效率较低，量大时成本会迅速上升。

适合企业：业务量较少，偶尔有零星订单的企业。

（三）一般贸易通关

1. 集货通关（先有订单，再发货）

以进口商品为例，商品生产商将多个已售出商品统一打包，通过国际物流运至国内的保税仓库，电商企业为每件商品办理海关通关手续，经海关查验放行后，由电商企业委托国内快递派送至消费者手中。

优点：灵活，不需要提前备货，相对邮快件清关而言，物流通关效率较高，整体物流成本有所降低。

缺点：需在海外完成打包操作，海外操作成本高，且从海外发货，物流时间稍长。

适合企业：业务量迅速增长的企业，每周都有多笔订单。

2. 备货清关（先备货，后有订单）

同样以进口商品为例，商品生产商将境外商品批量备货至海关监管下的保税仓库，消费者下单后，电商企业根据订单为每件商品办理海关通关手续，在保税仓库完成贴面单和打包，经海关查验放行后，由电商企业委托国内快递派送至消费者手中。

优点：提前批量备货至保税仓库，国际物流成本低，有订单后，可立即从保税仓库发货，通关效率快，可及时响应售后服务要求，用户体验佳。

缺点：使用保税仓库有仓储成本，备货会占用资金。

适用企业：业务规模较大、业务量稳定的企业。可通过大批量订货或提前订货降低采购成本，可逐步从空运过渡到海运从而降低国际物流成本，或采用质押监管融资解决备货引起的资金占用问题。

二、通关与报关的基本流程

（一）基本术语

1. 报关

报关是履行海关进出境手续的必要环节之一，指的是进出境运输工具的负责人、货物和物品的收发货人或其代理人，在通过海关监管口岸时，依法进行申报并办理有关手续的过程。

报关涉及的对象可分为进出境的运输工具和货物、物品两大类。由于性质不同，其报关程序各异。运输工具如船舶、飞机等通常应由船长、机长签署到达、离境报关单，交验载货清单、空运单、海运单等单证向海关申报，作为海关对装卸货物和上下旅客实施监管的依据。而货物和物品则应由其收发货人或其代理人，按照货物的贸易性质或物品的类别，填写报关单，并随附有关的法定单证及商业和运输单证报关。如属于保税货物，应按"保税货物"方式进行申报，海关对应办事项及监管办法与其他贸易方式的货物有所区别。

2. 通关

通关即结关、清关（customs clearance），是指进口货物、出口货物和转运货物进入一国海关关境或国境必须向海关申报，办理海关规定的各项手续，履行各项法规规定的义务；只有在履行各项义务，办理海关申报、查验、征税、放行等手续后，货物才能放行，货主或申报人才能提货。同样，载运进出口货物的各种运输工具进出境或转运，也均需向海关申报，办理海关手续，得到海关的许可。货物在结关期间，不论是进口、出口或转运，都是处在海关监管之下，不准自由流通。

（二）报关基本流程

报关工作的基本流程分为申报、查验和放行三个阶段。

1. 进出口货物的申报

进出口货物的收、发货人或者他们的代理人，在货物进出口时，应在海关规定的期限内，按海关规定的格式填写进出口货物报关单，随附有关的货运、商业单据，同时提供批准货物进出口的证件，向海关申报。报关的主要单证有以下几种。

（1）进口货物报关单。一般填写一式两份（北京海关要求报关单份数为三份）。报关单填报项目要准确、齐全，字迹清楚，不能用铅笔；报关单内各栏目，凡海关规定有统计代号的，以及税则号列及税率一项，由报关员用红笔填写；每份报关单限填报四项货物；如发现情况有误或其他情况需变更填报内容的，应主动、及时向海关递交更改单。

（2）出口货物报关单。一般填写一式两份（北京海关要求三份）。填单要求与进口货物报关单基本相同。如因填报有误或需变更填报内容而未主动、及时更改的，出口报关后发生退关情况，报关单位应在3天内向海关办理更正手续。

（3）随报关单交验的货运、商业单据。任何进出口货物通过海关，都必须在向海关递交已填好的报关单的同时，交验有关的货运和商业单据，接受海关审核诸种单证是否一致，并由海关审核后加盖印章，作为提取或发运货物的凭证。随报关单同时交验的货运和商业单据有：海运进口提货单；海运出口装货单（需报关单位盖章）；陆、空运单；货物的发票（其份数比报关单少一份，需报关单位盖章）；货物的装箱单（其份数与发票相等，需报关单位盖章）；等等。

需要说明的是如海关认为必要，报关单位还应交验贸易合同、订货卡片、产地证明等。另外，按规定享受减、免税或免验的货物，应在向海关申请并已办妥手续后，随报关单交验有关证明文件。

（4）进（出）口货物许可证。进出口货物许可证制度，是对进出口贸易进行管理的一种行政保护手段。我国与世界上大多数国家一样，也采用这一制度对进出口货物、物品实行全面管理。必须向海关交验进出口货物许可证的商品并不固定，而是由国家主管部门随时调整公布。凡按国家规定应申领进出口货物许可证的商品，报关时都必须交验由对外贸易管理部门签发的进出口货物许可证，并经海关查验合格无误后始能放行。但对外经济贸易合作部所属的进出口公司、经国务院批准经营进出口业务的各部所属的工贸公司、各省（自治区、直辖市）所属的进出口公司，在批准的经营范围内进出口商品，视为已取得许可，免领进出口货物许可证，只凭报关单即可向海关申报；只有在经营进出口经营范围以外的商品时才需要交验许可证。

（5）商检证书。海关指示报关单位出具商检证书，一方面是监督法定检验商品是否已经接受法定的商检机构检验；另一方面是取得进出口商品征税、免税、减税的依据。根据《中华人民共和国进出口商品检验法》以及《商检机构实施检验的进出口商品种类表》（以下简称《种类表》）规定，凡列入《种类表》的法定检验的进出口商品，均应在报关前向商品检验机构报验。报关时，对进口商品，海关凭商检机构签发的检验证书或在进口货物报关单上加盖的印章验收。

除上述单证外，对国家规定的其他进出口管制货物，报关单位也必须向海关提交由国家主管部门签发的特定的进出口货物批准单证，由海关查验合格无误后再予以放行。诸如食品卫生检验，药品检验，动植物检疫，文物出口签订，金银及其制品的管理，珍贵稀有野生动物的管理，进出口射击运动、狩猎用枪支弹药和民用爆破物品的管理，进出口音像制品的管理等均属此列。

2. 进出口货物的查验

进出口货物，除海关总署如军用物资特准查验的以外，都应接受海关查验。查验的目的是核对报关单证所报内容与实际到货是否相符，有无错报、漏报、瞒报、伪报等情况，审查货物的进出口是否合法。海关查验货物，应在海关规定的时间和场所进行。如有特殊理由，事先报经海关同意，海关可以派人员在规定的时间和场所以外查询。申请人应提供往返交通工具和住宿并支付费用。

海关查验货物时，要求货物的收、发货人或其代理人必须到场，并按海关的要求负责办理货物的搬移、拆装箱和查验货物的包装等工作。海关认为必要时，可以径行开验、复验或者提取货样，货物保管人应当到场作为见证人。查验货物时，由于海关关员责任造成被查货物损坏的，海关应按规定赔偿当事人的直接经济损失。赔偿办法：由海关关员如实填写《中华人民共和国海关查验货物、物品损坏报告书》一式两份，查验关员和当事人双方签字，各留一份。双方共同商定货物的受损程度或修理费用（必要时，可凭公证机构出具的鉴定证明确定），以海关审定的完税价格为基数，确定赔偿金额。赔偿金额确定后，由海关填发《中华人民共和国海关损坏货物、物品赔偿通知单》（以下简称《通知单》），当事人自收到《通知单》之日起，3个月内凭单向海关领取赔款或将银行账号通知海关划拨，逾期海关不再赔偿。赔款一律用人民币支付。

3. 进出口货物的放行

海关对进出口货物的报关，经过审核报关单据、查验实际货物，并依法办理了征收货物税费手续或减免税手续后，在有关单据上签盖放行章，货物的所有人或其代理人才能提取或装运货物。此时，海关对进出口货物的监管才算结束。另外，进出口货物因各种原因需海关特殊处理的，可向海关申请担保放行。海关对担保的范围和方式均有明确的规定。

（三）报关时需提交的单证

（1）进出口货物报关单。一般进口货物应填写一式两份；需要由海关核销的货物，如加工贸易货物和保税货物等，应填写专用报关单一式三份；货物出口后需国内退税的，应另填一份退税专用报关单。

（2）货物发票。要求份数比报关单少一份，对货物出口委托国外销售，结算方式是待货物销售后按实销金额向出口单位结汇的，出口报关时可准予免交。

（3）陆运单、空运单和海运进口的提货单及海运出口的装货单。海关在审单和验货后，在正本货运单上签章放行退还报关员，凭此提货或装运货物。

（4）货物装箱单。其份数同发票，但是散装货物或单一品种且包装内容一致的件装货物可免交。

（5）出口收汇核销单。一切出口货物报关时，应交验外汇管理部门加盖"监督收汇"章的出口收汇核销单，并将核销编号填在每张出口报关单的右上角处。

（6）海关认为必要时，还应交验贸易合同、货物产地证书等。

（7）其他有关单证。包括：①经海关批准准予减税、免税的货物，应交海关签章的减免税证明，北京地区的外资企业需另交验海关核发的进口设备清单；②已向海关备案的加工贸易合同进出口的货物，应交验海关核发的"登记手册"。

（四）报关时需要注意的事项

《中华人民共和国海关法》规定："进出口货物收发货人、报关企业办理报关手续，必须依法经海关注册登记。未依法经海关注册登记，不得从事报关业务。"以法律的形式明确了对向海关办理进出口货物报关纳税手续的企业实行注册登记管理制度。因此，完成海关报关注册登记手续，取得报关资格是报关单位的主要特征之一，也就是说，只有当有关的法人或组织取得了海关赋予的报关权后，才能成为报关单位，方能从事有关的报关活动。另外，报关单位还必须是"境内法人或组织"，能独立承担相应的经济和法律责任，这是报关单位的另一个特征。

报关时的主要注意事项如下。

（1）进口单证（装箱单，发票，贸易合同）等所有单证一定和实际货物一致。

（2）装箱单、发票、贸易合同等单证上的货物品名一定要一样并且和实际货物的品名一致。

（3）装箱单上的货物重量和方数要与提单上的一致，并且要和实际货物一致。

（4）合同上面要有合同号，发票上面要有发票号。

（5）是木质包装的需要在木质包装上有IPPC（国际植物保护公约）标识。

（6）从韩国和日本进口的货物，还要有非木质包装证明。

（7）凡进口下列九类商品必须提前5天预申报：汽车零件、化工产品、高科技产品、机械设备、药品、多项食品、多项建材、钢材、摩托车零配件。

（8）凡进口旧印刷机械，进口年限不能超过10年，超过10年国家不允许进口。

（9）凡进口发电机组，工作实效不能超过15 000小时，年限不能超过8年。

（10）旧医疗器械，国家不允许进口。

三、一达通外贸综合服务平台的通关服务

（一）一达通介绍

阿里巴巴一达通是阿里巴巴旗下外贸综合服务平台，也是专业服务于中小微企业的外贸综合服务行业的开拓者和领军者。通过线上化操作及建立有效的信用数据系统，一达通一直致力于持续地推动传统外贸模式的革新。通过整合各项外贸服务资源和银行资源，一达通目前已成为中国国内进出口额排名第一的外贸综合服务平台，为中小企业提供专业、低成本的通关、外汇、退税及配套的物流和金融服务。

由于一达通参与了全程的贸易，掌握了真实有效的贸易数据，在2014年，阿里巴巴集团全资收购了深圳市一达通企业服务有限公司，并将一达通列为阿里巴巴打造外贸生态圈中的重要组成部分。基于这些贸易大数据的应用，阿里巴巴集团开始打造信用保障体系，为海外买家的生意保驾护航。除此之外，加入阿里巴巴后，一达通也开始更茁壮地发展。在其原有产品线外，推出外贸融资服务，可完整覆盖出口贸易不同阶段的资金需求，为买卖双方提供全面的、安全的资金保障。在物流方面，集合了海运庄家、中俄

铁路庄家、各类货代和空运快递服务商，为客户提供覆盖全球的海陆空一站式货物运输服务。阿里巴巴一达通秉承"客户第一、拥抱变化、团队合作、诚信、激情、敬业"等企业文化价值观，立足中国，放眼世界，致力成为全球卓越的外贸综合服务平台。

深圳市一达通企业服务公司于2008年11月与中国银行联合开发出业内第一个贸易融资系列产品——"融资易"，国内首创在公司内设置中国银行外汇结算网点为中小企业外贸的出口退税、进口开证和出口信用证打包贷款提供无担保、无抵押、0门槛的融资信贷服务。2010年11月加入阿里巴巴集团后，形成了从"找外贸"到"做外贸"一站式服务链条，从"相遇在阿里巴巴"到"工作在阿里巴巴"，为广大中小企业和个人从事对外贸易提供了更为全面的基础服务。

1. 外贸综合服务

作为中国外贸综合服务平台，阿里巴巴一达通颠覆了传统的外贸代理模式，开始打造外贸领域开放式生态圈，引入社会上中小出口代理企业、物流服务商和财税公司等作为合作伙伴（一拍档），为平台上的客户提供专业化、个性化、本地化服务。

2. 出口基础服务

一站式出口基础服务快捷、安全。例如，其中的通关服务，以一达通名义完成全国各口岸海关、商检的申报。

3. 退税服务

为企业与个人正规快速办理退税，加快资金周转，同时提供个性化的退税融资服务，满足不同类型企业退税融资需求。

4. 外汇服务

中国银行首创在一达通公司内设置外汇结算网点，提供更方便快捷的外汇结算服务。客户直享外管A级资质待遇，可灵活选择结汇时间。亦可为客户提供外汇保值服务，提前锁定未来结汇或者购汇的汇率成本，防范汇率波动风险。

5. 金融服务

金融服务覆盖外贸各环节的融资需求。

6. 超级信用证

超级信用证是针对出口企业在信用证交易中面临的风险和资金问题推出的综合服务。服务覆盖信用证基础服务、打包贷款（出货前）、交单后贷款（包含出货后的买断和融资），可按需灵活选择。

7. 一达通流水贷

面向使用阿里巴巴一达通出口基础服务的客户，提供以出口额度积累授信额度的无抵押、免担保的纯信用贷款服务，该服务由阿里巴巴联合多家银行共同推出，真正实现"信用=财富"。

8. 结算宝

由阿里巴巴和银行合作，提供安全、省心的高收益企业活期理财服务。

9. 保单贷

通过备货融资、尾款融资等一揽子金融服务，解决国际贸易结算中的融资问题，最大化利用产能，赢得订单，并在激烈的市场竞争中赢得先机。

（二）一达通自主下单步骤

1. 前提

已完成签约准入。先通过客户经理完成签约准入，以及首单的产品预审和开票人预审（另外需出货前两个工作日左右下单）。

2. 操作权限

阿里巴巴国际站主账号和子账号都可以操作，但是子账号需要主账号授权操作。

3. 自助下单步骤

第一步：登录自助下单操作平台。

客户通过国际账号登录网址，单击菜单"操作平台"进入"一达通操作平台"中心，在首页单击"立即下单"或者导航栏的"自助下单"按钮进行下单（图6-3）。

图6-3 自助下单操作平台主界面

第二步：进入下单页面，填写贸易双方及产品信息（图6-4）。

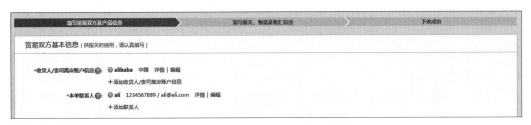

图6-4 填写贸易双方及产品信息

说明：

（1）收货人/贵司离岸账户信息一般可为贵司的国外买家或者贵司的香港离岸账户的户名，即付给一达通货物外汇款的付汇人。

收货人/贵司离岸账户信息在报关资料中需呈现，即箱单发票和合同中使用。

（2）本单联系人为提交本订单的操作人，或者提供本订单资料的联系人。

第三步：单击添加收货人/贵司离岸账户信息（图6-5），填写本单联系人信息（图6-6）。

图6-5 填写贸易双方信息

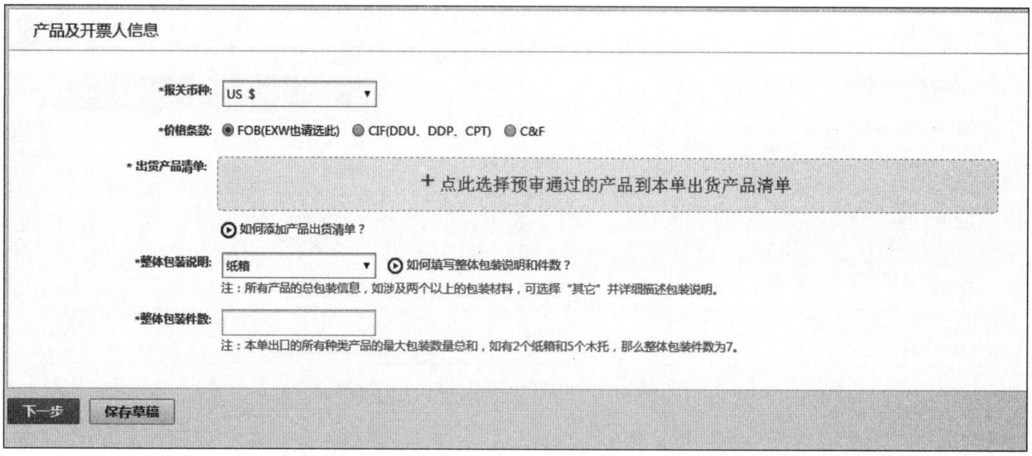

图6-6 填写产品及开票人信息

说明：

（1）包装件数指单个产品的最大包装数量，如有100支笔，每个纸箱装20支笔，那么"包装件数"请填写"5"。

（2）整体包装件数指此批出口货物所有产品的最大包装种类的数量。如涉及两个以上的包装种类：纸箱+木托，未打托散放纸箱有5个，木托有1个，则整体包装件数填6。

第四步：填写报关、物流及收汇信息。

（1）填写报关信息。可以通过订舱单中"收货地""装货港""出口口岸""还重柜地址"的内容来确定口岸（图6-7）。

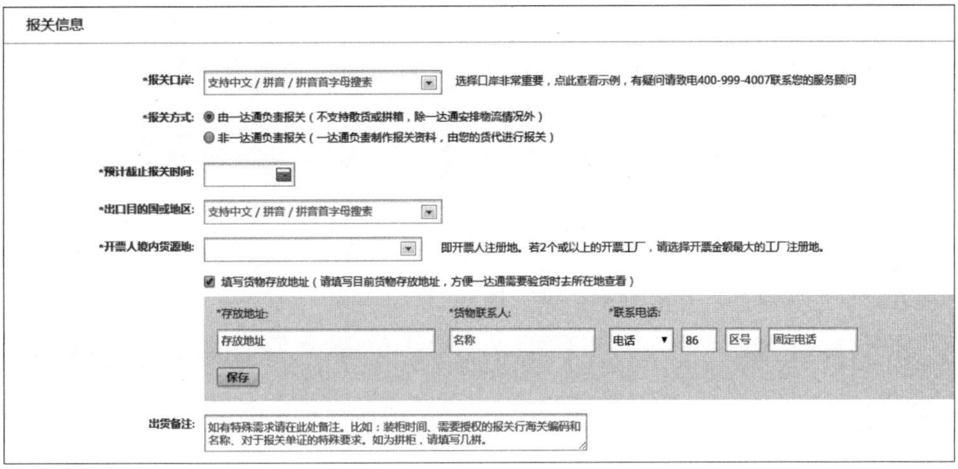

图 6-7 填写报关信息

（2）收汇及物流信息完善（图 6-8）。

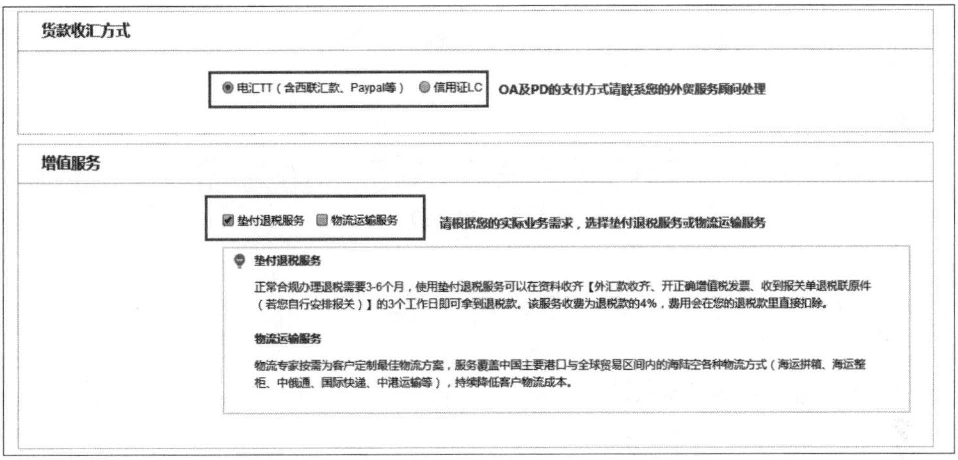

图 6-8 完善收汇及物流信息

（3）上传附件（图 6-9）。

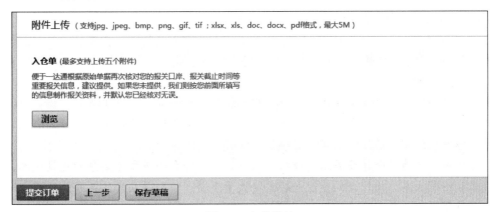

图 6-9 上传附件

（4）填写推荐码。

出口商如果需要可以填写推荐码获得补贴（图 6-10）。

图 6-10　填写推荐码

第五步：提交成功，查看订单详情（图 6-11）。

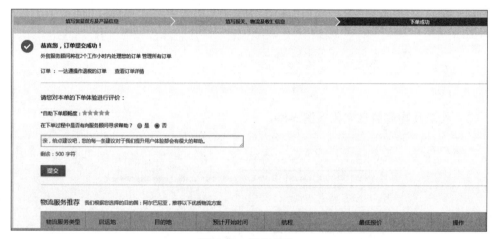

图 6-11　提交成功

思　考　题

1. 简述跨境电商物流的主要特征。
2. 简述邮政物流的优缺点。
3. 简述国际快递的优缺点。
4. 简述国际专线物流的优缺点。
5. 简述海外仓的运作流程。
6. 简述报关的基本流程。
7. 辽宁沧浪电子商务有限公司在 eBay 上向美国客人销售了一件商品，包装总重量为 0.8 千克，请为商家推荐一个运费最低的跨境物流企业。
8. 案例分析题

海外仓的实质是将跨境电商物流部分提前转移到目的国，客户下单后，出口企业通过海外仓直接本地发货，大大缩短配送时间，降低清关障碍；货物批量运输，降低运输成本；客户收到货物后能轻松实现退换货，提升了购物体验。

根据对我国海外仓建设成本的分析，出口产品海外仓的成本主要分为建设成本、运输成本和运营成本。海外仓的建设一般需要大量资金。特别是在发达国家地区，土地、材料、雇员和租金的成本非常高。

海外仓有效衔接了库存管理系统、物流信息系统和在线支付系统，对信息技术水平的要求极高，很大程度上影响海外仓的运营能力和快速响应能力。但是目前我国海外仓技术水平仍然较低，采用传统的采购管理系统处理速度缓慢，人工核算极易造成数据差错，物流信息错误，导致客户投诉。

阅读以上材料，请你谈谈如何建设海外仓。

阅 读 书 目

1. 陈碎雷. 跨境电商物流管理[M]. 北京：电子工业出版社，2018.
2. 邓玉新. 跨境电商：理论、操作与实务[M]. 北京：人民邮电出版社，2017.
3. 邓志超，崔慧勇，莫川川. 跨境电商基础与实务[M]. 北京：人民邮电出版社，2017.
4. 肖旭. 跨境电商实务[M]. 2版. 北京：中国人民大学出版社，2018.
5. 张瑞夫. 跨境电子商务理论与实务[M]. 北京：中国财政经济出版社，2017.
6. 陆端. 跨境电子商务物流[M]. 北京：人民邮电出版社，2019.
7. 李贺. 报关实务[M]. 2版. 上海：上海财经大学出版社，2018.

自 测 题

第七章

跨境电商支付

本章提要：跨境电商与跨境支付相互依存、彼此影响，跨境支付是跨境电商的重要环节，除了汇率、税费、政策、基础设等制约外，还涉及不同货币之间能否通用、能否实现通汇通兑、不同货币间的汇率波动等问题。跨境电商在交易的过程中离不开跨境支付，了解跨境支付方式及其支付流程是跨境电商最基本的生存之道。

本章较为系统地介绍了国际货款结算方式，对比了各种结算方式的异同，列举了多家专业国际汇款公司，便于企业进行选择；介绍了PayPal和国际支付宝的内容，通过速卖通的例子，分步骤讲述了如何绑定支付收款账户，如何设置提现美元和人民币账户。

关键词：跨境电商支付；国际汇款公司；PayPal；国际支付宝；速卖通

第一节 跨境电子支付概述

一、跨境电商的主要支付方式

跨境电商的业务模式不同，采用的支付结算方式也存在差异。跨境电子支付业务会涉及资金结售汇与收付汇。从支付资金的流向来看，跨境电商进口业务涉及跨境支付购汇，购汇途径一般有第三方购汇支付、境外电商接受人民币支付、通过国内银行购汇汇出等。跨境电商出口业务涉及跨境收入结汇，其结汇途径主要包括第三方收结汇、通过国内银行汇款、以结汇或个人名义拆分结汇流入等。

二、跨境电商的主要支付渠道

我国跨境转账汇款渠道主要有第三方支付平台、商业银行和专业汇款公司。数据显示，我国使用第三方支付平台和商业银行的用户比例较高，其中第三方支付平台使用率最高。相比之下，第三方支付平台能同时满足用户对跨境汇款便捷性和低费率的需求，这也是第三方平台受到越来越多用户青睐的缘由。从目前来看，跨境转账汇款用户使用在线跨境支付方式较多。

三、我国跨境电商的主要支付机构

从目前支付业务发展情况看，我国跨境电子支付机构主要有境内外第三方支付机构、境外电商接受人民币支付、通过国内银行购汇汇出等。从我国跨境电商支付的影响力看，境内外第三方支付机构成为用户的首选。

具有跨境支付资格的第三方支付公司有银联、快钱、易宝、首信易、网银在线、联动优势、财付通、支付宝等。2015年，外管局批准跨境外汇结算业务试点，全国共有27家第三方支付公司有跨境支付资格。随后的2016年，跨境业务试点企业数量维持不变。直至2017年春季，外管局才批准3家参与跨境试点。自此，拥有跨境支付资格的支付平台数量达到30家，如表7-1所示。

表7-1 我国拥有跨境支付资格的支付平台（截至2019年7月）

序号	品牌	品牌所属机构	主要业务	特色业务	所在地
1	支付宝	支付宝（中国）网络技术有限公司	货物贸易、留学教育、航空机票以及酒店住宿	境外汇款、境外流量包、扫码退税	杭州
2	财付通	财付通支付科技有限公司	货物贸易、航空机票以及酒店住宿	财付通美国运通国际账号、支持10种外币	深圳
3	银联支付	银联商务有限公司	货物贸易、留学教育、航空机票以及酒店住宿	银联国际卡	上海
4	汇付天下	上海汇付数据服务有限公司	货物贸易、留学教育、航空机票以及酒店住宿	定制化跨境支付方案	上海
5	智付支付	智付电子支付有限公司	货物贸易、国际运输	国际信用卡支付、跨境外汇结算、跨境人民币结算、海关支付单服务、报关报检服务、跨境物流、保税仓、海外仓	深圳
6	通联支付	通联支付网络服务股份有限公司	货物贸易、留学教育、航空机票以及酒店住宿	保费跨境支付	上海
7	快钱	快钱支付清算信息有限公司	货物贸易、留学教育、航空机票以及酒店住宿	"海淘"阳光快车道	上海
8	盛付通	上海盛付通电子支付服务有限公司	货物贸易、留学教育、航空机票以及酒店住宿	跨境收单	上海
9	连连支付	连连银通电子支付有限公司	货物贸易、留学教育、航空机票、酒店住宿、旅游服务	PayPal合作伙伴	杭州
10	易宝支付	易宝支付有限公司	货物贸易、留学教育、航空机票、酒店住宿、国际运输、旅游服务、国际展览	提供基于跨境支付和海关三单合一服务	北京
11	网银在线	网银在线（北京）科技有限公司（京东旗下）	货物贸易、留学教育、航空机票、酒店住宿	京东跨境物流	北京
12	拉卡拉	拉卡拉支付股份有限公司	货物贸易、留学教育、航空机票、酒店住宿、旅游服务、国际展览	跨境金融服务平台	北京
13	环迅支付	迅付信息科技有限公司（石基信息旗下）	货物贸易、留学教育、航空机票以及酒店住宿	国际卡支付、跨境外汇支付	上海
14	钱袋宝	北京钱袋宝支付技术有限公司	货物贸易、留学教育、航空机票以及酒店住宿	跨境旅游服务、跨境电商服务	北京
15	联动优势	联动优势电子商务有限公司（海立美达旗下）	货物贸易、留学教育、航空机票、酒店住宿、国际运输、旅游服务、国际展览、通信服务、软件服务	跨境供应链金融、跨境营销服务	北京
16	网易宝	网易宝有限公司	货物贸易、留学教育、航空机票以及酒店住宿	跨境支付	杭州
17	易付宝	南京苏宁易付宝网络科技有限公司	货物贸易、留学教育、航空机票以及酒店住宿	跨境外汇支付业务	南京
18	新生支付	海南新生信息技术有限公司（海航旗下）	货物贸易、留学教育、航空机票、酒店住宿、旅游服务、国际展览、国际贸易物流	外卡收单、跨境人民币支付、收结汇	海口
19	富友支付	上海富友支付服务有限公司	货物贸易、留学教育、航空机票以及酒店住宿	跨境电商收款、结汇	上海
20	易极付	重庆易极付科技有限公司	货物贸易	国际卡收单	重庆
21	爱农驿站	北京爱农驿站科技服务有限公司	货物贸易、留学教育、航空机票、酒店住宿、国际运输、旅游服务、国际会议、国际展览、软件服务	跨境支付	北京
22	北京银联商务	北京银联商务有限公司	货物贸易、留学教育、酒店住宿	银联国际卡	北京
23	宝付	宝付网络科技（上海）有限公司	货物贸易	国际卡业务、跨境人民币结算、跨境外汇结算	上海
24	东方支付	东方电子支付有限公司	货物贸易	跨境人民币结算、跨境外汇结算	上海
25	钱宝	重庆市钱宝科技服务有限公司	货物贸易	海外本地收款、跨境人民币结算、跨境外汇结算	重庆
26	贝付	浙江贝付科技有限公司（唯品会旗下）	货物贸易、留学教育	结汇、购汇以及跨境人民币支付	杭州
27	银盈通	银盈通支付有限公司	货物贸易、航空机票以及酒店住宿	购付汇/结售汇支付、跨境人民币支付	北京
28	摩宝支付	成都摩宝网络科技有限公司	货物贸易	跨境支付	成都
29	首信易支付	北京首信易支付科技有限公司	货物贸易、留学教育、航空机票、酒店住宿、国际会议、国际展览、软件服务	国际信用卡支付	北京
30	资和信	资和信网络支付有限公司	货物贸易、留学教育、航空机票、酒店住宿	暂未开展跨境或境外收单业务	北京

四、跨境电商支付的发展前景

（一）万亿市场即将到来，跨境支付规模高速增长

随着监管层在 2013 年对国内第三方支付机构放开，以支付宝为代表的支付机构开始发展跨境购物、汇款以及境外移动支付，国内第三方支付机构的跨境互联网支付交易规模迅速增长，2013—2017 年复合增长率达到 127.5%，2018 年交易规模已逼近 5 000 亿元，预计到 2020 年，国内第三方支付机构的跨境互联网支付交易规模将超过 1 万亿元（图 7-1）。

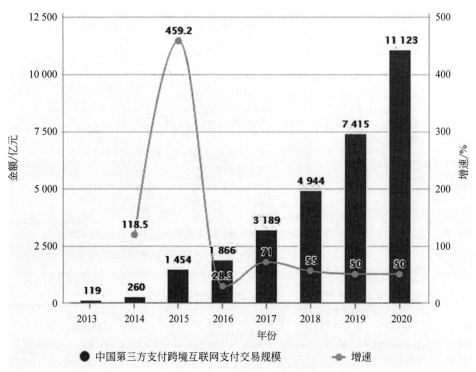

图 7-1 2013—2020 年中国第三方支付跨境互联网支付交易规模统计及增长情况预测

资料来源：前瞻经济学人 App.

从国内看，第三方支付市场在一、二线城市已相对饱和，面临巨大竞争压力，跨境支付已然成为支付巨头的新战场。

从技术输出看，经过多年积累，我国第三方支付不论技术层面还是模式层面均已领先世界。

从生态建设看，支付是商业的闭环和用户金融行为的第一入口，第三方支付企业用户的积累，为未来全方位增值服务奠定基础。

从利润层面看，相较海外动辄 1.5%～3% 的费率，中国市场费率最高 0.6%，却仍存在下行空间，去海外市场追求利润成为必然。

另外，2019 年移动出海再次被提上两会议程，正式上升到国家战略层面，移动支付

出海已经成为"一带一路"的关键一环。

(二)"鏖战"跨境支付，第三方支付机构加速布局

1. 国内互联网巨头布局

第三方支付在国内一、二线城市相对饱和，支付竞争激烈，利润逐渐压缩；海外市场没有相对成熟的发展模式，费率更高。在内外因的双重驱动下，第三方支付巨头战场转移至海外，其中支付宝推出最早，先发优势明显；但微信后来者强势，布局速度快；银联利用渠道和合作优势，大拓疆土。

作为国内首屈一指的综合性互联网金融平台，支付宝的国际布局战略代表了我国跨境支付的出海路径。从目前来看，其战略布局包含三个举措，即服务国人出境游、搭建跨境电商以及构建海外金融平台。

在服务国人出境游方面，支付宝通过与当地支付机构合作、与退税机构合作两种方式布局海外线下支付业务。前者凭借大量出国游客及支付宝的高渗透率，可以帮助当地商家吸引顾客，受国外商家及本土支付机构欢迎；后者通过与退税机构合作优化用户体验。

在搭建跨境电商方面，建立"国际版天猫"全球速卖通，通过电商方式推动支付工具的推广。

在构建海外金融平台方面，支付宝旨在成为其他国家的"支付宝"，而由于当地牌照限制，多采取收购当地支付机构的方式，并在后续持续提供技术、运营扶持。

2019年，支付宝已经在英国、印度、菲律宾、印尼、马来西亚、巴基斯坦、孟加拉国、韩国、中国香港等国家和地区，落地了9个属于本地人的"支付宝"。截至2019年5月，支付宝已与全球250多个金融机构建立合作，一方面为海外商家和用户提供在线收付款服务，另一方面在全球54个国家和地区为中国消费者提供境外线下支付的服务。

目前支付宝在境外的线下支付业务，集合了衣食住行玩乐等各个领域的全球数十万商家，并且全球有超过80个机场，在使用支付宝进行即时退税。

而对标阿里的腾讯，在跨境支付业务的布局也不落后，2019年，财付通的微信支付接入的国家和地区已增至40个，支持13种外币直接结算，有8亿用户绑定自己的银行卡账户，在全球范围具有大约10亿的用户。此外，腾讯提供的机场实时退税服务已覆盖全球80多个机场，回国退税服务覆盖韩国、德国、俄罗斯、意大利等27个国家和地区。

2019年1月，微信支付和法国百货公司巴诗威百货合作打造智慧百货，引进微信支付智慧生态解决方案，并发布"智慧生活零时差"为主题的全球战略；2019年4月，微信与迪拜旅游局、EMAAR集团宣布推出"WeChat go 欢迎计划"，推动"小程序+微信支付"在迪拜及哈利法塔落地。中国游客可以用小程序购买门票。

以往国内进行跨境支付的支付机构主要是银联。银联凭借强大的国内银行网络，发展境外刷卡及跨境网购、外贸B2B业务。银联凭借资源优势，在境外的合作网络更加广泛，银联卡受理网络已延伸到168个国家和地区，手机闪付、二维码支付的布局也在加快推广中，2019年，银联已得到10多个国家和地区商户的支持。

据悉，银联国际与华为合作，于2019年向俄罗斯市场推出Huawei Pay服务，用户

下载并安装华为钱包即可使用华为支付服务。

2. 其他第三方支付机构跨境支付概况

相较支付宝和腾讯在跨境支付业务上主要发力 C 端市场，重点布局落地境外或海外 C 端移动支付及退税服务，连连跨境支付主要发力 B 端市场。连连在欧洲、美洲、亚洲等多个国家和地区设立海外持牌金融公司，与全球众多知名金融机构及电商平台达成合作，成功对接国内 11 个电子口岸，支持全球 16 个主流结算币种，全球跨境支付服务网络逐步成型。

截至 2018 年底，连连支付的跨境支付历史累计交易 930 亿元，历史累计交易笔数 370 万笔，累计服务电商卖家 39 万家，累计交易金额 27 000 亿元，累计交易笔数 9.26 亿笔，累计服务人数 3.69 亿人。

2019 年 6 月 5 日，连连支付跨境收款产品全面接入 Shopee 六大站点，帮助中国跨境电商卖家淘金东南亚和中国台湾市场。

宝付网络科技（上海）有限公司是我国跨境外汇支付试点资质的支付机构，自 2017 年 2 月底获得试点资质后，一直致力于打造电商"一站式跨境收付平台"，并积极开拓跨境支付新市场。目前宝付跨境支付业务专注于电商零售行业，因为这类货物贸易平台与企业对跨境支付的需求较为强烈，随之带动仓储、物流等上下游相关服务行业也有强烈的跨境支付需求。宝付跨境已着手布局全球战略，现阶段聚焦美国、日本和欧洲。

宝付跨境支付解决方案包括全币种收款、报关报检、全场景支付等服务，并为跨境电商、酒店住宿等行业提供一站式解决方案，全面解决商家需求。

联动优势获得国家外汇管理局、北京外汇管理部跨境外汇支付试点和中国人民银行跨境人民币支付试点资质，开展跨境支付业务，是 Wish 等知名电商平台的重要合作伙伴。联动优势为开展电子商务的境内外商户和电子商务平台提供外币和人民币支付及结算的整体解决方案，可实现 1～3 个工作日到账。联动优势是目前获准开展跨境支付试点业务的机构中，试点业务范围最全（共九类）的第三方支付机构。

第二节　国际货款结算方式

一、普通银行电汇

（一）电汇

电汇（telegraphic transfer，T/T）是汇出行应汇款人的申请，用加押电报（tested cable）、电传或者 SWIFT 的形式指示汇入行付款给收款人的一种汇款方式。电汇的特点是速度快，但是手续费用较高，因此只有在金额较大时或者比较紧急的情况下，才使用电汇。

目前，全球大多数国家的银行都使用 SWIFT 系统，SWIFTT（Society for Worldwide Interbank Financial Telecommunications，环球同业银行金融电信协会），是国际银行同业间的国际合作组织，成立于 1973 年，总部设在比利时的布鲁塞尔，同时在荷兰阿姆斯特丹和美国纽约分别设立交换中心（swifting center），并为各参加国开设集线中心（national concentration），为国际金融业务提供快捷、准确、优良的服务。SWIFT 运营着世界级的金融电文网络，银行和其他金融机构通过它与同业交换电文（message）来完成金融交易。除此之外，SWIFT 还向金融机构销售软件和服务，其中大部分的用户都在使用 SWIFT 网络。SWIFT 系统的使用为银行的结算提供了安全、可靠、快捷、标准化、自动化的通信服务，从而大大提高了银行的结算速度。

在实际的跨境电商进出口中，T/T 分为预付、即期和远期。现在用得比较多的是 30% 预付和 70%即期。T/T 付款有以下三种方式。前款 T/T：先收款，后发货，在发货前预付货款，对买方来说风险较大；后款 T/T：先发货，后收款，对卖方来说风险较大；先订金，再余款。外贸业务中，出口商对一般熟悉的客户会采用 T/T 付款，经常是发货前预付部分货款，余款在到货后付清，通常情况下，电汇常用的是预付 30%货款作为订金，另外 70%的余款见提单付款。订金的比例越大，出口商的风险越小。

（二）电汇业务当事人

电汇有四个当事人：汇款人（remitter）、收款人（payee）、汇出行（remitting bank）和汇入行（recieving bank）。

（1）汇款人：债务人，通常是跨境电商中的进口方。
（2）收款人：债权人，通常为跨境电商中的出口方。
（3）汇出行：是受汇款人委托汇出汇款的银行，在跨境电商中通常为进口方所在地银行。
（4）汇入行：解付行，是受汇出行委托，解付汇款的银行。汇入行通常为出口方所在地银行。

（三）电汇业务基本程序

电汇业务的基本程序如图 7-2 所示。

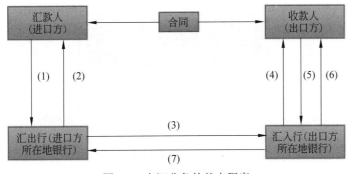

图 7-2 电汇业务的基本程序

（1）汇款人填写电汇申请书，交款给汇出行，申请书上说明使用电汇方式。
（2）汇出行接受申请，向汇款人开立电汇回执。
（3）汇出行根据电汇申请书向汇入行发出电报、电传或 SWIFT，委托汇入行解付汇款给收款人。

（4）汇入行收到后，核对密押，缮制电汇通知书通知收款人收款。
（5）收款人收到通知后在收据联上盖章，交给汇入行。
（6）汇入行借记汇出行账户取出头寸，解付汇款给收款人。
（7）汇入行将借记通知书寄给汇出行，通知它汇款解付完毕，资金从债务人流向债权人，完成一笔电汇汇款。

（四）电汇的特点

电汇的特点如表 7-2 所示。

表 7-2　电汇的特点

项　目	内　容
费用	各自承担所在地的银行费用。买家银行会收取一定手续费，由买家承担。卖家公司的银行有的也会收取一定手续费，就由卖家承担。手续费根据银行的实际费率来计算
优点	（1）收款迅速，几分钟即可到账； （2）先付款后发货，保证商家利益不受损失
缺点	（1）先付款后发货，国外买家容易产生不信任； （2）客户群体小，限制商家交易量； （3）数额大的，手续费高
适用范围	适合大额的交易付款

二、专业国际汇款公司

（一）西联汇款

西联汇款是西联国际汇款公司（Western Union）的简称，是世界领先的特快汇款公司，迄今已有 100 多年的历史，它拥有全球最大最先进的电子汇兑金融网络，代理网点遍布全球近 200 个国家和地区。西联汇款图标如图 7-3 所示。

图 7-3　西联汇款图标

1. 西联汇款的付款流程

西联汇款分为现金即时汇款和直接到账汇款两类。现金即时汇款有三种方式：西联网点、网上银行（目前支持光大银行和农业银行）和银联在线。西联汇款的付款流程如下。

（1）在网点填妥"西联汇款申请书"和"境外汇款申请书"。

（2）递交填妥的表格、汇款本金、汇款手续费及个人有效身份证件，买家可以持外币汇款地以人民币购汇汇款。

（3）汇款完成后，汇款人会收到一张印有汇款监控号码（MTCN）的收据，汇款人须准确通知收款人有关汇款人姓名、汇款金额、汇款监控号码及发出汇款国家等信息。

为确保汇款安全，勿将监控号码泄露给除收款人之外的其他人。

（4）数分钟后，收款人可于收款国家的代理西联汇款业务网点提取汇款。

（5）每笔汇款都要填写"境外汇款申请书"进行国际收支申报。

2. 西联汇款的收款流程

作为出口商，当客户汇款过来后，要了解在银行取款的流程，具体的流程如下。

（1）确保汇款由境外已获授权的代理西联网点发出，并与汇款人核实汇款人姓名、汇款金额、汇款监控号码及发出汇款国家。

（2）收到汇款人通知后，到就近代理西联汇款业务的银行网点提取汇款。

（3）提交填妥的"收汇申请书"，出示有效身份证件。

（4）提取汇款及取回收据。

（5）境外个人的每笔汇款及境内个人等值 2 000 美元以上（不含）的汇款，还需填写"涉外收入申报单"进行国际收支申报。

3. 签名并接收收据

在确认收据上的所有信息均无误之后，收款人需要签收一张收据。收据所打印的内容之一是汇款监控号码（MTCN），以及可使用 MTCN 联机（在网上）跟踪汇款的状态。确认汇款已经到位后，收款人随时可以取款。在前往西联合作网点之前，收款人应确保汇款已经可以提取，可以直接联系汇款人确认，也可在网上跟踪汇款状态，还可以拨打中国地区热线 8008208668 进行咨询。如果是第一次使用直接汇款至中国的银行卡账户的服务，收款人应在中国时间 8 点至 20 点之间拨打中国服务热线 80082008050，核实如下信息：收款人的中文名字；汇款监控号码（MTCN）；收款人的有效身份证号码；收汇银行的名称和银行卡账号。同一收款人此后通过同一银行卡账户使用直接到账汇款服务，就不需要再拨打中国服务热线核实必要信息。但如果收款人的必要信息有所改变，则需要拨打中国服务热线，核实其必要信息。

西联汇款的特点如表 7-3 所示。

表 7-3　西联汇款的特点

项　目	内　　　容
费用	西联手续费由买家承担；需要买卖双方到当地银行实地操作；在卖家未领取钱款时，买家可以将支付的资金撤销回去
优点	（1）手续费由买家承担； （2）对于卖家来说最划算，可先提钱再发货，安全性好； （3）到账速度快
缺点	（1）由于对买家来说风险极高，买家不易接受； （2）买家和卖家需要去西联线下柜台操作； （3）手续费较高
适用范围	1 万美元以下的小额支付

（二）MoneyGram

速汇金汇款是 MoneyGram 公司推出的一种快捷、简单、可靠及方便的国际汇款方式，目前该公司在全球 150 个国家和地区拥有总数超过 5 000 个的代理网点。收款人凭汇款人提供的编号即可收款。MoneyGram 图标如图 7-4 所示。

图 7-4　MoneyGram 图标

MoneyGram 的特点如表 7-4 所示。

表 7-4　MoneyGram 的特点

项　目	内　容
费用	外转账费率，单笔速汇金最高汇款金额不得超过 10 000 美元（不含），每天每个汇款人的速汇金累计汇出最高限额为 20 000 美元（不含）
优点	（1）速汇金汇款在汇出后十几分钟即可到达收款人手中； （2）在一定的汇款金额内，汇款的费用相对较低，无中间行费，无电报费； （3）手续简单，汇款人无须选择复杂的汇款路径，收款人无须预先开立银行账户，可实现资金划转
缺点	（1）汇款人及收款人均必须为个人； （2）必须为境外汇款； （3）进行境外汇款必须符合国家外汇管理局对于个人外汇汇款的相关规定； （4）客户如持现钞账户汇款，还需交纳一定的钞变汇的手续费，国内目前只有工行、交行、中信银行 3 家代理了速汇金收付款服务

（三）Cashpay

Cashpay 是一种安全、快速费率合理的跨境支付方式，遵循 PCI DSS（第三方支付行业数据安全标准）规范，是一种多渠道集成的支付网关。Cashpay 图标如图 7-5 所示。

图 7-5　Cashpay 图标

Cashpay 的特点如表 7-5 所示。

表 7-5　Cashpay 的特点

项　目	内　　容
费用	费率为 2.5%，无开户费及使用费；无提现手续费及附加费
优点	（1）加快偿付速度（2～3 天），结算快； （2）支持商城购物车通道集成； （3）提供更多支付网关的选择，支持你喜欢的币种提现； （4）有专门的风险控制防欺诈系统 Cashshield，并且一旦出现欺诈，100%赔付； （5）降低退款率，专注客户盈利，资料数据更安全
缺点	刚进入中国市场，接受的客户还不多
安全性	不只降低退款率而且更专注客户盈利，RTA（风险动态分析）、RPA（风险预测评估）及实时升级的 IT 程序使客户交易、资料数据更安全

（四）Moneybookers

Moneybookers 是一家极具竞争力的网络电子银行，它诞生于 2002 年 4 月，是英国伦敦 Gatcombe Park 风险投资公司的子公司之一。Moneybookers 电子银行里的外汇是可以转到国内银行账户里的。Moneybookers 图标如图 7-6 所示。

图 7-6　Moneybookers 图标

Moneybookers 的特点如表 7-6 所示。

表 7-6　Moneybookers 的特点

项　目	内　　容
费用	从银行上传资金免费；从信用卡上传资金：3%；发钱，1%（直到 0.50%）；取钱到银行：固定费用 1.8 美元；通过支票取钱：固定费用 3.5 美元
优点	（1）安全，因为是以 E-mail 为支付标识，付款人不再需要暴露信用卡等个人信息； （2）客户必须活认证才可以进行交易； （3）用户只需要收款人的电子邮箱地址就可以发钱给他； （4）可以通过网络实时进行收付费
缺点	（1）不允许客户多账，一个客户只能注册一个账户； （2）目前不支持未成年人注册，年满 18 岁才可以注册
安全性	登录时以变形的数字作为登录手续，以防止自动化登录程序对账户的攻击。只支持 128 位高度加密的行业标准

第三节　PayPal 和国际支付宝

一、PayPal 的支付与结算

（一）PayPal 的介绍

PayPal（在中国内地称为贝宝），1998 年 12 月由 Peter Thiel（彼得·蒂尔）和 Max Levchin（麦克斯·拉夫琴）建立，eBay 在 2002 年 10 月以 15 亿美元收购 PayPal，2015 年 6 月 27 日，PayPal 和 eBay 拆分成两家独立上市的公司。从 eBay 体系剥离后，PayPal 实现高速增长，成为支付巨头。PayPal 图标如图 7-7 所示。

图 7-7　PayPal 图标

（二）PayPal 的类型

PayPal 账户分三种类型：个人账户、高级账户和企业账户。用户可根据实际情况进行注册，个人账户可以升级为高级账户进而升级为企业账户；反之，企业账户也可以降为高级账户或者个人账户。

1. 个人账户

个人账户适用于在线购物的买家用户，主要用于付款，可以收款，但比起高级账户或企业账户少了一些商家必备的功能和特点，如查看历史交易记录的多种筛选功能、商家费率、网站集成、快速结账等集成工具，因此不建议卖家选择。

2. 高级账户

高级账户适用于在线购物或在线销售的个人商户，可以付款、收款，并可享受商家费率、网站付款标准、快速结账等集成工具以及集中付款功能，帮助商家拓展海外销售渠道，提升销售额，推荐进行跨国交易的个人卖家使用。

3. 企业账户

企业账户适用于以企业或团体名义经营的商家用户，特别是使用公司银行账户提现的商家用户。企业账户拥有高级账户的所有商家功能，可以设立多个子账户，适合大型商家使用，每个部门设立子账户进行收款。另外，企业账户需要添加以企业名开办的电汇银行账户进行转账，添加个人名字开办的电汇银行账户可能导致转账失败。

（三）PayPal 的优势

PayPal 的优势表现在以下几个方面。

（1）全球用户广。PayPal 在全球 190 个国家和地区有超过 2.2 亿用户，已实现在 24 种外币间进行交易。

（2）品牌效益强。PayPal 在欧美普及率极高，是全球在线支付的代名词，强大的品牌优势，能使网站轻松吸引众多海外客户。

（3）资金周转快。PayPal 具有即时支付、即时到账的特点，能够实时收到海外客户发送的款项。最短仅需 3 天，它即可将账户内款项转账至国内的银行账户，及时高效地开拓海外市场。

（4）安全保障高。完善的安全保障体系，丰富的防欺诈经验，业界最低的风险损失率（仅 0.27%，是传统交易方式的 1/6），这些均可确保交易顺利进行。

（5）使用成本低。无注册费用、无年费，手续费仅为传统收款方式的 1/2。

（6）数据加密技术。注册或登录 PayPal 的站点时，PayPal 会验证登录者的网络浏览器是否正在运行安全套接字层 3.0（SSL）或更高版本。传送过程中，信息受到加密密钥长度达 168 位（市场上的最高级别）的 SSL 保护。

（7）循环结账。定期为客户开具账单、支付会员费或提供租用服务和分期付款计划。

PayPal 对买卖双方的优势如表 7-7 所示。

表 7-7　PayPal 对买卖双方的优势

PayPal 对买家的优势	PayPal 对卖家的优势
安全 付款时无须向商家提供任何金融信息，享有 PayPal 买家保护政策	高效 实现网上自动化支付清算，可有效提高运营效率，拥有多种功能强大的商家工具
简单 集多种支付途径为一体，无须任何服务费，两分钟即可完成账户注册，具备多国语言操作界面	保障 PayPal 成熟的风险控制体系，内置有防欺诈模式，个人财务资料不会被披露
便捷 支持包括国际信用卡在内的多种付款方式，数万网站支持 PayPal，一个账户买全球	节省 只有产生交易才需付费，没有任何开户费及年费，集成 PayPal 即集成所有常见国际支付网关

（四）PayPal 的支付流程

通过 PayPal，付款人支付一笔款项给商家或收款人的支付流程，可以分为以下几个步骤。

（1）只要有一个电子邮件地址，付款人就可以注册 PayPal 账户，通过验证成为其用户，并提供信用卡或者相关银行资料，增加账户金额，将一定数额的款项从其开户时登记的账户转移至 PayPal 账户。

（2）当付款人启动向第三人付款流程时，必须先进入 PayPal 账户，指定特定的汇出金额，并提供收款人的电子邮件账号给 PayPal。

（3）PayPal 向商家或者收款人发出电子邮件，通知其有等待领取或转账的款项。

（4）如商家或者收款人也是 PayPal 用户，其决定接受后，付款人所指定之款项即移转给收款人。若商家或者收款人没有 PayPal 账户，商家或收款人依 PayPal 电子邮件内容指示联网进入网页注册，取得一个 PayPal 账户。

从以上流程可以看出，如果商家或收款人已经是 PayPal 的用户，那么该笔款项就汇入他拥有的 PayPal 账户。若商家或收款人没有 PayPal 账户，网站就会发出一封电子邮件通知，引导商家或收款人至 PayPal 网站注册一个新的账户。

所以，也有人称 PayPal 的这种销售模式是一种"邮件病毒式"的商业拓展方式，它使 PayPal 越来越多地占有市场。

二、国际支付宝

在速卖通平台做生意，离不开国际支付宝（Escrow）的保驾护航。国际支付宝的服务模式与国内支付宝类似：交易过程中先由买家将货款打到第三方担保平台的国际支付宝账户中，然后第三方担保平台通知卖家发货，买家收到商品后确认，货款放于卖家，至此完成一笔网络交易。

（一）国际支付宝介绍

阿里巴巴国际支付宝由阿里巴巴与支付宝联合开发，是旨在保护国际在线交易中买卖双方的交易安全所设的一种第三方支付担保服务，全称为 Escrow Service。

（二）国际支付宝账号申请

如果卖家已经拥有国内支付宝账号，无须再另外申请国际支付宝账户。只要卖家是全球速卖通的用户，就可以直接登录"My Alibaba"后台（中国供应商会员）或"我的速卖通"后台（普通会员）管理收款账户，绑定国内的支付宝账户。如果卖家还没有国内支付宝账号，可以先登录支付宝网站申请国内的支付宝账号，再绑定。

绑定国内支付宝账户后，卖家就可以通过支付宝账户收取人民币。国际支付宝会按照买家支付当天的汇率将美元转换成人民币支付到卖家的国内支付宝或银行账户中。卖家还可以通过设置美元收款账户的方式来直接收取美元。

（三）支付宝国际账户使用

支付宝国际账户 Alipay Account 是支付宝为从事跨境交易的国内卖家建立的资金账户管理平台，包括对交易的收款、退款、提现等主要功能。支付宝国际账户是多币种账户，包含美元账户和人民币账户。目前，只有 Aliexpress（速卖通）与阿里巴巴国际站会员才能使用。

支付宝系统上线后，提现功能较之前有了一些改变，用户提现不再限制在 100 笔交易金额之内，而是可根据自身需要对账户中"可提现金额"做全部或者部分提现，大大降低了用户的提现成本。

（四）国际支付宝与国内支付宝的区别

国际支付宝的第三方担保服务是由阿里巴巴国际站同国内支付宝联合提供支持的。全球速卖通平台只是在买家端将国内支付宝改名为国际支付宝。这是因为根据对买家调研的数据发现，买家群体更加喜欢和信赖 Escrow，Escrow 可以保护买家的交易安全。

而在卖家端，全球速卖通平台依然沿用"国际支付宝"一词，只是国际支付宝相应的英文变成"Escrow"。

三、PayPal 账户注册

第一步：打开 PayPal 网址，然后单击"注册"按钮（图 7-8）。

图 7-8　注册 PayPal

第二步：选择用户类型（图 7-9）。

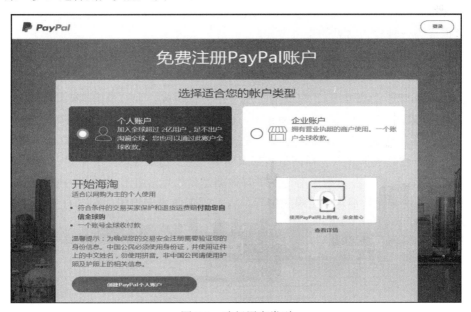

图 7-9　选择用户类型

第三步：创建个人账户或者商家账户，如果选择个人账户，填写如图 7-10 所示的信息。

第四步：输入银行卡号、使用期限和 CSV 码，输入手机号获取验证码，就可以成功绑定银行卡了，然后通过邮箱激活账号，PayPal 个人账户就注册成功了。

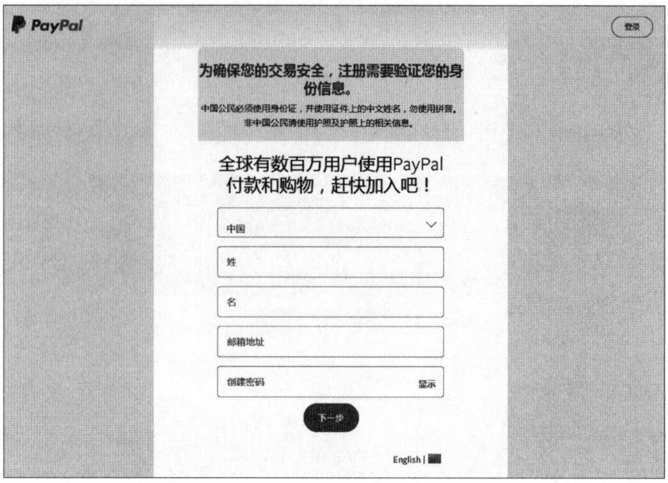

图 7-10　填写个人账户信息

第四节　信用卡支付

在欧美发达国家，信用卡的使用频率非常高，发行量也很大。常见的信用卡组织有 VISA、MasterCard、American Express、Diners Club 等。因此，在跨境支付中，信用卡支付通道也成为一种较为常见的支付方式。

一、信用卡的基本知识

信用卡由卡号、CVV 码、有效期、发卡行信息组成。卡号是由 16 位数字组成，4 开头的是 VISA 卡，5 开头的是 Master 卡，62 开头的属于银联，35 开头属于 JCB，34、37 开头属于美国运通，30、36 开头属于大来卡。第 16 位数字根据前数位数字规则推算而成，大家一般是根据前六、后四位数字来查看交易记录。VISA 卡为 CVV 码，Master 卡为 CVC 码，其号码在信用卡的背面。有效期是指信用卡能有效使用的期限，即 Valid Month/Year。发卡行是签发信用卡的银行。六大国际信用卡组织如图 7-11 所示。

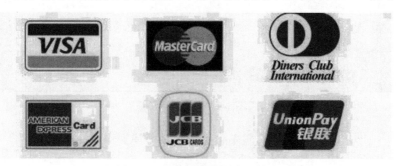

图 7-11　六大国际信用卡组织

威士国际组织（International Service Association，VISA）是一个单一法人机构，是目前世界上最大的信用卡组织。它的总部设在美国旧金山市，VISA 将全球业务分为亚太地区、加拿大、中欧－东欧、欧盟、拉丁美洲－加勒比海以及美国共六大区域，其区域总部和办事处分别设在伦敦、巴黎、东京、新加坡、悉尼、多伦多、法兰克福和迈阿密。它的前身是美洲银行信用卡公司，1959年开始发行美洲信用卡。到了1974年美洲银行信用卡公司与几家银行联手合作，共同发起成立了现在的VISA国际信用卡组织。1976年改称威士国际组织，并以VISA为该组织的标志。发展到今天，VISA组织已经成为一个拥有超过21 000万多家会员银行、特约商户达2 200多万家、发卡量达10亿多张（不包括Interlink卡）的大型国际组织。

MasterCard（万事达）于1966年成立于美国，在北美和欧洲的业务远超过其他卡组织的，国内所有银行都与MasterCard合作发卡。万事达卡国际组织（MasterCard International）的前身是美国加州几家银行机构成立的美加州联合信用卡协会。目前它们的服务范围已达到世界各地，拥有会员机构3万多家，特约商户980多万家，交易额达2 200多亿美元。万事达国际组织是服务于金融机构（商业银行、储蓄银行、储蓄和贷款协会、存款互助会）的非营利性全球会员协会，其会员包括商业银行、储蓄与贷款协会，以及信贷合作社。其宗旨是为会员提供全球最佳支付系统和金融服务。万事达国际组织目前已经发展成为仅次于威士国际组织的世界第二大信用卡国际组织。

Diners Club（大来），于1950年成立于美国，是世界上第一个卡组织，现在是六大信用卡组织里最小的。国内只有工行和它合作发行了信用卡。

美国运通卡（American Express，AE卡），总部在美国，成立于1941年，于1958年开始发行运通卡，目前是世界上第三大信用卡组织。美国运通公司主要通过其三大分支机构营运：美国运通旅游有关服务、美国运通财务顾问及美国运通银行。它既是卡组织又是发卡行，发卡量在全球不如VISA、MasterCard、银联。该卡定位于顶级群体，无额度上限（中国地区的百夫长黑金卡为合作发行的信用卡，所以存在额度限制），持卡人多为各国政要、亿万富豪及社会名流。

JCB卡（JAPAN CREDIT BUREAU CARD，吉士美卡）于1981年成立于日本，在日本和东南亚占有很高的地位，国内只有几家主要银行和JCB合作发卡。

中国银联（China Union Pay）成立于2002年3月，是经国务院同意、中国人民银行批准设立的中国银行卡联合组织，总部设于上海。银联是最年轻的卡组织。在国际上已经发卡发到了160多个国家和地区，是目前世界上发卡量最大的卡组织。随着中国的强大，银联应该会在以后的几十年里一直保持"最大卡组织"称号。

一般在国内发行的外币信用卡，会同时支持两种卡组织，也就是我们常说的双标信用卡，来进行刷卡消费，通常会带有银联+VISA、银联+MasterCard、银联+运通、银联+JCB以及银联+大来。目前国内已经逐渐停发双标信用卡，以发行单标卡为主。单标信用卡多为芯片卡，双标信用卡均为磁条卡。

直到现在，除银联以外的其他五大卡组织依然没有办法在国内开展人民币清算业务，诸如VISA、JCB的单标信用卡用户在国内大部分是无法刷卡的，除了一些跨国集团在国内的商户，如跨国酒店集团。

在申请信用卡的时候，如果只在国内使用信用卡，办一张银联信用卡就可以了；如果想要出国海淘，就要办理其他组织的信用卡。

二、信用卡支付网关

国际信用卡支付网关是指专业提供国际信用卡收款的银行支付接口，通常也称信用卡支付通道，包括3D通道、非3D通道、实时通道和VIP通道（延时通道）。信用卡支付网关涉及的对象有发卡行、持卡人、卡组织、收单行、第三方支付平台。

3D通道：卡组织为了保证交易的安全性，为信用卡添加了密码验证。3D通道是因为涉及发卡行、收单行以及卡组织3个领域（domain），所以叫作3D通道。有些发卡行是不支持3D验证的，申请3D验证服务需要首先向发卡行提出申请，3D验证只有在线购物的时候才能起作用；虽然3D验证服务是免费的，但由于相对复杂且不符合国际支付惯例，所以一般不用。

非3D通道：与3D通道相反，非3D是不需要密码验证的信用卡。符合国际使用信用卡习惯；比较便捷地为外贸商家解决跨境收款难题，从而提高商务交易效率。所以3D通道和非3D通道两者的最大区别在于是否办理了3D验证。

实时通道：买家在填写支付页面信息单击确认交易后，能立即收到由第三方支付公司与银行发送的支付结果。由于此种支付通道是由风控系统自动控制的，在进行风险交易判断时，会阻隔一部分高风险的交易。

延时通道：延时通道的目的在于有效地控制交易风险。8～24小时内显示订单支付的结果（待处理、支付成功、支付失败），该时间内经银行、网关等多重风险有效控制，再配合人工审核每一笔交易订单，可有效保障交易安全。

第五节 跨境支付账户设置——以速卖通为例

一、商家入驻速卖通

速卖通（AliExpress），即全球速卖通，是阿里巴巴旗下面向全球市场打造的在线交易平台，被广大卖家称为国际版"淘宝"。像淘宝一样，在速卖通平台，把宝贝编辑成在线信息，发布到海外。类似国内的发货流程，通过国际快递，与220多个国家和地区的买家达成交易，赚取外汇。

速卖通平台支持多样化的支付方式，卖家只需要设置双币收款账户即可接受所有买家的支付方式。

二、注册速卖通

（1）打开全球速卖通官网，在首页界面单击"立即入驻"（图7-12）。

（2）注册成功后，成功地入驻速卖通平台，拥有自己的店铺。这时候，用户可以在"我的速卖通"栏目下"我的订单"项内打开支付宝国际站，完善账户信息。

第一，确认手机号（图7-13）。

图 7-12　全球速卖通官网首页

图 7-13　确认手机号码

第二，设置国际支付宝密码（图 7-14）。

图 7-14 设置国际支付宝密码

第三，设置完成（图 7-15）。

图 7-15 设置完成

第四，国际支付宝跨境账户设置。国际支付宝目前仅支持买家用美元支付，卖家可以使用美元和人民币两种收款方式。美元账户使用提示如图 7-16～图 7-19 所示。

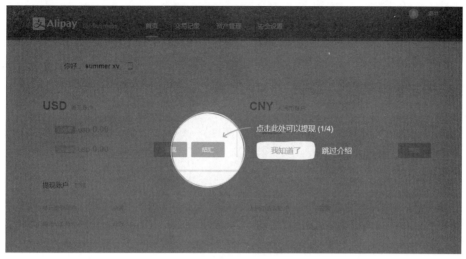

图 7-16　美元账户使用提示（一）

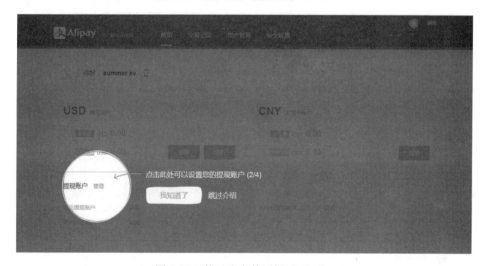

图 7-17　美元账户使用提示（二）

图 7-18　美元账户使用提示（三）

图 7-19 美元账户使用提示（四）

第五，设置人民币账户，单击设置（图 7-20），添加国内支付宝账户（图 7-21），添加完成后，人民币提现账户会显示用户的支付宝账号（图 7-22）。

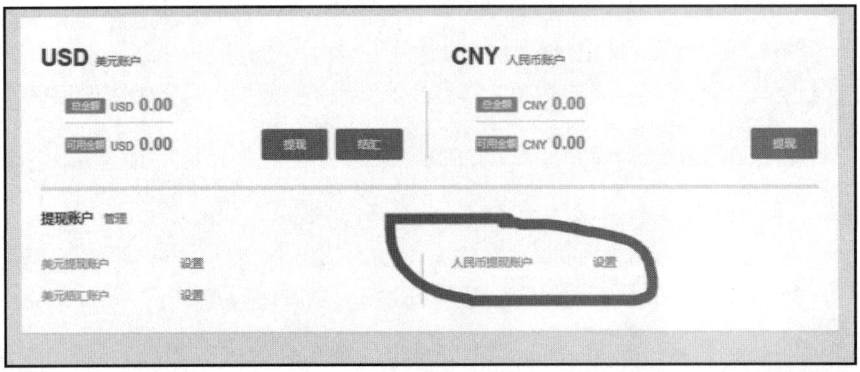

图 7-20 单击设置

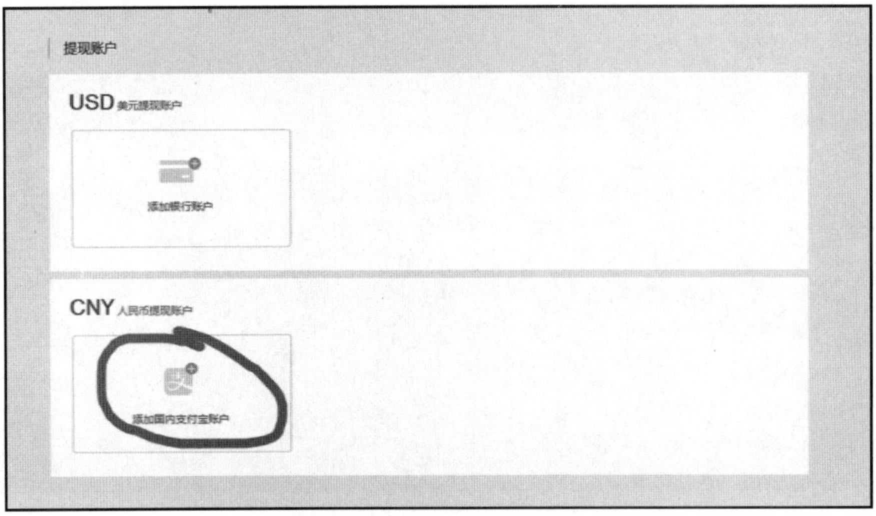

图 7-21 添加国内支付宝账户

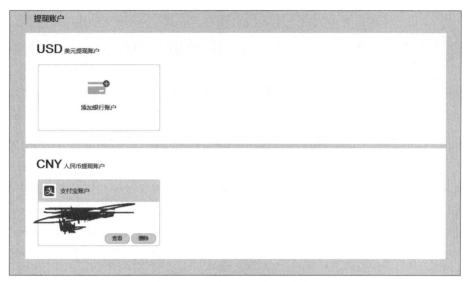

图 7-22 添加人民币提现账户

第六,添加美元提现账户,单击"设置"按钮,然后根据图 7-22 提示完成账户设置即可(图 7-23)。

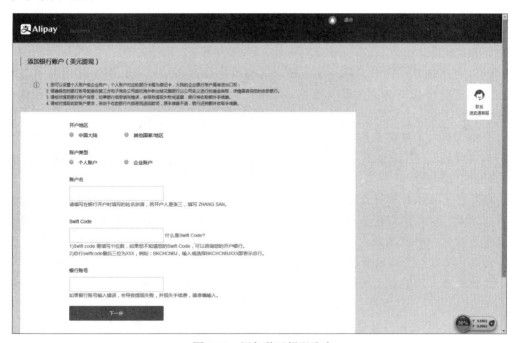

图 7-23 添加美元提现账户

思 考 题

1. 与传统的银行汇款相比,跨境电商支付方式有何优缺点?
2. 使用 PayPal 时常见的拒付情况有哪几种?举例说明。

3．列举并比较国内外各大网上银行的跨境支付方式，同时比较跨境银行转账与第三方平台跨境转账的异同，并分析我国跨境银行转账的优劣势。

4．PayPal 提现方式有哪几种？

5．西联汇款适合哪些业务使用？

6．使用西联汇款时需要注意些什么？

7．案例分析题

银行争相布局　跨境电商支付

在传统业务面临挑战的环境下，银行加速互联网金融布局。其中，迅速崛起的跨境电商被银行视为新的掘金蓝海，纷纷推出配套金融服务方案，作为银行互联网金融战略的一部分。有银行业内人士坦言，此举意在增强银行获客能力。

2015 年 12 月，浦发银行发布跨境电商金融服务方案。方案显示，银行将同第三方支付机构合作，整合跨境电商的资金流、信息流、货物流，形成"基金＋个性化"的综合解决方案。

而在此前，中国银行、中信银行、工商银行、民生银行等均在跨境电商金融服务中有所布局。国内逐年火爆的"黑色星期五"跨境电商大促销背后，银行间的跨境支付布局也如火如荼。

事实上，在跨境外汇收付业务中，第三方支付机构主导的在线支付也发展迅速。面对竞合关系的第三方支付机构，传统银行为突出自身优势，往往在所发布方案中表示将提供综合式服务。

除了浦发银行外，中国银行也表示，将网络金融服务有机嵌入整个跨境电商链路中，实现了针对跨境电商平台、海关、物流、海外供应商、国内消费者的一站式综合服务。

有银行业人士对记者表示，银行通过一站式服务，不仅提供支付、结汇等服务，还能够嫁接传统业务。例如根据跨境电商短期、快速的融资需求特点，为商户提供配套的供应链上下游融资。

据了解，在银行传统业务收入呈下滑趋势的大背景下，银行布局跨境电商支付背后也另有深意。浦发银行贸易与现金管理部总经理杨斌对记者表示，跨境电商支付业务或可获得企业客户的沉淀资金、低成本负债。此外，还能积累电商平台上的支付数据，成为今后银行贷款业务风险管控的数据来源和基础。

在他看来，跨境电商将会是重要的获客平台，而一旦引入流量，银行便能从中获得赚钱机会。

事实上，跨境支付业务已经让银行有所斩获。浦发银行零售产品部总经理谢红表示，2015 年前 10 个月，浦发银行个人结售汇业务同比增长了 50.2 亿元，其中 12.8%来自跨境支付业务。

跨境电商支付结算　中国银行抢下首发

2015 年 11 月 18 日，中国银行在广州举办跨境电商产品发布会暨"中国银行广东省分行·广新国通达"跨境电商合作启动仪式，并在仪式期间首发跨境电商支付结算产品。

据介绍，该产品将填补银行业内跨境电商支付结算领域的金融产品空白。对于跨境海淘的个人消费者，可提供便捷的网上支付服务；对于跨境电商进口企业和第三方支付公司，可提供在线人民币支付、跨境资金分账与清算、国际收支申报、反洗钱等方面一揽子服务；对于开展跨境电商进口业务的海关，可实时向海关传输资金支付和国内个人消费者信息，实现企业便捷通关，也有效解决了海关对于跨境电商的监管需求。该产品推出不久，即迎来了第一家合作电商平台广新国通达，中国银行将与广新集团共同打造跨境电商综合服务生态圈。

作为中国国际化程度最高的银行，中国银行拥有完备而领先的传统跨境贸易金融服务产品体系，并积累了百余年的跨境业务经验，不仅在人才和产品上具备专业优势，对于海外监管要求、税收政策、法律法规、社会文化等软环境方面也有着深刻的理解。中国银行顺应跨境电商蓬勃发展的趋势，把握"互联网+外贸"的政策机遇期，充分发挥跨境金融服务优势，积极开展金融创新，推出了集线上便捷支付、网上收单、跨境资金清算、反洗钱、国际收支申报等功能在内的跨境电商一站式解决方案，助力我国跨境电商业态健康快速发展。

中国银行今后将不断发挥跨境服务优势，紧跟"一带一路""走出去""互联网+"等倡议和国家战略，通过互联网金融服务的创新，加快推动跨境电商产业合作。2015年9月在上海与英国投资贸易署成功举办"中英跨境电商合作圆桌会议"；11月在奥克兰联合新西兰贸易发展局成功举办"中新跨境贸易投资发展论坛"，为双边、多边国际贸易和跨境电商构建金融基础设施。未来，中国银行将陆续拓展澳大利亚、加拿大、新加坡、澳门等国家和地区的跨境电商业务，为国内电商平台与消费者引入更多安全可靠的境外商品，并在这个过程中提供更加丰富便捷的金融服务。

资料来源：中国证券网.

阅读以上材料，试分析跨境电商支付对中国各大银行的影响。

8. 实训实操

请同学们在网上搜索区块链技术的定义和解释，并对跨境电商支付的前景予以预测，形成总结报告。

阅 读 书 目

1. 邓玉新. 跨境电商：理论、操作与实务[M]. 北京：人民邮电出版社，2017.
2. 邓志超，崔慧勇，莫川川. 跨境电商基础与实务[M]. 北京：人民邮电出版社，2017.
3. 马述忠，卢传胜，丁红朝，等. 跨境电商理论与实务[M]. 杭州：浙江大学出版社，2018.
4. 王军海. 跨境电子商务支付与结算[M]. 北京：人民邮电出版社，2018.

5. 冯潮前. 跨境电子商务支付与结算实验教程[M]. 杭州：浙江大学出版社，2016.
6. 张瑞夫. 跨境电子商务理论与实务[M]. 北京：中国财政经济出版社，2017.

自　测　题

第八章

跨境电商网络营销

本章提要：本章介绍了三种主要的跨境电商网络营销渠道，分别是搜索引擎营销（SEM）、电子邮件营销（EDM）、社会化营销（SNS）。其中，社会化营销包含领英（LinkedIn）、脸书（Facebook）和品趣思（Pinterest）。通过对这三种跨境电商网络营销渠道的介绍，了解目前跨境电商领域常用的网络社交工具的类型以及区别。在企业做跨境电商的网络推广营销中，需要掌握注册方法，获取用户信息的方法，以及如何进行广告宣传。

关键词：网络营销；搜索引擎营销（SEM）；社会化营销（SNS）；电子邮件营销（EDM）

第一节 搜索引擎营销

搜索引擎是近年来互联网发展最为迅速的领域之一，互联网就好像一个网络的图书馆，在这个网络图书馆里存在着，并且时刻都在产生着大量的信息。数以万计的信息远超出了我们的想象与掌控，如果没有搜索引擎的出现，根本无法找到我们想要的目标信息。搜索引擎工作原理如图 8-1 所示。

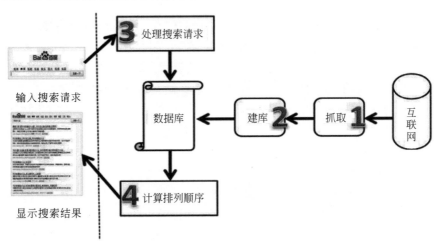

图 8-1 搜索引擎工作原理

搜索引擎营销即 SEM，是 search engine marketing 的缩写。SEM 是一种新的网络营销形式。SEM 所做的就是全面而有效地利用搜索引擎来进行网络营销和推广。SEM 追求最高的性价比：以最小的投入获得最大的来自搜索引擎的访问量，并产生商业价值。

一、搜索引擎营销的方式

搜索引擎营销常见的方式主要有三种：竞价排名、购买关键词广告、搜索引擎优化（SEO）。

1. 竞价排名

竞价排名是指用户在网站付费后才能被搜索引擎收录，付费越高排名会越靠前。实质是用户为自己的网页购买关键字排名，搜索引擎按照点击计费的一种营销方式。用户可以通过调整每次点击付费的价格来控制自己在特定关键词搜索结果中的排名，并可以用相同的关键词捕捉不同类型的目标访问者。目前，最流行的竞价排名搜索引擎有百度、雅虎、Google。

2. 购买关键词广告

购买关键词广告是指在搜索引擎的搜索结果页面显示广告内容，实现高级定位投放，用户根据需要更换关键词，这就相当于在不同页面轮换投放广告。

3. 搜索引擎优化

SEO 即搜索引擎优化（search engine optimization）。是在了解搜索引擎自然排名机制的基础上，对网站进行内部及外部的调整优化，改进网站在搜索引擎中的关键词自然排名，获得更多流量，从而达到网站销售及品牌建设的预期目标。搜索引擎优化包括网站内容优化、关键词优化、外部链接优化、内部链接优化、代码优化、图片优化，搜索引擎登录优化等。

SEO 对于企业的价值和帮助是其他媒介无法比拟的，主要体现在以下几点。

（1）精准引流。年轻人中流传着一句话，"有问题，问度娘"，度娘即百度搜索。由此可以看出，随着互联网的普及，人们获取信息的方式和渠道正悄悄发生着变化，我们想了解一个产品或者一个公司，或者有什么不懂的问题，想到的就是去搜索引擎里面搜索，带着问题和目的去寻找答案，类似"×××"（关键词），或者"×××怎么样？""×××哪个好"等短语。我们将前者称为目标关键词，将后者短语称为长尾关键词。

正因为是带着目的去寻求答案，所以用户本身就有需求。我们知道，广告之所以不受好评，是因为观看广告的人绝大部分没有需求。但与之相反，如果我们刚好要买某件物品，然后就发现了与其相关的广告，那么我们对这个广告的关注度则会大大提高，从而成为企业网站有实际需求的潜在用户。同时，这种搜索展示的结果，会进一步增加用户的信任度，促进转化。

（2）品牌曝光。2019 年数字报告显示，全球人口数 76.76 亿人，其中手机用户 51.12 亿人，网民 43.88 亿人，而这些网民在查找某一问题的时候，只能去利用搜索引擎获取相关信息。这一庞大的用户基础，无论是传统电视媒体，还是报纸杂志，都无法媲美。

在中国有百度、360、搜狐，在国外有谷歌、雅虎等。这些网站的知名度就相当于 CCTV、纽约时报。与之不同的是，百度等搜索引擎已经成为网民生活中必不可少的一项工具。因而利用搜索引擎的知名度和庞大的用户基础作为平台，来进行营销宣传，效果和受众群体要远远超过其他媒体。对于企业形象的展示和曝光，是其他媒体无法相比的。

（3）节约营销成本。电视广告投放、百度竞价、传统纸质媒体、信息流推广等的广告价格，一直居高不下。并且效果不尽如人意，硬广的接受程度也低。SEO 优化，不仅价格低，为企业节省大量的营销费用，同时，作为搜索结果的展示，在可接受度上，SEO 又远远超过了纯广告形式的展示，并且企业做 SEO，只需优化与企业自身业务、所销售商品或者所提供服务相关的目标关键词和长尾关键词，操作简单，无须不像其他媒体投放广告那样需要拍摄、剪辑等复杂的流程。

所以，可以看出，在品牌曝光、产品交易和广告预算节省方面，使用 SEO 作为媒介是巨大的。

二、做好搜索引擎营销技巧

在跨境电商行业中，搜索引擎是跨境电商企业引入流量最重要的渠道，下面以 Google 为例，分析做好搜索引擎营销的技巧。

1. 及时更新网站，丰富页面内容

网站内容的质量和时效性是 Google 排名算法的重要参考因素，因此，保持网站的更新是维持和提升网站排名的有效方法。

此外，网站内容最好是原创的，且不要是纯文本的内容，要适当添加图片和视频，以提升用户体验度。

2. 提升网站打开的速度

网站加载速度也是 Google 排名算法的参考因素。如果网站的加载速度太慢，很容易导致客户跳转到其他网站，且现在越来越多的人使用移动端搜索，网站的加载速度就显得更加重要。因此，最好将网站在移动端的加载速度降低到秒以下。

3. 注重链接的质量

对于已经有了良好排名的关键词，无须再过多地设置链接，以免网站因不合理的速度获得大量链接被 Google 监测到，而导致网站被禁；避免将多数链接全部指向同一篇文章；为访问者提供有用的、相关的内容信息；将链接建立在网站的各个页面上，以保持链接布局的丰富性和多样性。

4. 重视出站链接和链向自己网站的内链

卖家可以向在行业内的权威品牌提供出站链接，这样能保证网站内容的相关性，更容易得到 Google 的认同。要永远确保你的链接所指向的网页能够为访问者提供有价值的、相关的信息。例如，你销售汽配类产品，你可以与米其林的主页建立链接，但却不能与哈佛大学的主页建立链接，因为哈佛大学网站的内容与你的销售产品毫不相关。

所谓内链，就是网站内部页面之间的链接。做好网站内链，能够帮助搜索引擎更好地处理页面内容。此外，还能延长访客驻留时间，因为客户能够在你的网站方便地访问到更多的内容。但是，创建内链同样不宜过多，适量即可。

5. 增加社交媒体曝光度

要重视其他社交媒体平台网站的权重，如 Facebook、Twitter 等网站，它们在 Google

有非常好的排名,通过这些社交媒体平台获取链接,能够提升网站的相关性。若你的网站有多人分享,在社交媒体上你就能获得更多的曝光机会,进而帮助自己的网站获得更好的排名。

第二节　电子邮件营销

一、电子邮件营销的基本概念

电子邮件营销(email direct marketing,EDM)是指企业通过给潜在客户或者客户发送电子邮件广告,传递价值信息的一种网络营销手段。网络的普及、网上电子商务的快速发展以及物流体系的完善,为线下消费者提供了一种新的网上消费环境,实现与目标客户的高效快速沟通。在美国等发达国家,互联网在商业上的应用已经超过 20 年,而在这么长的时间内也产生了各种互联网平台的营销手段,其中电子邮件营销就是代表之一。而相较于欧美发达国家比较成熟的许可式电子邮件营销方式,我国开展 EDM 营销起步比较晚,还经历了比较长时间的无序发展,因此 EDM 在国内没有得到很好的发展。但随着跨境电商业务的兴起,特别是在 B2B 领域,电子邮件营销凭借受众 IP 广泛、高效低本等优点逐渐成为重要的营销手段。

二、电子邮件营销的特点与使用

(一)电子邮件营销的特点及注意事项

1. 电子邮件营销的特点

(1)精准直效:可以精确筛选发送对象,将特定的推广信息投递到特定的目标社群。

(2)个性化定制:根据社群的差异,制定个性化的内容,让客户根据用户的需求提供最有价值的信息。

(3)信息丰富、全面:文本、图片、动画、音频、视频和超链接都可以在 EDM 中体现。

(4)具备追踪分析能力:根据用户的行为,统计邮件打开率、点击数并加以分析,获取销售线索。

(5)操作简单:电子邮件营销的操作比较简单,而且具有一定操作流程和方法。一般业务人员在经过短期培训以后是比较容易上手的,没有太高的专业门槛,是一种比较适合在跨境电商业务活动中推广的营销方式。

2. 电子邮件营销的注意事项

(1)标题:务必吸引人。但前提是要表述清楚内容,同时不要过长。

(2)页面内容:虽然使用图片无可避免,但是重要的内容请务必使用文字,即便是使用了图片也务必给出文字标识。

(3)图片的使用:建议给每张图片一个固定的宽度和高度及 Alt 属性文字提示标识,同时,注意不要使用背景图片。

(4)一致性:如果你会定期发送 EDM,请注意使用统一的风格,主要是页头和页尾的风格统一。如果有期刊号，请将期刊号和时间也一并加入。

（二）电子邮件营销相关指标

1. 打开率

打开率是指有多少人（以百分比的形式）打开了你发送的邮件。这个参数变得越来越不重要了。电子邮件打开率是通过在邮件中放置一个卫星图片来追踪的，但是许多邮件服务上都会拦截图片，使图片无法显示，因此客户可能打开了你的邮件，但系统会记录他没有打开，除非他主动使邮件中的图片显示出来。有报告称，标准的打开率报告根据收件人列表质量不同最多可能要降级35%。

2. 点击率

点击率是点击数除以邮件打开数（注意不是发信总数）得到的百分比。不同的公司以不同的方式来衡量点击率。那么，每打开一次邮件，是所有的点击都计算还是只算一次呢？对于这个问题，还没有统一的答案。这个参数非常重要，因为邮件营销的全部目的就是吸引客户访问你的着陆页或网站。

3. 送达率

送达率是到达客户收件箱（相对于进入垃圾邮件箱或是"收件人不详"的黑洞）的邮件数除以邮件发送总数得到的百分比。使邮件成功进入收件箱是一个相当复杂的过程。

4. 退信数

退信数是指因"无法送达"而退还给你的邮件数，造成退信的原因有：邮件地址拼写错误，邮件收件箱已满以及其他很多原因。如果你的收件人列表是通过购买、租借得到的，那么这个参数是非常重要的，因为它能告诉你，你购买的邮件地址中有多少个是无效的。

（三）电子邮件营销的前提

1. 许可/双重许可

收件人列表有三种：许可式是指收件人选择加入你的列表并允许你给他们发信；双重许可是指收件人给了你两次许可（通常通过电子邮件中的确认链接）；除此以外所有的列表都被认为是潜在客户列表（通常通过购买和租借得到）。这三种列表中，每一种都有各自的价值。

2. CAN-SPAM

CAN-SPAM是美国2003年通过的一部联邦法律。它规定了发送邮件时必须遵守的一系列条款，违反了这些条款，你就会被纳入垃圾邮件发送者的行列，并面临罚款的潜在处罚。

3. 退订/反订阅

退订/反订阅是指收件人从你的收件人列表中自行退出的能力，其中有两种方式：完全退订和针对某一列表退订。完全退订是指收件人要求退出你所有的收件人列表，不再收到由你发出的任何邮件；针对某一列表的退订是指收件人要求退出你的某一收件人列表，不再收到由你发给这个列表的任何邮件。例如，他们不愿意收到特惠信息，但是又想收到每周新闻。

（四）电子邮件营销的业务流程

1. 设计电子邮件营销活动方案

在实施任何营销方案之前都要进行方案设计，从而确定本次营销活动的目标、计划、针对人群、管理控制方法。并且还要将目标划分为长期目标和短期目标，分阶段使目标具有可执行性。在每个分期目标中设置完成截止时间和负责人，以保证目标可以按计划实施。

2. 获取目标受众邮件地址

在设置好各项计划目标以后，就要获取本次电子邮件营销所使用到的电子邮件地址。邮件地址可以通过以下四种途径获得。

（1）从线下渠道获得。线下渠道有很多，如国际展会、调查问卷、企业黄页以及其他公开渠道。线上获得电子邮件地址的方式在早期 B2B 的外贸活动中曾占有很重要的地位，但由于受到各种时空条件局限，并不作为现代电子邮件营销中电子邮件地址的主要获取方式，因此下文中，主要讨论的都是线上获得目标受众电子邮件地址的方式。

（2）从顾客的注册信息中获取。目前大部分跨境电商平台都会要求使用电子邮箱注册 ID，并且还要通过向注册者电子邮箱发送邮件的方式来激活账号，因此向顾客的注册邮箱发送营销邮件无疑是比较具有针对性的。

（3）目标论坛获取邮件地址。在本行业各式论坛上活跃的用户是具有较高反馈率的潜在顾客，可以通过许诺发送目录、图片或者优惠券的方式鼓励潜在顾客留下邮件地址。这种方式获得邮件地址带有许可式营销的意义，电子邮件营销受众若主动接收邮件，则营销反馈率较高。

（4）通过购买或者其他技术手段获得。向电子邮件服务商购买邮件地址，是一种比较快速获得邮件地址的方式，但其涉及隐私权等法律问题，具体操作时要十分谨慎。至于其他技术手段抓取邮件地址，如通过邮件注册页面地址试错抓取、搜索引擎关键词抓取等，这些方法的优点是费用低，但效率比较低、针对性差。

3. 选择适当的活动软件

在开始进行营销活动时一定要慎重选择邮件服务商。尽管目前国内的邮件服务商都可以发送跨国邮件，但是实际工作中会发现某些邮件服务商的服务更优一些，特别是在今天移动电商发展迅速的时代，某些邮件服务商的客户端的服务更加个性化、功能更强大。另外，考虑给予目标受众更加专业化和商业化的印象，尽量选择商务用途邮件服务商或者国外的邮件服务商。

4. 做好内容模板

在选择平台后还应该进行邮件模板设计，邮件模板设计应该根据目标进行。由于邮件病毒泛滥，相对于图文附件式的邮件，纯文本的邮件更容易被目标受众接收并打开。在收件人设置方面，为提高邮件的反馈率，减少客户对群发邮件的反感，收件人不宜罗列过多，可以使用暗送功能。

5. 电子邮件营销过程管理

发送电子邮件应有计划进行，邮件可以按某一个时间间隔发送，也可以在特殊时间节点发送。营销活动进行过程中注意统计用户接收邮件并打开邮件的概率，总结不同营销方式的打开率的差别。

6. 反馈监控

一项营销活动结束以后，还应该进行反馈监控。注意收集用户对于此次营销活动的反馈意见，并整理出来为以后活动做参考。

三、电子邮件营销实用技巧

如何使用电子邮件进行营销实务呢？下文将以全球速卖通平台的电子邮件影响方法介绍电子邮件营销的操作过程和注意事项。为保证准确性，本部分全部使用速卖通官方发布的指引作为介绍的依据。

1. 如何找到电子邮件营销的入口

寻找电子邮件营销入口，如图 8-2 所示。

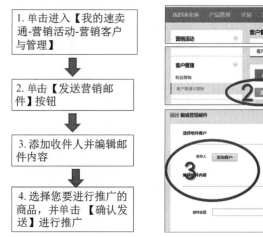
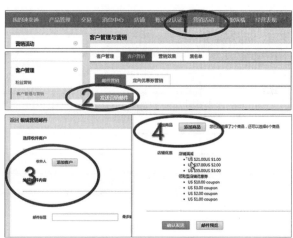

图 8-2　电子邮件入口

2. 如何查看可以发送的电子邮件数量

为了控制买家接收邮件的频率，平台对于卖家发邮件的量级有一定的控制。平台会根据"卖家等级"，给予每个月一定的营销邮件发送量，卖家等级越高，卖家拥有的邮件发送数也越多。每个速卖通卖家都可以登录自己的后台查看本月拥有电子邮件营销的数量（图 8-3）。

图 8-3　查看电子邮件

第三节 社会化营销

SNS（social networking services，社会性网络服务），是旨在帮助人们建立社会性网络的互联网应用服务。SNS 营销，是随着网络社区化而兴起的营销方式。SNS 社区在中国快速发展时间并不长，但是 SNS 现在已经成为备受广大用户欢迎的一种网络交际模式。

SNS 的另一种解释是 social network site，即社会网络网站或社交网。社会性网络是指个人之间的关系网络，这种基于社会网络关系系统思想的网站就是社会网络网站（SNS 网站）。

SNS 也指 social network software，即社会性网络软件，是用分布式技术（P2P）构建的下一代基于个人的网络基础软件。

目前，国际上的 SNS 平台排名如表 8-1 所示。

表 8-1　SNS 平台排名

排名	SNS 社交平台
1	Facebook
2	LinkedIn
3	Twitter
4	微信
5	Pinterest
6	Google+
7	Tumblr

一、SNS 网络营销推广特点

SNS 营销就是利用 SNS 网站的分享和共享功能，在六度空间理论的基础上实现的一种营销。通过病毒式传播（口碑传播）的手段，让产品被更多的人知道。

SNS 营销的核心是关系营销，重点在于建立新客户关系，巩固老客户关系。

SNS 营销的特点有以下几个。

（1）直接与消费者接触，目标人群集中，身份信息真实可靠，可信度高，非常适合口碑推广。

（2）大多数卖家是通过开展活动带动产品销售的，投入少，见效快，有利于资金迅速回笼。

（3）人群集中，可以针对特定的目标人群进行重点宣传。

（4）直接掌握消费者所反馈的信息，获得一手资料。可以不断地调整优化其产品。

二、社交平台营销关键

因为社交网站是真实的社交圈子，如果过于商业化，反而容易被客户屏蔽。因此，针对社交网站进行营销，需要掌握相应的营销策略。以下主要以速卖通社交平台营销策略为例，讲解实施社交平台营销手段中的关键点。

1. 社交平台老顾客的二次营销推广

首先，SNS 中的老顾客营销是基于 IM（instant message，即时信息）的，通过邮件或者站内信将客户添加到店铺的 Facebook、Pinterest、Twitter 等账号中，成为店铺的粉丝好友。然后店铺可以通过文字、图片、促销消息等形式进行 IM 老顾客营销推广。SNS 网络社区的结构和特点为大部分国外企业实行互动营销提供了一个热门的平台。企业利用互动营销，吸纳消费者的意见和建议，从而可以有针对性地开发和设计商品，并进行指向性营销活动。而很多独立网站和速卖通大卖家通过与消费者的良性互动，对当地市场以及文化有了进一步的了解，并在互动中实现了企业品牌和商品信息的良好传播。SNS 用户信息的真实性以及用户之间的互动性，不仅可以使企业更有效地推广品牌和提高商品销量，还可以帮企业建立客户数据库，也就是老顾客的二次营销推广。

以下为 SNS 老顾客营销的具体操作步骤。

（1）在速卖通后台对老顾客进行分析总结。按照客户的成交次数或者按照客户的成交金额筛选，从而选定优质客户加入店铺的 Facebook、Twitter 或者 Pinterest 账号成为粉丝好友。每天加好友的人数限制在 15～20 人。建议发邮件给客户鼓励客户主动加好友。

（2）老顾客加入 SNS 推广渠道，与老顾客进行互动营销。

（3）在 Facebook 中参考日历创建活动安排，定期举办促销活动。

2．4H 营销法则

人们称社交网络营销型网站为社交站，它是 21 世纪的交流平台，拥有大量的免费流量。最有名的社交站有 Mypace、Facebook 等，它们不仅可以提供要闻故事，而且开始成为把流量带到网络商在线网页的主要因素。尽管事实如此，但是社交站并不喜欢网络广告商，所以广告商采用简单的 4H 法则软性引流是关键。

（1）humor（幽默）：只要你在自己的社交站个人资料里写点儿幽默文字、添加些幽默图片或者仅是一段自己的简介，就可以吸引很多朋友。在 Facebook 中如果你能添加幽默图片则可以增加粉丝的黏度。

（2）honesty（诚实）：自始至终必须坚持诚实原则，上传名人照片，或者假扮成他是没有意义的，人们想了解真实的你。

（3）have fun（有趣）：社交站重要的一点就是你能做许多有趣的事情、认识新朋友、学习新知识，同时还可以从中得到流量并赚钱。

（4）help people（助人）：助人如助己，你可以在你的个人资料里加些有用的链接和建议给别人指出正确的方向，为留言或者和你联络的人解答任何问题。

3. 用好三大营销技巧进行推广

社交网站三大营销技巧主要包括事件营销、红人营销、信息流与瀑布流营销。

事件营销：主要指店铺自主营销后，在速卖通中通过分享和活动营销发送到 Facebook 页面。

红人营销：主要通过模特的试用和试穿来体现。

信息流与瀑布流营销：主要指可以把速卖通上的商品直接发布到 Pinterest 上进行

分享。

例如，在速卖通平台上，店铺自主营销的各种活动，可以通过分享发送到 Facebook 页面，也可以在 YouTube 上利用红人模特展示产品的试用效果。速卖通的商品详情页面商品图片下，从左到右依次为 Facebook、Pinterest、VK、Twitter 四大社交网络的分享按钮，买家可以通过单击这 4 个按钮做分享（图 8-4）。

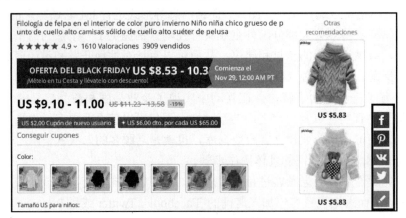

图 8-4 速卖通平台分享

速卖通将商品的分享度纳入网站产品排序因子中，因此建议平台卖家通过多鼓励买家分享，或者自己创建社会化分享账户来维系买家在 SNS 的群体等做法，从而提高自己产品的被分享次数，使其成为产品排名的有利因子。速卖通也有付费的 SNS 自动分享助手，可以帮助卖家将商品分享到社交平台。

4. 营销推广要避免五大误区

误区一：错失品牌推广机会。

大多数社交媒体网站（如 Facebook、VK、Pinterest 等）中有很多地方可以供速卖通卖家个性化地设计自己的页面，但许多人把那些地方留成空白，浪费了展示的机会。类似这样免费的品牌推广机会，大家一定要把握好。

误区二：回复不及时。

在出现公关危机时，让人等待很长时间会使事情变得更糟，这在速卖通中指的是买家的负面评价。因此，企业应定期维护社区账号，查看消息和文章列表，特别是对网友的回帖和评论要积极响应、互动。用户是"上帝"，服务好用户才能够不断积累人气。

误区三：没有清晰的社交营销战略。

"即使许多社会化媒体应用是免费的，但它们也仍然需要时间的投入，而时间就是金钱"。因此，企业要有正式的速卖通站外营销推广计划，在这个过程中每一步都要有一个清晰的目标。

误区四：信息流没有连续性。

有了市场营销计划后，在 Twitter 和 Facebook 上的每一篇帖子企业都应当事先策划，以避免出现不连贯现象。很多企业两天打鱼三天晒网，没有连贯系统地推广社区，而用户需要一个阶段的积累和关注才能够认知到某一企业或品牌，这并不是靠一两篇文章或帖子就能够实现的。因此做社交网站营销，企业需要对整个营销方案进行连续性操作。

误区五：文章错误百出。

在社交网站上发布的文章出现语法和拼写错误，会让这个网页的内容看上去很不专业。所有的博客、微博上发的帖子都应做到看上去专业，即使社交媒体网站本质上是非正式的，也应如此。因此在写作时，企业应当多次检查文章的流畅性和可读性，不要让文章毁了企业形象。

三、SNS 营销的具体实施过程和注意问题

1. SNS 营销的具体实施过程

（1）在社交网络平台上开设账户，接触消费者。
（2）通过社交网络平台推广店铺和产品，让消费者产生兴趣。
（3）与消费者互动。
（4）促成行动。
（5）让消费者分享和进行口碑传播。

2. 在 SNS 实施过程中需要注意的问题

（1）为用户提供有帮助的内容，把产品优化放在首位。
（2）用心沟通，及时回复用户的问题和评论，尽快解决客户的问题。
（3）为用户建立互相沟通的平台。

SNS 营销是一个长期的过程，卖家首先要有一个清晰的社交营销战略，然后构建专业的社交平台营销团队，制订 SNS 营销推广计划，并且需要营销团队对整个营销方案进行连续性操作。

第四节　社会化媒体营销——LinkedIn 营销

一、领英的概念

领英（LinkedIn）是属于商用型职场严肃网络社区平台，它与 Facebook 的最大区别是领英更加商务化、职场化，而 Facebook 则更加偏向于生活化。正是由于领英的这种属性，所以领英更适用于在 B2B 使用。LinkedIn 页面如图 8-5 所示。

二、领英的功能

领英的主要功能可以分为四项：社交、职业、企业展示、广告。

1. 社交

社交是领英最主要的功能，亦是领英创办的初衷。通过社交功能，领英的用户可以在平台上进行商务交流，构建自己的人脉圈。

2. 职业

职业是在社交功能中拓展出来的重要功能。领英的用户可以通过展示自己的教育以及职业背景，在人脉圈中获得业内的肯定，并可以进行求职。

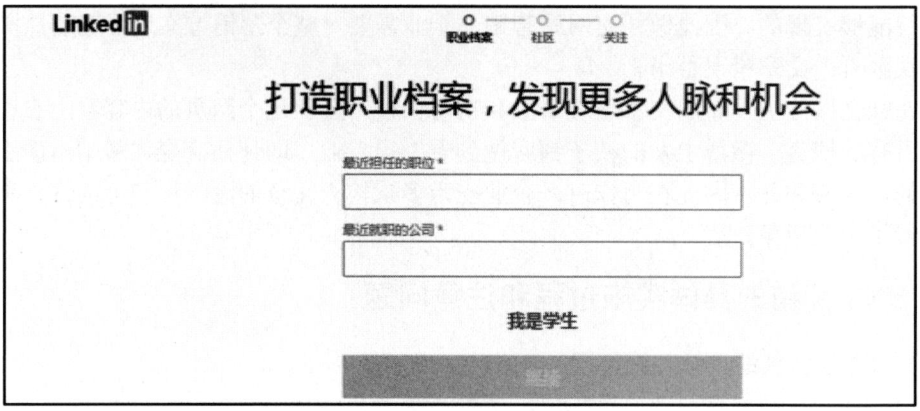

图 8-5　LinkedIn 页面

3．企业展示

企业展示是针对企业用户推出的功能，企业用户可以在领英上创建企业账号，并可以进行企业形象展示、业务介绍的商务活动。

4．广告

广告是领英的非核心功能，用户可通过设置预算和出价控制推广活动成本，并且自助下单。

三、领英的推广

1．人脉推广

人脉推广主要是通过搜索关键词条的方式，加好友扩展人脉圈，然后在人脉圈中进行推广。搜索词条可以通过行业关键词进行搜索，也可以通过潜在客户的邮箱进行搜索（图 8-6）。

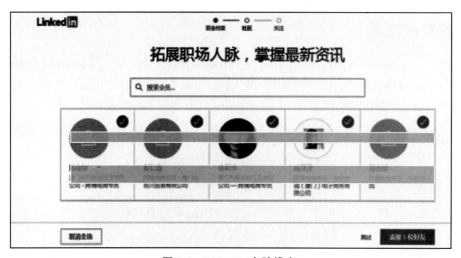

图 8-6　LinkedIn 人脉推广

2. 展示推广

展示推广主要是以设置和维护主页的方式进行，这种展示推广是静态的。领英可以设置个人用户和企业用户，用户可以在主页上展示照片和文字信息进行自我宣传，以达到推广展示的目的（图8-7）。

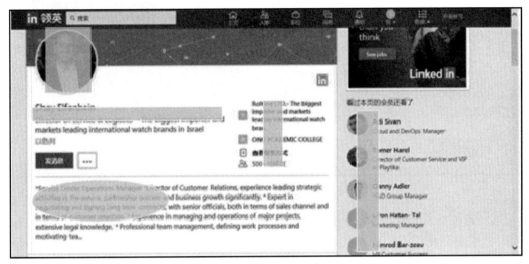

图 8-7　LinkedIn 展示推广

3. 广告推广

领英推荐自助广告下单。在进行广告推广以前，先应设置每日预算和总预算，然后选择手动或自动出价的方式进行竞价。领英推荐自动出价，认为自动出价有利于用户了解整个预算表现潜力，并可以更好地控制效果单位成本和推广活动开销。领英帮助中心说明了广告运行费用的最低要求，即运行广告推广活动需要满足最低每日预算、总预算和出价金额要求，具体包括：每个推广活动 10 美元的每日预算；每个推广活动 10 美元的总预算 （企业推广内容的可选功能）；文字广告推广活动最低 2 美元的 CPC（点击成本）或 CPM（展现成本）出价。

四、通过 LinkedIn+Google 搜索组合找到目标客户

1. 使用 LinkedIn 内置搜索条进行寻找

方式：在搜索条中输入 companies、people 等就会出现相关匹配项内容。People 关键词项下主要是领英的个人用户的内容结果条，通过阅读其短介绍来判断该用户是否能够成为潜在客户。也可以在搜索词条内键入具体行业来缩小搜索范围。例如，我们是经营手表的出口商，在搜索词条内可以键入"watch importer"。搜索结果页中会出现大量相关匹配项词条，大部分词条为领英的注册个人用户，也有部分平台推荐的相关度比较高的企业。对于那些可能成为潜在顾客的个人用户，可以在该主页中尽可能多地收集顾客的个人信息，并将其电子邮件地址添入 EDM 潜在目标受众地址内。另外，也可以用领英站内自带 contact 功能，向对方发送站内信息来与对方建立联系（图 8-8）。

图 8-8　LinkedIn 内置搜索条搜索

2. 通过 LinkedIn+Google 搜索寻找

如果通过阅读对方主页内容，仍然不能确定对方是否是潜在用户，则可以结合 Google 搜索来确定对方身份。具体方式是将该公司的名称放在谷歌里面进行搜索，通过谷歌搜索结果页来确定对方身份。

这种领英与谷歌相结合的方式也可以逆向使用，在谷歌上搜索不到的公司也可以将其名称放在领英平台中进行搜索。

具体搜索方法包括通过产品名称搜索、通过邮箱搜索、搜索网址等方法（图 8-9）。

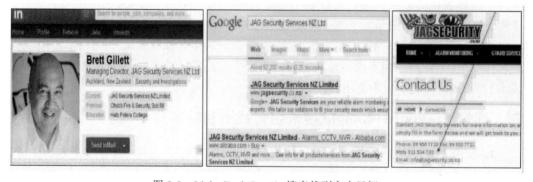

图 8-9　LinkedIn＋Google 搜索找到客户目标

五、添加 LinkedIn 会员为好友

领英在注册完毕以后，平台即会根据注册信息进行好友推荐。因此在填写注册信息时务必正确具体，才能保证平台推荐好友的准确性。在添加好友的过程中，并不能秉着越多越好的思想，大量增加不相关的联系人。领英是商务化的社交平台，加入过多不相关的联系人，会导致平台推荐的联系人的关联度下降，未来针对行业进行的营销活动的集中度、效率下降。

六、多个社交平台管理工具 Buffer 平台

Buffer 主要解决社交媒体的整合问题。它是一个高效的付费型管理和分析网络社交帖子的平台。通过使用 Buffer 可以跨越不同国家时差障碍，快速为多个网络社区设置发帖时间，轻松管理多个账号，并且它具有推文过滤功能以及 RSS 介入管理功能。但这个软件是需要支付费用的，在免费试用 14 天以后，有年付和月付两种支付方式。对于那些需要管理多个网络社区的用户，Buffer 可以实现推文预设与高峰期自动发帖，营销推广的辅助效果十分突出。

Buffer 支持直接使用社交账号登录，或使用邮箱创建账号，只需邮件一步确认，账号就创建好了（图 8-10）。

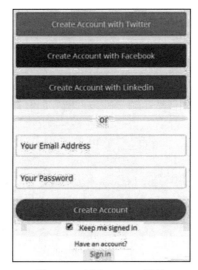

图 8-10　创建 Buffer 账号

Buffer 支持如图 8-11 所示的社交媒体的账号管理，每个账号下只能选择一种角色进行代发布运营。

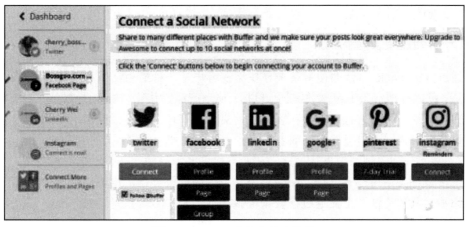

图 8-11　Buffer 支持的社交媒体

第五节　社会化媒体营销——Facebook 营销

一、脸书

　　脸书（Facebook）是全球著名的网络社交平台，2004 年由马克·扎克伯格创立。其创立之初主要为美国大学生提供社交服务，而后业务范围和服务人群不断扩展，成为全球最实用的网络交流平台。为更好地服务全世界的用户，Facebook 支持全球 70 多种语言，不仅个人在该平台注册，不少企业用户也在平台上设置主页并开展针对海外市场的网络社区营销活动（图 8-12）。Facebook 页面如图 8-12 所示。

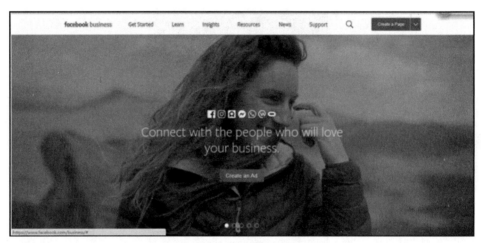

图 8-12　Facebook 页面

二、通过 Facebook 寻找客户

　　利用 Facebook 开发潜在客户，需要先做出营销计划。即根据自己的商品、目标、能力描述出潜在客户的基本情况，如客户的主要性别构成、年龄范围、常住地、可能的兴趣爱好。制订完计划以后，就可以开始利用搜索词条和添加好友的方法开发用户。

（一）通过搜索词条添加

　　通过 Facebook 自带的搜索条来寻找潜在客户是一种最为常用和具有针对性的找客户方法。可以在搜索条中键入关键词，包括行业、产品、用料、功能、地域等（图 8-13）。因此在使用这一方法进行寻找潜在客户以前需要先整理出一份行业常用的关键词，并可以将这些关键词嵌入自己的名字或者简介中去。除了使用关键词，还可以使用"like"即"点赞"某物作为关键词来进行搜索，从而得出许多为这种产品点过赞的潜在用户信息。另外，搜索词条下方还有一个"page"公共主页的分类类目，也可以通过"page"公共主页添加。具体方法和上文通过搜索条寻找潜在客户类似，只是针对"page"搜索出来的都是公共主页，还需要进一步筛选。在筛选过程中主要观察哪些主页与自己的产品比较类似，打开这些主页的帖子，将那些相关度高且点赞多的帖子找出来，添加那些为此帖子点过赞的潜在客户。

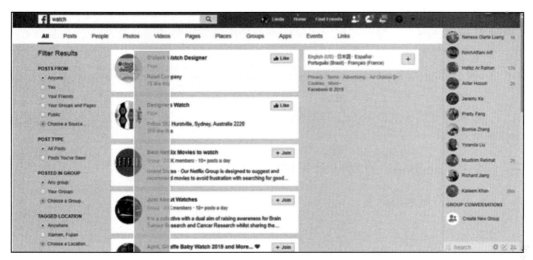

图 8-13　Facebook 搜索词条添加客户

（二）通过添加"好友"添加

首先打开主页，选择主页上方的"find friends"进入添加好友页面。

1. 通过"可能认识的人"添加

Facebook 在注册的时候会要求注册者填写关于个人经历的资料。根据这些资料，Facebook 会推荐那些与注册者相关的好友。这些好友要么和注册者的教育经历相关，要么和注册者的工作经历、所在地相关，这个添加好友的过程十分重要。与领英的添加好友一样，刚开始被选择且添加的好友是后期平台推荐的好友。如果营销计划是针对某种类型的客户的话，那一定要在刚开始的时候逐一阅读被推荐好友的资料，并精挑细选后再添加进来（图 8-14）。

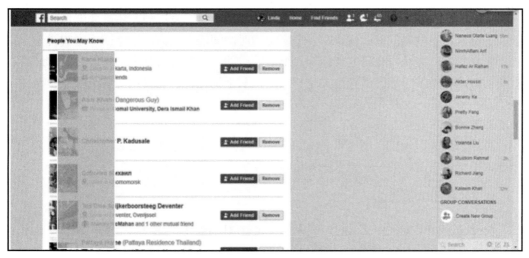

图 8-14　Facebook"可能认识的人"添加客户

2. 通过"添加联系人"导入

在创建 Facebook 账户后，也可以通过 hotmail、MSN、Gmail 等其他账户导入以前的联系人或潜在客户。导入过程中需要根据不同的邮件服务器输入登录信息，但每天同步的联系人数量不能超过 5 次。

3. 通过添加"friend Requests"

完成对简介、名称添加关键词和字段的工作并参与一些帖子活动以后，账号中也会有一些添加好友的请求，可以仔细甄别这些加好友请求的有效性，添加有可能成为潜在客户的请求。

三、通过 Facebook 为网站带来流量

（一）保持账号活跃度

保持账户活跃度是为企业带来更多流量的重要方式。保持账户活跃度主要通过积累好友数量和不断发帖来实现。

1. 积累好友数量

在网络社交平台中，好友数量和质量是社交工具营销成败的关键，没有足够数量的好友和没有足够质量的好友都不能达到预期的营销目标。如何添加好友在上文中都有涉及，这里提三个加好友过程中的注意事项：首先，Facebook 个人好友可以加到 5 000 个，达到这个数量以后不能再加好友。但是可以通过主页设置中打开"关注"功能，主页粉丝和小组是没有数量上线的。其次，在联系人栏中可以设置为公开，也可以设置为隐蔽，这主要是为了防止同业竞争者吸收潜在客户信息。最后，在信任联系人设置过程中，要确保该账户的安全性，Facebook 偶尔因为各种原因会禁用账号，这样会导致前期积累的大量客户资料丢失，使用信任联系人可以召回账号，当然如果信任联系人设置不合理也会导致被盗号。

2. 不断发帖

保持账号活跃度除了需要有足够数量和质量的粉丝好友以外，还需要有较高的发帖技巧。首先，发帖时间应该保持在一个稳定的时间间隔范围内，以保证"时间线"一直处于更新状态。并且需要研究目标客户上线的时间，尽量在目标客户在线活跃时间内进行更新。这样的帖子更容易获得关注和点赞，利于浏览转化。其次，帖子的类型要尽可能丰富。多发图片、视频的帖子，少发纯文字的帖子。而且需要研究目标客户的喜好发一些有趣图片和视频，或转发一些热门帖子并加上自己的评论观点。在发产品图片时，也尽可能做到去广告化，用比较委婉的方法引发对产品的关注。最后可以通过在主页上创建大事记的方法帮助企业树立商务化的企业形象和品牌地位（图 8-15）。

（二）参加小组讨论

Facebook 有自己讨论小组，可以加入这些 Group 参与小组讨论并加更多好友。Facebook 的小组功能非常强大，能够将与本账号有关系的用户筛选出来，你的好友也可能加入这个讨论组，或者与你类似经历或同区域的人也可能加入这个讨论组。在讨论组

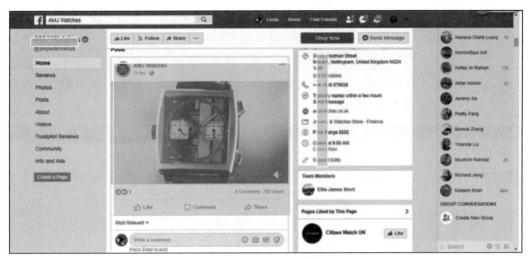

图 8-15　Facebook 发帖

中需要遵守这个组的一些约定，然后积极参与小组讨论，为小组成员一些帖子点赞，增加自己的浏览记录，从而多维度和群里的成员保持更多的交际。在做完这些工作以后，Facebook 为你推荐的好友会更多，加好友的过程也会更加顺利，这为未来的目标社交营销活动奠定了很好的基础。

四、Facebook 企业的推广

在 Facebook 做企业推广，最直接的方法就是做广告。在进行广告以前首先要在 Facebook 上设置好账户，填写相关信息，选择账单和支付方式（图 8-16）。

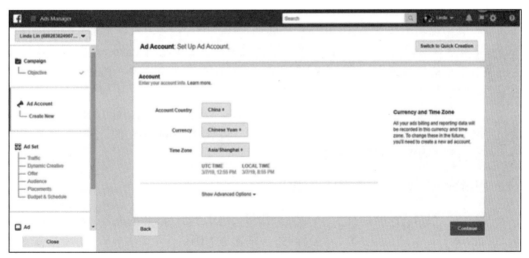

图 8-16　Facebook 企业推广

Facebook 的广告按照营销目标可以分为三大类型，分别是品牌认知、购买意向和行动转化，在品牌认知以下有品牌知名度、覆盖人数这两个维度，在购买意向下有访问量、参与互动、应用安装量、视频观看量、潜在客户开发这五个维度，在行动转化以下有转化量、商品目录促销、店铺访问量这三个维度。品牌认知这个类型比较适合在推新中进行品牌营销；购买意向这个类型则为行动类广告，可以增加网站的访问量，吸引更多用户查看帖子或者主页参与互动，吸引用户安装下载应用，或观看推送的视频等；行动转化则是一种比较小众的广告方式，主要通过吸引用户使用网站、展示目录中的商品或向周边人群推荐等方式为客户做推广（图8-17）。

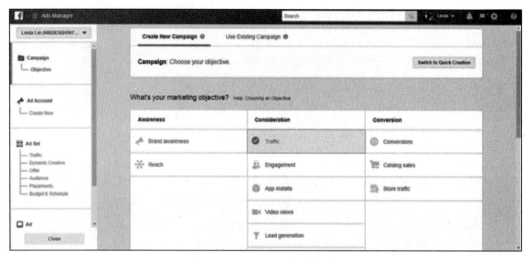

图 8-17　Facebook 客户推广

第六节　社会化营销——Pinterest

Pinterest（品趣思）是全球最大的图片分享网站，它采用瀑布流的形式展现图片，图片会不断自动加载在页面底端，让用户不断地发现新图片，客户可以将感兴趣的图片在 Pinterest 保存，其他网友可以关注，也可以转发图片。卖家注册 Pinterest 账号后，可在上面发布自己的产品图片，这对于购物网站的重要性不言而喻，卖家 Pinterest 还推出广告服务，吸引粉丝进行分享互动。

对于个人来说，Pinterest 是一个图片分享网站，是能够享受体验的购物平台，能够满足消费者的信息收集需求，而对于企业来说，可以借助 Pinterest 推广自己的产品或服务，打造自己产品知名度和信誉度。

一、Pinterest 社交网站操作步骤

Pinterest 允许每个 IP 拥有 2~3 个活跃账号，建立 3 个 gmail 的账号，然后创建一个新的 Pinterest 账号（每天创建 1 个新账号），邮箱进入确认。

首先，不要让账号看起来像垃圾账号，使用一些合适的相片和描述，不要一开始就做一些很低劣的账号，创建 5~15 个分类，每个分类使用唯一的有创意的名字。

其次，新建一个话题版，上传一个钉图，从自己电脑中选取一张高清产品图，加上产品简单介绍，和敦煌网产品链接、订上、完成。定期查看自己的和别人的图片，转发/喜欢/评论此数越高的，产品越受欢迎。有以下几个技巧供卖家参考。

（一）增加 Pinterest 流量

为自己的 Pinterest 账号吸引尽可能多的流量，是做好 Pinterest 营销的基础，因此需要做好以下几项工作。

1. 完善 Pinterest 账号资料

为了增加粉丝的信任感，尽可能地让自己 Pinterest 账号的资料更加完整，包括头像、准确的网站地址等。

2. 设置"pin it"按钮

可以在图片上设置"pin it"按钮，也可以当鼠标经过图片时出现一个"pin"，如果人们对你的网站比较感兴趣，他们就会将你的产品图片 pin 走，这样就能够增加你的图片的权重，进而增加 Pinterest 账号的权重。

3. 制作"Rich pin"

Rich pin 能够使图片信息更丰富。Rich pin 有六种形式，分别是 App 类型、电影类型、美食类型、文章类型、产品类型和地点类型。

4. 保证 pin 链接的相关性

你提供的 pin 链接定要与产品有紧密的相关性，否则，这个 pin 链接将会被判定为垃圾分享。

5. 合理布局关键字

不仅要注意在 Pinterest 账号的名称、简介描述中的关键字的布局，还要合理布局图片的名称、简介、图片描述中的关键字。一张图片的标签以 2～3 个为宜，数量过多容易被评判为垃圾分享。

6. 保证每天更新图片

卖家应保证每天对 pin 进行更新，可以经常登录账号，包括在网页上登录、在手机上登录，使账号尽快成长为老账号。所谓老账号，就是无论在哪个 IP 登录账号，你的账号都不会进入安全模式。

（二）图片优化

此网站的主要功能是分享图片，因此，做好图片非常重要，需要遵循以下三个原则。

1. 产品图片吸引人的眼球

"追求美，享受美"是 Pinterest 的主题，因此要建立美丽而有价值的形象。产品图片要抓住用户的情感，能够引起共鸣，不仅要了解用户的需求，更要将这些需求融入你的产品图片中，这样才能使用户看到你的产品图片时，产生愉悦、丰富、健康的感觉。

需要注意的是，引人注目的产品图片很简单，通常是白色背景，如图 8-18 所示的 Gucci 产品页面。所以你的产品图片要与时间季度、潮流趋势相符，这样会使图片更容易受到关注。

2. 对图片进行具有号召力的描述

只是把图片 pin 上去是不够的，你要让用户知道你 pin 图的目的，即在他们看完图后你希望他们怎么做，而这个就显示在你对图片的描述当中。

图 8-18　Gucci 产品页面

用户关注的不单纯是图片，还有图片的描述。在图片描述中，增加一个具有号召性的动作说明，去吸引用户点开你的图片非常重要。这些号召性动作的说明包括："你不得不看的……""点击图片看怎么……""看看这几种方式……"等。但是在此之前，你要确保这张图片拥有足够的吸引力，让人有非转不可的冲动，并且要能满足人们的消费需求。

3. 选择最佳的 pin 图时间

每个平台上活跃的用户都有自己的浏览生物钟，因此要想让 pin 上去的产品图片吸引更多的关注，被更多的用户看到，选择 pin 图的时间非常重要。

经过相关研究发现，Pinterest 上最佳 pin 图时间是美国东部时间 14:00—16:00 和美国东部时间 20:00—1:00（北京时间 15:00—19:00 和 9:00—14:00）。在这些时间点内 pin 图会收到非常好的效果。

（三）充分运用 Pinterest 营销工具

Pinterest 也有比较好用的营销工具，如果能够充分运用它们，将会使你的推广事半功倍。

1. Pinterest 群工具 pingroupie

Pinterest 群工具 pingroupie 如图 8-19 所示。

图 8-19　Pinterest 群工具 pingroupie

只要加进群里面，就可以 pin 图到群里面，群成员都可以通过邮件收到"××××添加了一张图片到群里"之类信息，在个人消息里面也可以。

利用 pingroupie 可以找到想要找的相关群。通常可以依据 repin 或者 like 的人数来选择群，这两个参数越高，就代表这群越活跃（图 8-20）。

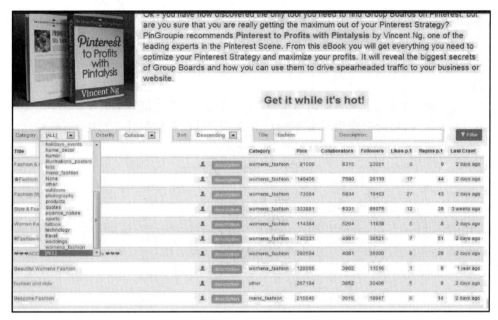

图 8-20　查找群

2. 分析竞争对手粉丝的工具

在开展社交媒体营销的时候，精准营销非常重要，我们可以通过分析竞争对手的粉丝来实现对粉丝的精准营销。

我们找到一个竞争对手的网站，在上面直接输入它的完整域名，然后按照 Pinterest 的高低来过滤，这样就可以知道竞争对手有哪些图片是表现非常好的，我们就可以学习它，我们也可以利用这些数据建立 board 和上传受欢迎的图片。

思 考 题

1. 简述跨境电商网络营销的基本分类。
2. 试述跨境电商电子邮件营销业务流程。
3. 简述电子邮件营销的实用技巧。
4. 简述 SNS 营销的主要平台。
5. Facebook 如何进行企业推广？

阅 读 书 目

1. 潘百翔，李琦. 跨境网络营销[M]. 北京：人民邮电出版社，2018.
2. 邓志超，崔慧勇，莫川川. 跨境电商基础与实务[M]. 北京：人民邮电出版社，2017.
3. 江礼坤. 网络营销推广实战宝典[M]. 2 版. 北京：电子工业出版社，2016.
4. 陈战胜，卢伟，邹益民. 跨境电子商务多平台操作实务[M]. 北京：人民邮电出版社，2018.
5. 于立新. 跨境电子商务理论与实务[M]. 北京：首都经济贸易大学出版社，2017.
6. 陈江生. 跨境电商理论与实务[M]. 北京：中国商业出版社，2018.

自 测 题

第九章

跨境电商数据分析

> **本章提要：**典型的跨境电商业务主要由贯穿交易前、交易中和交易后的商品信息发布、交易业务、在线营销、售后服务以及支撑电子商务顺利进行所需的在线支付、物流配送、信用体系支撑等环节构成。与传统商务相比，电子商务的网络特性，决定了跨境电商网站可以容易地获得各项关键数据统计指标，并利用这些数据指标改善提升网站经营效率。但是，与快速发展的跨境电商相比，行业里仍缺少对通用的统计指标的整理和对电商数据分析方法的概括解读。
>
> 基于这样的背景，本章介绍一些通用的行业数据指标和几种可行的数据分析方法，结合电子商务的业务特点，从数据指标定义和内涵入手，对跨境电商数据分析方法加以介绍，结合案例应用，加深对跨境电商数据分析的认识，并应用到实际网站运营过程中去。
>
> **关键词：**数据分析；客户价值；浏览量；成交量

第一节 数据分析导论

数据分析是指用适当的统计分析方法对收集来的大量数据进行分析，提取有用信息和形成结论而对数据加以详细研究和概括总结的过程。在实用中，数据分析可帮助人们作出判断，以便采取适当行动。数据大多比较枯燥、繁杂，但是贯穿了跨境电商企业、平台应用的方方面面。

数据分析的主要作用主要有以下几方面。

一、优化品类管理

品类管理指的是从日常零售运作中提炼出来的较为系统化、精细化的终端零售管理方法。利用数据分析可以完成更好的决策，让产品和服务为消费者创造更多的价值，最终使商家获得良好的商业效果。在制定品类管理策略时应综合考虑品类类别的水平、标准和销售目标，而不仅仅考虑单个商品，因为品类中的各商品是有连带关系的，牵一发而动全身。

二、精准营销

运用数据记录、挖掘、分析消费者的行为轨迹,可以更精准地了解市场需求,在品牌定位、渠道铺设、媒介选择上做更有针对性的营销活动。在大数据技术的支持下,企业和平台可以在开放的网络资源中全渠道收集客户的行为数据,结合企业、平台自身系统所存储的历史信息,制定出可量化、可执行的营销策略。

三、跟踪产品推广效果,分析产品成长性

可以通过对产品的流量、成交量、转化率等指标进行记录与分析,得到产品成长情况,并基于此判断是否继续进行该产品的推广以及预测推广的效益。

四、分析需求,优化运营

跨境电商企业可以对用户搜索、浏览、评论等行为产生的大数据进行挖掘和匹配,分析消费者的整体需求,并有针对性地进行产品生产、改进和营销。

五、识别目标客户、潜在客户

可以全面分析营销成果,提供客户的分布、消费的能力、发展的潜力等分析结果,识别最有价值的目标群体,并融入企业的营销战略规划当中。通过对用户或粉丝输出的内容和进行互动的记录作出分析,识别出其中的潜在用户,对潜在用户进行多个维度的画像,丰富用户不同维度的标签。系统通过设定的消费者画像的规则,将会员和潜在用户进行关联分析,处理用户与客服沟通数据,从而可以识别出目标人群,进一步做定向的营销推广。动态及时更新消费者的生命周期数据,保持信息新鲜有效,激活社会化资产的价值。

六、提升客户体验

用户在跨境电商购物流程中需求被满足的过程,涵盖了对移动终端中电商网站应用的产品体验和对购物全流程的体验。为了保障用户在浏览、比价、咨询、采集、下单、支付等一系列流程下的体验便捷愉悦,企业必须提升服务能力,需要将业务流程、用户操作、平台服务贯穿起来,设计一致性的、流畅的、简单易懂的流程和操作体验,并使每个环节上用户都有服务的支撑。提供符合用户场景化需求的服务,能更吸引用户加入购物体验流程。通过页面跳转率、点击率、订单转化率等数据的记录和分析,设计出符合用户感知和使用的交互。

第二节 数据分析指标

根据跨境电商企业、平台的业务流程、内容和主要特征,可以将跨境电商的数据指标分为网站运营指标、经营环境指标、销售业绩指标、运营活动指标和客户价值指标五类一级指标。

每类一级指标又分别由若干个二级指标组成。网站运营指标是一个综合性的指标，其包括网站流量指标、商品类目指标及供应链指标三个二级指标；经营环境指标细分为外部竞争环境指标和内部购物环境指标两个二级指标；销售业绩指标则根据网站和订单细分为两个二级指标；营销活动指标包括市场营销活动指标、广告投放指标和对外合作指标三个二级指标；客户价值指标包括总体客户价值指标、新客户价值指标和老客户价值指标三个二级指标。

一、网站运营指标

网站运营指标主要用来衡量网站的整体运营状况，这里将网站运营指标细分为网站流量指标、商品类目指标以及供应链指标。

（一）网站流量指标

网站流量指标主要从网站优化、网站易用性、网站流量质量以及客户购买行为等方面进行考虑，主要用于描述网站访问者的数量和质量，是跨境电商数据分析的基础。该部分指标主要包括访客数、浏览量、跳失率、停留时间等。目前，收量数据的方式通常有两种：一种是通过网站日志数据库处理，一种是通过网站页面插入 JS 代码的方法处理。两种收集日志数据的方式各有长处和短处，大企业都会有日志数据仓库，以供分析、建模之用，大多数的企业还会使用谷歌分析工具（GA）来进行网站监控与分析。

网站流量指标可细分为流量数量指标、流量质量指标和流量转换指标，如我们常见的浏览量（PV）、访客数（UV）、新访客数、新访客比率等就属于流量数量指标；而跳出率、页面/站点平均在线时长、人均浏览量（PV/UV）等则属于流量质量指标；针对具体的目标，设计的转换次数和转换率等则属于流量转换指标，譬如用户下单次数、加入购物车次数、成功支付次数以及相对应的转化率等。

1. 访客数

访客数即 UV，指在统计周期内，访问网站的独立用户数。网站的访客数指标是为了近似地模拟访问网站的真实人数，故"同一个人"（在 Cookie 技术下，通常表现为同一客户端同一浏览器）多次访问网站，也仅记为一个访客。

2. 浏览量

浏览量即 PV，指在统计周期内，访客浏览网站页面的次数。访客多次打开或刷新同一页面，该指标均累加。

3. 跳失率

跳失率是指在统计周期内，跳失数占入站次数的比例。

4. 停留时间

停留时间是指访客在同一访问内访问网站的时长。实际应用中，通常取平均停留时间。

5. 人均浏览量

人均浏览量是指在统计周期内，每个访客平均查看网站页面的次数，即 PV/UV。

6. 注册用户数

注册用户数是指在统计周期内，发生注册行为的独立访客数。

7. 注册转化率

在统计周期内，新增注册用户数占所有访客数的比例。通常，网站的访客中，已经有一部分是注册用户，这导致该指标不能真实反映非注册访客的注册意愿，但考虑到目前行业通用的定义和目前大部分跨境电商网站主要以新访客为主，我们没有对该指标进行修正。

从跨境电商网站角度来看，通常访客平均查看的页面数越多，停留的时间越长，表示访客对网站的内容或商品越感兴趣，但也不排除访客在网站迷失，找不到所需要的内容或商品的可能。

网站流量指标能够帮助我们对网站访问概况有一个整体把控，但如果真正要定位到网站问题，进而提升网站运营效率，还需要从多个维度解读这些指标，如时间、流量来源、访客地域、性别、年龄、终端设备、页面类型等。

（二）商品类目指标

商品类目指标主要是用来衡量网站商品正常运营水平，这一类目指标与销售指标以及供应链指标关联紧密。譬如商品类目结构占比、各品类销售额占比以及库存周转率等，不同的产品类目占比又可细分为商品大类目占比情况以及具体商品不同大小、颜色、型号等各个类别的占比情况等。

1. 商品类目结构占比

这是指商品所属类目订单成交数占成交订单总数的比例。

2. 商品类目销售额占比

这是指商品所属类目成交金额占成交总金额的比例。

3. 库存周转率

这是指年销售量占年平均库存量的比例。

（三）供应链指标

供应链指标主要反映跨境电商网站商品库存以及商品发送情况，而关于商品的生产以及原材料库存运输等则不在考虑范畴。这里主要考虑从客户下单到收货的时长、仓储成本、仓储生产时长、配送时长、每单配送成本等。譬如，仓储中的分仓库压单占比、系统报缺率、实物报缺率、限时上架完成率等，物品发送中的分时段下单出库率、未送达占比以及相关退货比率、COD（货到付款）比率等。

1. 出库率

出库率是指实际出库量占计划出库量的比例。

2. 上架完成率

上架完成率是指实际上架完成数占目标上架数量的比例。

3. 及时出库率

及时出库率是指实际及时出库数量占要求及时出库数量的比例。

4. 订单处理耗时

订单处理耗时是指在统计周期内，用户完成订单至订单出库的时间。用户完成订单指用户完成支付或者 COD 订单填写完成等状况，即订单内容完整满足出库要求。该指标描述电子商务网站的订单处理效率。

5. 物流耗时

物流耗时是指订单出库后至到达用户的时间。该指标指订单出库后，由第三方物流或自建物流配送至用户地址的耗时，与订单处理耗时共同描述网站的发货速度。

6. 正常发货订单数

正常发货订单数是指在统计周期内，能够按照订单内容正确发出货物的订单数量。

7. 发货准确率

发货准确率是指正常发货订单占所有成交订单数的比例。异常订单包括商品错误、数量错误、丢包、地址错误等。

二、经营环境指标

跨境电商网站经营环境指标分为外部竞争环境指标和内部购物环境指标。外部竞争环境指标主要包括网站的市场占有率、市场扩大率、网站排名等，这类指标通常是采用第三方调研公司的报告数据。网站内部购物环境指标包括功能性指标和运营指标（这部分内容和之前的流量指标是一致的），常用的功能性指标包括商品类目多样性、支付配送方式多样性、网站正常运营情况、链接速度等。

（一）外部竞争环境指标

1. 市场占有率

市场占有率是指网站的销售额在市场同类网站中所占比重。反映网站在市场上的地位。通常市场占有率越高，竞争力越强。

2. 市场扩大率

市场扩大率是指网站的销售额较上一年所增长的比率。

3. 网站排名

网站排名是指网站的销售额在市场同类网站中的排名。

（二）内部购物环境指标

1. 购物车转化率

购物车转化率是指点击加入购物车并成交的访客占点击加入购物车的访客的比例。

2. 下单转化率

下单转化率是指下单用户数占所有访客数的比例。

3. 订单转化率

订单转化率是指有效订单数占访客数的比例。

4. 支付方式

支付方式是指用户成功完成支付所使用的方式。

5. 配送方式
配送方式是指用户成交订单中所包含货物的配送方式。
6. 商品数目
商品数目是指用户成交订单中所包含商品的数目。

三、销售业绩指标

销售业绩指标直接与公司的财务收入挂钩，这一指标在所有数据分析指标体系中起提纲挈领的作用，其他数据指标都可以根据该指标去细化落地。销售业绩指标分解为网站销售业绩指标和订单销售业绩指标，两者并没有太大区别，网站销售业绩指标重点在网站订单的转化率方面，而订单销售业绩指标重点则在具体的毛利率、订单有效率、重复购买率、退换货订单率等方面，当然，还有很多指标，譬如总销售额、品牌类目销售额、总订单、有效订单等。

（一）网站销售业绩指标

1. 下单用户数
下单用户数是指在统计周期内，确认订单的用户数。
2. 下单率
下单率是指下单用户数占所有访客数的比例。
3. 收藏量
收藏量是指在统计周期内，访客收藏网站或商品等对象的次数。
4. 收藏用户数
收藏用户数是指在统计周期内，对网站或商品等对象进行收藏的访客数。
5. 推车访客数
推车访客数是指在统计周期内，发生将商品加入购物车行为的访客数。
6. 推车率
推车率是指推车访客数占所有访客数的比例。

（二）订单销售业绩指标

1. 确认订单数
确认订单数是指在统计周期内，用户成功订购网站商品或服务而产生的订单数量。同一用户可能在网站产生多笔订单。
2. 成交订单数
成交订单数是指在统计周期内，已完成付款的订单数量。
3. 成交金额
成交金额是指在统计周期内，用户成功完成支付的金额。
4. 支付率
支付率是指成交订单数占所有确认订单数的比例。网站的支付流程和体验是影响支付率的重要因素。

5. 客单价

客单价是指统计周期内，成交用户的平均成交金额，即成交金额/成交用户数。

6. 退换货订单率

退换货订单率是指在统计周期内，退换货订单数占成交订单数的比例。

7. 重复购买率

重复购买率是指成交用户数在未来一段时间内再次发生成交的比例。

四、营销活动指标

一场营销活动做得是否成功，通常从活动效果（收益和影响力）、活动成本以及活动黏合度（通常以用户关注度、活动用户数以及客单价等来衡量）等几方面考虑。营销活动指标区分为市场运营活动指标、广告投放指标以及对外合作指标，其中市场运营活动指标和广告投放指标主要考虑新增访客数、订单数量、下单转化率、每次访问成本、每次转换收入以及投资回报率等指标。而对外合作指标则根据合作对象而定，譬如某电商网站与返利网合作，首先考虑的是合作回报率。

1. 推广费用

推广费用是指网站花费在推广内容合作回报率上的费用。

2. 展示时长

展示时长是指推广内容展现的时间跨度，通常用来描述以展示时长定价的付费广告。

3. 展现量

展现量是指推广内容被展现的次数，可理解为该内容的 PV 数。

4. 千次展现费

千次展现费是指推广内容展现一千次所需支付的费用，通常用来描述以展现量定价的付费广告。

5. 点击量

点击量是指推广内容被点击的次数。

6. 点击率

点击率是指在统计周期内，推广内容点击量占推广内容展现量的比率。

7. 平均点击花费

平均点击花费是指在统计周期内，推广内容被点击一次需要支付的平均费用，通常用来描述以点击定价的付费广告。

8. 点击到达率

点击到达率通过推广内容来源到达网站登录页的次数占推广内容点击量的比例。点击到达率通常和网站加载速度、推广内容投放渠道等因素相关。

9. 引导成交订单数

引导成交订单数是指在统计周期内，访客通过点击推广内容进入网站并成功付款的订单数量。

10. 点击转化率

点击转化率是指在统计周期内，推广内容引导成交订单数占广告点击量的比例。

11. 引导成交用户数

引导成交用户数是指在统计周期内，通过点击推广内容进入网站并成功付款的访客数量。

12. 引导成交金额

引导成交金额是指在统计周期内，访客通过点击推广内容进入网站并成功付款的金额。

13. 投资回报率

投资回报率是指在统计周期内，推广内容引导成交金额与推广费用的比率，该指标是描述推广效果的核心指标。

五、客户价值指标

一个客户的价值通常由三部分组成：历史价值（过去的消费）、潜在价值（主要从用户行为方面考虑，RFM 模型为主要衡量依据）、附加值（主要从用户忠诚度、口碑推广等方面考虑）。这里客户价值指标分为总体客户价值指标以及新客户价值指标、老客户价值指标，这些指标主要从客户的贡献和获取成本两方面来衡量。譬如，这里用访客人数、访客获取成本以及从访问到下单的转化率来衡量总体客户价值指标，而对老客户价值的衡量除了上述考虑因素外，更多的是以 RFM 模型为考虑基准。

数据分析体系建立之后，其数据指标并不是一成不变的，需要根据业务需求的变化实时地调整，调整时需要注意的是统计周期变动以及关键指标的变动。通常，单独地分析某个数据指标并不能解决问题，因为各个指标间是相互关联的，应该将所有指标织成一张网，根据具体的需求寻找各自的数据指标节点。

（一）总体客户价值指标

1. 访客获取成本

访客获取成本是指统计周期内，每增加一个访客所需投入的费用。

2. ROI

ROI 是指成交用户数占访客数的比例。

（二）新客户价值指标

1. 新客户数量

新客户数量是指统计周期内，历史上首次在网站有成交记录的成交用户数。

2. 获取成本

获取成本是指统计周期内，每增加一个新成交用户所需投入的费用。

3. 客单价

客单价是指统计周期内，成交用户的平均成交金额，即成交金额/成交用户数。

（三）老客户价值指标

1. 老客户数量
老客户数量是指统计周期内，历史上曾在网站有成交记录的成交用户数。

2. 消费频率
消费频率是指统计周期内，用户在网站产生的订单数。

3. 最近一次消费的时间
最近一次消费的时间是指用户在网站最近一次成交的发生日期。

4. 消费金额
消费金额是指在统计周期内，用户成功完成支付的金额。

5. 重复购买率
重复购买率是指成交用户数在未来一段时间内再次发生成交的比例。

第三节　跨境电商数据分析方法及案例

相对于获得"数据分析意识、更好地数据分析产品、对现有数据分析产品的熟悉"，目前对于跨境电商企业、平台甚至是卖家来说，"一套较成体系的数据分析方法"是他们更加迫切需要的。基于这样的需求，本章总结了一些通用的数据分析思路及这些分析思路在跨境电商网站上的具体应用，希望能抛砖引玉，引起读者对跨境电商数据分析方法进行更多的探讨。广泛地说，数据就是信息，日常工作和生活中到处都有数据分析的影子。例如我们作为消费者在购买不同商品前，经常会对其"性价比"做简单的分析，价格表现为固定的货币数字，性能则具体体现在商品质量、服务质量等客观因素和我们本身对该商品的需求程度等主观因素上。如果决策的逻辑非常明确，就会购买性价比高的商品，并且我们可以量化各种影响商品性能的因素并将其简单相加，那么通过这个性价比分析，我们可以直接作出购买决策。从这个例子我们可以大约了解数据分析中的一些要素，如明确的细化的分析目标和分析对象，决策背后的逻辑（购买性价比高的商品）、可度量的数据指标（无法度量就难以改进）等。具体的数据分析的流程如下。

一、明确分析对象和目标

在跨境电商数据分析中，我们的分析对象可能是广告投放状况、页面、访客、成交用户等，分析目标可能是找到销售额降低的原因，并提出可操作的改进措施等。

二、对分析对象确立合理的 KPI

KPI 即关键绩效指标（key performance indicators），又称主要绩效指标、重要绩效指标等，是衡量管理工作成效最重要的指标之一，也是将公司、员工、事务在某时期表现量化与质化的指标，为数据化管理工具。合理的 KPI 包括关键指标的设定和对该指标的合理"预期"值。例如，我们分析网站一个按点击付费的广告的效果，那么广告展现量、点击率、点击量、点击单价、引导成交金额、投资回报率等都可以是关键指标。假设我们根据跨境电商网站"赚钱的商业目的"选择以点击单价和投资回报率作为关键指标，那么我们还需要为这两个指标设定合理的预期值，因为没有合理的预期值，我们甚至难以判断做得好还是不好，分析更无从下手了。预期值的设定需要我们对其他影响因素（如广告预算、网站商品的竞争力）和分析对象本身（如当前的点击单价是历史峰值还是低值等）都有客观的认识。确认了这两点，我们就可以开始从各种角度进行进一步的分析评价，获得客观、有用的观点来指导决策。

三、"细分、对比和转化"的分析手段

当进入具体的"操作数据"的阶段后，我们并不需要复杂的挖掘算法或高端的分析软件，通常，掌握"细分、对比和转化"的分析手段，就足以帮我们完成各种数据分析任务。

细分可以让我们对分析对象剥丝抽茧，逐步定位到问题点，细分的角度可以有很多，越细分越能准确描述问题（但过度的细分却不方便我们的"客户"形成统计数据的感觉）。例如我们确认了"广告点击单价过高"的问题，那么我们可以通过多角度的细分，如投放商品、投放位置、投放时间段等角度去找到引起"广告点击单价过高"的原因。

数据对比主要从横向和纵向两个角度进行，指标间的横向对比帮助我们认识预期值的合理性，而指标的纵向对比是指指标自身在时间维度上的对比，即我们通常说的趋势分析。我们对分析对象，如广告投放的一系列优化操作，往往只有通过数据指标在时间轴上的前后对比，才能判断出这些操作的效果。

分析对象往往是一些"结果"型指标，这种结果的形成通常涉及多个步骤。如网站的销售额，可以分解成"访客数×转化率×客单价"，网站的广告点击量可以分解成"广告展现量×点击率×点击到达率"等，对每个细分的转化步骤的分析，也可以帮助我们迅速找到问题点。

具体到跨境电商，以下是一些数据分析方法。

（一）量率度分析

1. 分析方法介绍

销售额的变化，可以从访客数、全店成交转化率、客单价三者的变化中得到解答。访客数即 UV，指全店各页面的总访问人数；全店成交转化率指成交用户数占访客数的比例；客单价指平均每个成交用户的成交金额。访客数与全店成交转化率的乘积即成交用户数，分析访客数和全店成交转化率这两个数据，我们可以了解成交用户数的构成及变化，不同来源渠道的访客数量及质量，进而寻找能有效促进销售额增长的点，如增加高转化率的来源的访客数、优化高访客数登录页的页面等。全店成交转化率与客单价的乘积可理解为平均每一个 UV 带来的价值，分析该数据值是为了引流。

成本的参考值，可以帮助我们制定合理的广告策略，同时分析访客数和全店成交转化率，我们可以了解不同经营活动的影响，如"打折促销"在提高全店成交转化率的情况下，如果没有刺激更多用户购买，是否会明显降低客单价等。

2. 案例

某天猫国际旗舰店销售数据如表 9-1 所示。

表 9-1　某天猫国际旗舰店销售数据

天	访客数	成交用户数	人均成交件数	成交转化率/%	客单价/元	成交金额/元
T1	24 377	573	2.31	2.35	156.5	89 675
T1+1	56 473	1784	2.47	3.16	198.3	353 767
T2	35 854	844	1.88	2.35	164.7	139 007
T2+1	40 531	1387	1.97	3.42	178.8	247 996
T3	78 354	7002	2.11	8.94	163.7	1 146 227
T3+1	57 457	4331	1.61	7.54	155.6	673 904

表 9-1 是某天猫国际旗舰店一个月的经营过程中不同时期的数据表现。T1 天是该店铺在该季节下，正常经营状况下的数据表现。这里，我们通过量率度分析方法对灰区域的数据进行解读。T1+1 天时，该店铺成交金额变为 T1 天的约 3.94 倍，其中访客数增长约 132%，成交转化率增长约 34%，客单价增加约 27%，人均成交件数增长约 7%。

分析该网站主要的流量来源变化，可知从 T1 天到 T1+1 天，各渠道的流量均有显著增长，并且对比免费流量和付费流量的增长幅度，我们可以判断 T1+1 天时该店铺显著加大了广告流量的投入，这解释了访客数增长的原因（表 9-2）。

表 9-2　店铺流量来源变化情况表

天	流量来源	入站次数	占比/%
T1	自主访问	11 721	33.5
T1	淘宝免费流量	13 254	37.9
T1	淘宝付费流量	7 843	22.4
T1+1	自主访问	33 533	33.3
T1+1	淘宝免费流量	32 212	32.0
T1+1	淘宝付费流量	32 556	32.3

客单价显著上升，但人均成交件数并没有相应幅度地提高，即该店铺销售的商品的单价变高了。查看该店铺 T1+1 天的宝贝销售排行并与 T1 天对比，发现该店铺在 T1+1 时上新了一款高价单品，带来了大量销售，另外有一款低价商品，也贡献了很高的转化率（表 9-3）。

表 9-3　店铺上新商品销售情况表

商品价格/元	商品页访客数	成交件数	商品页成交转化率/%
573	6 814	884	12.12
89	576	542	98.67

至此，通过量率度分析，我们可知，T1+1 天时，该店铺上新，新商品单价较高（做了相应折扣提高了转化率），并且相应做了大力推广，从而促进了销售额增长。同样，对 T2+1 和 T3+1 天的销售额剧增状况，我们也可以通过量率度分析得到解答。

（二）漏斗分析

1. 分析方法介绍

分析广告的引流效果时，我们可以通过广告点击漏斗，从广告展现量—广告点击量（广告展现量×点击率）—入站次数（广告点击量×广告点击到达率）—跳失数（入站次数×跳失率）几个指标来分别解读引流目标在各个阶段的流失情况，帮助我们判断广告在哪个阶段具有较大的优化空间，从而提高广告引流效果。漏斗分析结构如图 9-1 所示。

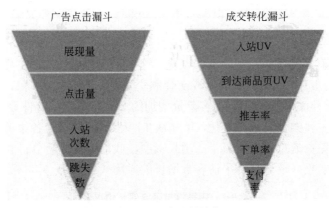

图 9-1　漏斗分析结构

访客访问一个网站，有入店、在不同页面间跳转浏览、出店三个过程。网站的成交转化漏斗，可以帮助我们了解访客在网站各个步骤的流失情况，了解访客进入网站最终却未产生购买的原因，是首页质量较差，访客一进入网站就关闭退出？还是网站导航搜索体验不好，访客未能找到需要的商品？甚至是不是因为不同浏览器支持的支付工具的问题，导致访客辛辛苦苦填完订单后却未能顺利支付。成交漏斗分析，可以帮我们一一解答。

2. 案例

某网站转化漏斗分析如图 9-2、图 9-3 所示。

图 9-2 是某跨境电商 B2C 网站 9 月底至 10 月中旬全部访客在网站的跳失率和支付率变化趋势；图 9-3 是该网站的推车率和下单率变化趋势。

从图 9-2 可知，网站的跳失率维持在 65% 左右，即 65% 的访客进入网站后并未浏览其他页面即离开，当然就不可能产生购买。如果我们更深入地分析高跳失率的流量来源或高跳失率的登录页面，那么我们也许就可以找到改善该指标的方法。所幸的是，十一长假以后，该网站的跳失率明显降低。细心的读者也许会发现，这一时间段，网站的推车率（将商品加入购物车的用户的比例）和下单率（成功填写完订单的用户的比例）却有下降的趋势，要探究背后的原因，我们需要对流量做更多的细分分析，暂不作为本案例的讨论点。

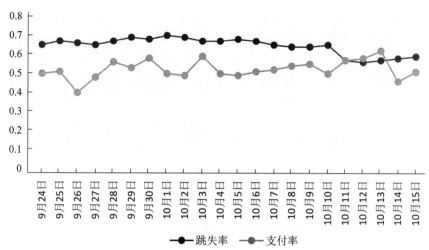

图9-2　网站跳失率及支付率变化趋势

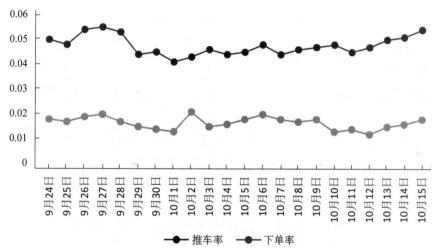

图9-3　网站推车率和下单率变化趋势

从图9-3可知，网站的推车率水平为5%左右，下单率为1.8%左右，支付率为50%左右，这说明5%的访客将商品加入购物车，而其中有36%（1.8%÷5%）的人成功填写了订单，而这些人中又有50%的用户最终成功完成了支付，成为网站的成交用户。若是哪一个转化步骤的流失显著高于行业水平，或者比预想的差很多，那么我们就可以去探究它的深层次的原因，并且找到对应的解决办法。

四、用户分析

（一）分析方法介绍

我们把跨境电商理解为传统行业（一般我们指与商品零售相关的行业）在跨境互联网上的应用。而传统零售业的用户管理至关重要，大部分的跨境电商企业也越来越认识到会员管理的重要性。这里我们提出用户成本和用户质量分析的方法，用户成本主要包含新用户获得成本、老用户维护成本以及不同渠道获得用户的成本等，用户质量主要从重复购买率、成交频次和金额以及最近成交日期等方面去分析。

直觉地看，跨境电商企业的收入由成交用户贡献，企业要最终实现盈利，平均每一个用户贡献的利润水平，需要至少覆盖获得该用户的成本。新用户的获得需要我们投入一定的成本（如广告投入、商品让利促销等），老用户也需要我们有相应的投入来维持，而每一个用户在网站的成交金额（订单金额×成交次数）及表现出来的时间间隔都有一定的特征，如果我们从用户成本和用户质量这一角度进行分析，可以很好地指导我们进行经营决策。

（二）案例

某网站 2017 年底新用户情况如表 9-4 所示。

表 9-4　某网站 2017 年底新用户情况

项　目	普通用户	团购用户
新用户数	13 610	4 000
市场费用 / 元	517 180	57 200
新客获得成本 / 元	38	14.3
客单价 / 元	170	120
毛利率 / %	28	8
新客收回成本购买次数	1.24	1.73
3 个月重复购买率 /%	32	13

该网站 2017 年底正常运营获得 13 610 名新普通用户，花费市场费用 51.7 万元，则每一个新普通用户获得成本为 38 元，在首次购买中每个用户贡献 47.6 元（客单价 170 元×毛利率 28%）的毛利，而平均每个新用户需购买 1.24 次，该网站才能收回成本，经计算，这批用户在未来 3 个月内产生重复购买的比例为 32%，即这批用户在未来 3 个月，平均每人还能贡献 15.232 元（客单价 170 元×毛利率 28%×复购率 32%）的毛利，加上首次购买的毛利，足以覆盖新客获得成本。同期，该网站进行了一个团购活动，对商品进行了较大程度的让利，以较低的市场费用获得了 4 000 名新团财用户，新团财用户获得成本为 14.3 元，但每个用户的毛利率仅为 8%，则在首次购买中每个用户贡献 9.6 元（120 元×8%）的毛利。另外，由于这批团购用户对价格较为敏感，在网站后来 3 个月的正常运营过程中，产生重复购买的比例为 13%，即这批用户在未来 3 个月，平均每人还能贡献 1.248 元（客单价 120 元×毛利率 8%×复购率 13%）的毛利，加上首次购买每人贡献的 9.6 元毛利，仍不足以覆盖 14.3 元的新客获得成本。当然实际分析情况，可能较上述更为复杂，不同活动内容、不同时间周期，数据千变万化。但这里我们重点提出的是"用户成本与质量"的分析方法，帮助跨境电商网站解读用户的价值，从而更好地进行经营决策。

思 考 题

1. 数据分析的作用有哪些？
2. 跨境电商的数据一级指标有哪些？
3. 影响销售额的数据指标主要有哪些？含义分别是什么？
4. 举例说明跨境电商数据分析方法有哪些。
5. 举例说明跨境电商应该从哪些方面进行数据分析。

阅 读 书 目

1. 邵贵平. 电子商务数据与应用[M]. 北京：人民邮电出版社，2017.
2. 杨伟强，湛玉婕，刘莉萍. 电子商务数据分析：大数据营销 数据化运营 流量转化[M]. 北京：人民邮电出版社，2019.
3. 马述忠，卢传胜，丁红朝，等. 跨境电商理论与实务[M]. 杭州：浙江大学出版社，2018.
4. 张瑞夫. 跨境电子商务理论与实务[M]. 北京：中国财政经济出版社，2017.
5. 孙东亮. 跨境电子商务[M]. 北京：北京邮电大学出版社，2018.
6. 郑建辉. 跨境电子商务实务[M]. 北京：北京理工大学出版社，2018.

自 测 题

第十章

跨境电商客户服务与纠纷处理

> **本章提要**：随着跨境电商的蓬勃发展，其市场也日臻成熟，以 eBay、速卖通、亚马逊、敦煌网等为代表的跨境电商平台的发展呈现出更加多元化的趋势。如同传统电子商务一样，以往比拼价格和质量的销售方式已经远远无法满足客户的求新心理了。跨境电商行业里的卖家越来越关注销售的方式与质量。在这样的背景下，客服人员的从业队伍不断壮大，逐渐成为跨境电商卖家的左膀右臂，是行业领域里不可或缺的中坚力量，推动着卖家店铺的发展。
>
> 本章分为四节，主要介绍了跨境电商客服的职能及所需技能；做好客户服务所需的技巧；做好信用评价；售后服务之纠纷处理，旨在帮助跨境电商经营者更好地预防、处理纠纷，为店铺的经营打下一个好的基础。
>
> **关键词**：客户服务；纠纷类型；处理方法

第一节 跨境电商客服的职能及所需技能

跨境电商环境下的客服同传统实体店的导购服务人员一样，担负着迎接客人、销售商品、解决客户疑难问题等责任。只不过他们是借助互联网来传输信息，提供满足客户需求的一系列服务。买卖双方是通过文字、图片等信息的传递而形成互动交流。

一、客户服务的职能

跨境电商的客户服务是一种具有无形的特征却可以给人带来某种利益或满足感的活动。客户服务作为产品重要的附加价值，同其他有形产品一样，强调产品对消费者需求的满足。

在跨境电商中，交流与沟通自始至终是贯穿于整个业务过程的。良好的交流与沟通可以成为增加跨境电商利润的强大商业驱动力。对于从事跨境电商客户服务工作的人员来说，每天的具体业务操作都离不开和国际市场上的众多客户进行交流与沟通。跨境电商的客服工作正是为了卖家和境外客户之间达成设定的交易目标，而将信息、思想和情感在卖家与客户间传递，以达成交易协议的过程。由此可见，跨境电商客服工作承担着境内买家与境外卖家之间信息交换的重任，是联系买卖双方的桥梁与纽带。跨境电商的客服工作人员需要明确了解跨境电商环境下客服工作的流程和内容，履行岗位职责，以实现工作价值，保证卖家利益不受损害。只有熟练掌握交流与沟通技巧，才能游刃有余地解决客服工作中遇到的各类问题。

正是由于跨境电商的发展呈现出订单小单化、碎片化、订单数量增长迅速等趋势，所以，跨境电商的客服人员面对纷繁复杂的各种局面，必须综合关注不同的语言、地域、气候、价值观、思维方式、行为方式、风俗习惯、文化、消费习惯乃至国家政策、行业环境等因素对跨境电商的影响。只有提供专业化的客户服务，才能适应行业的变化发展与客户的个性化需求。客服人员与客户间进行良好的沟通交流对跨境电商的整个经营销售过程是至关重要的。跨境电商客服工作的业务职能范围包括以下几方面。

（一）客户咨询信息处理

客户会通过各种交流方式对产品进行相关的咨询。有一些平台提供的是站内信或者留言的形式，而有一些平台提供的则是电子邮件，还有一些平台采用即时通信软件为客户提供了更加即时的交流方式。客服所要做的就是针对客户提出的各种问题进行回答处理，并且进行分类汇总。

（二）买家资料管理

客服人员需要对所有客户（包括潜在客户）信息进行登记，并与之前已记录的客户信息做对比。例如，查看买家的信誉度、买家对别人的评价以及别的卖家对买家的评价，再综合分析各类买家的不同特点区分对待；汇总登记买家的购物信息，判断客户是否是重复购买客户，对重复购买产品的客户进行分级，按不同的购买频次或购买金额，将目标客户分成多个等级，以利于进行有针对性的营销工作和客户服务。

（三）客户维护与二次营销

从不同维度对客户信息进行分类管理，经过分级整理好的客户资料，要及时进行补充更新，为以后的推广营销工作做好信息储备，推进网店的管理和业务发展。对于高级客户要定期进行跟踪回馈，做好二次营销。把80%的精力集中在20%的高级客户上，积累高级客户、激活休眠客户是客服人员进行客户维护工作的主要内容。

（四）全程跟踪产品服务

客服工作在获取各类信息的最前线，客服人员就是广大客户的直接接触人。作为每天直接面对所有客户的工作岗位，客户服务工作贯穿于从售前询盘（询盘也叫询价，是指交易的一方准备购买或出售某种商品，向对方询问买卖该商品的有关交易条件）一直到售后服务的整个过程。客服人员需要聆听并解决所有客户提出的问题。在发货前，客服人员要解答客户关于产品和服务方面的各类咨询，预先考虑客户的需求，主动为客户着想，在充分把握店铺所经营产品的专业信息和不同国家、地区的产品规格要求的基础上，向客户推介适合他们使用的产品，提供可行的、满足客户购买需求的解决方案，进行订单处理。在发货后，客服人员通过可以联系客户的各种方式告诉客户包裹已经寄出，采用何种物流方式，定期反馈物流情况，减轻客户的物流担忧，提醒客户注意收货，把可能的纠纷消灭在萌芽之前。而一旦出现问题，客服人员会主动及时地与客户沟通交流并努力消除误会，有效地妥善处理各类客户投诉问题，主动化解纠纷，争取给出令客户满意的结果。

客服人员提供专业、高效、优质的服务，既能够让客户及时掌握交易动向，也能够让客户感觉受到卖家的重视，促进买卖双方的信任与合作，从而进一步提高客户的购物满意度。

二、合格客服应具备的岗位职能

在跨境电商的发展过程中，网店的经营模式日趋多样化。卖家单打独斗的经营模式日渐式微，尤其对于那些经营良好、销量日佳的网店而言，仅靠店主单个人来应对大量的客户咨询，往往会力不从心。而网店对客户的回复稍有迟缓，就会面临流失客户的风险。

在这种情况之下，网店对客服人员的需求也就随之快速攀升。不同的网店根据自身店铺的发展规模，对客服人员的数量以及工作内容的要求是不同的。规模较大的网店会根据客服所负责的不同工作，将客服工作分成售前客服、售中客服和售后客服三大类，一般由2~6名客服组成专业的客服团队。对于大中型网店而言，客服工作分工是非常重要的。大中型网店的订单繁多、咨询量大，如果客服工作没有一个流程化、系统化的安排，很容易出现订单错误的情况。对于大中型网店而言，流水化的客服工作模式不仅易于管理和考核客服工作，还能降低客户对客服工作的投诉率，让客服各司其职、有条不紊地工作。规模小一些的网店则不在分工上做如此细致的划分，一般由1~2名客服兼顾售前、售中和售后各阶段的客服工作即可保证店铺的正常运作。

（一）跨境电商客服岗位的综合素质

当前，跨境电商盛行，在看似远隔千里的客户与店铺之间，客服人员所起的沟通交流作用是必不可少的，他们扮演着跨境电商时代不可或缺的角色。作为店铺和客户交流的第一平台，客服工作在电子商务企业中发挥的作用不可小觑。它不仅可以引导客户，为客户提供帮助，增加服务的附加价值，促成客户愉快购物，还能提升店铺的竞争力。客户服务的竞争永远比价格竞争更能打动客户，从而为店铺带来更多的交易。

根据目前的市场需求，现在的跨境电商行业对客服从业人员的实践能力和综合素质提出了更高、更加专业化的要求。

1. 职业素质

合作沟通与组织协调能力是企业最看重的职业素质。作为企业迫切需求人才的热门岗位之一，客户服务工作需要从业人员在线与客户沟通并建立良好的合作关系，这就要求从业人员具备电子商务、外语、国际物流、跨境营销、国际贸易实务和计算机技术等相关知识。

2. 学习能力和创新能力

要具备很强的学习能力，能够结合平台销售特点和市场发展趋势灵活运用所学的专业知识，以满足工作需求。

3. 诚信负责的工作态度

在跨境电商迅速发展的环境下，要想胜任客服工作，对于从业人员来说，能够吃苦耐劳，以认真负责的态度面对本职工作是非常重要的。

只有具备扎实的国际业务能力、语言沟通能力和实践创新能力的客服人才，才能够更好地将产品销售给国外的客户，开拓更为广阔的海外市场。

（二）跨境电商客服岗位应具备的核心技能

传统贸易往往批量较大，强调产品的标准性而非个性。而在跨境电商中，以人为本，以满足客户的需求为最高宗旨是跨境电商客户服务的核心内容。随着全球化竞争的日趋激烈，现在的卖家或者企业之间进行竞争的往往不只是价格、质量，还有服务质量。所以跨境电商要求客服人员为客户提供最人性化的服务，必须从最初的询盘，到最后的下单，每一个环节都要时刻关注客户的购物心理及需求，以客户为先。跨境电商的客服从业人员应该秉持诚实守信的服务宗旨，以热情友好的服务态度、专业耐心的服务理念去快速、高效地解决客户的疑难问题。

跨境电商的客服人员要适应跨境电商市场的发展，需要具备的核心技能包括以下几个。

（1）丰富的外贸专业知识和平台运营等业务操作技能。跨境电商的客服工作人员必须熟悉外贸规则，对于跨境电商的整套流程都要了然于心，如支付、物流、关税、退税等。

（2）良好的语言沟通能力。在跨境电商的客服工作中，最常用的语言是英语。一般的岗位招聘都会要求客服人员的英语水平至少达到大学英语四级，并掌握一些必要的商务英语知识，以应对日常的商业情况。当然，跨境电商平台面向全球买家，使用的语言也不止英语这一门。而在不精通其他国家语言的情况下，客服人员最好会使用翻译工具和翻译软件，可以把非英语的语言翻译成英语来理解。

（3）熟练的网络信息技术和通信软件等实际运用能力。只有善于运用计算机和相关通信软件，才能进行及时、有效的沟通交流。有了良好的沟通交流才可能提升店铺的形象，也才能让买家感觉享受到了真正的服务。

第二节 做好客户服务的技巧

客服，作为跨境电商行业基层工作人员，却肩负着店铺的成交率、客单价、好评等诸多方面的提升工作。对于有半年以上工作经验的客服来说，已经能够熟练处理与买家之间的各种问答，并能很好地促成交易。而作为一个合格的跨境电商客服，除了具备一些基本的技能素质和品格素质以外，还需要掌握一定的沟通技巧。这对促成订单有着至关重要的作用。只有掌握和买家的沟通技巧，才能更快地适应跨境电商发展的需要。学会沟通技巧，熟悉产品信息，并掌握基本的交流、沟通方法，这些是网店客服最基本的工作。

一、主动联系买家

作为跨境电商卖家的客服,在交易过程中最好多主动联系国外买家。买家付款以后,还有发货、物流、收货和评价等诸多过程,卖家需要将发货及物流信息及时告知买家,提醒买家注意收货。这些沟通,既能让买家即时掌握交易动向,也能让买家感觉受到卖家的重视,促进双方的信任与合作,从而提高买家的购物满意度。此外,出现问题及纠纷时也可以及时妥善处理。与客户的沟通交流是否顺畅是在线访客能否转化为订单的关键影响因素。作为跨境电商企业营销的关键环节,客户服务在达成交易的整个过程之中发挥着极为重要的作用。与传统贸易相同,跨境电商的客户服务也特别强调时效性和完整性。无论是传统贸易中的商业谈判还是速卖通的旺旺询盘、站内信,均需要在第一时间内及时回复,以便把握买家的节奏和时间进行紧密沟通并作出反应,抓住商务先机。

一般情况下,都是由客户单击客服头像,与客服人员开始交流。在与客服人员正式沟通之前,客户通常会对客服工作抱有一定的期待。在收到买家发出的第一条消息时,客服人员就可以简单的问候招呼给出回复,为的是让买家知道有人立即回应了,这是对买家的一种尊敬。回复买家的咨询时,如果内容很长,可以分开回复,而不是打完一大串文字再单击回复。因为有的买家可能没有耐心长时间等待,等你辛苦地回复长串文字解答了他的问题时,他早就离开了。此外,还要注意回答买家的提问既要言简意赅,也一定要耐心细致,尽量不用含混的回答应付客户。例如,对于不会操作使用产品的新手买家,最好截图将操作流程一步一步地教给他。又如,在买家付款成功后,花3秒钟的时间确认清楚物流方式和收货地址。这些做法都会让买家觉得卖家的服务很用心。

二、注意沟通方式

一般情况下,跨境电商的客服工作主要以书面沟通为主,客服人员要熟练掌握相关的即时通信工具的使用技巧。虽然大多数即时通信工具都有网络语音对话的功能,但是一般情况下,客服人员应该避免与国外买家实行语音对话,尽量以书写方式为主进行沟通交流。用书写的形式沟通,不仅能让买卖双方的信息交流更加清晰、准确,也能够留下交流的证据,有利于后期的纠纷处理。卖家客服人员要保持在线,经常关注收件箱及即时通信软件上的信息,对于国外买家的询盘要即时回复。否则,买家很容易失去等待的耐心,卖家也很可能错失买家再次购买的机会。

三、注意沟通时间

跨境电商的客服人员还需要注意沟通的时间。由于时差的缘故,在客服人员日常工作(北京时间 8:00—17:00)的时候,会发现大部分国外买家的即时通信都是处于离线状态,而且订单留言和站内信也很少能在这个时间段收到回复。当然,即使国外买家不在线,客服人员也可以通过留言的方式联系买家。不过,尽量选择买家在线的时候进行联系。这意味着客服人员需要在晚上的时间联系国外买家。因为这个时候买家在线的可能性最大，沟通效果最好。

如果不能及时得到回复，很有可能卖家会失去这位买家，导致订单流失。即使过了一段时间后，客服人员再与这位买家联系上了，这样交流与沟通的时间被人为地拉长很多，最后只能延迟发货。而在这个过程中，你的服务已经打了折扣，给客户留下不好的购物体验。

四、注意分析买家

要与客户进行良好沟通交流，就需要做好沟通的各项准备。在沟通之前，必须熟悉店铺经营产品的主要规格与质量要求，必须能准确地用外语表达出来。特别是店铺上架新产品前，要开展相关的产品培训，以便快速为客户答疑解惑。与此同时，客服人员还应该熟悉沟通工具的操作及使用，全盘掌握网店营销活动信息，充分了解跨境电商平台的规则及其注意事项。要做好沟通的准备，还必须预先了解并分析目标客户的背景信息。这不仅包括了解目标市场所在地区的风俗习惯，如节假日、国庆日、文化禁忌等，以便于沟通时拉近距离，还包括了解不同国家的语言文化习惯，便于有针对性地对买家进行回复。例如，客服人员要注意，在英文书信里使用成段的大写或者红色大写字体是非常没有礼貌的行为，这势必会给客户留下不好的印象。

更进一步来说，客服人员还要学会从买家的文字风格判断买家的性格脾气。例如，有些买家使用的语言文字简洁精练，则可判断其办事可能是雷厉风行的，不喜欢拖泥带水。那么，客服人员就不要以大段的文字回复这类客户的问题。所以说，客服人员只有根据买家的性格脾气，尊重客户的文化习俗，积极调整交流方式，才能够有效地促进买卖双方沟通的顺利进行。

第三节　做好信用评价

评价指的是跨境电商平台上买家对卖家提供的产品和服务给出的最后证明与反馈。一般来说，各个跨境平台的买家都非常关心自己需要的商品在平台上的售后评价。据调查，在购物之前 90%的买家会查看该商品的售后评价，以决定在哪个卖家那里下单购买。对于以 B2C 商业模式为主的跨境电商平台而言，平台商品的售后评价不仅直接关系着消费者的购物决定，还关系着买家愿意花费的金额，因为同样有调查显示，人们愿意多花 30%以上的价格来购买服务等级为优的优质卖家销售的商品。因此，跨境电商的卖家必须重视自己的客户给出的评价。

一、评价系统的应用

目前全球最大的 C2C 交易平台 eBay 在成立之初（1996 年）就率先建立了用户互评机制（feedback forum）以促进买卖诚信，使其在拍卖网站中脱颖而出。eBay 的信用评价体系有值得国内交易平台借鉴的地方，总体上包括互评机制（feedback forum）和卖家评分（detailed seller rate）两方面内容。

（一）互评机制

每完成一笔交易，卖家和买家都有机会为对方打分，其中包括好评（+1 分）、差评（-1 分）、中评（0 分）以及附上简短的评论，但卖家只有权利给予买家好评或者放弃评论。互评分数是用户资料的重要组成部分，直接出现在每个用户 ID 旁。eBay 还根据分值将用户划分等级，标志为不同颜色和形状的五星，这与淘宝网的红星、钻石、皇冠等级划分类似。同时出现的还有好评率，计算方法是近 12 个月的好评数除以评分总数；近期评分：计算近 1 个月、6 个月和 12 个月的好评数、差评数和中评数；撤销竞拍次数：计算近 12 个月中该用户在拍卖期间撤销拍卖的次数（图 10-1）。

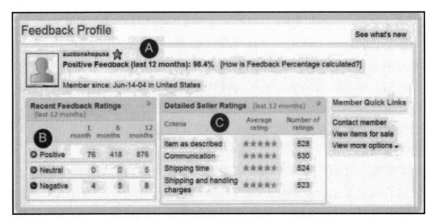

图 10-1 eBay 评价系统之互评举例

图 10-1 中 A 板块为好评率，B 板块为近期评分，C 板块为卖家评分（DSR）。A 旁的五星根据互评分值划分不同颜色和形状，标志该用户的等级，具体划分区间如图 10-2 所示。

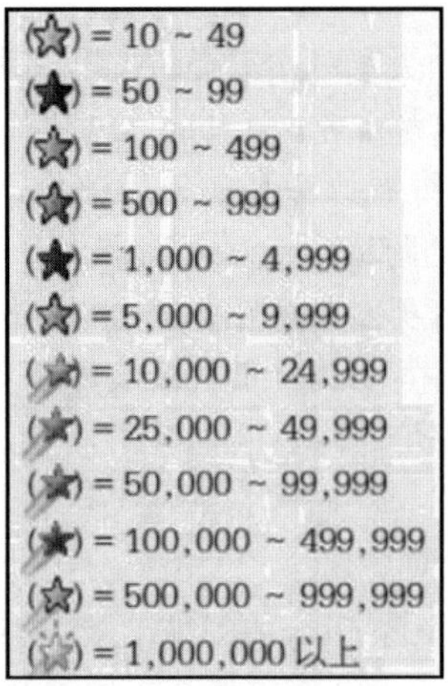

☆ = 10 ~ 49
★ = 50 ~ 99
☆ = 100 ~ 499
☆ = 500 ~ 999
★ = 1,000 ~ 4,999
☆ = 5,000 ~ 9,999
☆ = 10,000 ~ 24,999
★ = 25,000 ~ 49,999
☆ = 50,000 ~ 99,999
★ = 100,000 ~ 499,999
☆ = 500,000 ~ 999,999
☆ = 1,000,000 以上

图 10-2 eBay 评价系统之用户等级划分

互评机制的基础细则如下。

（1）用户反馈信息在绝大部分情况下是永久保留的，所以 eBay 强烈建议买家给予卖家中评或差评之前与卖家沟通,但买家绝不允许利用评价机制向卖家索要额外好处。

(2)用户不能单独修改分值,买家不能为降低卖家分值而故意重复购买商品。

(3)如果一位卖家在同一周(周一到周日,下同)收到同一买家多次评价,并且得到的差评数多于好评数,那么这位卖家总分只减 1 分;同理,如果收到的好评数多于差评数,总分也只加 1 分。

(4)在一周内,同一买家无论收到多少好评,总评分只加 1 分。

(5)卖家不能以任何原因限制买家评论的权利。

(6)评论中不能包括网络链接、亵渎言论或其他不恰当内容。

(7)在一定期限内,买卖双方协商一致后申报 eBay 可以修改评分。

(二)卖家评分

在 eBay 上,买家除了可以根据总体印象给予卖家好、中、差的评价,还可以对卖家的服务具体评分,包括:产品是否与描述相符;是否满意与卖家的交流;是否满意出货速度;运输费用是否合理。卖家评分与互评分数一起出现在卖家 ID 旁,计算方法为:各项评分满分是 5 星,最低是 1 星,超过 10 次评分后取近 12 个月的平均值。DSR 分值单独呈现,不影响卖家的互评得分,但成为 eBay 对卖家评级的重要参照。图 10-3 为 eBay 评价系统之卖家评分举例。

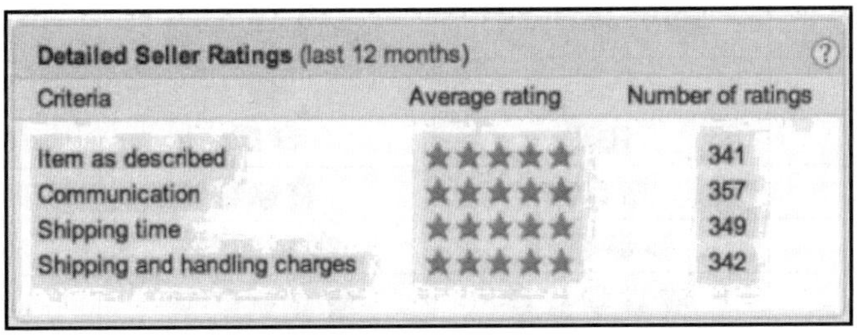

图 10-3　eBay 评价系统之卖家评分举例

卖家评分基础细则如下。

(1)与互评系统不同,DSR 为不记名评分,所以理论上卖家没有机会找到买家修改分数。

(2)买家在交易完成 60 天之内有机会给卖家 DSR 打分,但必须与互评评分同时进行。

(3)买家向同一卖家多次购买商品后可以多次打分,但购买行为不能出现在同一周。

(4)如果卖家达到 eBay 所提出的标准,卖家在与买家交流项上自动获得 5 星,买家没有权利更改。

(5)卖家只对发货速度负责,对配送服务不负有责任,买家不能就运输问题责备卖家。如果卖家在发货速度上达到 eBay 所提出的标准,将自动在卖家出货速度项上获得 5 星,买家没有权利更改。

(6)卖家有权向买家收取运输成本费和装载费,如果卖家提供免费配送,将自动在该项上获得 5 星，买家没有权利更改。

（7）1～2 星评分若计入总评必须来自两个或两个以上的买家。

二、查看评价档案

同样，在跨境电商 B2C 平台速卖通上，卖家所得到的信誉评估积分决定了卖家店铺的信誉等级。全球速卖通卖家信誉等级如表 10-1 所示。

表 10-1　全球速卖通卖家信誉等级

等级	卖家	买家	积分
L1.1			3～9
L1.2			10～29
L1.3			30～99
L1.4			100～199
L1.5			200～499
L2.1			500～999
L2.2			1 000～1 999
L2.3			2 000～4 999
L2.4			5 000～9 999
L2.5			10 000～19 999
L3.1			20 000～49 999
L3.2			50 000～99 999
L3.3			100 000～199 999
L3.4			200 000～399 999
L3.5			400 000 分以上

与速卖通卖家信誉等级评定相关的资料都记录在卖家评价档案中。评价档案包含近期评估摘要（会员公司名、近 6 个月好评率、近 6 个月评估数量、信誉度和会员开始日期），评估前史（最近 1 个月、3 个月、6 个月、12 个月及前史累计的时刻跨度内的好评率、中评率、差评率、评估数量和均匀星级等目标）和评估记载（会员得到的一切评估记载、给出的一切评估记载以及在指定时刻段内的指定评估记载）。

相关指标计算公式如下：

均匀星级＝一切评估的星级总分÷评估数量

卖家分项评分中各单项均匀评分＝买家对该分项评分总和÷评估次数

速卖通有权删去评估内容中包含人身攻击或别的不适当的言论评估。若买家信誉评估被删去，则对应的卖家分项评分也随之被删去。速卖通保留改变信誉评估系统（包含评估方法、评估率核算方法、各种评估率等）的权利。

三、获得买家好评的技巧

在跨境电商领域的各大平台上，售后评价一般分为好评、中评、差评和未评价这几种。无论哪种评价,跨境客服人员都要认真对待,及时沟通。客户的好评是跨境卖家声誉的延伸,好评率越高,潜在客户就越信赖卖家,从而销量也就越高。因此,对于客户的好评要给予及时的感谢。对于未及时给出评价的客户,要催促其评价,获得好评。如果收到的是中差评,一定要及时联系客户,弄清楚原因并想办法弥补,争取获得客户的谅解,修改/追评为好评。

(一)好评回复

"感恩"一直是欧美社会普遍认可的一种美德。美国、加拿大、希腊、埃及等国各自的感恩节就是这种社会认知的集中体现。跨境电商卖家的利润甚至整个事业,都来自海外的买家。因此,每个代表跨境电商卖家的跨境客服人员理应对买家怀有感恩的态度。

客户的好评往往能够"四两拨千斤",为跨境电商卖家带来源源不断的曝光、转化以及二次转化。一笔交易完成后,如果买家给予了好评,那么跨境卖家客服人员一定要对买家给予的好评及时地表达感谢,这样有利于提高买家满意度,能够很大程度上提高复购率和转化率。

(二)催促评价

在跨境电商中,每个卖家都想要获得更多的好评。跨境电商平台上,买家对于卖家的认可,特别是以好评形式呈现出来的认可,对于跨境卖家而言,是其店铺推广的有力工具。但从以往的情况来看,有20%~40%的买家收到货后不管是否满意一律不留下任何评价。

跨境电商涉及众多不同国别的买家,由于时空的限制、个人习惯的差异,不可能期待所有跨境买家都能在收到商品的第一时间就给予评价。但一般的跨境买家会在收到商品的2~3天后给予售后评价,这是非常正常的。如果有些买家收到产品后3~5天没有留下评论,那么跨境卖家的客服人员就可以向买家发送邮件,询问他们是否收到包裹、是否对产品满意、表示如果客户不满意会尽最大努力帮忙等。邮件末尾,可以把希望买家尽快给予评价的请求"伪装"在邮件中,礼貌地请求客户留下准确的评价,以帮助未来客户判断该产品是否适合他们,并表示感谢。

(三)修改评价

一般而言,只要存在买卖,就可能会有客户产生意见,于是在跨境电商售后评价中,中差评是时常存在的。而中差评会给跨境电商卖家店铺的声誉及刊登商品的销售带来不良影响。

有些跨境电商平台是支持买卖双方协调一致后,进行中差评修改的,如亚马逊平台;而有些平台则不行,如Wish平台。在亚马逊平台上,跨境卖家如果收到了中差评,认为买家给自己的评价不公正,那么在评价生效后1个月内,可以自主引导买家修改给自己的评价为好评。跨境电商售后客服引导买家修改评价的基本步骤分为了解原因和恳请买家修改两步,其处理流程如图10-4所示。

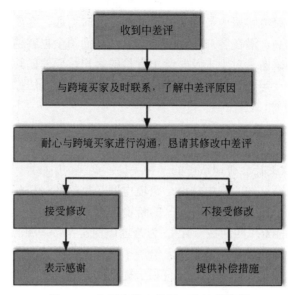

图 10-4　售后客服中差评工作处理流程

跨境卖家一旦收到中差评，跨境客服人员应立即联系客户。而且无论是什么原因造成的中差评，跨境客服人员都要向客户主动而真诚地道歉，以缓解客户的不满情绪，让客户心平气和地与售后客服人员沟通该订单问题之所在，然后再分析出现中差评的原因。而不管是因为哪种原因导致的客户中差评，都需要跨境客服人员通过邮件和站内信等方式跟客户解释清楚，最后再寻求切实可行的办法来解决问题。

在与客户协商解决问题之后，跨境客服人员可以进一步与其沟通，请求客户修改评价。一般而言，在订单问题得以解决后，客户表示满意，大都会答应修改之前给出的评价，客服人员要及时地真诚道谢；而对于没有任何回应的客户，可以再次发邮件，甚至给予客户优惠返现、下次购买折扣等好处以示诚意，再次请求客户修改评价。

第四节　售后服务之纠纷处理

现如今，除购买技术型产品或者进行批发式购买以外，跨境电商的客户大都是"静默式下单"，即在下单购买之前不与卖家联系。也就是说，跨境电商客户联系卖家客服人员，大部分是在售后过程中，原因则是出现了纠纷。

"纠纷"是令很多卖家觉得头大的一个词，因为纠纷直接影响店铺服务指标，如果服务分低、排名靠后处理、曝光度下降、订单减少，会形成恶性循环。在交易过程中要尽量避免产生纠纷，如果真的产生了纠纷，要积极地解决，让买家感到满意，这些都会为我们留住客户，并且能产生口碑效应，赢得更多的客户。而要解决纠纷，跨境客服人员需要拿出专业的态度，同时了解纠纷产生的原因、掌握处理纠纷的流程。

一、纠纷提交和协商的步骤

买家提交退款申请产生纠纷后，跨境电商平台鼓励卖家积极与买家协商：如果卖家不同意纠纷内容,需要与买家进一步协商,协商的结果可能是买家取消退款申请,也可能是修改退款申请,还有可能是买家提交纠纷至平台,由平台介入处理;如果卖家同意纠纷内容,那么双方就达成协议,执行款项。纠纷处理步骤流程如图 10-5 所示。

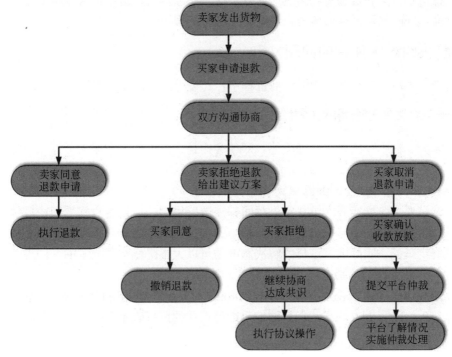

图 10-5　纠纷处理步骤流程

二、避免产生纠纷的技巧

在跨境电商交易过程中,最能有效避免产生纠纷的方法在于以下两点。

(一)关注售前

售前客服的工作要注意多方面的细节,这样一方面可以从源头避免纠纷,另一方面还可以提高客户的购物满意度。售前客服必须掌握足够的商品信息及其相关知识,这涵盖商品专业知识、商品周边知识、同类商品信息和商品促销方案等。其中商品专业知识包括产品质量、产品性能、产品寿命、产品安全性、产品尺寸规格、产品使用注意事项等内容。而商品周边知识则包括产品附加值和附加信息等内容。售前客服要保证及时应对不同国家及地区的客户所提出的各种问题,切忌含糊其词、答非所问。

(二)保留取证

这一点指的是卖家应保留下有效的信息。如果出现了某些问题或争议,其能够作为证据来帮助解决问题。

交易过程中卖家应及时充分地取证,一旦买卖双方发现纠纷,卖方可以将相关信息提供给买家进行协商，或者提供给平台帮助裁决。

在交易的每个环节，卖家均可进行取证。如货物打包期间，可对货物的内包装、外包装进行拍照存底，货物发出之后应及时做好货物的物流信息跟进，并做好每日的跟进计划，在货物清关和货物即将到达的时候及时跟买家沟通，这在很大程度上能提高买家的满意度。同时也可以有效地防止遗漏某个订单的跟进。

三、解决纠纷需注意的问题

纠纷产生后，在与客户沟通协商过程中，跨境电商客服要注意以下几点。

（一）客服要在回复的头尾均表达感谢

在欧美文化中，感恩是一种美德。即使客户是来投诉的，客服人员打完招呼后的第一句话也应该是：

Thanks for shopping with us.（谢谢您向我方买货。）

这就是要求跨境客服人员在字里行间都渗透感恩之心，让客户感受到在后续的协商沟通中，客服人员是能够贴心地为客户着想的，从而为说服客户接受为其准备的问题解决方案奠定基础。实际上，这样的解决态度是可以大幅降低沟通成本的。同理，在沟通邮件/站内信的末尾，客服人员可以再次表示歉意：

We sincerely apologize for the trouble brought to you, and thanks for your kindness and tolerance for this problem.（我们真诚地对给您造成的困扰表示歉意，并感谢您在这一问题上的理解和宽容。）

（二）应当淡化问题的严重性，积极主动地解决问题，让买家安心

跨境客服人员一定要学会换位思考，当买家从异国满心期待地买回心仪产品，经过数周的等待以及无数次的关注物流动态，如最后发现物流没有妥投，或者货不对版，这时心情是十分沮丧的，非常想向卖家倾诉和投诉。这时候即使不是卖家错误，也要让买家把话说完，表明愿意解决问题的态度，使对方消一部分的火气。例如回复：

We are really sorry to hear that and we will surely help you solve this problem.（了解到您的问题我们深感抱歉。我们一定会协助您尽快解决问题。）

（三）保持专业态度解决问题

在跨境电商中专业客户少，客户大多不是大批量采购，于是客服人员在帮助客户解决问题过程中，更需要从专业的角度出发来解决。一方面详细询问了解真实原因；另一方面，对客户解释时尽量简化物流或报关查验过程的专业术语，通俗地解释。在提出解决方案时，要提出负责而有效的解决方案，不能以敷衍搪塞等说法让客户再等几天，否则会惹怒客户。

（四）保证最后一次回复来自客服人员

良好地解决问题不仅有助于客服人员自身能力的提升，也有助于增加客户的信任感，

形成客户惯性，从而成为老客户。所以，每一次客户的反馈一定要回复。无论采用电邮、站内信还是即时通，一定要保证最后一次的回复是卖方客服作出的。这是对客户的尊重与重视。

思 考 题

1. 简述跨境电商交易中如何进行协商。
2. 谈谈跨境电商交易中如何获得买家好评。
3. 跨境电商交易中如何避免产生纠纷？
4. 跨境电商交易中解决纠纷需注意哪些问题？

阅 读 书 目

1. 刘敏，高田哥. 跨境电子商务沟通与客服[M]. 北京：电子工业出版社，2018.
2. 邓志超，崔慧勇，莫川川. 跨境电商基础与实务[M]. 北京：人民邮电出版社，2017.
3. 陈道志，卢伟. 跨境电商导论[M]. 北京：人民邮电出版社，2018.
4. 鲍舒丽. 打造金牌网店客服[M]. 北京：人民邮电出版社，2018.
5. 黄正伟，何伟军. 实时在线客户服务理论与应用研究[M]. 北京：科学出版社，2015.
6. 陈江生. 跨境电商理论与实务[M]. 北京：中国商业出版社，2018.

自 测 题

第十一章

跨境电商法律法规

本章提要：2019年是中国电子商务的法治元年，《中华人民共和国电子商务法》由第十三届全国人民代表大会常务委员会第五次会议于2018年8月31日通过，共89条，于2019年1月1日起施行。该法对科学界定电子商务法调整对象、规范电子商务经营主体权利责任义务、加强电子商务交易服务监督管理、强化电子商务交易保障、促进和规范跨境电商发展、实现社会共治等具有重要意义。

本章共分为四节内容，分别是：跨境电商涉及的贸易、商务、物流类法律法规；跨境电商监管相关法律法规；跨境电商模式创新与政策扶植相关法律制度；跨境电商近期出台的政策。

关键词：跨境电子商务法律规范；知识产权；处理机制

第一节 跨境电商涉及的贸易、商务、物流类法律法规

《中华人民共和国电子商务法》（以下简称《电子商务法》）开创了我国电子商务立法的先河，对世界范围内的电子商务立法具有示范意义。《电子商务法》第2条规定，电子商务，是指通过互联网等信息网络销售商品或者提供服务的经营活动。据此，跨境电商从属于《电子商务法》的相关规范与管理范围。《电子商务法》在促进跨境电商发展方面做了框架性、指导性的规定，但对跨境电商管理尤其是进出境管理方面缺乏基本和具体规定，不具备详尽的实践操作性，相信相关部门会尽快细化跨境电商进出境监督管理的配套法规。

跨境电商活动的快速发展，给企业带来巨大的经济效益，但是在跨境电商流程和环节上，仍然面临着许多诸如跨境电商主体监管、贸易合同权利义务关系界定处理、贸易相关知识产权保护、客户权益保障和交易纠纷处理等一系列的法律法规问题。这就需要我们对以《电子商务法》为核心的跨境电商相关法律法规有足够的了解，才能应对日益复杂的跨境电商活动。

跨境电商涉及的法律法规条文、规范、文件大致分为三类：第一类是跨境电商涉及的贸易、商务、物流等主要业务活动对应的法律、法规，这一类主要是针对跨境电商活动中的国际贸易属性，解决涉及贸易的基础问题。第二类是跨境电商监管对应的有关法

律、法规、规章等，此类主要是针对跨境电商过程中的通关、商检、外汇、金融、税务等相关配套监管问题。第三类是跨境电商模式创新与政策扶植相关的法律、法规，重点在于电商本身性质的法律问题，其关键在于电子信息技术带来的新空间、新模式。

一、跨境电商主体监管的法律法规

《电子商务法》是我国电子商务领域的最高法规，在国际范围也是一个立法范例，其对于规范电子商务交易行为、指导产业良性发展具有重要作用。

《电子商务法》第9条规范了电子商务的经营主体概念与种类：电子商务的经营主体，即电子商务经营者，是指通过互联网等信息网络从事销售商品或者提供服务的经营活动的自然人、法人和非法人组织，包括电子商务平台经营者、平台内经营者以及通过自建网站、其他网络服务销售商品或者提供服务的电子商务经营者。电子商务平台经营者，是指在电子商务中为交易双方或者多方提供网络经营场所、交易撮合、信息发布等服务，供交易双方或者多方独立开展交易活动的法人或者非法人组织。平台内经营者，是指通过电子商务平台销售商品或者提供服务的电子商务经营者。

《电子商务法》第10条规定，电子商务经营者应当依法办理市场主体登记……法律、行政法规不需要进行登记的除外。此前，个人卖家无须进行工商登记，一直处于监管外围。这一规定被普遍认为提高了电商平台的入驻门槛，可能影响个人卖家开展电子商务的热情。2018年12月3日，国家市场监督管理总局适时出台意见，对电商经营者的登记要求进行细化，规定电商经营者可以将网络经营场所作为经营场所进行登记，可将经常居住地登记为住所，很好地契合了电子商务虚拟性、跨区域性、开放性的特点。

对于电子商务平台内经营者，《电子商务法》第27条规定电子商务平台经营者应当要求申请进入平台销售商品或者提供服务的经营者提交其身份、地址、联系方式、行政许可等真实信息，进行核验、登记，建立登记档案，并定期核验更新。该条款是对平台内经营者的身份信息管理义务的规定，平台对于进入平台进行经营活动的平台内经营者以及其他主体，有身份信息的收集登记核验等义务。这一义务与《中华人民共和国消费者权益保护法》第44条对接，主要目的在于保护交易相对人。如果平台不能提供平台内经营者的真实有效信息，将承担不真正连带责任。同时，条款的平台审核属于实质审核而非形式审查。

可以看出，《电子商务法》在经过两年三审和向社会公开征集意见后，形成了成熟的监管规范体系，在主体治理方面，将平台内经营者纳入监管，并在相关各方面，刻意强调电商平台内经营者的第一法律责任归属，明确了电商平台对平台内经营者的管理职责，使得频繁出现的电商平台对责任承担的推诿现象成为历史。

北京市消费者协会2019年1月7日在"北京消协"官方微信号上公布称，在对电商平台的相关条款开展调查中发现，大部分电商平台在《电子商务法》正式实施前及时修改了相关条款，在合同成立条款中规定或补充了"当您作为消费者为生活消费需要下单并支付货款的情况下，您货款支付成功后即视为您与销售商之间就已支付货款部分的订单建立了合同关系"等类似内容，但仍有苏宁易购、蜜芽网、当当网、聚美优品4家电商平台并未按照《电子商务法》相关规定，及时修改协议条款，仍规定实际发货或发送发货确认邮件时合同成立。

北京市消费者协会认为，根据《电子商务法》第49条第2款规定，"电子商务经营者不得以格式条款等方式约定消费者支付价款后合同不成立；格式条款等含有该项内容的，其内容无效。"所以，电商平台中关于以商家实际发货或发送邮件确认发货为合同成立依据等类似条款将明显违反上述规定。

对此，北京市消费者协会认为上述4家电商平台侵害了不特定消费者的合法权益，"协会将督促电商平台修改相关条款，维护广大消费者的合法权益。"目前，上述平台已经对相关条款进行了修改。

由于跨境电商进出口融合并进的发展趋势，对于外来企业和驻华平台的相关主体监管依据也进入立法程序。随着国际经济形势的变化，"外资三法"已经难以适应现实需要。国外跨境电商平台经营者在我国开设分支和开办子公司平台，我国内相关平台内外国企业直接入驻经营，涉及的外商投资相关问题得到立法解决。2019年3月15日，十三届全国人大二次会议表决通过了《中华人民共和国外商投资法》。自2020年1月1日起施行。外商投资法成为跨境电商主体监管的重要法律依据。

跨境电商的参与者很多原本具有海关注册的外贸主体资格，仍然适用国际贸易主体监管的相关法律法规，最重要的法律基础是《中华人民共和国对外贸易法》。该法规范了贸易参与者、货物进出口、贸易秩序、知识产权、法律责任等。从根本上确立了贸易参与者的备案登记，对货物进出口的许可管理和监管，保护知识产权等措施。与此同时，针对贸易参与者的登记问题，又出台了《对外贸易经营者备案登记办法》，规范了登记需要递交的材料和审核细节。针对货物进出口环节，我国还具体制定了《中华人民共和国货物进出口管理条例》，规定了对禁止进出口、限制进出口、自由进出口等的管理措施。

二、贸易活动规范的法律法规

跨境电商的合约合同具有一般贸易合同的性质。国际范围的准则主要是《联合国国际货物销售合同公约》，该公约主要规范的是传统贸易形态的，商业主体之间的，非个人使用、非消费行为的货物销售合同的订立。公约具体规范了合同订立行为、货物销售、卖方义务、货物相符（含货物检验行为等）、买方义务、卖方补救措施、风险转移、救济措施、宣布合同无效的效果等。我国相关法律法规以《合同法》为主进行规范。合同法不仅规范了销售合同，而且对商事代理方面的合同行为提出了专门的条款，对物流运输过程中的一些问题也做了规定。

三、知识产权方面的法律和规范

跨境电商活动中交易的商品需要遵守知识产权有关规范，主要涉及商品的专利、商标、著作权等问题的规范，我国相继出台了《中华人民共和国专利法》（以下简称《专利法》）、《中华人民共和国商标法》（以下简称《商标法》）和《中华人民共和国著作权法》（以下简称《著作权法》）。我国已经加入或批准了《保护工业产权巴黎公约》及《商标国际注册的马德里协定》，加入世界贸易组织（WTO）之后同时也受到了《与贸易有关的知识产权协定》（TRIPs）的约束。这些法律及国际公约详细规定了知识产权的性质、实施程序和争议解决机制。

四、跨境物流方面的法律法规

跨境电商交易活动后期会涉及较多的跨境物流、运输问题，涉及海洋运输、航空运输方面的法律。主要应参照《中华人民共和国海商法》《中华人民共和国航空法》和《中华人民共和国货物运输代理业管理规定》。这些法律法规对承运人的责任、交货提货、保险等事项做了具体规定，同时也对国际贸易中的货物运输代理行为做了规范，理清了代理人作为承运人的责任。这部分的法律规范同时还需要与《合同法》进行参照，解决代理合同当中委托人、代理人、第三人之间的责任划分问题。货运代理的代理人身份和独立经营人身份／合同当事人的双重身份也需要参照《合同法》进行规范。

五、产品质量和消费者权益方面的法律和其他规定

在法律实践中，跨境电商常常面临商品质量的责任和纠纷。在贸易过程中，产品、商品质量问题和责任需要通过法律来规范，消费者权益需要通过法律进行保护。我国也出台了相关法律对生产者、销售者的责任进行梳理，对欺诈、侵权的行为进行规制。

这部分法律对跨境电商的指导和规范作用主要是作为跨境电商可参照的线下行为基础：对于跨境电商来说，相当多的活动实质上还是跨境贸易活动，相当部分的参与者仍然是传统贸易活动中的主体，传统贸易活动中很多贸易环节、贸易问题对跨境电商仍然适用。

第二节　跨境电商监管相关法律法规

跨境电商活动仍然需要受到跨境贸易监管部门的监管，主要涉及通关、商检、外汇、税收方面的法律法规。

一、通关方面的法律法规

跨境电商所涉及的货物／物品需要经过海关的查验。我国出台了《中华人民共和国海关法》（以下简称《海关法》），并通过《中华人民共和国海关企业分类管理办法》（以下简称《海关企业分类管理办法》）、《中华人民共和国海关行政处罚实施条例》进一步细化。《海关法》涉及海关的监管职责，对进出境运输工具、货物、物品的查验，关税等内容。《海关企业分类管理办法》对海关企业实行分类管理，对信用较高的企业采用便利通关措施，对信用较低的企业采取更严密的监管措施。同时，也在通关环节加强了"知识产权的海关保护"，出台了《中华人民共和国知识产权海关保护条例》及其实施办法。针对目前空运快件、个人物品邮件增多的情况，也出台了一些专门的管理办法，如《中华人民共和国对进出境快件监管办法》及海关总署公告2010年第43号《关于调整进出境个人邮递物品管理措施有关事宜》等。

二、商检方面的法律法规

跨境电商所交易的较多货物都需要通过商检环节，目前的依据主要是《中华人民共和国进出口商品检验法》（以下简称《商检法》），涉及商品检验检疫方面的进口、出口的检验以及监督管理职责。同时依据《商检法》出台了《中华人民共和国进出口商品检验法实施条例》，对商检法各个部分拟定了细则。还出台了一些针对邮递和快件的检验检疫细则，如《进出境邮寄物检疫管理办法》和《出入境快件检验检疫管理办法》等。

三、外汇管理的有关规定

跨境电商主要涉及向外汇管理部门、金融机构的结汇问题。当前的规范主要有《中华人民共和国外汇管理条例》（以下简称《外汇管理条例》）等。《外汇管理条例》中所涉及的经常项目售汇、结汇条文会直接影响到跨境电商的部分支付问题。

四、税收方面的法律法规

跨境电商进出口环节可能会面临征税问题。该类法律法规主要有《中华人民共和国进出口关税条例》（以下简称《进出口关税条例》），以及涉及退税阶段的各类规章制度。《进出口关税条例》在《海关法》和国务院制定的《中华人民共和国进出口税则》的基础上具体规定关税征收的细则，包括货物关税税率设置和适用、完税价格确定、进出口货物关税的征收、进境货物的进口税征收等。针对新出现的跨境电商企业的征税和退税问题，税务总局也出台了一系列文件。

在跨境电商活动中，货物都需要通过海关、商检，经营参与者需要进行收汇和结汇，在通关过程中还会遇到税收问题。因此，跨境电商的法律事项需要考虑和参照已有的此类法律内容。

第三节　跨境电商模式创新与政策扶植相关法律制度

跨境电商仍然需要参照电子商务的一般性法律法规。当前我国电子商务主要的法律法规可以分为以下几类。

一、电子商务登记、准入、认定相关法律制度

当前，此类法律制度主要以部门规章或规范性指导文件的形式存在，参与交易的企业及各类第三方服务商都有一定的登记和准入要求，个人准入条件则较为模糊和宽泛。若涉及设立网站行为，应主要依据《中华人民共和国电信条例》和《互联网信息服务管理办法》进行审批和登记。从参与交易或服务经营的角度，应符合《网络商品交易及有关服务行为管理暂行办法》。电子商务各项活动的参与者应符合《电子商务模式规范》中关于成立、注册、身份认定审核的条件。第三方平台服务商还需要符合《第三方电子商务交易平台服务规范》的其他准入条件。

二、电子商务合同、签名、认证相关法律制度

目前电子商务合同主要参照的应该是《合同法》中的相关条文。电子商务合同中的较多内容可以在《合同法》中找到对应的等同条文，其他如点击合同、确认规则、电子错误等问题目前应借鉴国际上有关的电子商务法律所规定的关于电子商务合同的条文，如联合国《电子商务示范法》和美国《统一计算机信息交易法》等。我国已经出台了《中华人民共和国电子签名法》，对电子签名的适用范围、法律效力、法律责任进行了详细规定。

三、电子商务支付相关法律制度

目前，在电子商务支付方面主要参照的文件是《电子支付指引（第一号）》，对电子支付的原则、安全、差错处理、各方法律关系和权利义务等进行了说明与规范。

四、知识产权、安全隐私、消费者权益保护类相关法律制度

知识产权相关的法律除遵守一般的《商标法》《著作权法》《专利法》的相关规定外，还需要参照一些关于域名管理、网络信息传播管理的相关规定。跨境电商作为一种电子商务活动，也需要参照上述电子商务有关的法律、法规、规章、文件进行规范。

第四节 跨境电商近期出台的政策

近年来，有关部门出台了直接针对跨境电商的政策和部门规定，主要是解决目前跨境电商发展遇到的新问题和监管难题，主要有以下几个方面。

一、从国家对外贸易的高度出台对跨境电商的支持鼓励政策

近年来出台的最重要的政策基础是 2013 年 7 月国务院办公厅下发的"外贸国六条"，从外贸政策的角度，鼓励和支持跨境电商在外贸中发挥更大的作用。六条措施分别如下。

第一，制定便利通关办法，抓紧出台"一次申报、一次查验、一次放行"改革方案，分步在全国口岸实行。

第二，整顿进出口环节经营性收费，减少行政事业性收费。暂免出口商品法定检验费用。减少法定检验商品种类，原则上工业制成品不再实行出口法定检验。抓紧研究法定检验体制改革方案。

第三，鼓励金融机构对有订单、有效益的企业及项目加大支持力度，发展短期出口信用保险业务，扩大保险规模。

第四，支持外贸综合服务企业为中小民营企业出口提供融资、通关、退税等服务。创造条件对服务出口实行零税率，逐步扩大服务进口。

第五，积极扩大商品进口，增加进口贴息资金规模。完善多种贸易方式，促进边境

贸易。

第六，努力促进国际收支基本平衡，保持人民币汇率在合理均衡水平上的基本稳定。

国务院首次正式提出"外贸综合服务企业"这一概念，这表明政府首次明确了一达通、广新达等外贸B2B服务商作为服务机构的身份，并支持它们为中小民营企业出口提供融资、通关、退税等服务。

2015年6月10日，国务院出台《关于促进跨境电子商务健康快速发展的指导意见》，强调促进跨境电商健康快速发展，用"互联网+外贸"实现优进优出，有利于扩大消费、推动开放型经济发展升级、打造新的经济增长点。其明确了跨境电商的主要发展目标，特别是提出要培育一批公共平台、外贸综合服务企业和自建平台，并鼓励国内企业与境外电商企业强强联合。跨境电商是"稳增长"与"互联网＋"两个概念的结合，推动跨境电商的发展，将直接带动我国物流配送、电子支付、电子认证、信息内容服务等现代服务业和相关制造业的发展，加快我国产业结构转型升级的步伐。未来政府将不断优化通关服务，逐步完善直购进口、网购保税等新型通关监管模式，打造符合跨境电商发展要求的"一带一路"物流体系。

2018年11月30日，商务部、财政部等十几个部委联合发布了三份进口跨境电商政策文件，进一步完善我国跨境电商零售进口监管工作，调整跨境电商零售进口税收政策，提高享受税收优惠政策的商品限额上限，扩大清单范围，并于2019年1月1日起执行。三份政策文件分别为：商务部等六部委《关于完善跨境电商零售进口监管有关工作的通知》；财政部等三部委《关于完善跨境电商零售进口税收政策的通知》；财政部等十三部委《关于调整跨境电商零售进口商品清单的公告》。

二、跨境零售进出口的政策

（一）跨境电商零售出口的政策

2013年8月，商务部、发展改革委等九部门出台了《关于实施支持跨境电子商务零售出口有关政策的意见》（以下简称《意见》）。在《意见》中，首次针对跨境零售出口出台了支持政策，将跨境电商零售出口纳入海关的出口贸易统计，提出了确定零售出口的新型海关监管模式及专项统计、检验监管模式、收结汇、支付服务、税收政策、信用体系六项具体措施。

第一，建立电子商务出口新型海关监管模式并进行专项统计，主要用以解决目前零售出口无法办理海关监管统计的问题。

第二，建立电子商务出口检验监管模式，主要用以解决电子商务出口无法办理检验检疫的问题。

第三，支持企业正常收结汇，主要用以解决企业目前办理出口收汇存在困难的问题。

第四，鼓励银行机构和支付机构为跨境电商提供支付服务，主要用以解决支付服务配套环节比较薄弱的问题。

第五，实施适应电子商务出口的税收政策，主要用以解决电子商务出口企业无法办理出口退税的问题。

第六，建立电子商务出口信用体系，主要用以解决信用体系和市场秩序有待改善的问题。

（二）跨境电商零售出口税收的政策

2013年12月30日，财政部和国家税务总局又出台了《关于跨境电子商务零售出口税收政策的通知》（财税〔2013〕96号），规定了电子商务出口企业出口货物适用增值税、消费税退（免）税政策的条件。

（1）电子商务出口企业出口货物同时符合下列条件的，适用增值税、消费税退（免）税政策：

① 电子商务出口企业属于增值税一般纳税人并已向主管税务机关办理出口退（免）税资格认定；

② 出口货物取得海关出口货物报关单（出口退税专用），且与海关出口货物报关单电子信息一致；

③ 出口货物在退（免）税申报期截止之日内收汇；

④ 电子商务出口企业属于外贸企业的，购进出口货物取得相应的增值税专用发票、消费税专用缴款书（分割单）或海关进口增值税、消费税专用缴款书，且上述凭证有关内容与出口货物报关单（出口退税专用）有关内容相匹配。

（2）电子商务出口企业出口货物，不符合本通知第（1）条规定条件，但同时符合下列条件的，适用增值税、消费税免税政策：

① 电子商务出口企业已办理税务登记；

② 出口货物取得海关签发的出口货物报关单；

③ 购进出口货物取得合法有效的进货凭证。

三、跨境零售进口的政策

（一）保税进口新模式的政策

海关总署在2014年3月针对上海、杭州、宁波、郑州、广州、重庆6个地方的保税区试行保税进口模式的情形，出台了《海关总署关于跨境电子商务服务试点网购保税进口模式有关问题的通知》，对保税进口模式的商品范围、购买金额和数量、征税、企业管理等制定了相应的条文。

1. 关于购买金额和数量

试点网购商品以"个人自用、合理数量"为原则，参照海关总署公告2010年第43号《关于调整进出境个人邮递物品管理措施有关事宜》要求，每次限值为1 000元人民币，超出规定限值的，应按照货物规定办理通关手续。但单次购买仅有一件商品且不可分割的，虽超出规定限值，但经海关审核确属个人自用的，可以参照个人物品规定办理通关手续。

2. 关于征税问题

以电子订单的实际销售价格作为完税价格，参照行邮税税率计征税款。应征进口税税额在人民币 50 元（含 50 元）以下的，海关予以免征。

（二）跨境电商零售进口税收的政策

自 2016 年 4 月 8 日起，我国实施跨境电商零售（企业对消费者，即 B2C）进口税收政策，这类商品不再按邮递物品征收邮税，而是按货物征收关税和进口环节增值税、消费税。

2016 年 4 月 8 日以前，个人自用、合理数量的跨境电商零售进口商品在实际操作中按照邮递物品征收行邮税。行邮税针对的是非贸易属性的进境物品，将关税和进口环节增值税、消费税三税合并征收，税率普遍低于同类进口货物的综合税率。跨境电商零售进口商品虽然通过邮递渠道进境，但不同于传统非贸易性的文件票据、旅客分离行李、亲友馈赠物品等，其交易具有贸易属性，全环节仅征收行邮税，总体税负水平低于国内销售的同类一般贸易进口货物和国产货物的税负，形成了不公平竞争。为此，实施跨境电商零售进口税收政策，有利于支持新兴业态与传统业态、国外商品与国内商品公平竞争，提高市场效率，促进共同发展。政策实施后，为国内跨境电商的发展营造了稳定、统一的税收政策环境，引导电子商务企业开展公平竞争，有利于鼓励商业模式创新，推动跨境电商健康发展，并有利于提升消费者客户体验，保护消费者合法权益。

跨境电商企业对企业（B2B）进口，线下按一般贸易等方式完成货物进口，仍按照现行有关税收政策执行。

四、跨境电商支付问题的政策

2013 年 3 月，国家外汇管理局制定和下发了《支付机构跨境电商外汇支付业务试点指导意见》（以下简称《指导意见》）、《支付机构跨境电商外汇支付业务试点管理要求》等多项文件，决定在上海、北京、重庆、浙江、深圳等地开展支付机构跨境电商外汇支付业务试点。明确了鼓励支持"支付机构通过银行为小额电子商务（货物贸易或服务贸易）交易双方提供跨境互联网支付所涉及的外汇资金集中收付及相关结售汇服务"。《指导意见》支持仅对具有真实交易背景的跨境电商交易提供跨境外汇支付服务。

2013 年 10 月，包括财付通、支付宝、汇付天下、重庆易极付公司在内的 17 家第三方支付公司已接获国家外管局正式批复，成为首批获得跨境电商外汇支付业务试点资格的企业。标志着国内支付机构跨境电商外汇支付业务迎来实质性的进展。

外汇管理局同时规定，试点支付机构为客户集中办理收付汇（foreign currency payments and receipts）和结售汇（foreign exchange trading）业务，货物贸易单笔交易金额不得超过等值 1 万美元，留学教育、航空机票和酒店项下单笔交易金额不得超过等值 5 万美元。17 家获得资格的公司主要分布在五地，获得业务资格有所侧重，分别涉及跨境电商外汇支付业务、货物贸易、留学教育、航空机票及酒店住宿。

为积极支持跨境电商发展，防范互联网渠道外汇支付风险，在试点发展良好的基础上，2015 年 1 月 20 日，国家外汇管理局又发布《支付机构跨境外汇支付业务试点指导意见》的通知，在全国范围内开展部分支付机构跨境外汇支付业务试点，允许支付机构为跨境电商交易双方提供外汇资金收付及结售汇服务。

其主要内容包括：一是提高单笔业务限额。网络购物单笔交易限额由等值 1 万美元提高至 5 万美元，放宽支付机构开立外汇备付金账户户数的限制。二是规范试点流程。支付机构要取得试点资格，应先行到注册地外汇局办理"贸易外汇收支企业名录"登记。三是严格风险管理。要求支付机构严格履行交易真实性审核职责，留存相关信息 5 年备查，并及时准确报送相关业务数据和信息。国家外汇管理局将对试点业务开展非现场核查和现场核查，进行审慎监管。

五、跨境电子商务的通关便利化问题的政策

2014 年 1 月 29 日，海关总署出台《关于增列海关监管方式代码的公告》（海关总署公告〔2014〕12 号），增列海关监管方式代码"9610"，全称"跨境电子商务"，简称"电子商务"，适用于境内个人或电子商务企业通过电子商务交易平台实现交易，并采用"清单核放、汇总申报"模式办理通关手续的电子商务零售进出口商品（通过海关特殊监管区域或保税监管场所一线的电子商务零售进出口商品除外）。以"9610"海关监管方式开展电子商务零售进出口业务的电子商务企业、监管场所经营企业、支付企业和物流企业应当按照规定向海关备案，并通过电子商务通关服务平台实时向电子商务通关管理平台传送交易、支付、仓储和物流等数据。

2014 年 7 月 23 日，海关总署出台了《关于跨境贸易电子商务进出境货物、物品有关监管事宜的公告》。要求电子商务企业或个人通过经海关认可并且与海关联网的电子商务交易平台实现跨境交易进出境货物、物品的，按照公告接受海关监管。

该公告对企业注册登记及备案管理、电子商务进出境货物通关管理、电子商务进出境货物物流监控等方面作出了规定。主要条款如下。

第一，开展电子商务业务的企业，如需向海关办理报关业务，应按照海关对报关单位注册登记管理的相关规定，在海关办理注册登记。电子商务企业应将电子商务进出境货物、物品信息提前向海关备案，货物、物品信息应包括海关认可的货物 10 位海关商品编码及物品 8 位税号。

第二，电子商务企业或其代理人应在运载电子商务进境货物的运输工具申报进境之日起 14 日内，电子商务出境货物运抵海关监管场所后、装货 24 小时前，按照已向海关发送的订单、支付、物流等信息，如实填制"货物清单"，逐票办理货物通关手续。"货物清单""物品清单""进出口货物报关单"应采取通关无纸化作业方式进行申报。

第三，电子商务企业或其代理人应于每月 10 日前（当月 10 日是法定节假日或者法定休息日的，顺延至其后的第一个工作日，第 12 月的清单汇总应于当月最后一个工作日前完成），将上月结关的"货物清单"依据清单表头同一经营单位、同一运输方式、同一启运国/运抵国、同一进出境口岸，以及清单表体同一 10 位海关商品编码、同一申报计量单位、同一法定计量单位、同一币制规则进行归并，按照进、出境分别汇总形成"进出口货物报关单"向海关申报。

第四，电子商务企业在以"货物清单"方式办理申报手续时，应按照一般进出口货物有关规定办理征免税手续，并提交相关许可证件；在汇总形成"进出口货物报关单"向海关申报时，无须再次办理相关征免税手续及提交许可证件。

第五，海关监管场所经营人应通过已建立的电子仓储管理系统，对电子商务进出境货物、物品进行管理，并于每月 10 日前（当月 10 日是法定节假日或者法定休息日的，顺延至其后一个工作日）向海关传送上月进出海关监管场所的电子商务货物、物品总单和明细单等单据。

2014 年 7 月 30 日，海关总署又出台《关于增列海关监管方式代码的公告》（海关总署公告〔2014〕57 号），增列海关监管方式代码"1210"，全称"保税跨境电子商务"，简称"保税电商"。适用于境内个人或电子商务企业在经海关认可的电子商务平台实现跨境交易，并通过海关特殊监管区域或保税监管场所进出的电子商务零售进出境商品［海关特殊监管区域、保税监管场所与境内区外（场所外）之间通过电子商务平台交易的零售进出口商品不适用该监管方式］。"1210"监管方式用于进口时仅限经批准开展跨境电子商务进口试点的海关特殊监管区域和保税物流中心（B 型）。以"1210"海关监管方式开展跨境电子商务零售进出口业务的电子商务企业、海关特殊监管区域或保税监管场所内跨境电子商务经营企业、支付企业和物流企业应当按照规定向海关备案，并通过电子商务平台实时传送交易、支付、仓储和物流等数据。

六、外贸综合服务模式的政策

为进一步发挥外贸综合服务企业提供出口服务的优势，支持中小企业更加有效地开拓国际市场，税务总局还出台了《关于外贸综合服务企业出口货物退（免）税有关问题的公告》（国家税务总局公告 2014 年第 13 号），规定了外贸综合服务退税的单独申报业务类型。公告规定的外贸综合服务企业为国内中小型生产企业出口提供物流、报关、信保、融资、收汇、退税等服务的外贸企业。公告规定，外贸综合服务企业以自营方式出口国内生产企业与境外单位或个人签约的出口货物，同时具备以下情形的，可由外贸综合服务企业按自营出口的规定申报退（免）税：出口货物为生产企业自产货物；生产企业已将出口货物销售给外贸综合服务企业；生产企业与境外单位或个人已经签订出口合同，并约定货物由外贸综合服务企业出口至境外单位或个人，货款由境外单位或个人支付给外贸综合服务企业；外贸综合服务企业以自营方式出口。

思 考 题

1. 电子商务遇到的法律问题有哪些？
2. 有关国际电子商务的法律文献有哪些？
3. 查阅跨境电商监管相关法律法规有哪些。
4. 跨境电商近期出台的政策有哪些？
5. 查阅跨境电商涉及的贸易、商务、物流类法律法规有哪些。

阅 读 书 目

1. 温希波. 电子商务法——法律法规与案例分析（微课版）[M]. 北京：人民邮电出版社，2019.
2. 邓志超，崔慧勇，莫川川. 跨境电商基础与实务[M]. 北京：人民邮电出版社，2017.
3. 陈战胜，卢伟，邹益民. 跨境电子商务多平台操作实务[M]. 北京：人民邮电出版社，2018.
4. 陈道志，卢伟. 跨境电商实务[M]. 北京：人民邮电出版社，2018.
5. 于立新. 跨境电子商务理论与实务[M]. 北京：首都经济贸易大学出版社，2017.
6. 陈江生. 跨境电商理论与实务[M]. 北京：中国商业出版社，2018.

自 测 题

参 考 文 献

[1] 邓玉新. 跨境电商：理论、操作与实务[M]. 北京：人民邮电出版社，2017.
[2] 邓志超，崔慧勇，莫川川. 跨境电商基础与实务[M]. 北京：人民邮电出版社，2017.
[3] 马述忠，卢传胜，丁红朝，等. 跨境电商理论与实务[M]. 杭州：浙江大学出版社，2018.
[4] 白东蕊. 电子商务概论[M]. 4版. 北京：人民邮电出版社，2018.
[5] 肖旭. 跨境电商实务[M]. 2版. 北京：中国人民大学出版社，2018.
[6] 张瑞夫. 跨境电子商务理论与实务[M]. 北京：中国财政经济出版社，2017.
[7] 孙东亮. 跨境电子商务[M]. 北京：北京邮电大学出版社，2018.
[8] 郑建辉. 跨境电子商务实务[M]. 北京：北京理工大学出版社，2018.
[9] 吴喜龄，袁持平. 跨境电子商务实务[M]. 北京：清华大学出版社，2018.
[10] 韩小蕊，樊鹏. 跨境电子商务[M]. 北京：机械工业出版社，2017.
[11] 王玉珍. 电子商务概论[M]. 北京：清华大学出版社，2017.
[12] 青岛英谷教育科技股份有限公司. 跨境电子商务导论[M]. 西安：西安电子科技大学出版社，2017.
[13] 曹盛华. 跨境电商务发展策略与人才培养研究[M]. 北京：中国水利水电出版社，2018.
[14] 陈启虎. 国际贸易实务[M]. 北京：机械工业出版社，2019.
[15] 李文立，逯宇铎，徐延峰. 跨境电子商务平台服务创新与风险管控[M]. 北京：科学出版社，2018.
[16] 孙正君，袁野. 亚马逊运营手册[M]. 北京：中国财富出版社，2017.
[17] 丁晖. 跨境电商多平台运营：实战基础[M]. 北京：电子工业出版社，2017.
[18] 陆金英，祝万青，王艳. 跨境电商操作实务（亚马逊平台）[M]. 北京：中国人民大学出版社，2018.
[19] 冯晓宁，梁永创，齐建伟. 跨境电商：阿里巴巴速卖通实操全攻略[M]. 北京：人民邮电出版社，2015.
[20] 潘兴华，张鹏军，崔慧勇. 轻松学跨境开网店全图解（易贝＋亚马逊出口篇）[M]. 北京：中国铁道出版社，2016.
[21] 李鹏博. 揭秘跨境电商[M]. 北京：电子工业出版社，2015.
[22] Wish电商学院. Wish官方运营手册：开启移动跨境电商之路[M]. 北京：电子工业出版社，2017.
[23] 严行方. 跨境电商业务一本通[M]. 北京：人民邮电出版社，2016.
[24] 李鹏博. B2B跨境电商[M]. 北京：电子工业出版社，2017.
[25] 速卖通大学. 跨境电商——阿里巴巴速卖通宝典[M]. 北京：电子工业出版社，2015.
[26] 冯晓宁，梁永创，齐建伟. 跨境电商：速卖通搜索排名规则解析与SEO技术[M]. 北京：人民邮电出版社，2017.
[27] 莫兰，亨特. 搜索引擎营销——网站流量大提速[M]. 宫鑫，等，译. 3版. 北京：电子工业出版社，2016.
[28] 速卖通大学. 跨境电商视觉呈现：阿里巴巴速卖通宝典[M]. 北京：电子工业出版社，2017.
[29] 陈碎雷. 跨境电商物流管理[M]. 北京：电子工业出版社，2018.
[30] 陆端. 跨境电子商务物流[M]. 北京：人民邮电出版社，2019.
[31] 李贺. 报关实务[M]. 2版. 上海：上海财经大学出版社，2018.
[32] 王军海. 跨境电子商务支付与结算[M]. 北京：人民邮电出版社，2018.
[33] 冯潮前. 跨境电子商务支付与结算实验教程[M]. 杭州：浙江大学出版社，2016.
[34] 潘百翔，李琦. 跨境网络营销[M]. 北京：人民邮电出版社，2018.
[35] 江礼坤. 网络营销推广实战宝典[M]. 2版. 北京：电子工业出版社，2016.
[36] 于立新. 跨境电子商务理论与实务[M]. 北京：首都经济贸易大学出版社，2017.

[37] 陈江生. 跨境电商理论与实务[M]. 北京：中国商业出版社，2018.
[38] 邵贵平. 电子商务数据与应用[M]. 北京：人民邮电出版社，2017.
[39] 杨伟强，湛玉婕，刘莉萍. 电子商务数据分析：大数据营销　数据化运营　流量转化[M]. 北京：人民邮电出版社，2019.
[40] 刘敏，高田哥. 跨境电子商务沟通与客服[M]. 北京：电子工业出版社，2018.
[41] 鲍舒丽. 打造金牌网店客服[M]. 北京：人民邮电出版社，2018.
[42] 黄正伟，何伟军. 实时在线客户服务理论与应用研究[M]. 北京：科学出版社，2015.
[43] 温希波. 电子商务法——法律法规与案例分析（微课版）[M]. 北京：人民邮电出版社，2019.

附　录

中华人民共和国电子商务法

教师服务

感谢您选用清华大学出版社的教材！为了更好地服务教学，我们为授课教师提供本书的教学辅助资源，以及本学科重点教材信息。请您扫码获取。

▶ 教辅获取

本书教辅资源，授课教师扫码获取

▶ 样书赠送

国际经济与贸易类重点教材，教师扫码获取样书

清华大学出版社

E-mail: tupfuwu@163.com　　　　　网址：http://www.tup.com.cn/
电话：010-83470332 / 83470142　　传真：8610-83470107
地址：北京市海淀区双清路学研大厦 B 座 509　　邮编：100084